一本書

讀懂

讀書人一定要讀

Chinese
Culture & Knowledge

劉元/著

中國文化知識

中國人不可不讀的文化寶典

最短的時間領悟文化精髓

一目了然，給記憶一個重要的位址

前言

　　文化是一個抽象的概念，它的起源與傳承，肇始於大自然的傾聽與觀察，醞釀於人類彼此間的合群與關照，形成於生活體驗的啟蒙創新和世世代代的口口相傳。

　　中國是一個擁有五千年燦爛文明的古國，博大精深、源遠流長的中國傳統文化，是我們取之不盡、用之不竭的精神財富。中華文化的深厚積澱，滲進了中華兒女的血脈裏，根植在自古至今的萬物中，歷經成百上千年的滄桑巨變，最後，靜靜地立在我們的身邊，用其堅韌的存在，證明著文化特有的價值，影響或改變著我們的生活。

　　歷史和文化需要一代一代去傳承，作為中華兒女，都希望瞭解和學習自己民族的文化歷史。古代文化中蘊涵著深刻的思想和智慧，可以開拓視野，昇華境界，豐富知識結構，實現多元啟迪，引發新的思考、探索和行動，為中華民族的子孫萬代造福。

　　然而，社會日新月異，快節奏的生活，使現代人忙得不可開交，不知不覺中已經離傳統文化甚遠了。日常生活中，在孩子喋喋不休的追問下，與親朋好友、同學同事閒聊時，多少人有過因傳統文化知識的匱乏而尷尬的經歷！許多人痛定思痛，想補充傳統文化知識，提高文化素質，可又有多少人能平息自己那顆浮躁的心，靜讀那些枯燥乏味、汗牛充棟的歷史典籍呢？

把重要的傳統文化知識精華收入一本書中，可以使讀者最大限度地獲取歷經時空變換卻仍可鑑古知今的古代文化，盡可能地提高讀者對傳統文化知識的興趣，此乃本書的編輯宗旨所在。

本書在編撰過程中，集納了大量的歷史文化細節，內容涵蓋傳統文化的眾多方面，共分為生活起居、禮制民俗、婚嫁喪葬、節日節氣、天文曆法、地理名勝、哲學思想、制度職官、法律法制、兵器軍事、經濟貿易、醫療衛生、交通郵政、體育藝術、教育科舉、文史典籍、琴棋書畫等部分，豐潤、真切、逼真地再現了傳統社會厚重、獨特、百態紛呈的生活景觀。

本書非常具有可讀性，為擴充本書的文化知識含量，滿足不同讀者的口味，編者還附上一些延伸閱讀式的「趣味鏈結」，這些趣味鏈結對相關內容作了一定的補充，使其知識性和趣味性得到了延展，使讀者在輕鬆的閱覽中受到傳統文化精華的薰陶，領略傳統文化的獨特魅力。

為使本書更具鑑賞性、知識性和趣味性，在選編的過程中，我們查閱了大量相關資料，由於資料來源廣泛，編者難以一一核查處理，在此謹向有關的整理者表示誠摯的感謝。由於時間倉促，書中難免存在疏漏之處，懇請讀者批評指正。

目錄

一本書讀懂中國文化知識

| 第三章 | 婚嫁喪葬 |

| 第四章 | 節日節氣 |

| 第五章 | 天文曆法 |

| 第六章 | 地理名勝 |

| 第七章 | 哲學思想 |

| 第八章 | 制度職官 |

一本書讀懂中國文化知識

| 第九章 | 法律法制 |

| 第十章 | 兵器軍事 |

| 第十一章 | 經濟貿易 |

| 第十二章 | 醫療衛生 |

一本書讀懂中國文化知識

| 第十三章 | 交通郵政 |

| 第十四章 | 體育藝術 |

| 第十五章 | 教育科舉 |

| 第十六章 | 文史典籍 |

一本書讀懂中國文化知識

| 第十七章 | 琴棋書畫 |

目錄

古人是如何穿衣的

　　體衣是古人衣服中最基本、最重要的部分，主要分為上衣、下裳兩大類。上衣一般由領、衣襟、後身、衣袖、腰帶等部分構成，指上身所穿的深衣、裘、袍、衫、襦、襖、半臂等；下裳是下身所穿的裙、褲等，其中的裙在上古時期男女都穿，但之後男子所穿的裙子慢慢地演變成了褲子，裙也就僅僅指女子所穿的服飾了。

　　上衣主要有以下七種。

　　一是深衣。它起源於春秋戰國時期，是「士」階層以上的人的常服，也是普通百姓的禮服。其特點為上衣和下裳相連，衣襟右掩，下擺不開衩，將衣襟接長，向後擁掩，垂及踝部。因其前後深長，故稱深衣。

　　二是裘，皮衣，毛向外。國君或貴族穿狐皮的裘要罩上與狐毛顏色相宜的裼衣。犬羊之裘是庶人穿的，所以不加裼。

　　三是袍。直裾深衣進一步發展成為袍，袍也是上衣和下裳連成一體的長衣服。古代「袍」有兩種，一種稱「繭」，是以新絲棉絮衣裏；另一種

稱「褒」，以敗棉絮衣裏。從東漢起及至宋、明，上至帝王、下到百官，其朝服都是袍服。

四是衫。這是在漢魏時出現的一種新式服裝，其特點和袍恰好相反。袍以交領為主，它則以直襟為主；袍的袖子呈圓弧形，它則呈垂直形；袍的袖口窄小，它的袖口則非常寬敞；袍多採用雙層，它則為單層。

五是襦。東漢後穿「襦」者大都為婦女。它既可用做襯衣，又可穿出在外，其形制有長短、單夾，夾裏里加絮，則成了短襦。唐代以後，歷經宋、元、明、清各代，婦女的便服一直是襦。

六是襖。一種比襦長比袍短的上衣，綴有襯裏，所以也被稱為「夾襖」。若在其中納入棉絮，則稱「棉襖」。它大約在魏晉南北朝時出現，宋代以後廣為流行，到了清代，則成了士庶婦女的主要便裝。

七是半臂。無領（或翻領）、對襟（或套頭）套在長袖衣衫外面。衣袖之長為長袖衣的一半，所以被稱為「半臂」。

下裳主要有以下兩種。

一是裙。裙為古代女子的主要著裝，始於周文王時期。至秦朝，裙的穿著範圍有所擴大。到漢代，女子著裙已較為普遍，從此成為古代婦女的主要著裝。

二是褲。原稱為「絝」或「袴」，是人們下身所穿的主要服飾。原來的褲子只有兩個褲管，沒有前後襠，大約戰國以後，才出現了連襠褲。

趣味鏈結：袍的演變過程

中國古代的服裝，上身穿的叫衣，下身穿的叫裳，不分男女。而袍是上下相連的長衣，又叫「深衣」。古代的禮服，一般都要分為上下兩截，即使是相連的長袍，也是將上衣和下裳連縫而成的，而且攔腰須有束帶。自誕生以來，袍都是不分男女的。

不過自清入關之後，明末遺民堅持「男降女不降」，漢族婦女不願像滿族人那樣穿長袍，而是穿衫裙，以示「反清復明」，並鄙稱滿族女袍為「旗袍」。但民國以後，五族共和，旗袍就被定為婦女的禮服之一，現在

已成為傳統服飾的代表。

中山裝的由來

孫中山先生不僅是推翻帝制、創立民主共和政體的先驅，也是一位樹新風、除陋習的宣導者。一度舉國推崇的中山裝，就是在他的精心設計和大力宣導之下誕生的。這是一項影響重大、意義深遠的服飾改革，更是中國服裝史上的一大創舉。

孫中山在辛亥革命成功後，就任臨時大總統，他頒布了一系列的政治、經濟和風俗改革的政策。「易服」就是最主要的改革之一。

孫中山覺得西裝不但式樣煩瑣，穿著不便，而且不大符合當時人們在生活、工作等方面的實用要求；而中國原來的服裝（對襟式短衫褂、大襟式長衫等），既不能充分表現當時人民大力革新、移風易俗的時代精神，而且穿在身上也有類似於西裝的缺點。

於是，他就此廣泛徵求意見並展開討論。有的人主張仍穿長袍馬褂，但遭到大部分人的反對。

人們普遍認為，革命既已成功，在服飾上如仍沿襲清政府統治時期流行的瓜皮帽、長袍馬褂是不合時宜的。

和大多數人一樣，孫中山也認為長袍馬褂既不方便，又因剪裁費料而浪費錢，所以不贊成穿這種服裝。與此同時，革命黨人中的留洋派提出乾脆穿西服，他聽後哈哈大笑說：「這麼一來，那就無異於抵制國貨了！」

最後，孫中山提出自己的主張，他認為：「禮服在所必更，常服聽民自便。」希望能有一種「適於衛生，便於動作，宜於經濟，壯於觀瞻」的服裝式樣。於是，他決定自己設計服裝。他深思熟慮，精心設計，並廣泛徵求各界意見，終於創制了具有民族特色的簡便服裝。

這種簡便服裝便是後來廣受歡迎的中山裝。它兼具中西裝之所長，以廣東便服為基樣，在直領上加一翻領，就好像將西裝內襯衣的硬領「移

植」過來一樣。如此一來，中山裝的上衣就兼具了西裝上衣、襯衣和硬領的功用，穿起來顯得很硬挺。

另外，孫中山將便服或一般西裝的三個暗袋改為四個明袋，如此「雙雙」、「對對」，很符合傳統美學講究的「對稱」審美觀。他又在上下左右四個衣袋上加上軟蓋，並各釘一枚紐扣，這樣既美觀、安全，又可防袋內物品遺失。下面的兩個明袋採用能伸縮自如、頗具彈性的「琴袋」式樣，旨在便於放置書本、筆記本等。從這一細節，可以看出一代偉人具有勤奮好學、隨時不忘讀書的美德。

有了上衣，還必須得有褲子。所以，孫中山還參照西裝褲的式樣親自設計了中山裝褲子：前面開縫，一律用暗扣；左右兩側各置一大暗袋；右前部分設一小暗袋，俗稱表袋，也可藏用。這種褲子穿起來很方便，褲袋也可放置隨身攜帶的必需品。此外，褲袋的腰部打褶，褲管翻腳也有異於其他服裝。

當孫中山先生穿上自己設計的、也是世界上第一套中山裝時說：「這種服裝好看、實用、方便、省錢，不像西裝那樣，除上衣、襯衣外，還要硬領，這些東西多是進口的（當時這些東西多從外國進口），費事費錢。」

中山裝由於具有美觀、大方、實用、方便等優點，既可以使用高級衣料製作，也可以使用一般布料製作；既可以作為禮服，還可以作為日常便服。所以，一經孫中山先生宣導，就得到廣大群眾的歡迎。他們將它稱為「中山裝」。後來，中山裝得到普遍推廣，舉國崇尚中山裝，蔚為風尚。

趣味鏈結：「剪辮」、「易服」

中國古代漢族的男子大都束髮於頂，身著寬袖袍服。清兵入關後，清政府強令男子剃髮蓄辮，統一著長袍、馬褂。

在辛亥革命之前，大批留學歐美、日本的知識分子回國。他們大都反清崇洋，於是開始剪掉辮子，脫下長袍馬褂。然後蓄起西髮，穿上西裝。

辛亥革命成功之後，孫中山就任臨時大總統。他頒布了一系列的政

治、經濟和風俗改革的法令，而「剪辮」、「易服」就是主要的改革內容。他下令號召人民「滌舊染之汙，作新國之民」，規定令到之日起，限二十天內一律剪除辮子。後來，他又親自設計了廣受歡迎的中山裝。

旗袍的起源和發展

旗袍以濃郁的民族風格，展現了中華民族傳統的服飾美。它的起源是16世紀中期滿族婦女的民族服裝。旗袍的造型與婦女的體態相吻合，線條優美、端莊大方，是女性獨有的服飾。穿上旗袍有錦上添花的作用，既可展示出女性溫和、穩重的風韻，也可當迎賓、赴宴的華貴服飾。

旗人最早穿的旗袍，一般不過腳。只有滿族貴族婦女出嫁時，才穿過腳旗袍，作為出嫁禮服。因為，滿族貴族婦女都穿高跟木屐，所以，她們的旗袍過腳，以便將腳蓋住。

清代，旗袍開始在中原流行。後來，隨著滿漢生活的融合、統一，旗袍也被漢族婦女接受，並不斷進行革新。特別是隨著辛亥革命的浪潮，旗袍迅速在全國普及。

從20世紀20年代末到30年代初，由於吸收了西方女裝盛行的短袍，旗袍亦隨之變短，身長僅過膝，袖口縮口，滾邊變窄。

30年代中期，旗袍又漸漸地發生著變化，兩邊的衩開得很高，裏面襯馬甲，腰身變得極窄，以至貼身，更顯出女性的曲線美。

30年代末，旗袍已很盛行。先是流行高領，領子越高越時髦，但不久，又興起低領來，領子越低越「時尚」，甚至有穿無領旗袍的。袖子的變化也是時而流行長的，長過手腕；時而流行短的，短至露肘。至於衣長，一個時期流行長的，長至下擺曳地；以後又流行短的，短過膝蓋。

到了40年代，旗袍再度縮短，而袖子則短到直至全部取消，幾乎又回到200年前的長馬甲時代，所不同的只是更加輕便合體，變成了流線型。

50年代之初，婦女穿旗袍還很普遍。以後由於各種原因，穿旗袍的人

就越來越少了。但旗袍作為一種表現東方文化傳統的服裝，其線條簡練而優美，造型質樸而大方，穿上可以更加凸顯女性的曲線美，所以在國際上還具有一定的影響。

近年來，旗袍款式又有新的變革，出現了後裝袖、有肩縫旗袍、暗褶式開衩旗袍、短連袖旗袍、無袖旗袍等具有開放氣息的新款式旗袍。

趣味鏈結：旗袍是滿漢結合、中西合璧的產物

從民族融合的角度來說，旗袍是滿漢結合的產物。

旗袍一開始也沒有像現在這樣曼妙生姿，穿上後可以讓女性變得婀娜多姿。它是從滿族女人所穿的長袍演變而來的。

清朝早期婦女的服飾可謂「滿漢並存」：滿族婦女以長袍為主，漢族婦女仍以上衣下裙為時尚。從清代中期開始，滿漢服飾相互效仿，後來這種相互效仿的風氣越來越盛，旗袍在滿漢服飾的相互融合中不斷得到發展。

從文化融合的角度來說，旗袍也是中西合璧的產物。

1840年以後，中國被迫打開國門，西風東漸，許多沿海大城市，尤其是上海這樣的大都會，因華洋雜居，服飾也發生著潛在的變革。

當時的上海是婦女尋求解放的重鎮。傳教士、商人、革命黨人競相創辦女學，掀起了一股女權運動浪潮，尋求解放的社會大氣候滌蕩著服飾裝扮上的陳規陋習，女裝趨於簡潔，色調力求淡雅，注重體現女性的自然之美，於是旗袍日漸流行。

當時的女學生作為知識女性的代表，是社會的理想形象、文明的象徵和時尚的先導，以至社會名流、時髦人物都紛紛作女學生裝扮。20世紀30～40年代，旗袍在汲取西式裁剪方法的基礎上改良了式樣，使其更為合體。久而久之，旗袍就演變成了今天的樣子。

帽子的起源和發展

據《後漢書‧輿服志》載：「上古衣毛而冒皮」，《釋名》云：「冒，帽也。」《尚書大傳》載：「成王問周公曰：『舜之冠何如焉？』周公曰：『古之人有冒皮而勾領者。』」

帽即「頭衣」、「首服」。在仰紹文化和龍山文化遺址中，出土的有陶笄、骨笄、骨簪等，說明這個時期已有束髮甚至戴冠的冠帽了。

冠帽的產生源於防暑禦寒的需要，人們把一大片樹葉蓋在頭頂遮日或防雨，把一塊皮毛包在頭上防凍，就是最初的「帽子」。成語「衣冠楚楚」、「冠冕堂皇」中的「冠」、「冕」指的就是帽子。但是古時的冠帽不同於現在的帽子，它只有狹窄的冠梁遮住頭頂的一部分，不像現在的帽子蓋住頭的全部。

隨著社會的發展，出現了階級和等級的差別，這種差別隨之在冠帽上明顯地反映出來。於是，冠帽之間有了貴賤等級之分，貧賤無身分的人不准戴冠帽。

周代後期封建制度初興時，冠帽上的等級區分走向系統化，冕服制中已有六冕，弁服中已分三弁。《禮記》、《周記》、《儀禮》等書中，關於冠帽制度的記敘更多由簡到繁，不同等級在不同場合要戴不同的冠帽。

如帝王專用的「冕」，它前低後高，表示恭敬，前面用絲線遮面，目的是目不斜視，兩旁用絲線擋住耳朵，表示不聽讒言，成語「視而不見」和「充耳不聞」便由此而來。皇子繼承皇位，才能加「冕」。而平民百姓只能戴頭巾。據記載，用來當帽子用的頭巾本來是平民百姓工作時擦汗用的，後來才被當做帽子裹在頭上。

冠帽除了反映階級和等級的差別外，還與世俗禮儀有密切的關係。比如，在古代，貴族子弟20歲時要舉行隆重的冠禮，表示已成年，因此後世用冠作為達官貴人的代稱。又如，在漢朝，冠有十幾種之多，分別供不同

身分的人在不同的場合下使用。

再如，現代人們用脫帽禮表示禮貌，但在中國古代，脫帽是無禮的行為。杜甫在〈飲中八仙歌〉中說，張旭酒醉後當著王公的面，竟脫帽露頂，這在當時是有失體統的不雅行為。

而現在的帽子，其劃分階級和等級的功能已經弱化，也不與世俗禮儀有著太大的關聯，其主要的作用是防寒保暖和裝飾打扮。

趣味鏈結：弁、巾

弁是古代貴族戴的帽子，其種類有皮弁（武冠）、爵弁（文冠）。皮弁是由幾塊白鹿皮拼接而成的，尖頂，外形類似於後代的瓜皮帽，鹿皮縫合處綴有一行五彩的玉石。爵弁是紅中帶黑的弁，也稱「雀弁」，比冕低一級，沒有旒，頂上有礻，但前後相平。人們平時戴的是冠、冕、弁，在打仗時則要在冠上加冑。冑是古名，秦漢以後叫兜鍪，相當於後代的頭盔。

幘，即包頭髮的巾，它是古代平民百姓所著頭衣的通稱。按古代規定，庶人不得戴冠，只能覆以幘。故《釋名‧釋首飾》：「士冠，庶人巾。」庶人佩戴的幘一般是黑色或青色的，後來發展到貴族也戴幘，不過在幘上還要加冠。

幘與東漢的幅巾類似，幅巾後來又稱陌頭，隋唐時叫襆頭，它是一種包頭用的黑色布帛。中唐以後，襆頭逐漸由巾帕變成了烏紗帽。

最早的雨衣

中國先民使用的蓑衣和笠帽，應該說是中國最早的「雨衣」了。

蓑衣，最早是用草編製而成的擋雨器具。中國在上古時期，人們為了抵擋風雨的侵擾，起初只是用野草裹住身子以遮雨水，久而久之形成了蓑衣。春秋戰國時代，百姓在下雨天通常是身著這種草衣來遮雨的。

蓑和笠的關係，就好像今天的雨衣和雨帽的關係，所不同的是「笠」的製作原料是竹子，而不是草。而且「笠」晴雨兩用，既可以避風雨，也可以防烈日酷暑。

中國古代另一種常用的雨具就是「傘」，亦作「繖」。《正字通》說：「傘，禦日避雨。可以卷舒者。」先秦時，傘又稱為「簦」。中國遠在夏商周三代時已發明了雨傘。據《事物紀原》引《六韜》曰：「天雨不張蓋幔，周初事也。」《通俗文》曰：「張帛避雨，謂之繖，蓋即雨傘之用，三代已有之。」所謂「張帛避雨」，即是用布帛製作的雨傘。

趣味鏈結：雨傘源考

傘是中國首創，據傳是魯班的妻子雲氏發明的。

《孔子家語》中說：「孔子之郯，遭程子於途，傾蓋而語終日。」這裏的「蓋」指的就是「傘」。《史記·五帝本紀》記有與傘同類的雨具，可見傘在中國已有數千年歷史了。

最早稱傘為「華蓋」。唐朝李延壽寫的《南史》和《北史》才正式為傘定名。古時的傘，是達官顯貴的裝飾品和士大夫權勢的標誌。帝王將相出巡時，長柄扇、「萬民傘」左簇右擁，乘坐的車輿上張著傘，表示「蔭庇百姓」。

官位、職務不同，「羅傘」的大小、顏色都有著嚴格的區分。這一慣例一直傳到明朝。紙傘是漢朝以後出現的，唐朝時傳入日本，16世紀才傳入歐洲。

古人如何理髮

很久以前，人們認為頭髮受之於父母，不能隨便剃除，故當時男女都留長髮，一般是長髮披肩或束成髮髻，男子成年加冠，所謂「男子二十而冠」；女子長大後用簪束頂，所謂「女子十五而笄」。這是古人修飾頭髮

的方式。

到漢代，首次出現了以理髮為職業的工匠。

南北朝時期，南朝梁的貴族子弟都削髮剃面，那時的理髮業已經開始起步，出現了專職的理髮師。

到了宋代，理髮業已比較發達，出現了專門製造理髮工具的作坊。朱熹在注疏《詩經》的《周頌》中的「其此如櫛」句裏說：「櫛，理髮器也。」那時，理髮師又被稱為「待詔」。後來，理髮逐漸發展成一種技藝。

元、明代時，人們理髮更為普遍。

但清代以前的理髮方式，主要是洗、梳頭髮，整理式樣。

到了清代，滿族統治者為了長久統治的需要，下令強制男子一律剃頭梳辮，並威脅「留頭不留髮，留髮不留頭」。受此影響，理髮業便空前發展起來，到處都有理髮師挑著擔子，手執理髮用的鐵夾，沿街召喚，為人理髮。

清康熙年間，中國第一個理髮店出現在奉天府（今瀋陽市）。不過當時的理髮店裏設備簡陋、技術水準很低，主要服務對象是男子。

辛亥革命以後，許多在日本的中國理髮師紛紛回國開設理髮店，這才開始使用新式工具為男子理髮。

直到五四運動以後，女子才風行剪短髮。

趣味鏈結：中國男人從何時開始留短髮

很久以前，不管是中國還是歐洲，不分男女，人們留的都是長髮，只是梳頭盤髮的方式有所不同而已。

中國男人留短髮是在辛亥革命以後的事，那時整個社會都認為男人剪掉長辮子就是「革命」。

一本書讀懂中國文化知識

中國古代的鞋

鞋在中國有著相當悠久的歷史，不同的歷史時期，人們穿不同的鞋。

在新石器時代，我們的祖先就懂得用草、麻、葛編織成履。

漢代，祭服穿舄，朝服穿靴，燕服穿屨，出門則穿屐。另外，人們也穿布帛鞋，這種布帛鞋的鞋頭多呈分叉狀，底用麻線編織，又被稱為「雙尖翹頭方履」。

魏晉時期，一般鞋的前端織有雙獸紋飾，配色和諧，鞋款優美。

北齊時，上至皇帝大臣，下至黎民百姓，都流行穿屐。所謂屐，指有木齒的鞋，它由扁、系、齒三部分組成。

至唐代，官民都穿靴，只是式樣略異。女子還流行穿軟底透空錦勒靴。

宋代，男性多穿小頭皮鞋，女性所穿鞋多為圓頭、平頭或翹頭，上面也飾各式花鳥圖紋。

元末，女性流行穿鞋頭高聳、鞋底扁厚的布帛鞋，這種布帛鞋可以使女性的身材顯得格外修長。

明代，官員穿靴或雲頭履（朝鞋），儒生多穿黑色雙梁鞋，平民百姓則穿布鞋、蒲草鞋或牛皮直縫靴，纏足婦女穿以樟木為高底的弓鞋（木底露在鞋幫外邊的叫「外高底」，木底在鞋幫裏邊的叫「裏高底」）。在地域上，北方男人多穿菱紋綺履，江南男人多著棕麻鞋。

清代，皇帝上朝時穿方頭朝靴，官吏公服為黑緞靴，武弁穿快靴（稱「爬山虎」），高級官員多穿牙縫靴，鞋頭逐漸由方變尖。在性別上，男鞋以尖頭鞋為主，其材料夏秋用緞，冬則用絨；並且有厚底、薄底之分，面為單梁或雙梁，鞋幫有刺花或鞋頭為如意頭卷雲式；女鞋的鞋底多為木質，高一寸至五寸不等，其底形為上寬而下圓，被人們稱為「馬蹄底」，另外，其鞋面常為綢緞所製，上施五彩刺繡，有的貴族婦女還在鞋面上鑲

嵌各種珠寶。

趣味鏈結：涼鞋、高跟鞋、靴和弓鞋是如何發展而來的

涼鞋由拖鞋演變而來。拖鞋，始於漢代。隨後，相繼演變出了麻涼鞋、布涼鞋、皮涼鞋等。為寄寓吉祥如意的願望，古人常在涼鞋上繡以龍鳳等吉祥圖案。

六朝時中國已有高跟木屐；滿族婦女古時所穿的旗鞋，有的跟部中央高達五寸以上。

靴，原為中國北方游牧民族所穿，又稱「馬靴」和「高筒靴」，有旱靴、花靴、皮靴、氈靴、單靴、棉靴、雲頭靴、鵝頂靴等各種樣式。

南北朝時期，靴在北方廣泛流行，且普及到江南；唐代，靴已官庶咸宜；宋代始出現女靴；元代盛行高麗式靴；明代雖禁止庶民百姓穿靴，但仍出現了許多似靴像屢的短筒靴；清代男子著便服以鞋為主，穿公服才著靴。

另外，特別值得一提的是纏足。

民俗學家認為，纏足始於南唐，俗稱「三寸金蓮」。纏足婦女所穿的鞋，形似翹首的鳥頭，鞋底為木質，彎曲如弓，故稱「弓鞋」。弓鞋原本指彎底鞋，後泛指纏足婦女所穿的小腳鞋子。

元、明兩代規定只許富裕人家的女子纏足，這一時期弓鞋的鞋底多為4～5寸高。

到了清代，滿族婦女也穿漢族女性的「三寸金蓮」。雖然清政府多次禁止旗人纏足，但屢禁不止，許多旗女仍對「三寸金蓮」情有獨鐘，纏足之風極盛。弓鞋式樣多，有眠鞋、換腳鞋、尖口鞋、踏堂鞋、網子鞋、蓮鞋、棉鞋、套鞋、喪鞋、坤鞋、合臉鞋等數百種。考究的弓鞋在鞋頭、鞋底、鞋裏和鞋幫上繡滿了各種吉祥圖案，有錢人家女子的弓鞋跟上還加綴明珠等飾物。

古人用什麼洗滌劑

在古代，人們用什麼東西來洗汙漬呢？

草木灰是古人最早使用的洗滌劑。《禮記・內則》載有：「冠帶垢，和灰請漱。」意即：繫帽子的帶子髒了，就和著草木灰洗。其原理是草木灰中的碳酸鉀能去除油汙。

又據《考工記》記載，古人為使絲帛柔軟潔白，用草木灰水將絲帛沾濕後，放入貝殼燒成的灰，加水浸泡。其原理是草木灰水和貝殼灰可以發生化學反應，產生去汙力強的強鹼——氫氧化鉀。

先秦及秦漢時，糧食浸泡液是人們常用的洗滌劑。糧食浸泡液即將糧食浸泡在水中，達到一定程度即可以洗去汙垢，在當時的條件下，這的確是一種取之容易的洗滌劑。

另外，皂美也是古人的洗滌劑。南宋時出現了一種橘子大小、用皂美粉做成的圓團，周密在《武林舊事》中記載了它的名字：肥皂團。把它放入水中，能發泡去汙。後來，從西方傳入的和它功效相似的洗滌劑，就也叫「肥皂」了。

南北朝時，用豬胰去垢已被賈思勰提到過。而且，唐代「藥聖」孫思邈的《千金方》裏也有一個配方：將洗淨的豬胰研磨成粉狀，加豆粉香料做成顆粒。這就是古代的胰子，也叫澡豆。

後來人們又把胰子和香鹼合在一起，做成團，《兒女英雄傳》中所說的桂花胰子、玫瑰胰子就是這樣做成的。

趣味鏈結：什麼時候製造出了現代肥皂

《兒女英雄傳》第三十七回寫長姐兒洗去手上的煙油氣味時，這樣寫道：「洗了又洗，搓了陣香肥皂、香豆麵子，又使了些桂花胰子、玫瑰胰子。」

這部小說成書於清道光年間。難道那時候就有和今天所用的肥皂一樣的「香肥皂」？答案是否定的。

中國最早的「洋皂」工廠是由英國人於19世紀後期創辦的。光緒年間，開始有中國人嘗試製「皂」，但是只研製出流質肥皂，而沒有成功研製出固體肥皂。

近代著名化學家徐壽的兒子徐建寅於1880年到巴黎考察了兩家肥皂廠，並詳細記錄了肥皂製作工藝。1912年，原本在美國學農的穆藕初改學肥皂製造，兩年後回國，打算創辦自己的肥皂廠，但因為製皂所需的重要原料被外國公司所壟斷，只好半途而廢。

與此同時，一個名叫方液仙的人也在為生產出屬於中國人自己的肥皂默默耕耘著。1912年，他在上海以一萬元資本辦起一個小作坊，後來發展為中國化學工業社。1920年，屢經挫折的方液仙終於成功研製出物美價廉的「剪刀牌」肥皂。

不料，「剪刀牌」商標被英商利華肥皂公司搶注。無奈之下，方液仙只好將自己已經打響的肥皂品牌更名為「箭牌」。雖然歷盡磨難，但終於成功生產出了自己的肥皂。

古人吃飯的禮俗

很早以前，古代的人們就形成了一系列的飲食禮儀。因為古人把飲食看做是禮儀最直接的表現形式，所以，飲食必須遵守一定的禮儀規範。

首先，古人吃飯很講究飯菜的擺放方式和賓主的坐席，並藉此體現出一定的禮儀規範。從周代開始，在貴族階層設宴招待賓客的場合，尤其講究飲食的禮儀規範。

他們席地而坐，餐具直接放在席上。飯菜要這樣擺放：左邊依次為帶骨的熟肉、主食（飯）；右邊依次為大塊的熟肉、酒和飲料；在最裏邊放醬酪調料，外邊放烤肉，右旁放著蒸蔥；乾肉脯類的菜肴，彎曲的在左，

挺直的在右。若是燒魚，以魚尾向著賓客；若是乾魚，則以魚頭向著賓客；冬天魚肚向著賓客的右方，夏天魚背向著賓客的右方。

　　為什麼要如此講究呢？原來這是為了敬客、尊長，以及食用方便。這些擺設次序，在家裏以尊長的座位為準；宴請客人時，則以最尊貴的客人所坐席位為準。宴飲開始之前，要進行進食的禮儀，賓先主後說一些互相感激的話。然後再行祭食的禮儀，以報答先祖，表示不忘本。

　　其次，無酒不成宴席，古人在宴席上總是離不開酒，而古人喝酒時也會有很多禮儀。宴席上祭食禮儀後，便接著行飲酒的禮儀。主人舉杯向賓客敬酒，叫做「獻」；賓客回敬主人，叫做「酢」；主人先自飲酒，再勸賓客飲酒，這叫做「酬」。飲酒時要小口細品，而不能大口喝酒，更不能喝得酩酊大醉，否則就會大出洋相，甚至招來殺身之禍。

　　再次，筷子是中華飲食文化中所獨有的一大特色，用筷禮儀也就成為古人飲食禮儀中的主要內容之一。古代用筷禮儀很多，客人不得持筷過「河」夾菜，也就是不要將筷子伸得老遠去夾飯桌對面的菜肴，寧可不吃，也應當遵守不持筷越「河」的禮儀。

　　用筷子為別人夾菜也要看具體情況。雖然為夾菜可以表示尊重和熱情，不過，當主人老是用自己的筷子給人夾菜時，雖熱情有餘，但會令有的客人難以接受。據說袁世凱在宴席上喜歡給客人夾菜，即便是筷子上自己的口水欲滴，客人也不敢不吃。「袁府盛宴佳餚美，總統筷上口水鮮」，說的就是這種尷尬的局面。雖說「禮多不為怪」，但這種不衛生的「禮」顯然令人難以接受。

　　另外，除了自己要講究飲食禮儀之外，古人還注重加強對子女飲食禮儀的教育。

趣味鏈結：從《鴻門宴》中的坐席可以看出什麼

　　《鴻門宴》記載：「項王、項伯東向坐；亞父南向坐，亞父者，范增也；沛公北向坐；張良西向侍。」據此，我們可以從中看出什麼呢？

　　原來，漢代宴席賓主之間，一般以向東的座位為尊，其次是向南的座

位，再次是向北的座位，最末是向西的座位，且該座位常常是陪席。項羽留沛公吃飯，劉邦為客，應東向坐。但項羽自己「東向座」，傲然居於尊位，而且項伯、范增也居於尊位，劉邦、張良居下位。這反映了項羽的驕橫，也反映了劉邦的隱忍。

餃子的由來

餃子是歷史悠久、南北通食的一種食品，至今已約有1400年的歷史了，深受老百姓的歡迎。

古時候，人們在年三十晚上十二點以前將餃子包好，待到子時吃，因為這時正是正月初一的伊始，也是辭舊迎新之時，吃餃子取「更歲交子」之意，「子」為「子時」，「交」與「餃」諧音，有「喜慶團圓」和「吉祥如意」的意思。

餃子形如元寶，人們在春節吃餃子取「招財進寶」之意。另外，餃子有餡，便於人們把各種吉祥的東西包到餡裏，以寄託人們對新的一年的祈望。

據說，餃子與古代醫聖張仲景有關。他從長沙太守任上告老還鄉後，在南陽白河岸邊，看見很多窮苦百姓忍飢受寒，耳朵都凍爛了。當時傷寒肆虐，病死無數。他心裏非常難受，決心繼續懸壺濟世。於是，他仿照在長沙的做法，叫弟子在南陽東關的一塊空地上搭起醫棚，架起大鍋，在冬至那天開張，向窮人捨藥治傷。

張仲景向窮人施捨的藥名叫「祛寒嬌耳湯」，其做法是將羊肉、辣椒和一些祛寒藥材放在鍋裏煮，煮好後再把它們撈出來切碎，用麵皮包成耳朵狀的「嬌耳」，下鍋煮熟後分給乞藥的病人。每人兩隻「嬌耳」、一碗湯，人們吃下後渾身發熱、血液通暢、兩耳變暖，因此抵禦了傷寒，治好了凍耳。

張仲景開棚捨藥一直持續到除夕。人們為了慶祝新年，也為了慶祝

爛耳康復，就仿「嬌耳」的樣子做過年的食物，並在初一早上吃。取「嬌耳」的諧音，他們把這種食物稱為「餃耳」、「餃子」，以紀念張仲景捨藥治人的義舉。後來，這慢慢演變成了過年吃餃子的習俗。

如今，餃子這一佳餚在給人們帶來歡樂的同時，已成為飲食文化大觀園裏的一朵奇葩。

趣味鏈結：湯圓的起源

相傳，隋煬帝楊廣為粉飾太平，炫耀國泰民安，下令在都城洛陽搭起一排高臺戲棚，調來全國各州府著名戲班，從十五日夜起，連續演戲一個月，以示歌舞昇平。

從此，洛陽城每夜華燈高照，弦歌不絕。一時，看燈的、聽戲的、做小買賣的，熱鬧非凡，整個洛陽城沸騰了起來。那些開小吃鋪的為了賺錢，挖空心思，做出各式各樣人們愛吃的夜點。

其中，有一位小吃鋪老闆別出心裁，把糯米磨成粉，包以糖餡，做成團子，放進水裏一煮，吃起來清新爽口、美味異常，既飽肚子，又暖身子。人們看著新鮮，吃著有味，這種糯米團子便風行起來。古時稱正月十五為「上元」，夜晚叫「宵」。因為湯圓是在「上元」、「宵夜」時吃的，所以，它又叫做「元宵」。

後來，每年元宵節時，家家戶戶都吃「元宵」。爾後，吃「元宵」寄託著人們渴望團團圓圓的美好願望，並成為一種喜慶風俗沿襲到現在。不過，現在的「元宵」除了是元宵節的應節食品外，也成為平時流行於民間的風味小吃。

饅頭話古

日常生活中，人們食用的「饅頭」，是屬於一種用麵粉發酵蒸成的食品，形圓而隆起。說起饅頭，還有一個有趣的故事。

傳說三國時期，諸葛亮南征孟獲時，要渡過瀘水。那時瀘水一帶，人煙極少，瘴氣很重。諸葛亮手下有人就提出一個迷信的主意：要殺死一些「南蠻」的俘虜，用他們的頭去祭瀘水的河神，才能保證蜀軍渡河時的安全。諸葛亮沒有殺俘虜，但為了鼓舞士氣，他還是用軍中帶的麵粉，和成麵，捏成人頭的模樣蒸熟，當做祭品，來代替「蠻頭」去祭祀瀘水的河神。

從此以後，這種麵食就流傳了下來，並且傳到了北方。但是稱為「蠻頭」實在太嚇人了，人們就用「饅」字換下了「蠻」字，寫作「饅頭」。

這只不過是民間傳說而已，而實際上，饅頭在東漢時就已經出現了。晉代時不叫饅頭，叫「蒸餅」。蕭子顯在《齊書》裏說，西晉永平九年（西元299年），規定太廟祭祀時用「麵起餅」。宋代程大昌在《演繁露》一書中解釋說，「麵起餅」是「入酵麵中，令鬆鬆然也」。無疑「麵起餅」就是發酵的麵食，即饅頭了。

趣味鏈結：包子的由來

包子大約在三國時期出現。包子有餡，饅頭無餡。但包子原名卻是「饅頭」，晉代束皙〈餅賦〉說，初春時的宴會上宜設「饅頭」。這裏所說的「饅頭」就是包子。

包子這個名稱，始於宋代。北宋陶穀的《清異錄》就談到當時的「食肆」（賣食品的店鋪）中已有賣「綠荷包子」的。南宋《都城紀勝》中說，臨安的酒店有包子酒店，包子酒店專賣鵝鴨肉餡的包子。可見此時人們食用包子已很普遍了。

有個有趣的故事：宋朝時，有個叫孫琳的大夫，為宋寧宗治病，就是用饅頭包大蒜，淡豆豉，每日服三次，三日後病除，被時人視為神醫。

宋代詩人陸游的〈蔬園雜詠·巢〉詩云：「昏昏霧雨暗衡茅，兒女隨宜治酒肴，便覺此身如在蜀，一盤籠餅是豌巢，」陸游的注釋為：「蜀中雜麂（即豬），肉作巢（即餡）饅頭，佳甚，唐人止謂饅頭為籠餅。」由此可見，當時四川用豬肉、麵做的包子，就已經很有名了。

油條的來源與秦檜有關嗎？

油條的原名叫「油炸檜」、「油炸鬼」，據說最早是南宋臨安（今杭州）人先做出來的。

南宋年間，賣國宰相秦檜和他的老婆王氏，在東窗定下了毒計，把精忠報國的岳飛殺死在風波亭裏。消息一傳開，老百姓個個義憤填膺，紛紛議論此事。

當時，在臨安城裏的眾安橋頭，有兩家相鄰的小食攤，王二賣芝麻蔥燒餅，李四賣油炸糯米團。

有一天，兩人談起秦檜害死岳飛的事情來，李四氣得敲著案板：「秦檜，你這個賣國賊，我恨不得把你……」王二說：「李四哥別性急，你看我來收拾他們！」說著，從案板上摘了兩個麵疙瘩，捏成兩個麵人：一個是吊眉毛大漢，另一個是翹嘴巴女人。他抓起切麵刀，往那吊眉毛大漢的頸項上打橫一刀，又往那翹嘴巴女人的肚皮上豎著一刀，對李四說：「你看怎樣？」李四點點頭，說：「很好！不過，這還不夠！」說完，他回到自己的攤子那兒，把油鍋端到王二的爐子上，又將那兩個斬斷切開了的麵人重新捏好，背對背地黏在一起，丟進滾開的油鍋裏去炸。

他一邊炸麵人，一邊叫著：「大家來看油炸檜囉！」過往行人紛紛圍攏過來，看著油鍋裏有這樣男女兩個人，被滾油炸得吱吱響，就明白是怎麼回事了。他們心裏很解恨，也跟著附和起來：「快來看呀，油炸檜了！」

當初，老百姓吃「油炸檜」是為了消解心中的憤懣。但因其味道還真不錯，價格也低廉，所以吃的人就越來越多。一時間臨安城裏城外的很多攤位，也跟著做起來，以後就漸漸地傳到了外地。

後來，人們覺得捏麵人太費事，就用兩根麵條來代替，一根算是秦檜，一根算是王氏，用棒兒一壓，扭在一起，放到油鍋裏去炸。之後，因

為其長條的形狀，所以人們把它改叫為「油條」。

趣味鏈結：「點心」的叫法始於何時

關於「點心」叫法的起源，據民間的傳說是梁紅玉擊鼓退金兵之時，見到將士們夜以繼日地血戰沙場，英勇殺敵，屢建奇功，大為感動，隨即下令其手下烘製備受民間喜愛的美味糕餅，派人送往前線，犒勞將士，以示「點點心意」。

以上只是一個傳說而已。其實，據有關烹調資料記載，「點心」這個叫法起源的時間，比這個民間傳說所描述的時間要早得多。

宋人吳曾所撰的《能改齋漫錄》有載：「世俗例以早餐小食為點心，自唐代之時，已有此語。」唐人鄭修為江淮留侯，家人備夫人晨饌，夫人顧其弟曰：「治妝未畢，我未及餐，爾且可點心。」吳曾與梁紅玉處於同一時代，其書成於高宗紹興二十四年至二十七年間，所載唐人鄭修一事有根有據，應當足信。

古代的炊具都有哪些

古代的炊具包括灶、鼎、鬲、甑、釜、甗、鬶、斝等類別，其中又以灶為核心用具。

最原始的灶是在土地上挖成的土坑，直接在土坑內或在其上懸掛其他器具進行烹飪。這種灶坑在新石器時代廣為流行，並發展為後世的用土或磚壘砌成的不可移動的灶。

新石器時代中期發明了可移動的單體陶灶，為商周秦漢各代所繼承，並發展出了銅或鐵鑄成的爐灶，較小的可移動灶稱為灶或鏇，實際就是爐。

鼎是先秦時期的主要炊具之一，商周時期盛行青銅鼎，有圓形三足，也有方形四足。因功能的不同，又有鑊鼎、升鼎等多種專稱，主要是用來

煮肉和調和五味的。

鬲產生於新石器時代晚期，至戰國時已漸趨消亡，故秦以後的文獻中此字已很少見。陶鬲是炊具，青銅鬲則同時也作為祭祀用的禮器而存在於夏商周時期。

甑就是底面有孔的深腹盆，是用來蒸飯的器皿，它的鏤孔底面相當於一面箅子。甑只有和鬲、鼎、釜等炊具組合起來才能使用，相當於現在的蒸鍋。自新石器時代晚期產生後，甑便綿延不絕，今天的廚房中仍能見到它的遺風。

釜就是圓底的鍋。它產生於新石器時代中期，商周時期有銅釜，秦漢以後則有鐵釜，帶耳的鐵釜或銅釜叫鍪。釜單獨使用時，需懸掛起來在底下燒火，大多數情況下，釜是放置在灶上使用。

甗是一種複合炊具，上部是甑，下部是鬲或釜，下部燒水煮湯，上部蒸乾食。陶甗產生於新石器時代晚期，商周時期有青銅甗，秦漢之際有鐵甗，東漢之後，甗已不使用。

將鬲的上部加長並做出流，一側再安裝上把手就成了鬹，它只流行於新石器時代晚期的大汶口文化和山東龍山文化。

斝外形似鬲，而腹與足分離明顯。陶斝產生於新石器時代晚期，當時也是空足炊具之一。進入夏商周時期的斝變為三條實足，且多以青銅製成，但已是酒具而不是炊具了。

趣味鏈結：古代的盛食具

盛食具指進餐時所使用的盛裝食品的器具，相當於今天所說的餐具，包括盤、碗、盆、盂、缽、豆、敦、俎、案等類。

新石器時代已廣泛使用陶盤作為盛食器皿，自此而後，盤一直是餐桌上不可或缺的用具，直到今天仍與我們朝夕為伴。

碗最早產生於新石器時代早期，歷久不衰且品類繁多。商周時期稍大的碗在文獻中稱為盂，既用於盛飯，也可盛水。碗中較小或無足者稱為缽，或寫作缽，也是盛飯的器皿，後世專以缽指稱僧道隨身攜帶的小碗。

盤之大而深者為盆，新石器時代的陶盆均為食器，式樣較多，秦漢以後食盆的質料雖多，但造型一直比較固定，與今天所用基本無別。

盤下附高足者稱為豆，豆即是此類物品的泛稱，也專指木質的豆，陶質豆稱為登，竹質的豆則稱為籩，都是盛食的器皿。

平板下安有足謂之俎。俎即可用來放置食品，也可用作切割肉食的砧板，故鴻門宴上張良自謂「人為刀俎，我為魚肉」，其意昭然。

案的形態功用與俎多有相似，但秦漢及其後多言案而少稱俎。食案大致可分兩種，一種案面長而足高，可稱几案，既可作為傢俱，又可用作進食的小餐桌；另一種案面較寬，四足較矮或無足，上承盤、碗、杯、箸等器皿，專作進食之具，可稱為棜案，形同今天的托盤。

古人如何清潔口腔

在牙刷發明之前，古人是如何清潔口腔的呢？

早在西元前3000年左右，中國就已經有了保護牙齒、清潔口腔的記載。為了追求《詩經‧衛風‧碩人》中形容的「齒如瓠犀」（牙齒如同葫蘆子一樣整齊潔白）的境界，古人常用鹽水來漱口，以保持口腔衛生。如春秋時期的《禮記》中就載有：「雞初鳴，咸盥漱」；唐代孫思邈著《備急千金要方》中也載有：「每旦以一撚鹽內口中，以暖水含⋯⋯口齒牢密。」

除了用鹽水漱口之外，中國古人還採用咬楊枝的方式來清潔口腔。根據佛教經典記載，僧侶們「每日旦朝，須嚼齒木，揩齒刮舌」，其中的「齒木」即楊枝。咬嚼這種楊枝，可以摩擦牙齒表面，祛除細菌，保持衛生。

佛經《華嚴經》上還歸納了嚼楊枝的幾大好處，如消宿食、除痰疾、解眾毒、去齒垢、發口香等，這也許和現在嚼口香糖有異曲同工之處吧。

古醫書《外臺祕要》上也載有人們咬楊枝清潔口腔的習慣：用楊枝將

其一頭咬軟，蘸了藥物揩牙，可使牙「香而光潔」。這種方法源於印度，印度人稱楊枝為「齒木」。唐長安大薦福寺僧人義淨在《南海寄歸內法傳》中也記載了楊枝「食罷去穢」。

除了咬楊枝之外，人們還因地制宜地找尋其他合適的潔牙材料，如柳枝、槐枝、桃枝、葛藤等。這些材料與楊枝一樣，有苦、澀、辛、辣的味道，人們用「嚼」枝條的方法來潔齒。李時珍也說，用嫩柳枝「削為牙枝，滌齒甚妙」。

隨著人類文明的推進，人們發明並開始使用專門的刷牙工具。據考證，遼代應曆九年（西元959年）就有了植毛牙刷，到趙匡胤建宋（西元960年）之後，史書上關於牙刷的記載就更多了。

如周守忠撰寫的《養生類纂》一書中就載有：「早起不可用刷牙子（即牙刷），恐根浮兼牙疏易搖，久之患牙痛。蓋刷牙子皆是馬尾為之，極有所損。」可見，當時已從植毛刷發展到馬尾刷。只是由於當時的牙刷粗製濫造，對清潔口腔的作用有限，所以人們比較輕視它。

到了元代，人們才漸漸開始重視使用牙刷，這一情形可由郭鈺的詩「南州牙刷寄來日，去膩滌煩一金值」中略窺一斑。而且，此時的牙刷已經是現代形制的牙刷：柄如短簪，由玳瑁製成，刷毛是白色馬鬃，由白色絲線鎖固在刷柄上。

趣味鏈結：古代也有「牙膏」

為了保護牙齒，古人可真是動了不少腦筋。尤其是古代社會中身分比較高的人士，更是使用多種漱口方式來保持口腔衛生。西方牙膏進入中國是近代以後的事情，而古人使用的「牙膏」，卻是五花八門。

酒、醋、鹽水、茶及溫水是古人最早用來漱口的「牙膏」。酒、醋、鹽水等有解毒殺菌的功能。尤其是鹽，古人認為用鹽刷牙是治療牙周病的有效方法，「清旦鹽刷牙，平日無齒疾」說的就是這個意思。

古人用茶漱口，是因為他們相信用茶漱口能去除油膩，調和脾胃，還能使牙齒堅硬不脫。據現代藥理分析，茶中含有氟和維生素，可以防蛀，

同時可以保持口腔清潔。這說明古人用濃茶漱口是符合科學原理的。

而在6世紀時的南朝梁，出現了一種由皂角、荷葉、青鹽等各種藥物研熬而成的名為「口齒烏髭」的東西。這種東西對牙齒有增白留香、消炎鎮痛的作用，還兼可黑髮美容，可謂一舉兩得，堪稱是中國有記載的最早的藥物牙膏。

到了唐代，古人開始用天麻、藁本、細辛、沉香、寒水石等研粉擦齒，以香口潔齒。五代時期又出現了複方配製的潔牙劑。宋代的《太平聖惠方》中已載有詳細的藥膏潔齒法。

以後，古人又逐漸在牙齒清潔劑中加入金銀花、野菊花、蒲公英、藿香、佩蘭等清熱解毒的中藥。這樣做既能保持口腔清潔，又可治療口腔疾病。

而沿襲至今的管裝牙膏則是19世紀末期才開始從西方傳入中國的。不過當時管裏面裝的是牙粉，用起來並不太方便。二戰之後，牙膏的化學成分才真正定型，並普遍為人們所接受。

古代婦女如何化妝

化妝術在中國很早時候就有了。單從出土的戰國時期楚俑，便可看出當時已有敷粉、畫眉及胭脂的使用，甚至可追溯到之前的夏、商時期，民間就已開始使用化妝品了。

古代的農業社會一向自給自足，連化妝品也不例外，大都以天然植物、動物油脂、香料等為原料，經過煮沸、發酵、過濾等步驟而製成。先秦時期，人們已懂得用紅顏色塗在臉上當胭脂，將瓊（即美玉）掛在耳上做裝飾品。秦朝時，已有人用修畫眉毛、臉上塗紅來化妝了。

到了漢朝時，女子化妝很是普遍，化妝品也有所發展。當時不僅已能製作化妝用的粉，而且可以專門生產顏料。

隨著社會的發展，一些貴族婦女已不滿足於一般的塗脂抹粉，她們

爭奇鬥豔地在臉上畫上各種花紋圖案，或將翠珠、金鉑鏤貼在臉上做「妝靨」。南北朝的宋武帝劉裕之女壽陽公主，就曾摘取梅花，黏貼在前額上，作為裝飾，時人稱為「梅花妝」。後來，「梅花妝」便流行開來，歷經隋唐五代，至宋代時仍盛行不衰。

晚唐時最為流行的化妝是花鈿或花子，即在妝靨中貼上去的花紋圖案，大都貼在額上、眉間、兩頰、鬢旁。

唐時婦女盛行化妝，出現了很多化妝名稱，如催妝、紅妝、曉妝、醉妝、淚妝、桃花妝、仙蛾妝、血暈妝等。

古代化妝人多為貴族婦女，化妝時多有婢女相助，往往要花一兩個小時，有時半天才能完畢。而民間女子一般只有在出嫁時才能精心化妝一番。

在強調女性「大門不出，二門不邁」的古代社會，「女為悅己者容」無疑是女性最大的樂趣及關注所在。古代婦女不僅以粉飾面，兩頰塗胭抹紅，修眉飾黛，點染朱唇，甚至用五色花子貼在額上，增添美麗的效果。

趣味鏈結：脂粉的由來

胭脂，又稱燕支。原產於西域地區焉支山的一種野生植物「紅藍花」。紅藍花初開時呈粉紅色，並有一股迷人的香氣，它越瀕臨乾枯，顏色越鮮豔，香氣也越濃烈。據傳當時即有人採乾枯的紅藍花，軋短磨細，加水調合成紅色液體，將棉花浸泡其中，使用時塗於面頰，淡紅如暈，色憨面美。

隨著西域道路的開通，胭脂遂傳入內地。秦漢時期，女子或將胭脂摻入米粉調成糊狀，或包在軟綢裏，儲放在胭脂缸中。婦女晨起梳妝，先敷粉再塗胭脂，匹配成雙。漢代婦女崇尚桃花面，她們在粉中加入一定比例的胭脂，調成「紅粉」搽在臉上豔如桃紅。這種桃花面一直傳至隋唐兩代。

塗脂抹粉是歷代婦女美化自己生活的重要方面，故稱「紅妝」。漢以後盛行，宋明時期，儘管婦女的妝飾習俗有所變化，但塗脂抹粉一直未被

棄置，直到近代女學堂興「淡妝雅服」，施脂抹粉的「紅妝」習俗才開始走向衰落。

古人在夏天如何消暑

早在三千多年前，中國古人就已經懂得在夏天利用冰來消暑了。他們會把冬天的冰保存下來留到夏天用，或者自己製冰來消暑。

《禮記・月令》記載了上古天子之禮：每年隆冬季節，江河之水凍結實了，天子便命人鑿冰窖藏；來年仲春，又命人開窖取冰，與羔羊一起，拿到宗廟作為祭品參加祭祀。祭完了，餘下的冰留給自己夏日享用。

在周代，官府裏有專門負責取冰、用冰的官員——「凌人」。

東漢末年，曹操在鄴城設冰井臺藏冰。

唐代時，京城出現了專門靠買賣冰塊而發財的商人。到了唐末，人們在生產火藥時開採出大量硝石，發現硝石溶於水時會吸收大量的熱量從而使水結冰。根據這一發現，人們便開始在夏天製冰了。《酉陽雜俎》中就詳細記載了當時製作冷飲的方法。

到了宋代，市場上冷食的花樣更為繁多了，商人們還在裏面加上水果或果汁。比如「雪泡豆兒水」、「雪泡梅花酒」等。

元代時，官府開始了霜淇淋的生產。商人甚至在冰中加入果漿和牛奶，這和現代的霜淇淋已十分相似了。為了保守製作工藝的祕密，皇室以外的人禁止製造霜淇淋。

明劉侗、于奕正著《帝京景物略》載：「立夏日啟冰，賜文武大臣，編氓（平民）得買賣。」說的就是明代官府頒冰和民間賣冰的事。北京北海瓊華島上原有一座「雪池冰窖」，是當年北京最大的冰窖，專供皇帝使用。

此外，還有多處官府冰窖，都由工部掌管。每年伏日開始，到立秋日止，各衙門官員都能領到工部發放的「冰票」，憑票領冰。民間賣冰有兩

個來源：一是民間窖藏冰，二是官府冰窖藏冰。民間怎麼會買得到官府藏冰呢？原來，「頒冰」之制日久生弊，有些官員會將冰票低價倒賣給賣冰人，官冰就流入民間了。

清代，嚴辰在《憶京都詞》自注中說：「冰窖開後，兒童舁賣（抬著賣）於市。只須數文錢，購一巨冰，置之室中，頓覺火宅生涼。余嘗戲為水晶山。南中無此物也。」不但有賣冰的，還有賣冰鎮食品的，常見的冰鎮食品有冰鎮杏乾、冰鎮柿餅、冰鎮酸梅湯等。

趣味鏈結：中國古代也有冰箱和霜淇淋

中國在很遙遠的古代就有「冰箱」了。周代設有「凌人」一職，其職責是在隆冬時節組織鑿冰、藏冰，待到來年開春時用來製作一種名叫「鑑」的容器。

「鑑」的外形就像甕，古人把冰塊放入「鑑」內製成冰鑑，再把各種熟食或酒水放入其中冷藏，冷藏效果跟現在冰箱的冷藏效果差不多。周人常舉行祭祀，祭祀完畢後，諸侯、大夫等按爵位高低領取祭肉——牛肉、羊肉、豬肉等。因為祭祀所持續的時間往往很長，所以要想讓祭肉不腐敗變質，就必須發揮這「冰箱」的冷藏作用了。

霜淇淋的發明也跟中國古人有點關係。在宋代，民間經濟繁榮，冷食花樣百出。如人們把水果或果汁加到冰塊裏做成冷飲。到了元代，蒙古人喜愛奶食，他們就把果漿、牛奶加入冰裏，這種冷飲就是霜淇淋的雛形了。後來，馬可·波羅把這種製作冷飲的方法帶到了歐洲。

1560年，法國卡特琳皇后的一個私人廚師，為了給她換換口味，便把奶油、牛奶和各種香料一起倒進冰裏，結成了一種半凝固狀的冷食，現代意義上的霜淇淋就這樣誕生了。

古代人如何畫押

所謂「畫押」，是指在文書、字畫、契約上署名或者標記，也可稱做「簽名」、「簽字」。那麼，「畫押」是怎麼來的呢？

唐初，雖然唐太宗李世民曾下令不許群臣以草書在奏摺上署名，但在其他文書上還可用草書署名。因為草書形體花哨，所以用草書署名又被稱做「花押」。

到了宋代，人們在進呈公文時，文末大多不署名，僅寫上本人的字，稱做「押字」或「草字」。

「押字」一般都是正字體，上面一橫代表「天」，下面一橫代表「地」，設計時通常遵循特定的比例。最初是在文人間開始流行畫押，後來老百姓也開始模仿，出現了民間的「十」字押。在此之前一般用「指」押，就是將簽押人的食指按在合約上，用筆記下食指指端和下面兩個指節的位置（畫三個道）。

而簽署比較重要的合約時則用「掌押」（也稱「箕斗押」）方式，即將整個手掌沾滿墨汁畫押。古代朝廷在犯人轉移、關押、流放時，為了防止掉包，便強制犯人將大拇指沾上墨汁簽押在交換檔上。後來，這種簽押方式逐漸由官方流傳到民間，只是有的老百姓由於忌諱（這種簽押方式最初是用在犯人身上的）則採取了在畫押的位置畫個圈代表拇指押。

由於簽名或押字不能適用於文盲，所以文盲也可以畫圓圈代之。這就是「畫押」，或稱「畫花押」。

據說，宋代的王安石是「畫押」的創始人。他署名的習慣是只寫「石」字，而且寫了一橫一撇之後，於撇中腰畫一圓圈。可是由於他性子急，所畫的圈一般不是很圓，而且非常潦草，因此有人私下裏說他所寫的是一個「反」字。

王安石知悉後，意識到問題的嚴重性，於是就在把那個「口」字寫成

圓圈時儘量畫得圓一些。後來有人仿效他，但把那一橫一撇都省略了，僅剩一個圓圈，這就是「畫押」的由來。

除了「畫押」之外，古代還有一種「封泥」，又叫做「泥封」。它不是印章，而是古代用印的遺跡，即蓋有古代印章的乾燥堅硬的泥團，從而保留下來的珍貴實物。由於原印是陰文，印在泥上便成了陽文，其邊為泥面，所以形成四周不等的寬邊。

封泥的使用自戰國直至漢魏，直到晉以後由於竹木簡書信被紙張、絹帛逐漸代替才停止使用。後世的篆刻家從這些珍貴的封泥拓片中得到啟示，用以入印，從而擴大了篆刻藝術取法的靈感來源。

趣味鏈結：按手印是怎麼來的

自古及今，人們形成了在契約上按手印以表示誠信並相互約束的習慣。按手印的方式在當今社會仍然普遍存在，並且具有法律效力。那按手印是怎麼來的呢？

在古代，由於科技落後，筆跡鑑定技術還沒發明出來，於是手（掌）印成了主要的證據。1927年，德國的羅伯特・海因德爾在其著作《指紋鑑定》一書中斷定：中國唐代的賈公彥是世界上第一個提出用指紋識別人的學者。

其實，早在兩千多年前的秦代，人們就懂得用指紋破案了。根據在雲夢出土秦簡中的《封診式・穴盜》中的記載可知：秦代的司法人員已經將「手跡」作為破案線索，把它作為司法檢驗的一種物證。

唐代的許多文書、契約、遺囑上都有指紋、指節紋或掌紋，以此作為識別的重要手段。此後的歷朝歷代，都沿用了在文書上以指紋、指節紋或掌紋為鑑的辦法。

中國古代軍隊有《箕斗冊》，用以登記士兵指紋，以便檢查。這顯示古人早就懂得對指紋按形態、結構進行正確分類，並將這種分類應用於社會實踐。

按手印的方法一直流傳至今，其原因是每個人的指紋都具有唯一性，

用它來代表或識別一個人具有科學性和可操作性。

中國古代的名片

名片最早在秦漢時就開始使用了，它在西漢時叫做「謁」，又叫「刺」，是用竹木削製而成的。到了魏晉南北朝時，因為紙張的普及，名片也就改用紙製作了，當時被稱為「名帖」，也有稱為「名」或「名紙」的。歷經唐、宋、元、明、清五代，名片的使用就更加普遍了。我們重點介紹唐代和明清兩代名片的使用情況。

在唐代，投遞名片幾乎都與科舉相關。人們為了考取功名，除了頭懸樑、錐刺股、寒窗苦讀地學詩作文外，還必須求得達官貴人、社會賢良、文壇鉅子的賞識與舉薦，求取功名的士人在登門拜訪這些重要人物之前，必須先投遞名片以徵得他們的首肯。而名片的傳送多由看門的人代勞，得到主人允許後才能進入。

一旦考取功名，新科進士們交際應酬，名片也是不可或缺的。甚至連與青樓女子打交道也要使用名片，而且名片必須特地製成紅色熏香的，由此可見名片在唐代使用之普遍。

到了明清兩代，名片在社會交往中就更加盛行了，而且名片的使用還必須遵守一定的規矩和禮節。

首先，士人出門拜客，要先行「投刺」之禮，也就是投遞名片。在拜客應酬中，如果只投名片不見面，對這種虛情假意的禮節，人們是非常反感的。

其次，在使用名片上還反映出社會交際中人們的尊卑等級。如透過名片的顏色，可以看出名片主人的身分來。按照當時的禮節，位高權重的人才可以用紅名片。親王的名片就更加與眾不同了，他們的名片上會寫有「王」字或別號，人們只要看名片上寫的「王」字或別號，就知道是親王尊駕到了，之所以要這樣做就是為了顯示他們高人一等。

再次，在使用名片上還反映出一定的民俗禮儀。如果家中有親人過世，那麼就需要在姓的左角寫「制」字，或在自己的名片四周圈上黑框，以此向別人表示自己有喪事在身；已婚婦女的名片上要加上夫家姓氏，以表示自己已經有了婆家。

值得一提的是，從宋代開始還有一種由他人（一般為家僕）代為傳遞的名片。這種名片只限於逢年過節時作為慶賀用，因而上面書寫的內容較繁，多為恭敬、祝賀之詞，其功用就像後來的賀年卡。

趣味鏈結：古今名片的區別

古代名片與今天普遍使用的名片有以下三點區別。

第一，它們最大的區別就是，古代名片由主人親手書寫，而今天的名片則是找人印製。

第二，古代的名片因投送對象不同，落款會有所變化，一般要註明名片主人的身分。如註明「學生某某」、「門婿某某」等，也就是在名片上註明自己與對方的關係，而今天的名片則不會如此講究。

第三，古代的名片在尺寸、規格方面會很講究。唐代以小為貴，只有三四寸見方；明代名片越來越大，寬五寸，長達五尺，否則便是不敬；清末民初，西式名片以其潔白小巧、便於攜帶而被人們廣泛使用。

邸報：世界上最早的報紙

創始於西漢初期的《邸報》是中國最早的報紙，距今已有2100多年的歷史了。

《邸報》是因政治的需要而誕生的。西漢的行政管理實行郡縣制，全國設若干郡，郡下設縣。各郡在京都長安都駐有代表，其駐地被稱為「邸」，各郡代表的主要任務是做好皇帝和各郡長之間的聯絡工作，因傳遞資訊的需要，便產生了《邸報》。

而《邸報》的發展則是得益於科技的進步。

東漢年間，因為蔡倫發明了造紙術，使得《邸報》可以大量印製，其印製方法是先用毛筆寫成楷書，然後再用木板雕成單張。一般每頁13行，每行15個字。由此，《邸報》得到了進一步的發展，其發行規模逐步擴大。

到了唐代，《邸報》的發行已擴展到全國，各地的大小官吏是其主要讀者，而且此時的《邸報》內容也較以前更為豐富多彩，除了刊登皇帝的起居、行動、詔令、會議外，還登載奏章、敘任、賞罰、辭令、朝覲、通報等內容。

《邸報》開創了世界報紙的先河，而且發行時間也創世界報紙紀錄。從漢代開始，經過唐、宋、元、明、清共2000多年，中間雖然在名稱上有所變動，但其發行對象、性質、內容及格式基本上沒有變動。

到了清代，《京報》開始成為中國古代報紙向近代報紙過渡的標誌。

而中國近代的第一張報紙，是1858年在香港創刊的《中外新報》。另外，1864年（一說為1872年）創刊的《華字日報》、1872年創刊於上海的《申報》，以及艾小梅在漢口自辦的《昭文新報》，都是近代較早的報紙。

趣味鏈結：中國晚報的發展概況

晚報是城市社會經濟發展的產物，而上海一直以來都是中國經濟上開風氣之先的城市，所以中國晚報的發展與上海的淵源頗深。

中國的第一張晚報是由上海《滬報》社創辦於1882年（清光緒八年）的《夜報》，距今已一個多世紀了，可是這種晚報問世後不久就夭折了。

1909年，上海的《商情日報》也一度出過《晚報》。它的壽命也很短，不到一個月就停刊了。

1915年，在上海又出現了一張《愛國晚報》。該報以宣揚國民革命，反對袁世凱恢復封建帝制為宗旨，結果遭到上海軍閥當局和租界工部

局的封鎖而倒閉。

1920年5月，沈卓吾在上海創辦了《中國晚報》，這是中國第一種獨立經營的晚報。

在抗日戰爭前後，上海出現了敵晚報和抗日晚報並存的局面。如《華美》、《大晚》等是主張抗日的，頗受讀者歡迎。

「高枕」是否「無憂」

《戰國策》中載有：「事奏，則楚韓必不敢動，無楚韓之患，則大王高枕而臥，國必無憂矣。」成語「高枕無憂」就出於此，意思是太平無事，不必擔憂。它原是政治術語，指政治地位穩固可靠，在《三國演義》中，就有幾次用到。

但是，如果人們曲解其意，認為「高枕無憂」的意思是睡在高枕上有利於健康，那就錯了。因為從科學睡眠的角度來說，低枕雖不可取，但「高枕」也並非「無憂」。

一般說來，睡在高枕頭上，頭比軀幹略高一些是符合人體脊柱的生理曲線的。如果不墊枕頭或者枕頭過低，頭部就會過分後仰。頸前部皮膚、肌肉牽拉痙攣，容易造成「落枕」。同時，頸部肌肉被動性緊張，使大腦皮層得不到良好的休息，影響睡眠效果。所以，睡眠時枕頭不可過低。

但如果睡眠時枕頭墊得過高，就會改變人體脊柱的生理曲線，尤其是頸椎的生理曲線。長此以往，還會導致頸椎損傷，骨質增生，壓迫神經血管。清晨起床時，就會使人感到頸部僵硬、頭痛、頭暈、肩臂和手指麻木，還容易引發咽乾、咽痛等症狀。

特別值得強調的是，如果患有動脈硬化的老人在睡眠時枕頭墊得太高，頸部過於彎曲，就會影響腦血管循環，容易造成腦血栓。

趣味鏈結：椅子的出現有什麼意義

「椅」，本作「倚」，起源較早，原為一種樹木的名稱，又名「山桐籽」、「水冬瓜」，但不是指供人坐的椅子。「倚子」代表「椅子」的意思，最早出現在唐代貞元十三年（西元797年）的《濟瀆廟北海壇祭器碑》中，在該碑文中有「繩床十，內四倚子」的記載。

五代至宋，高型坐具空前普及，椅子的形式也多了起來，有靠背椅、扶手椅、圈椅等形式。同時，根據尊卑等級的不同，椅子的形制、材質和功能也有所區別。

椅子的出現直接導致了人們家居方面的變化。

首先，在椅子出現前，人們的坐姿很低，所以傢俱普遍矮小。但在椅子出現後，人們的坐姿顯然升高了不少，並由此陸續開始出現一些高足傢俱。比如，桌子就應運而生了，並逐漸成為最主要的吃飯、辦公傢俱。

其次，椅子出現後，人們就不需要為席地而坐預留太大的空間，因此，傢俱的數量增多了；同時房屋內部的風格發生了較大的改變。

一本書讀懂中國文化知識

封禪大典

封禪，是中國古時候統治者舉行的一種祀典。「封」指聚土築圓臺以祭天帝，「禪」，就是在小山丘上積土築方壇以祭地神。封禪就是祭天地。實質上，封禪是一種具有政治目的又帶有神祕特點的非宗教性的祭祀活動。

封與禪通常都是同時進行的。封，都在泰山；「禪」一般在泰山附近的云云山、亭亭山、梁父（甫）山、社首山、蕭然山，也有在會稽山舉行的。封禪雖同時進行，但封的儀式重於禪的儀式。據《史記》記載，秦以前有七十二帝在泰山進行過封禪活動。

進行一次封禪，要耗費大量資財。貞觀初，唐太宗要封禪，魏徵進諫說：「陛下東封，萬國咸萃。」「須備千乘萬騎，供帳之費，動役數州。戶口蕭條，何以能給？」僅此記載就可以看出，一次封禪，「動役數州」，真可謂勞民傷財。

既然如此，那古代帝王為什麼還要封禪呢？這是因為古人認為群山中泰山最高，人間的帝王應到最高的泰山上去祭拜上天，表示受命於「天」。其實這只是為了欺騙群眾，達到維護統治階級利益的目的。說白

了，就是這些帝王，利用人們對天的崇拜，進行封禪，要人民心甘情願地接受帝王執行「天意」的統治。

趣味鏈結：清代祭天大典

中國祭祀天地的活動，可追溯到西元前兩千多年的夏朝，古人對天地非常崇敬，帝王自稱「天子」，每一個皇帝都把祭祀天地當成一項非常重要的政治活動。

到了清代，國家專門設置了禮部，統管國家祀典及所有涉「禮」事務。禮部太常寺具體負責壇廟的祭祀。祭天大典定於每年冬至這一天舉行，它分為準備和典禮兩個階段。

祭天之前，皇帝要在「齋宮」齋戒三天。「齋宮」位於西門南側，坐西朝東，是皇帝來天壇祈穀祈天前齋戒沐浴的地方。皇帝在這裏齋戒沐浴，等待著祭天那一重要時刻的到來。

祭典的前一天，皇帝起駕出宮，在眾臣及護衛人員的簇擁下，來到天壇。皇帝在祭天臺的昭亨門外下輦，進行一系列的視察活動，然後返回齋宮。至此，祭天大典的準備工作全部就緒。

冬至當日凌晨四時一刻，隆重的祭天大典開始。皇帝在10位大臣的引導下，登上祭天臺。齋宮的大鐘敲響，告誡陪祭的百官、執事人員各就各位，各司其職。

祭天大典的第一項禮儀是燔柴迎帝神，由贊引官高唱讚歌。隨後，人們將火爐上的柴草點燃，把敬獻上天的一整隻牛犢放到爐口焚燒。

皇帝登上圜丘壇，向上天報告過去一年中，社稷的情況和自己的功過，希望上天接受自己的盛情款待，恩賜給人間下一年的風調雨順。這時，三盞九丈九尺高的望燈照亮了圜丘，伴隨著專為祭祀演奏的中和韶樂，夾雜著燔柴的香氣，祭天大典結束。

古代青年男女的成人禮

成人禮是古人生活中不能缺少的一種禮儀，現今在很多地方依然保存著這一習俗。成人禮的舉行，是青年男女進入成年人的標誌，大多在15～20歲時舉行，各地不一。

在古代，漢族男子的成人禮叫做冠禮，它起源於原始社會，至今已有幾千年的歷史了。冠禮也稱為丁禮，是青年男子可以娶親的一個標誌。冠禮舉行後，青年男子便可以參加氏族的各項活動了。冠禮一般由氏族長輩依據傳統為青年人舉行，並且還有一定的儀式。

在周代時，按照周代的制度，男子20歲行冠禮，而天子諸侯為了早日執掌國政，大多提早行禮。傳說周文王12歲而冠，成王15歲而冠。

古代女子的成年禮稱為笄禮，也是漢民族的傳統成人儀禮。笄禮俗稱「上頭」、「上頭禮」。笄，即簪子。自周代起，規定貴族女子在訂婚（許嫁）以後出嫁之前行笄禮。一般在15歲舉行，如果一直待嫁未許人，則年至20歲再行笄禮。

女子在舉行笄禮時，最重要的一個特徵就是改變幼年的髮式，即將頭髮綰成一個髻，然後用一塊黑布將髮髻包住，隨即以簪插定髮髻。另外還要為女孩修額，用細絲線絞除面部汗毛等。主行笄禮者多為約請的並有多子多孫的老婦。

貴族女子受笄後，表示可以結婚了，然後就要拜祖先和父母，在宗室聆聽母親的教誨。母親一般會授以女兒「婦德、婦容、婦功、婦言」的規範，說白了也就是教女子在嫁做人婦之後的一些必備品行和道德。古人稱這項工作為「教茶」。

清中期以後，青年男女的成年禮多移至娶妻前數日或前一日舉行。某些地區自宋代以來，儀式簡易，不宴請賓客，僅在本家或自家範圍內進行。

趣味鏈結：因笄禮而衍生的名詞

古語常說「二十而冠，十五而笄」。由笄禮而衍生的名詞有如下幾個：

笄年：古代女子年滿15歲就要束髮插簪。

笄字：古代女子可以出嫁的年齡。字，指古代女子成年許嫁時才可以命字。

及笄：古代女子到了成年行笄禮的年齡，故後世稱女子的適婚年齡為及笄。

加笄：古代女子於15歲時行加笄之禮，以示成年。

弱笄：古代女子於15歲時即束髮加簪，稱為「弱笄」，表示成年之意。

簡說「九拜」

古代的大禮中最為人們所熟知的就是「三叩九拜」，在一般的理解中，「九拜」就是連續拜九次，而禮法上的「九拜」真是這樣子嗎？

所謂「九拜」其實是古代行禮時的九種禮拜方式。這九種禮拜方式分別叫「稽首、頓首、空首、振動、吉拜、凶拜、奇拜、褒拜、肅拜」。這九種禮拜方式不僅僅是名稱不同，更重要的是它們的動作要領不同。

「稽首」是拜禮之中最隆重的一種禮儀，一般用在君臣之間。在古裝電視劇中，朝堂之上文武百官對皇帝所行之禮即為此禮。稽首的基本要領是：先跪下，再拜手，然後手至地，首亦至地。稽首也是吉禮之中最為重要的禮儀。

「頓首」是喪事之拜中最重要的禮節。頓首的基本要領如下：即先跪拜手，然後手至地，首亦叩地。頓首與稽首不同之處在於，稽首頭至於地而不叩，頓首頭至於地而叩。

「空首」的動作要領為：跪而拱手，頭俯至於手，與心平。

「振動」的動作要領是：先拜而後踴。踴是喪禮中最哀慟的表現，頓足，跳躍，以示哀之至也。

「吉拜」的動作要領如下：先拜手，而後重複九拜中的「頓首」動作。也是喪禮之拜。

「凶拜」是古人的凶事之禮，其要領是先做「九拜」中的「頓首」而後再拜。

「奇拜」之「奇」表示單數，在這裏是拜一次的意思。

「褒拜」指拜的次數在再拜以上。

「肅拜」是女性常用的禮拜方式，拜而不跪，俯首兩手下垂。

因此，「九拜」是一個非常籠統的說法，它涵蓋了古時全部的禮拜方式。「九拜」中既包括了吉禮，又包括了凶禮，既包括了男人行禮的方式，也包括了女人行禮的方式。很顯然，在任何一次儀式之上，都不可能窮盡這九種禮拜方式，因為，「九拜」中包含了性質完全不同的禮拜形式。所以，九拜不僅不是拜九次的意思，而且也不可能在任何一次儀式上聽到「行『九拜』之禮」。

趣味鏈結：「拜」和「揖」是同一個動作嗎

在古代禮節中，有「拜」和「揖」兩種方式，凡「拜」必先跪坐。《說文》載：「跪，拜也。」段玉裁注：「所以拜也。」就是說，行拜禮是要跪的。因為古人在漢代以前都是席地而坐的，行拜禮是極為方便的，直起身來做「長跪」姿態，就可以行拜禮了。

拜禮中還有一個「空首」禮，所謂「空首」禮，是指下跪後兩手拱合，俯頭至手與心平。因為頭不至地而至手，所以稱為「空首」，也稱為「拜手」。「空首」禮是當時拜禮中最常用的一種禮節。

有時為了表示更加尊敬而行兩次空首禮，就稱為「再拜」。如《儀禮·大射禮》：「公降一等，小臣辭。賓升，再拜稽首，公答再拜。」

而「揖」則不同，「揖」禮也稱拱手禮，是不必跪的，有「立而行拱手禮」之說。《史記·高祖本紀》：「酈生不拜，長揖。」《漢書·

周勃傳》：天子「至中營，將軍亞夫揖曰：『介冑之士不拜，請以軍禮見。』」

行拱手禮時，兩手掌抱成拱形於胸前，身體略向前傾斜，眼睛看著對方，嘴裏說著問候或祝福的話，有時手還要搖幾下。最常見的形象就是某些孔子畫像中，孔子所做的姿勢。

由此可以看出，「拜」的禮節比「揖」的禮節要重，由此我們還可以進一步知道，這兩種禮節所用的場合也是大不相同的。「拜」禮多用於下級對上級，比如臣下對君王行拜禮；而「揖」禮則多用於平輩之間，或是用在與陌生人打交道時。

古人崇尚「九」與「九」的倍數

在古人的觀念裏，奇數為陽，偶數為陰，而奇數裏最大的數字是「九」，故而古人對「九」這個數字特別重視，認為「九」可以代表陽氣最盛。古人還以奇數象徵天，以偶數象徵地，並把「九」當成是天的象徵，因此有「九天」、「九重天」、「九霄」之說，紫禁城被稱為「宮闕九重」，宮廷器物也多以「九」名之。

「九」之所以被人們所崇尚，除上述原因外，還因為在傳統文化中，「十」是滿盈之數，物極必反，滿則溢，極盛必衰，故以自謹待之，而「九」為「百尺竿頭更進一步」，永遠呈上升趨勢，故「九」為至尊之數，為帝王所看中，皇宮建築，多用「九」或「九」的倍數。

故宮午門上的正樓，面闊、進深均為九楹，共有九九八十一間；佛堂供物重量，不是八九七十二斤，就是九九八十一斤。《易》上講，「九五，飛龍在天，利見大人」，龍者，皇帝也，「九五之尊」遂為帝王之稱。器物也多以「九」為名。如「九龍杯」、「九龍壁」、「九桃壺」；皇帝生日，娛樂為九「九」，即八十一種節目，「九九大慶會」，祝頌之辭也取《詩經・小雅・天保》中連用的九個「如」字句，稱「天保

九如」。

除此之外，「九」還諧音「久」，有長長久久的意思。民間以「九」作為最高境界，活到百歲以上，總是說九十九，以期望活得更長久。

趣味鏈結：民間歷來較為喜歡數字「8」

以前「8」在大多數地區，只是作為一個偶數，取其成雙成對的意思。如北方農村講究「三六九出門，二五八回家」。但並不是所有的地方都講究「8」這個數字，甚至在有些地方還忌諱言「8」，比如在安徽的某些山區，因殯葬抬棺須用8個人，所以他們忌諱言「8」。那「8」和「發」是怎麼扯上關係的呢？其實這和「8」的粵語發音是分不開的，粵語中「8」和「發」的讀音相似，因此「8」就成了「發」的代名詞了。

「8」當做「發」用，也只是用在實實在在的「發財致富」和作為賀詞的「恭喜發財」上，並沒有單獨用做口彩語。但在有的地方還是有忌諱的，他們認為「8」諧音「巴」，巴住走不動，不能前進；再者就是由「8」容易聯想到「王八」，所以他們諱言。

故而，用「8」代表「發」的用法，並不是放之四海而皆準的。因此，在與五湖四海的商人做生意時，一定要做好地域劃分，切記不可濫用。

磕頭習俗的由來

在兩三千年以前，古人就以磕頭跪拜來表示禮貌尊敬了。現在，雖然用得少了，但在祭祀、拜神或是婚喪大禮的時候，仍經常看到磕頭的禮節。磕頭是怎麼來的呢？

在東漢之前，是沒有椅凳的，人們都是席地而坐，下至平民百姓，上至豪門貴族甚至萬人之上的帝王，一律坐在地上。區別只在於有沒有坐墊，何類坐墊而已。當時，人們坐於地時，為了方便站立起來和臀部下腹

不受潮濕和寒氣，人們習慣兩膝著地，屁股坐在自己兩腿和腳跟上，類似於現在日本人的坐姿。

這樣坐時，當有客人或長輩到來，或談話中要表示感謝時，很自然地就會從跪坐變成引身而起，即上半身直立起來，變成小腿著地的跪姿，接著俯身曲背雙手撐地表示恭敬，跪拜禮由此形成。再後，發展成多次俯身，即是磕頭禮了。

漢代後，有了凳子、椅子，出現了雙手抱拳的作揖禮，以及再後的點頭鞠躬禮。但在表示最大恭敬時，人們仍沿用下跪磕頭的習俗。

趣味鏈結：避席是一種什麼禮節

先秦時期，凳子還沒有出現，所設的座位就是一張坐席。在交際場合或雙方談話的時候，有時為表謙卑或對長者的敬意，常有離開坐席俯伏在地面上的動作出現，這個動作就叫避席。

《晏子春秋·內篇雜上》：「景公有愛女，請嫁於晏子……晏子避席而對曰：『……君雖有賜，可以使嬰倍其託乎？』再拜而辭。」晏子不願意背棄自己的結髮之妻，也不想接受齊景公想把愛女嫁給自己的想法，但又不能過於直接地拒絕，於是就用了這種謙卑的跪姿來表達自己的婉拒之意。

小談祭灶習俗

中國自古以來就有祭灶的習俗，後世把每年的農曆臘月二十三日定為祭灶日。每當此時，人們都忙碌著年前的祭灶送神活動。

祭灶，在先秦時就是重要的祭禮「五祀」之一。祭灶的日期，在歷史上一般有正月、四月、五月、八月、十二月等幾個說法，後來逐步演變，祭灶的時間演變為臘月二十三或二十四日。

祭灶習俗分為送灶和迎灶兩個部分。所謂送灶就是恭送灶王爺上天。

在送灶這一天，家家都要將灶臺、几案、鍋碗瓢盆打掃得乾乾淨淨，在灶神像旁貼上「上天言好事，下界保平安」的對聯。

為什麼要送灶呢？因為灶王爺每年要在這一天回歸天上並言人間善惡，如果說了哪家的壞話，哪家就必定倒楣，走厄運。所以民間把送灶活動也看得很重，不敢有絲毫怠慢。故而有的家庭還會在灶前供上一盤糖瓜，希望灶神吃了它以後，不說他們的壞話。

而迎灶就是再祭祀一次，把灶王爺從天上迎回來。一般在除夕晚上，燃上香燭，擺好供品，把新買來的灶神像貼在灶上神龕裏，上頭寫「保佑」二字，兩邊貼對聯，有的寫「上天言好事，回宮降吉祥」，有的寫「油鹽深似海，米麵積如山」。這就算是把灶神又請回來了，俗稱「迎灶」。至此，整個祭祀活動宣告完成。

趣味鏈結：民間的送灶習俗

民間關於灶神是誰，有很多種說法。不管是男是女，灶神的職能都是一樣的。到了年底，祭完灶便是送灶，即要把灶王爺送回天。

那怎樣把灶王爺送上天呢？難道民間真有灶王爺這個人嗎？其實所謂的灶王爺就是一尊木刻或是一紙畫像。民間的送灶儀式是這樣的，如果供的灶神是木刻像，便把像翻轉身，年三十除夕，再把像翻過身來復位，表示灶神接回來了。如果是紙神像，則是揭下來，並把灶神像放在紙馬上火化，讓灶神騎馬上天，然後壓上紙錠，說是給灶王爺路上花費用。

火化紙神像時，一般還要在紙馬下面墊上乾燥的豆稈之類的東西，一燒起來，發出劈劈啪啪的響聲。好像在爆竹聲中送灶君。燃燒時，人們反覆念叨「上天了，上天了」，還有的人家圍著火叩頭。

大門上「福」字倒貼的來歷

過年時，把「福」字倒貼在門上，是民間由來已久的風俗。這是借

「福倒了」的諧音說「福到了」，以圖吉利，寄託了人們對幸福生活的嚮往，也是對未來的美好祝願。可是「福」字倒貼的習俗起源於何時呢？

據《夢粱錄》卷六「除夜」記載：「歲旦在邇，席鋪百貨，畫門神桃符，迎春牌……士庶家不論大小，俱灑掃門閭，去塵穢，淨庭戶，換門神，掛鍾馗，釘桃符，貼春牌，祭祀祖宗。」這裏所說的「貼春牌」就是寫在紅紙上的「福」字。但是不是倒貼，我們無從考證。

據說倒貼「福」字的風俗，最早起源於清代恭親王府。有一年的春節前夕，恭親王府的大管家為討主人歡心，寫了幾個斗大的「福」字，叫一個下人貼於庫房和王府大門上。

沒想到這個下人目不識丁，他把福字全給貼倒了，為此，恭親王福晉十分氣惱，欲鞭罰懲戒。幸好大管家是個能說善辯之人，他怕福晉怪罪下來殃及自身，慌忙下跪陳述：「奴才常聽人說，恭親王壽高福大造化大，如今大福真的到（倒）了，乃吉慶之兆。」

恭親王福晉一聽，倒也合乎情理，心想：「怪不得過往行人都說恭親王福到（倒）了，吉語說千遍，金銀增萬貫。沒學問的奴才，還真想不出這種招式呢！」遂賞管家和下人各50兩銀子。從此倒貼福字的習俗就傳入了民間，人們都理解為「福到了」的意思。

趣味鏈結：民間討口彩的字和畫

民間討口彩的字最顯著、最普遍的例子就是過年時，用大紅的紙寫一個「福」字倒貼在門上，以博取「福到（倒）了」的口彩。

最常見的畫就是民間的剪紙，比如門楣上掛五隻蝙蝠圖案的剪紙，是取「五福（蝠）臨門」的吉兆。畫兩隻喜鵲站在梅樹枝頭，諧音「喜上眉（梅）梢」。

另外還有畫家專門作博取口彩的畫作，比如，畫一隻小貓在牡丹花下追著蝴蝶，貓、蝶諧音「耄耋」，意為八九十歲的老人，表達出人們追求健康長壽的美好願望。

中國人為什麼酷愛紅色

中國人對於紅色的偏愛，有著濃厚的文化內涵。關於中國人為什麼酷愛紅色的問題，歷來有很多說法。

有人說，古人認為烈日如火，其色赤紅，紅色是源於太陽的顏色。《淮南子·天文訓》中說：「日為德，月為刑，月歸而萬物死，日至而萬物生。」因此古人看到陽光下的萬物生機勃勃，就產生了對太陽的依戀和崇拜，自然而然，象徵太陽的紅色也就備受青睞了。

還有人說，紅色是火，當年燧人氏鑽木取得的火種一直燃燒至今，使人類吃了熟食得以繁衍。火帶來了光明，使華夏不再黑暗；火帶來了溫暖，使華夏不再寒冷，所以國人獨崇紅色。

可是民俗學家卻有另外一種說法，他們認為紅色可以避邪，所以國人酷愛。這種說法的根據是，據說在很久很久以前，有一隻叫「年」的怪獸，力大無比，殃及人類，卻又無人能降伏。後來，有人發現這怪獸怕紅色，於是在除夕之夜，家家戶戶掛紅燈籠貼紅紙，果然把「年」嚇得無影無蹤。從此以後，每逢年到，到處一片紅色。從此紅色就被人們尊崇起來了。

還有一種說法認為，漢代時，漢高祖稱自己是「赤帝之子」。「赤」就是紅色，從那時起，紅色就成了人民崇尚的顏色。漢代以後，各地崇尚紅色的風俗已基本趨於一致，並一直沿襲下來。

但老百姓們說，紅色是一種喜色。每逢喜慶，老百姓都有搓紅團分送親友的習俗，過年時做的年糕上也喜歡點上紅點；嬰兒滿月時則要做紅雞蛋饋贈鄉鄰親友，親朋送的禮物也要包上紅紙；老人過壽，不僅壽堂上要掛紅壽帳，還要做紅壽桃，身穿紅衣服。

另外，人之降生首先見紅，兩性初交也要見紅，大紅的「喜」字是跳動著的生命的顏色，紅色無疑是喜慶的象徵。就連戲曲中對人的好惡也要

用紅色來表示，如果是受愛戴的關公，那他一定要是紅臉；如果是奸詐的曹操，那就給他塗上白臉。久而久之，民間這種酷愛紅色的習俗就流傳了下來。

趣味鏈結：何為「丹書不祥」

「丹書不祥」的說法其實與民間的文化忌諱有關，與紅色的吉祥含義相去甚遠。

在古代，「丹書」有兩種意思，一是指用朱筆書寫的祥瑞之書，據說大禹治水時洛河神龜背負出水的洛書就是丹書；另一種是指古代帝王賜給功臣世代享受優遇或免罪的憑證，即「丹書鐵券」，據說《水滸傳》裏的小旋風柴進原是前朝後裔，家裏就藏有宋太祖所賜的丹書鐵券。

而老百姓之所以有「丹書不祥」的心理，原因有兩點，一是因為，古代衙門多用朱筆記錄犯人的罪狀，丹書是定罪之書的代名詞。另外，犯人在被判決斬首時也是用紅筆勾寫。二是因為，民間傳說閻王爺勾畫生死簿時也是用紅筆，被紅筆填寫名字的人遲早要到閻王爺那裏去報到，相當於被判了死刑，所以人們有丹書不祥的說法。

在古代中國，黃色象徵什麼

在赤、橙、黃、綠、青、藍、紫七種顏色中，黃色是中國統治者最為重視的顏色，被視為皇權的象徵，比如古代帝王登基之時，就要以黃袍加身；古代的宮殿都是紅牆黃瓦。長期以來，黃色為統治階級所壟斷，老百姓是不能隨便使用的。可是為什麼單單黃色會有如此高的地位呢？

學者們考證認為，黃色乃中和之色，它介於黑白赤橙之間，是諸種顏色的中央之色。這種中和色與中華民族的性格相吻合，因而被選為高貴之色。這種只是從非政治的因素進行考慮分析的觀點，可信度不高。

另有學者考證指出，中國「古代人民悉為黃種」，又有「黃帝者猶言

黃民所奉之帝王耳」的說法，因此，中華民族獨選黃色為尊貴之色。但有人很快就提出了反對的觀點，說中國社會長期都處於閉塞的狀態，沒有與別種膚色相比較的機會，從哪裡知道自己的膚色是黃色的呢？因此，這種說法是不成立的。

比較可信的說法是，華夏民族世代居住於黃土高原，以種莊稼為生，而土地又是黃色的，因此他們對黃色很熟悉，也有很深的感情。《說文解字》云：「黃，地之色也。」《淮南子‧天文訓》：「黃色，土地之色。」《考工記‧畫繪之事》：「地謂之黃。」後世學者黨晴梵在《先秦思想史論略》中也說黃字「從田，是田土沾於人身之色」。

由以上這些論述和記載我們可以看出，古人獨選黃色為尊貴之色，不無其道理。再說古代社會又有重農抑商的思想，黃色理應成為尊貴之色。

趣味鏈結：宮殿廟宇為何多是紅牆黃瓦

古代帝王的宮殿，其建築大多是紅牆黃瓦，在道教建築中也大多採用這種顏色。這是為什麼呢？

古代盛行「五行」學說，在這種學說中，黃色代表中央方位（中央屬土，土為黃色）。在唐代，黃色就已被規定為代表皇室的色彩。到了宋代，帝王的皇宮開始採用黃色的琉璃瓦頂，並一直沿襲下來。

至明、清兩代，便明文規定只有皇帝之宮室、陵墓建築及奉旨興建的寺廟才准許使用黃色琉璃瓦，其他建築一律不得擅用。至於道教為何採用紅牆黃瓦的建築樣式，這跟當時的統治者對道教的重視有關。

給小孩穿「百家衣」的民俗

民間兒童服飾中最為講究的是兒童穿「百家衣」。在嬰兒百日（即「百歲禮」）時，父母要為孩子穿上百家衣。所謂百家衣，是指親朋好友斂百家之布頭，拼縫而成的小孩子衣服。

斂布之時，儘管鄰家皆樂助「百家衣」之成，但紫色的布頭是不肯輕易給人的。因為「紫」、「子」諧音，誰都不願將「子」送給別人。要討紫色布頭，一般要到孤寡老人家裏去討要。

很明顯，民間的這種習俗是仿「和尚衣」，即「百衲衣」而來的。古時候，孩子出家當和尚，主要是因為小孩子從小多災多病，難以養活，父母沒有辦法，這才忍痛割愛將其交給佛門，讓他們吃百家飯，穿百家衣，得以生存。

民俗認為，給小孩子穿上「百家衣」，是讓鬼神誤會孩子出了家，在凡世找不到他們的身影，讓鬼神從此再也不要前來加害小孩子。所以「百家衣」是嬰兒的「護身衣」。這也是借佛氣保佑孩子順利長大成人的一種俗信。

男孩穿花衣，將其打扮成女孩子模樣，是民間兒童服飾中的一個很有趣的現象。民俗認為，女孩命賤好養，男孩為家傳香火，命貴難養。如果將他們打扮成女孩子的模樣，穿上花衣服，就可以防止被惡鬼攫去。讓男孩子留頭髮、穿耳洞、戴耳墜，也是出於這樣的考慮。只不過只扎左耳，戴一隻耳墜罷了。

趣味鏈結：虎頭鞋和狗頭帽

在古代民間的兒童服飾中，最為盛行的就是虎頭鞋和狗頭帽。這種鞋帽本身就做得很可愛，天真無邪的小孩子穿上這種服飾後就更加可愛了。

虎頭鞋，是民間小兒鞋式樣之一。用黃布精心製作而成，鞋頭上繡上虎頭，虎頭上有一「王」字。一般在小兒周歲或生日時，父母給他穿上。民俗認為，老虎為百獸之王，穿上虎頭鞋可以避邪壯膽，富貴長壽，並且「穿上虎頭鞋，力大踢死虎」。

而「狗頭帽」也是民俗中很有趣的一部分，「狗頭帽」因形狀像狗頭，故而得名。狗頭帽上有高高支起的兩隻耳朵，兩隻烏黑有神的大眼睛，眼睛還可以隨著小孩頭部的搖擺而自由轉動。小孩戴上狗頭帽之後，顯得既機敏又可愛。

除此之外，民間的習俗中還有用其他動物的樣式做成的鞋帽，比如獅子樣式的，小老鼠樣式的。之所以要為小孩子做動物頭形的鞋帽，是因為古代社會中，長時期以來巫術盛行，做成這種形狀就是受了巫術的影響。

另一方面從科學的角度來看，無論虎頭鞋還是狗頭帽，都具有保暖的功效。尤其是狗頭帽，像面具一樣罩著兒童的頭部和臉，正面只留下眼、鼻子和嘴，保暖功效特好。

此外，民間還有說法認為，虎頭鞋、狗頭帽上都有「眼睛」，這雙眼睛可以使邪魔畏懼或混淆邪魔的視線。可以幫助嬰兒逃脫災病厄運，順利長大成人。這也是這些動物鞋帽盛行的一個原因。

抓周試兒

古時候，父母在孩子剛滿一周歲這天，在吃中午的「長壽麵」之前，要為孩子舉行抓周儀式。抓周是小孩周歲禮中最為重要的一項儀式，即在孩子周歲這天，把代表各種職業的器具及生活用品放在小孩面前，讓小孩任意抓取，從而預測他的志向與前途。小孩如果抓到了筆，便認為將來是文人；抓了算盤，就認為長大後會做生意；如果男孩抓到了女人的頭花，則認為是個貪色之人，家人在這方面就會嚴加管教；如果是女孩抓到了頭花，則認為她將來是個愛美之人，一定長得非常漂亮。

根據抓周的結果，家人、親族就會聚在一起，共商培養大計，並委託親朋中有識有能的人加以引導。

對於抓周，據史料記載，可上溯到南北朝時期。《顏氏家訓‧風操》載：「江南風俗，兒生一期為製新衣，盥浴裝飾，男則用弓矢紙筆，女則用刀尺針縷，並加飲食之物及珍寶服玩，置之兒前，觀其發意所取，以驗貪廉智愚，名之為試兒。」一期，即一周歲。

到唐宋時代，抓周的習俗則更為流行。民間十分重視，儀式也很隆重。《夢粱錄‧育子》篇中談到有關南宋時杭州風俗時說：「至來歲得

周，名曰『周晬』，其家羅列錦席於中堂，燒香秉燭，頓果兒飲食，及父祖誥敕、金銀七寶玩具、文房書籍、道釋經卷、秤尺刀剪、升斗等子、彩段花朵、官楮錢陌、女工針線、應用對象、並兒戲物，卻置得周小兒於中座，觀其先拈者何物，以為佳讖，謂之『拈周試晬』。」

現在大部分家庭當然已不會相信抓周會有如此神妙的功能，但抓周作為一種富有童趣的遊戲，仍為家庭增添了許多歡樂和趣味。

趣味鏈結：為什麼孩子出生百日稱為百歲

自嬰兒降生之日起，至一百日，古稱「百日」，也稱「百晬」，又稱「百歲」、「百祿」。由於舊時醫療水準有限，嬰兒出生一百天內死亡率很高，如能平安度過百日，便有了長大成人的希望。

「百」在中國文化觀念中，有象徵圓滿的意義，所以民間特別重視嬰兒「百歲」之日，這天往往要進行慶賀，叫「過百歲」、「做百日」等。

給嬰兒慶祝百歲的習俗至少在宋代便已趨流行。如《東京夢華錄》記載：「生子百日置會，謂之百晬。」《夢粱錄》也說：「生子百時，即一百日，亦開筵作慶。」此後興盛不衰。胡樸安《中華全國風俗志·京兆》說：「一百日後，名曰百祿，請客與滿月時同。」

過百歲是嬰兒成長過程中，除周歲外的又一重要禮儀，在這一禮儀中，同樣凝聚著親友的祝福和呵護。這些祝福和呵護寄寓在他們的話語裏，也寄寓在各式各樣的富有象徵意義的食品、衣物、飾品中。幼小的孩子就在親友的祝福和呵護中漸漸地長大。

古代生日與祝壽

古時，生日又稱生辰，祝壽也叫賀壽或拜壽。年輕人慶祝生辰，只能稱「過生日」、「做生日」，不能稱「做壽」，因為「壽」是年齡長久之稱。年滿六十或以上者慶祝生辰，才可稱為「祝壽」、「做壽」。

古代有很長一段時間，人們是不過生日的。很長一段時間內，人們祝壽也不是在生日那天進行。直到殷商時代，人們才有了生日的概念。不過，生日只是出於對太陽神的崇拜，父母用小孩出生之日的干支為孩子起名，沒有慶賀生日的活動。

中國人過生日的習俗，大約是從南北朝時開始的。據北齊文學家顏之推的《顏氏家訓》說，當時在江南就盛行慶賀小孩周歲的習俗。

成人過生日則見於唐代的記載，當時以做生日煎餅為賀。到兩宋時期，有了做壽的習俗。當時，朝政腐敗，做官的過生日，僚屬都要獻壽禮。《水滸傳》一書中，就有一段「送生辰綱」的故事。

除祝壽外，民間還有借壽之俗。過去，人們認為人的壽命由天定，但也可以像物品一樣借用。一般是因人病入膏肓，又希望延壽，於是親友中的一些人，自願借壽一歲，自願借壽的人擇一吉日，齋戒沐浴，到宗廟虔心拜祝，告訴閻王自願借壽給病人。此俗曾在江蘇淮安地區很流行。

趣味鏈結：中國人的虛歲是怎麼計算的

外國人說中國人，有兩個年齡，一個是真實年齡，一個是虛假的年齡。這種說法倒也不錯，中國人確實有兩個年齡，所謂的真實年齡，就是周歲；所謂的虛假年齡，也就是我們所說的虛歲。

對於「周歲」肯定很多人都明白，可是虛歲是怎麼回事，確實容易讓人搞混。很多人認為，周歲加一歲得出的結果就是虛歲，這種說法似乎也有道理，但並不全面。

其實，在生活中，「虛歲」的概念一般是用於男人的。民間有「男進女滿」的說法，意思是說男人按虛歲計算年齡，女人按實歲計算年齡。況且在實際的計算中，虛歲也不僅僅就是周歲加一歲那麼簡單。

虛歲的計算，在真實的年齡上加一歲是其中一種。但也有特殊的情況，比如一個人是在農曆年的最後一天出生的，那麼他不但一出生就算一歲，並且一到大年初一又要加一歲，按這種方法計算，這個孩子滿周歲時，就已經快三歲了；如果一個人的生日是陰曆的臘月中下旬，那麼這個

人還沒有滿月，他的虛歲就已經到兩歲了。因此，在計算虛歲時，春節是個特別重要的時間點。

知道了這個道理，我們就會理解，為什麼很多老人往往會提前兩年過自己的七十大壽、八十大壽了。

出門餃子回家麵

「出門餃子回家麵」，也叫「上馬餃子下馬麵」，這兩種都是北方人常有的說法，也是北方民間出行習俗之一。這句話意思是說，出行前一定要吃餃子，回家後第一頓一定要吃麵。

北方人以麵食為主，在北方民俗中，餃子，在古代也叫餛飩、水包子。凡隆重場合基本上都要用餃子。比如用以待客，用以敬天地鬼神，用以祭祖等。

餃子有兩種象徵意義：一是餃子形似元寶，有祈求發財之意，吃了它出門就可以多賺錢；二是餃子形圓，寓順利、平安，有盼望團圓的意思。舊時外出凶險很多，除季節、天氣變化之苦外，還有人情的冷漠、江湖的凶險等，出門在外難免會有衝突發生，吃了餃子就相當於有了一道護身符，意味著可以平安回家。

麵，即麵條。在民俗中，麵條象徵「長長久久」的意思。如在過生日時，有壽麵，象徵著長壽；在婚禮和生育儀式中，麵條象徵著子孫綿長，世代不息；在待客儀式中，麵條象徵常來常往，親情永久；在迎歸儀式中，麵條包含著慶賀順利歸來的意思，也包含著盼望長住，不再分離的意思。

趣味鏈結：有關出行的俗諺

民間關於出行的俗諺有不少：「在家千日好，出門一日難」，「在家靠父母，出門靠朋友」，「出外十日，為風雨計；出外百日，為寒暑計；

出外千里，為生死計」，「出門人，三分小」，「出門不露白，露白會丟財」，「行要好伴，住要好鄰」，「走的道多，受的罪多」，「飽帶乾糧，暖帶衣裳」，「行船走馬三分險」等。

此外，還有「父母在，不遠遊」，「慈母手中線，遊子身上衣」等。這些都反映了古代人們對出行的重視。

本命年紮紅腰帶

人們將自己12年一遇的屬相當成是自己的本命，到了該屬相的年便是「本命年」。「本命年」有很多習俗，這些習俗在民間有著廣泛的影響。民間在本命年裏有穿紅衣服、紅襪子、繫紅腰帶的習俗，人們認為這樣可以避邪躲災，逢凶化吉，能夠給人帶來好運。那麼這種習俗是怎麼形成的呢？

本命年的紅色講究源於古人對紅色的崇拜。紅色是太陽的顏色，是血的顏色，是火的顏色。除此之外，新年貼紅對聯；漢族的舊式婚禮中新婚的紅嫁衣、紅蓋頭、紅蠟燭；新科的紅榜等。不論做什麼事，人們都要用紅色來增添喜慶。

漢民族把紅色視為喜慶、成功、忠勇和正義的象徵，尤其認為紅色有驅邪護身的作用。因此每逢本命年，人們便早早地穿上紅色內衣或繫上紅色腰帶，有的隨身佩戴的飾物也用紅絲繩繫掛，認為這樣能趨吉避凶，消災免禍。漸漸這種習俗就成為一種傳統了，這實際上反映了人們對美好生活的嚮往與祈禱。

趣味鏈結：本命年

本命年就是十二年一遇的農曆屬相所在的年分，俗稱屬相年。在傳統習俗中，本命年常常被認為是一個不吉利的年份，民間通常把「本命年」也叫做「坎兒年」，意思就是度過本命年如同邁過一道坎兒一樣。

本命年也為年忌，《靈樞經》中，設置年忌本為讓人自警，不幹壞事，以規範社會行為。每到年忌之時，遂成厄關，須用各種避邪方法防止病災傷亡禍事的發生。最常用的避邪辦法就是紮紅腰帶（俗稱「紮紅」），或穿紅背心、紅兜兜、釘紅領子，以紅克邪。

「裹足」史話

舊時，婦女都裹足，以使足部變得纖細弱小，這種風氣始於五代十國南唐後主李煜時期。

李煜，是五代十國南唐最後一個君主，他好讀書，善作文，工書畫，知音律，但在政治上卻是一個昏君。在南唐政權岌岌可危之時，他仍怠於政事，用情聲色。

有一個宮女輕盈善舞，用帛纏足，足纖小，彎曲如月，她穿著素襪在六尺高的金製蓮花上跳舞，飄飄然若仙，很得後主喜愛。於是李煜便傳令讓宮中嬪妃都要纏足，並且認為足纏得越小越好，走起路來婀娜多姿，並以什麼「三寸金蓮」、「三寸弓鞋」作為衡量「嬌娘」的標準。

到了宋代以後，民間婦女也爭著效法，纏足之風很快遍及全國，男子求偶也將大腳小腳作為衡量女方美醜的標準之一。

女人纏足，其實是對女子足部的一種摧殘，這種陋俗在中國盛行了千年之久。據《陔餘叢考》記載，清康熙三年，曾下詔禁止女子裹足，但僅僅過了七年，又開禁了。太平天國也曾禁止纏足，在勢力所及的範圍內，女子停止了裹足。但在全國範圍內，直至辛亥革命以後，纏足之風才漸漸廢絕。

趣味鏈結：哭嫁的習俗

古代的婦女有哭嫁的習俗，那麼這種習俗是如何產生的呢？

一般的觀點認為，哭嫁源於搶婚。搶婚也稱掠奪婚，它是古代氏族部

落外婚時期用戰爭手段俘獲婦女的一種強制婚姻形式。可以想像，面對突如其來的劫掠，身為弱者的女子只能以淚洗面。

就是因為搶婚這種強制婚姻形式，所以哭便與嫁緊緊地結合在了一起，以至到了封建社會時期已不再存在掠奪婚、婦女也已經「明媒正嫁」了，但在出嫁時她們仍然要哭。只是這時候的哭嫁已經不同於氏族部落外婚時期的哭嫁了，因為這時候的哭嫁並不是因為婦女害怕而哭，而是變成了一種具有較強傳承性的習俗。

但是，也有一種比較另類的觀點認為，哭嫁是娘親在哭，畢竟女兒是母親身上的一塊肉，母親捨不得女兒出嫁，害怕嫁出去了會吃很多苦頭，所以便哭個不停。

藥渣倒出門，疾病不纏人

在中國民間有「藥渣倒出門，疾病不纏人」的說法，至今在很多地方都還流行著「倒藥渣」的習俗。民俗認為人生病是因為有病魔作怪，用藥調理之後，要把煎過的藥渣，倒在行人過往的岔路口，讓千人踏、萬人踩，據說這樣可以踩踏病魔或是將病魔帶到別的地方。其實這只不過是一種心理上的自慰，並沒科學依據。

相傳，民間「倒藥渣」的習俗來源於唐代。當時有個名叫韋慈藏的郎中，醫術精湛高明，凡他看的病人，三天內必能治好。皇上知道後，傳旨請他去做太醫，他不是個熱衷名利之人，就婉言謝絕了，因為他心裏放不下廣大的窮苦百姓。

韋慈藏常常背著藥囊，領著一隻黑狗，跋山涉水，為老百姓看病。每次看完病，他都要告訴人家，要把煎過的藥渣倒在門口。因為這樣，他的黑狗就能嗅到藥渣的氣味，領他到患者面前，為病人進行複查。就這樣，他不知治好了多少病人。

後來，韋慈藏死了，人們為了紀念他，就把將藥渣倒在門口的習慣，

改為倒在岔路口了，並且世代流傳了下來。

其實「倒藥渣」的傳說不足為憑，我們姑且把它當做一種文化現象來欣賞。歸根到底，就是藥渣的處置問題。煎完湯藥後，自然要把煎取藥汁後的藥渣倒掉，但有毒中藥則應埋掉。

趣味鏈結：「偷藥罐」的風俗

關於煎草藥的藥罐，有許多趣聞逸事。在中國一些地區，有些人家一般都不購置藥罐，認為有它在家會招來疫病，而採取借用或代煎的方式。舊時，在陝西旬陽一帶就流行「偷藥罐」的風俗。

當地有患者需要熬藥，不願向長久患病、備有藥罐的人家去借，常悄悄「偷」來，用畢再悄悄歸還。丟了藥罐的人家不但不追查，不惱怒，反而喜形於色，認為病人即將痊癒。

在山西晉南一帶，藥罐的使用有「只能借，不能還」的習俗。就是說，有藥罐的人家，希望家人身體健康不再使用藥罐，別人可以借走使用，但不能再送回來。

借用藥罐的人家，煎完藥後就把藥罐放在自己家裏，再等其他病家煎藥時借走，這樣一來，藥罐好像變成公用的，時間長了，也不知放在誰家裏了。

掛長命鎖

長命鎖就是掛在小孩子胸前的「長命縷」。關於掛「長命縷」的習俗，最早可追溯到漢代。漢代時人們為了讓孩子健康成長，得到神靈的保佑，就會專門為孩子製作一個「長命縷」佩戴在胸前。「長命縷」多是絲線編織而成的，但也有少量是從廟裏買來的。

在明清時期，「長命鎖」在漢族地區已經十分流行，長命鎖已經出現了銀質的。有錢的家庭，在孩子出生後，一般會出資請銀匠打製。不過窮

苦人家沒有白銀，也請不起銀匠，故而還是多從市面上購買銅製或鐵製的長命鎖，做工都十分粗糙。小孩佩戴長命鎖，意在「鎖」住長命，不會夭折。「長命鎖」一般要掛到成年後方可取下。

為什麼人們會認為掛上長命鎖就能鎖住孩子的長命呢？主要原因在於，真正的鎖的功能和「鎖」字的字面意思給人的感覺是鎖上就拿不走了，是取「鎖」的雙關義。還有一種，認為長命鎖的「鎖」是一種具有神力的護身符，戴上這種神力護身符，任何鬼神都搶不走孩子，小孩子自己也跑不掉。

趣味鏈結：長命鎖的別名

長命鎖也被稱為「長命縷」，也有叫「長生縷」、「續命縷」、「延年縷」、「五色縷」、「辟兵繒」、「朱索」、「百索」等名稱的。宋代稱這種五彩絲繩編結物為「珠兒結」、「彩線結」。

到了明代，風俗變遷，成年男女使用者日少，通常用於兒童，並成為一種兒童頸飾。一般多用於小兒滿周歲時，百索進一步發展，就成了長命鎖。

喜鵲叫，喜事到

喜鵲也被稱為報喜鳥，是民間最受歡迎的鳥兒之一。喜鵲成了民間的一種表達喜慶的象徵。那麼，喜鵲是怎麼被人們視為吉祥之鳥的？是否真能兆喜？

喜鵲招人喜愛的原因之一是因為牠是益鳥。喜鵲常在山腳林邊、城市村莊周圍的大樹、屋頂和莊稼地裏活動。一到清晨，牠們便成群結隊飛到曠野、田地、菜園覓食，吃些蝗蟲、螻蛄、金龜子、夜蛾幼蟲、松毛蟲等植物及農作物害蟲，也吃些雜草的種子。

喜鵲招人喜愛的原因之二是因為它的形體美觀。喜鵲不像全身漆黑的

「黑寡婦」（烏鴉）那樣，而是黑中透紫，黑白相間，也有灰、褐色的，它的尾巴是身子的一倍多長，站立、走動時為保持平衡，點頭翹尾，顯得十分活潑。並且在活動時，牠不避人類，晝行夜伏，與人們「日出而作，日落而息」的生活習慣相同。

再者，喜鵲的叫聲很好聽，嘹亮、清脆而單調，給人一種歡快的感覺，似乎在與人們進行著某種融洽的交流。

還有，喜鵲的名字裏有個人們常用的吉祥字「喜」字，因此民間認為牠是報喜的鳥兒。長期以來，民間都有用吉利語給所謂兆吉的東西命名的習慣。生活中與之類似的例子還有不少，但也有更多是用其諧音的，比如，蝙蝠在民間因為其諧音「福」，而將牠們放在吉祥圖案中，構成「五福捧壽」、「壽山福海」、「福壽雙全」、「福在眼前」、「喜從天降」等圖案。

趣味鏈結：民間其他的兆喜之物

民間兆喜的東西還有蜘蛛、貓等。民間以為，蜘蛛脫巢而降，為喜事的先兆，《爾雅疏》曰：「此蟲來著人衣，當有親客至。」民間吉祥圖案「喜從天降」畫的就是一隻蜘蛛從網上直垂而下的樣子。

七夕之夜女子們還用其卜巧。用器皿扣住一瓜，明早視之，有蛛結網，便為得巧，得到紡織縫補的本領。「是貓就避鼠」，又因為「貓是虎的老師」，貓的到來，也能兆喜。有諺曰：「豬來窮，狗來富，貓來開當鋪。」貓可以致富，帶來好的運氣，故而以別人家的貓來為上吉，且將其飼養好，不讓牠再溜走，就表示財運永在。

佩戴戒指的由來

佩戴戒指的由來，大致有以下三種說法。

一是蠻說。蠻說認為這是古代搶婚演繹的結果。當時，男子搶來其他

部落的婦女，為了防止她跑掉，就給她戴上枷鎖。經過多少年的演變，枷鎖變成了訂婚、結婚戒指，男子給女子戴戒指表示她已歸他所有。這種說法似乎解釋不了男人戴戒指的由來，由此看來，這種說法有失偏頗。

第二種是崇拜說。這種說法認為，戒指源自古代的太陽崇拜。古代戒指是將玉石製成環狀，象徵太陽神日輪，認為它像太陽神一樣，給人以溫暖，庇護著人類的幸福和平安。同時也象徵著美德與永恆，真理與信念。婚禮時，新郎戴金戒指，象徵著火紅的太陽；新娘戴銀戒指，象徵著皎潔的月亮。

第三是禁忌說。這種說法認為，戒指異名「指環」，史書中稱「約指」、「手記」、「代指」等。最初，戒指是宮廷中后妃群妾用以避忌的一種特殊標記。當有了身孕或其他情況不能接近君王時，皆以金指環套於左手，以禁戒帝王的「御幸」，平時則用銀指環，套在右手上。後來，戒指傳到民間，去其本義，以為美觀，久之便留成風氣。

明代都卬《三餘贅筆》記曰：「今世俗用金銀為環，置於婦人指間，謂之戒指。」從字面分析「戒」字含有禁戒之意。因此，婦女在當時佩戴指環，並非為了炫美，也非為了裝飾，而是以示謹慎，有禁戒的作用。

趣味鏈結：戴戒指為何也分男左女右

「男左女右」的習俗在生活中處處都能見到，比如說戴戒指有男左女右的講究；排座、照相、服裝，甚至在浴室和廁所的坐落上都習慣以男左女右為序等。在我們的日常生活中，男左女右的習慣已經成為一種傳統。究其根源，這一講究起源於何時呢？

據考證，「男左女右」的習俗起源於中國古代哲學。古代哲學認為，宇宙中通貫萬物的兩大對立面就是「陰陽」。在傳統上一般將大、長、上、左視為陽；將小、短、下、右視為陰。男子體強性剛，屬陽於左；女子體嬌小，性溫柔，屬陰於右。

而在男女佩戴戒指的問題上，傳統禮教認為，左為上，象徵尊嚴和力量；右為下，象徵溫柔和體貼。因此，在戒指的佩戴上有「男左女右」之

分。這一習俗延續至今，形成了社會生活中的一種傳統習慣。

中國古代的財神爺

財神爺的起源頗為難考，所祭祀的神明也因時因地而有所不同。財神爺，一般認為有五類，即「正財神爺」趙公明；「文財神爺」比干、范蠡；「武財神爺」關羽；「偏財神爺」五路神、利市仙官；「準財神爺」劉海蟾。最為人們熟知的則是「正財神爺」趙公明和「武財神爺」關羽。

據《封神榜》載，趙公明原在峨眉山羅浮洞修道。姜子牙輔佐周武王伐紂，他跑下終南山管閒事，站在商紂一邊對抗義師，後來陣亡。被敕封為「金龍如意正一龍虎玄壇真君之神」，並統領「招寶天尊」、「納珍天尊」、「招財使者」、「利市仙官」四個部下。他們的職責都與財有關，故而後世尊他為財神爺。

從塑像上看，趙財神面孔黝黑，鬍鬚濃密，身跨黑虎，手執鋼鞭，一副凶狠霸道、威武十足的武將架勢，但他另一手卻捧著金元寶，故又稱「黑虎玄壇」。

除此之外，現在民間人氣最旺的還有「武財神爺」關聖帝君，即關羽關雲長。傳說關雲長管過兵馬站，長於算數，發明日清簿，而且講信用、重義氣，故為商家所崇祀。做生意的人多以關公為他們的守護神，同時被視為招財進寶的財神爺。

尤其是《三國演義》一書把關羽進一步神化，故而現實生活中許多從業者紛紛藉「三國」之事奉關公為其行業之神，如豆腐業（相傳關羽年輕時曾以販賣豆腐為生）；鐵匠業（相傳關羽早年以打鐵為業）；燭業（關公秉燭達旦，恪守叔嫂之禮）；工商業（關公「上馬金、下馬銀」、「封金掛印」和桃園結義、關公重義）；還有理髮業、屠宰業、刀剪鋪業（因為他們的工具都是刀，而關羽的兵器就是青龍偃月刀）……

趣味鏈結：「財神」比干和范蠡

比干是殷紂王朝的三大忠臣之一，紂王不但不聽他的勸諫，還聽信妲己的讒言，把比干的心挖了出來。傳說比干因為沒有了心，所以辦事就不偏不倚。那他為何被人們尊為財神呢？

在《封神演義》裏，比干被封為文曲星。因為在古代，要想出人頭地，就只有走科舉考試這條路博取功名。一旦考取了功名，俸祿財源自然就來了，所以比干這個文曲星自然就成了財神。

范蠡是春秋末年越王勾踐手下的謀臣，他很有學識，人也機智聰明。越王被吳王夫差打敗後，范蠡輔佐勾踐臥薪嚐膽，終於滅了吳國，成就了霸業。

而越王成功後，范蠡卻功成身退，隱跡江湖。據說他憑藉過人的智慧，在後半生白手起家，積金數萬，既善於理財，又樂善好施，故人們尊他為財神。

壽星的形象

民間傳說，壽星為司長壽之神，他是福、祿、壽三星之一，又稱南極老人星。關於壽星的形象，《西遊記》中寫他「手捧靈芝」，長頭大耳短身軀。《警世通言》中有〈福祿壽三星度世〉的神話故事，畫像中壽星為白須老翁，持杖，額部隆起。

民間的年畫上也把壽星畫成一個老態龍鍾的老人模樣，並且還稱他這種隆起的頭為「壽星頭」。壽星身量不高，大耳朵，長眉白髮，弓背彎腰。拄彎彎的龍頭拐杖，杖上還掛著一個盛著靈丹妙藥的葫蘆，手托仙桃，突出的大腦門，儼然是個慈祥和善的老者，深得人們的喜愛。

可是他的「壽星頭」是怎麼來的呢？也就是說他的頭部為何會有個隆起呢？關於這個問題，民間有則很有趣的傳說。

說壽星的母親懷胎九年，孩子還沒出生，母親十分著急，就問肚子裏

的孩子：「兒啊，你為何還不出世？」沒想到這孩子在娘胎裏就能說話，壽星回答說：「如果家門口石獅雙眼出血，我就出生。」不料，此事被隔壁屠夫知道了，屠夫悄悄用豬血塗上石獅雙眼。第二天早上起來，壽星的母親見了石獅，就告訴兒子說石獅雙眼已經流血了，壽星聽了就急忙從母親腋下鑽了出來，就這樣，壽星誕生了。

因為年份未到，所以他的頭就變長了。因為一般凡人都是十月懷胎，傳說壽星要十年懷胎，當然，這是一則解釋型故事。至於「壽星」究係何人？有的說是彭祖，有的說是張搏，眾說紛紜，莫衷一是。

趣味鏈結：福星與祿星的原型

古代將木星稱做歲星，人們認為，它所在的地方有福，能降福於民，所以又稱福星，民間即有「福星高照」的說法。

但道教卻另有一種說法，認為福星本是漢代道州（今湖南道縣）刺史楊成。當時的漢武帝覺得道州的侏儒很有趣，於是下令要道州刺史每年進貢幾名到宮裏做宮奴，楊成認為這項規定不合人道，於是冒死上疏說：「我們這裏只有長得矮的百姓，但沒有長得矮的奴隸。」要求廢除這項進貢。

漢武帝聽後，深感慚愧，於是取消了進貢。道州百姓感念楊成，紛紛建祠繪像供養，奉他為本州的福星，以後各地民間都將他視為福神，成為道教的福星。

祿星掌管人間的榮祿貴賤，他的來歷不太清楚，由於祿有發財的意思，所以民間往往以財神趙公明的形象來描繪他，頭戴鐵冠，黑臉長須，手執鐵鞭，騎著一頭老虎。但在道教的三星群像裏，他卻是一位白面文官。

男婚女嫁的歷史原由

在舊石器時代，人們防禦能力低下，只能過著「其民聚生群處，知母不知父，無親戚兄弟男女之別」的群居生活。到了新石器時代初期，排斥了氏族內部親子之間的雜婚生活，而只允許同輩男女之間互相占有。

隨著社會生產和交往的不斷擴大，人們開始瞭解到近親結婚不利於後代，於是出現了族外婚和對偶婚。在氏族通婚的過程中，開始是一群姊妹共同擁有丈夫，後來演變為一個男子在許多女子中有一名正妻，或一個女子在許多男子中有一個正夫的對偶婚。

夏商周時期，人們的婚姻生活中還保留著明顯的原始時代痕跡。一種表現是殷人的血親婚姻，另一種表現是在周人中普遍存在的自由戀愛精神。如《詩經》中的：「靜女其姝，俟我於城隅。愛而不見，搔首踟躕。」

到了戰國末年，秦始皇統一中國，古代婚姻關係中的原始婚俗趨於消失。男女的自由交往開始大受限制，一夫一妻或一夫一妻多妾的家庭形態開始在社會上占據主要地位，並延續了近兩千年的漫長時間。

在古代社會，門第觀念、等級婚姻、以財論婚是最顯著的特徵。南北

朝時，家族門第成為通婚的唯一標準；唐代，社會各階層中以「資財」論婚的風氣日漸彌漫。明時，朱元璋曾把「專論聘財」作為一個普遍的社會問題提了出來，批評「近世之來，專論聘財，習染奢侈」的風習，要求人們「務從節儉，以厚風俗」。但由於這些婚姻觀念沉痾已深，即使皇帝要求，結果仍是徒勞。

趣味鏈結：婚姻中的「六禮」

所謂婚姻「六禮」，是指六種婚姻禮節。以六禮為代表的婚姻禮儀，是古代婚姻禮制的主幹，在中國延續了2000多年。

「六禮」，早在周朝時期就已經出現了。六禮的名稱分別是納采、問名、納吉、納征、請期、親迎。

納采，是婚姻程序的開始，即男方派人送禮品到女家，表示願和女家結親。女方如不同意，便拒絕收禮。

問名，即女家接受男家的求婚意向後，男方修書與女家，詢問女方的生辰年月，以及姓名排行等。問名不單專對女方，男方也向女方出具其姓名、生辰等。

納吉，即男方將探問的結果，到宗廟裏卜問這門婚姻的吉凶，如得凶簽，便止婚；如得吉簽，就通知女方，雙方婚姻關係正式敲定。

納征，也叫「納幣」，即男方遣使帶財禮與女家訂立婚約。也就是後世所說的「下彩禮」、「下茶禮」，這是正式的訂婚儀式。聘禮通常是深紅和淺紅的衣物、束帛、鹿皮三樣，不重不豐，多是禮敬的象徵。

請期，即男方確定婚期後，就將日期寫在帖上，備上禮物通知女家。女家若收下禮物，說明女家同意這個婚期；若不收，婚期只好另擇。這就是後世所稱的「下日子」、「定日子」和「下婚書」。

親迎，即婚姻六禮的高潮。指到了結婚的日子，男方先去女家，女方父親在門外迎接，帶女婿去祠廟拜祭祖先。車或花轎停在大門外，女方來到車（轎）旁，男方長揖，請女方上車（轎）與之同歸，親迎以後，整套婚儀便告結束。

古代的法定婚齡

很多人都認為，中國古代的男女往往十幾歲就結婚成家，所以婚齡都很小。

其實，這種認識是片面的。據有關史料記載，中國早在2700多年前的西周時期，就已經實行男三十而娶、女二十而嫁的婚齡制。據《禮記》載，西周時期男子二十而冠，始學禮，三十始有室，始理男事；女子十五而笄，二十三而嫁。

東漢班固在《白虎通義》中對男三十歲、女二十三歲適婚年齡作了十分有科學根據的闡述：「男三十筋骨堅強，任為人父；女子二十三，肌膚豐盈，任為人母。」這反映了當時人們對生理知識認識水準的提高。

古代醫書《素問》對此有更明白的解釋：「男二十血氣始盛，肌肉方長，三十五臟大定，肌肉堅固，血脈滿；女子到二十二才腎氣平均，故真牙生而長極。」可見古人也不主張早婚，並瞭解到在身體發育尚未成熟時是不能勝任父母之職的。

由於古代社會科技水準有限，需要大量生產力來維持生產、生活，因此在歷代統治者的強迫下，關於婚齡的規定逐漸降低，古代人民也漸漸接受了早婚的政策。

齊桓公規定，男子在三十歲時必須成家，女子在十五歲時必須出嫁。

越王勾踐規定，如果男子二十歲還不結婚，女子十七歲還不出嫁，則要給其父母治罪。

到漢代時，則運用徵收賦稅的方式對結婚年齡進行了強制性規定，女子在十五歲時還不出嫁，則要加徵其家五倍的賦稅。

西晉時規定，凡家有十七歲以上女子的，父母要為其操辦婚事或為其準備嫁妝。如若不按規定執行，則由地方官吏強制執行。老百姓對此多有怨言。

唐初，實行了一套休養生息政策，用以緩和社會問題，所以對婚齡的

限制有所放寬，規定男子須滿二十歲才能結婚，女子則要滿十五歲方能出嫁。但是，唐中葉時又把男子結婚年齡降低至十五歲，女子出嫁年齡則在十二歲以上。

此後，自宋至清，法定的婚齡都在男十六歲、女十四歲左右。

趣味鏈結：古人提出離婚需要哪些條件

古人提出離婚的條件主要有兩個方面：「七出」和「義絕」。

「七出」是專門針對女方的，指女方七種非常惡劣的行為。《大戴禮記》上說：「婦有七去：不順父母去，無子去，淫去，妒去，有惡疾去，多言去，竊盜去。」原則上只要女方犯有其中一項，男方就可以提出離婚。

「義絕」則是指夫妻雙方因為某些原因而已經情斷義絕，無可挽回。《唐律疏議》中的「義絕」包括下列六種情況：丈夫毆打或凶殺妻子娘家的親人；丈夫的親屬和妻子娘家的親屬之間相互殘殺；妻子毆打、謾罵或殺傷丈夫的祖父母、外祖父母、父母、伯叔父母、兄弟姊妹、姑姨；妻子與丈夫的親戚有姦情，或丈夫與岳母有姦情；妻子想謀害丈夫；由於生活貧困或是其他原因，丈夫欲將妻子嫁出或賣出。

「男大當婚，女大當嫁」

「男大當婚，女大當嫁」是一句大家耳熟能詳的諺語，意思是說男子長大到了一定的年齡就應當結婚，女子長大到一定年齡也應當嫁人。

中國的歷朝歷代都有早婚早育的習俗。男子到了一定年齡還不結婚就會讓人看不起，女子到了一定年齡不出嫁也會被人恥笑。

以現代的眼光來看，「男大當婚，女大當嫁」的科學依據主要有以下兩個方面。

第一，從生理學的角度看，男女長大到一定年齡時性已成熟，有著正

常的性需求，「男大當婚，女大當嫁」就可以滿足他們的性需求，避免他們做出蔑視禮節、破壞法度，或者泯滅人性、戕害生命的行為。

第二，從家庭社會學上說，父母考慮到孩子已經長大成人，如不及時成婚，沒有家庭的約束，孩子就會走上邪路；而對於已經長大的女子，若不及時出嫁，如果未嫁先孕，不僅父母的臉上無光，讓人恥笑，而且整個家族都讓人看不起。

所以，三千多年前《詩經·周南》中就表達了「所貴婚姻以時」的觀點。「男大當婚，女大當嫁」這句諺語的產生，正是人們在男女婚嫁方面的經驗總結。

趣味鏈結：掛門簾

相傳，娘家人掛門簾的習俗源起於西漢元帝時。當時匈奴呼韓邪單于入朝請求和親，公主們貪戀長安生活舒適，誰都不肯遠嫁大漠草原。深明大義的宮女王昭君得知後，自請出塞。漢元帝大喜，馬上認她為義女，封其為公主。

臨行前漢元帝召見義女，問她還有什麼要求。王昭君答：「聽說草原上的人都住氈布包，請父皇送我一條遮蔽風雨的門簾就行了。」元帝聽了後立即傳旨，讓宮裏的裁縫們連夜做成一條圖案豔麗、使用方便的五彩門簾，並叮囑護送義妹去塞外成親的王子，一定要親手替公主把門簾掛好。這以後，陪嫁門簾便成了民間嫁女的傳統習俗。

官府與民間婚姻

中國古代有「無媒不成婚」的說法，因為古人歷來相信「媒妁之言」是婚姻的基礎條件。比如《詩經·衛風·氓》中就載有：「匪我愆期，子無良媒。」《戰國策·齊策》中也說：「處女無媒，老且不嫁。」這都說明了媒人在古代社會中的重要地位。

在古代，媒人分為私媒和官媒兩種。所謂的私媒就是民間的婚姻介紹人，而官媒則是代表政府行男女婚姻之事的機構，即官方的婚姻介紹所。

為了社會安定和人口增加，中國歷代都設有官媒。官媒的主要工作就是掌握全國男女的姓名和出生時間，督促適齡男女結婚。

《周禮·地官·媒氏》載：「媒氏掌萬民之判（即婚配）」，「凡男女自成名以上，皆書年、月、日、名焉，令男三十而娶，女二十而嫁」。

據《晉書·武帝紀》記載，女子凡年滿十七歲而其父母尚未給她選擇婆家的，一律交官媒，由「媒官」配給丈夫。

除了安排年輕男女嫁娶外，官媒還要幫助鰥夫寡婦重新組織家庭。《管子·入國篇》：「凡國都皆有掌媒，丈夫無妻曰鰥，婦人無夫曰寡。取鰥寡而合和之，予田宅而家室之，三年然後事之，此之謂合獨。」

到清朝時，官媒還要管被流放到西北邊疆的大批罪犯的婚娶問題，「立媒官兩人司其事，非官媒所指配，不得私相嫁娶」。可見官媒還是有很大權力的。

趣味鏈結：歷史上真有拋彩球擇婿成親嗎

拋彩球擇婿成親在中原地區並不流行，而只不過是少數民族的一種風俗。自宋以來，在很多著作中都有這種風俗的記載。

元代劇作家王實甫曾寫有《呂蒙正風雪破窯記》一劇。該劇講述了貧士呂蒙正陰差陽錯獲得了洛陽富紳劉仲實女兒拋出的彩球，演繹了一場婚姻悲喜故事；元代的另一位著名劇作家關漢卿也曾在他的劇作中描述過類似故事。

明代詩人高啟在看過一幅關於南宋時期某富家小姐拋球擇婿的畫後，有感而發，題了一首詩。詩中「天街直拂花枝過，擇婿樓高彩球墜」兩句就很形象地描繪了拋彩球擇婿成親的場面。

中國古代四大名著之一的《西遊記》中也有拋彩球擇婿成親的描寫。

但以上這些畢竟都是文學創作，是文人們構想出來的。而在一些正式的史籍、方志中，則還沒有有關漢人在這方面的記載。可能是因為漢人婚

一本書讀懂中國文化知識

配講究門當戶對，拋彩球這種擇偶的方式有隨意之嫌。

　　當然，文學創作皆源於生活，又高於生活，所以少數民族拋彩球擇婿成親的事還是有其可信度的。

結婚貼「囍」字的由來

　　人們在舉行婚禮時都會貼出「囍」字，以示慶賀。它飽含著「成雙成對」的寓意，反映出人們希望好事成雙的美好願望。據考證，這種習俗自宋代起就開始流行，關於其來歷還有著一段傳說。

　　相傳，23歲的王安石進京趕考時，路過馬家鎮，暫住在他舅舅家。有一次他到附近的街上遊覽，看到有家門樓上掛著一盞走馬燈，燈籠上題著一上聯：「走馬燈，燈馬走，燈熄馬停步。」王安石一時沒有對出下聯，但仔細一想還是覺得這上聯迴環往復，很有趣味，便連連點頭誇獎說：「好對！好對！」

　　王安石的話音剛落，從門裏便跑出個老人家來，一把拉住他說：「你說這上聯是好對，那就請稍等片刻，我馬上稟告我家馬員外。」

　　原來，這上聯是馬員外特地為他的獨生閨女選擇夫君而出的，已經懸掛了半年多，但沒有一個人能對上來，所以馬員外一家時時留心能對對的人。老人家見王安石氣宇軒昂、儀表堂堂、目光如炬，便斷定他是一位很有才氣的青年才俊，所以急忙把他留住，喜不自禁地要去稟報主人。但是因為王安石第二天就要參加考試了，所以沒等老人家出來他就離開了。

　　第二天，王安石在考場上因交頭卷而受到主考官的賞識，傳他面試。主考官指著一桿飛虎旗道：「飛虎旗，旗虎飛，旗捲虎藏身。」命王安石馬上對出下聯。王安石立即聯想到馬員外的「走馬燈」的上聯，便來了靈感，以「走馬燈，燈馬走，燈熄馬停步」作為下聯，順利過關。

　　考試完畢，王安石回到舅父家，馬員外家的那位老人早已在那裏等候。老人家一見到王安石，便不容分說地把他拉到馬員外家。此時，馬員

外早已備好了文房四寶，當即要求他對出下聯。王安石胸有成竹、一氣呵成地對出了下聯，馬員外看後非常高興。原來，王安石所寫的下聯正是主考官出來考他的上聯：「飛虎旗，旗虎飛，旗卷虎藏身。」馬員外見他對得這麼工整妥帖，便要招他為婿。王安石找舅父商議之後，就立即答應了這門親事。

就在王安石和馬家小姐舉行婚禮的大喜之日，恰逢官差來報：「恭喜王大官人吉星高照，金榜題名，明日請赴瓊林御宴！」

都說「洞房花燭夜，金榜題名時」是人生至喜，如今，恰逢雙喜臨門，王安石自然是春風得意，當即提筆在大紅紙上寫下一個大大的「囍」字貼在門上。新娘子也喜不自禁地說：「王郎才學非凡，金榜題名，這是『大登科』；巧對『走馬燈』，喜結良緣，算是『小登科』。」有了新娘子的激勵，王安石更是激情滿懷、詩興大發，又提筆寫下一首詩：

巧對聯成雙喜歌，馬燈飛虎結絲羅。

洞房花燭題金榜，小登科遇大登科。

從此，「囍」字便作為新婚之喜的象徵，一直流傳至今。人們辦喜事時，總要用它來表示喜意重重。

其實，王安石能夠靈感爆發地創造了一個「囍」字，除了那天他的確是「雙喜臨門」外，也與他本身是古文大家有關。他在自己的著作《字說》裏就解釋了很多古文造字的方法。他認為「古人制字，定非無義（並不是毫無意義，憑空而來）」，如「鯢」字從魚從兒，合是魚子；四馬曰「駟」；天蟲為「蠶」。他自己所造的「囍」字，自然也是「定非無義」的。

趣味鏈結：「鴛鴦」為何象徵夫妻恩愛

鴛鴦，本是一種鳥。在現實生活中，人們往往把這種鳥當成是夫妻恩愛的象徵，在文學作品中更是如此。

其實，在中國古代，鴛鴦最初是用以比喻兄弟和睦友好的，而不是比喻夫婦恩愛的。

在中國的第一部詩歌總集《詩經》中就有「鴛鴦于飛」的句子，由此我們可以看出它不是比喻夫婦的。

《文選‧蘇子卿詩四首》中的第一首就有「昔為鴛和鴦，今為參與辰」的句子，從詩的寓意我們可以看出這是一首兄弟間的贈別詩。

在三國時期，鴛鴦還是用來比喻兄弟和睦友好的。比如嵇康的〈贈兄秀才入軍詩〉。

晉人鄭豐的〈答陸士龍詩〉四首，在題名為〈鴛鴦〉的序文中說「鴛鴦，美賢也！有賢者二人，雙飛東嶽，揚輝上京」。縱觀全詩，我們可以看出這裏顯然是用「鴛鴦」來比喻陸機、陸雲這兩兄弟的。

唐朝以後，鴛鴦就成了夫妻恩愛的象徵。以鴛鴦比做夫妻，源於我們熟悉的「願作鴛鴦不羨仙」的詩句，而這句詩就出自唐代詩人盧照鄰的〈長安古意〉。

後來，就因為「願作鴛鴦不羨仙」這句美妙的詩句，一些文人就競相仿效，紛紛把鴛鴦比喻為夫妻。

婚禮拜堂中「三拜」的寓意

在傳統婚禮上，新郎、新娘都要拜堂，其程序一般是一拜天地，二拜父母，然後夫妻對拜。它是中國婚禮儀式的重要組成部分，為普通百姓所接受並深度認同。

那麼，拜堂中的三拜有什麼寓意呢？

中國古代思想家把世界上的事物概括為天、地、人三類。人雖然是萬物的主宰，但在先民的哲學思想和生活經驗裏，天地才是生產生活的承載者，我們的一切都來源於天地，例如風調雨順、土地肥沃、物產豐富、空氣清新、河水純淨、陽光明媚等，都是天地給我們的恩賜。既然我們得到了天地這麼多的恩賜，那麼我們在結婚時就應當首先拜天地，以表達對天地的感謝，同時也祈望天地能夠保證我們生兒育女能平安健康、事業能夠

一帆風順。

除了天地，父母也是我們生命中重要的因素。是他們給了我們生命，是他們撫育我們長大成人。中國傳統文化中對孝親都極其重視，甚至經由法律條文把孝敬父母規定下來。所以，我們結婚時也要拜父母。

夫妻是建立新家庭的基本要素。要保持家庭和睦，夫妻間就要做到相敬如賓、互敬互愛，因此夫妻對拜也就成了結婚拜堂中的重要一環了。

所以，拜堂中的三拜，包含了新郎、新娘對天、地、人的感謝，是一種樸素而虔誠的思想，值得提倡。

趣味鏈結：拜天地的習俗

據說，遠古時期的女媧剛開始造人時，只造了一個俊俏的後生。因此，後生常常備感孤單寂寞，整天唉聲歎氣的。

無奈之下，後生只有把他的寂寞向月亮傾訴：「月老啊月老，給我找個知心人吧！如果你能幫我如願以償，我世世代代都領你的情！」月亮忽然一閃，傳來了一個老人的聲音：「後生不要愁，我給你找個伴。」

這時，只見一個白眉長鬚老人拄著一根龍頭拐棍，領著一個姑娘飄飄悠悠地來到這位後生的面前，對他說：「我讓女媧造了一個女人，給你領來了，你們先認識一下。過一會兒我就給你們辦喜事。」說完，老人就不見了，只留下他們兩人在那裏四目相對，默默傳情。

然後，月老又領著兩個白髮白鬚的老人出現了。月老說要為他們舉行婚禮，他指著兩個白髮白須的老人說：「這是天公和土地，你們以後的生活都離不開他們，所以你們首先要拜一拜天公和土地。」

新娘為何要蒙上「紅蓋頭」

最早的蓋頭約出現在南北朝時的齊代，當時只蓋住頭頂，用以避風禦寒。以後各族人民紛紛仿效，成為一種社會風氣。到唐代初期，便演變成

一種從頭披到肩的帷帽，用以遮羞。

據說，唐代開元天寶年間，唐明皇李隆基要求宮女以「透額羅」罩頭，也就是在唐初的帷帽上再蓋一塊薄紗遮住面額。

從後晉到元代，蓋頭在民間廣為流行，已成為新娘不可缺少的裝飾，而且新娘的蓋頭一般都選用紅色的。

關於新娘蒙蓋頭的習俗，有一個神話傳說。

據唐代李冗的《獨異志》載，宇宙初開的時候，天下只有女媧兄妹二人。為了繁衍人類，兄妹得配為夫妻。於是，兄妹倆上到山頂，向天禱告：「天若同意我兄妹二人為夫妻，就讓空中的幾朵雲團聚合起來；若不同意，就叫它們散開吧。」

結果那幾朵雲團聚合為一。於是，女媧就與兄成婚。女媧為了遮蓋羞顏，「乃結草為扇以障其面」。扇與苫同音。苫者，蓋也。

以扇遮面，終不如絲織物輕柔、簡便、美觀。因此，執扇遮面就逐漸被蓋頭蒙頭代替了。其他許多關於人類起源的傳說中，都有用樹葉、獸皮或編織物遮面避羞的描述。也許，新娘蒙紅蓋頭就是由這演變過來的。

趣味鏈結：娶新乘花轎的由來

早期，迎娶新娘多是用車，而不是轎子。這是因為，車要比轎子出現得早。

封建社會早期，士大夫家庭娶親的禮儀很講究。有「納采」、「問名」、「納吉」、「納徵」、「請期」和「親迎」六項規定。每項規定中，又有極為細緻的要求。

譬如，男子到女家「親迎」，要穿黑色衣服，要在黑夜裏用黑漆車子，打著火把前去。新媳婦是坐在車子裏的，車上有蓋，裏面有帷幕，以免被人看見。因為古人認為婦女代表陰氣，迎陰氣入室，宜在晚上進行。

轎子起源大致從唐代開始，南宋孝宗曾為皇后製造一種「龍肩輿」。上面裝飾著四條走龍，用朱紅漆的藤子編成坐椅、踏子和門窗。內有紅羅茵褥、軟屏夾幔，外有圍幛和門簾、窗簾。可以說，這是最早的「彩輿」

（即花轎）。這以後，歷代帝王都為后妃製造彩輿，而且越來越華麗。

轎子娶親這個儀式出現在宋代，並漸漸成為民俗。這主要和「親迎」儀式出現了一些變化有關。例如這時親迎已改在早晨進行，新郎要披紅插花，所以新娘坐的轎子也改成鮮豔的花轎。

新婚之夜鬧洞房

鬧洞房也稱為鬧房、鬧新房。由於在戲鬧過程中主要以新娘為逗趣對象，故又稱鬧新娘、耍新娘，甚至還稱為戲婦。

鬧洞房一般安排在新娘過門頭天晚上。在這天晚上，眾親友不論男女老少都擁擠在新房裏，在新人面前，大家七嘴八舌，提出五花八門的問題和要求，鬧得小倆口面紅耳赤、含羞滿面。

鬧洞房是如何起源的呢？

據史料記載，在先秦時期，當時的婚禮還很簡樸、肅穆，沒有喧嚷紛鬧的場面。到了漢代以後，隨著社會經濟的長足發展，人們的觀念也有所變化，已經不再滿足於古板而沉悶的舊式婚禮，而是開始追求喜慶熱鬧的氣氛。也已經不再固守「三日不舉樂」的古訓，而是開始大操大辦，從而使得此時的婚禮開始蒙上了喜慶色彩。

雖然鬧洞房從一開始就被視為一種陋俗，但這種風俗還是流傳了下來。其原因有以下兩個方面。

第一，鬧洞房是和古代社會的婚娶制度分不開的。古代的男女結合多是父母一手包辦，相互之間比較陌生，鬧洞房則能夠讓他們彼此之間消除陌生感，增進瞭解，為新婚生活開個好頭。

第二，鬧洞房還能使親友們團聚在一起，讓他們之間的關係進一步加深。

鬧洞房這種古老的習俗花樣繁多，而鬧洞房除了逗樂之外，還有其他意義。

例如，鬧洞房進行到一定時間，新郎要領著新娘「作揖認親」，即由新郎領著新娘拜見男方所有的尊長。在拜見過程中每個尊長都會賞給新娘一個紅包做見面禮，這被稱為「作揖包封」。同時，尊長要拱手回個「半禮」，這種儀式能夠顯示家族禮儀有度、尊幼有序。

　　再如，在中原地區，人們鬧洞房時通常要進行咬蘋果、咬喜糖、走獨木橋、夫唱婦隨等活動；在有些地區，鬧洞房時還有「撒喜床」的環節，即由嫂嫂抓乾果往新人床上撒，這種做法既是一種逗趣，也是為了營造一種熱鬧氛圍，使洞房不再冷清。

趣味鏈結：「洞房」一詞的最初意義

　　在人們常說的「人生四喜」中就有「洞房花燭夜」這一喜，其中的「洞房」指的就是新婚夫婦的臥房。那麼，「洞房」一詞最初就是指新婚夫婦的臥房嗎？

　　其實，「洞房」一詞最初並不是指新婚夫婦的臥房。

　　在《楚辭‧招魂》上有「姱容修態，絙洞房些」的句子。它的意思就是在幽深的內室裏滿是面容姣好、儀態優雅的女子。這裏的「洞房」自然是指幽深而又豪華的居室，而不是指新婚夫婦的臥房。

　　在很長的一段時間裏，人們在文學創作中都沿用了「洞房」一詞的本義，如「懸明月以自照兮，徂清夜於洞房」。

　　在魏晉南北朝時期，「洞房」與新婚夫婦的臥房仍沒有任何關係。

　　直到北周時，我們才從庾信的〈三和詠舞詩〉中首次讀到「洞房」、「花燭」搭配的句子：「洞房花燭明，舞餘雙燕輕。」但這句詩也不是描寫新婚之夜的，其中的「洞房」也不是指新婚夫婦的臥房。

　　從唐初開始，「洞房」才被用來指代男歡女愛的處所，藉以描敘「閨情」，但此時的「洞房」還沒有「新婚夫婦的臥房」之意。

　　直到唐中期，「洞房」一詞才漸漸引申為新婚夫婦臥房的意思。這一點可以從以下的詩句中看出，如劉禹錫〈苦雨行〉：「洞房有明燭，無乃酣且歌。」顧況〈宜城放琴客歌〉：「新妍籠裙雲母光，朱絃綠水喧

洞房。」朱慶餘〈近試上張水部〉：「洞房昨夜停紅燭，待曉堂前拜舅姑。」

此後，「洞房」才慢慢變為新婚夫婦臥房的專稱了。

何謂「倒插門」

女不出嫁而招婿入贅者，謂之贅婚。贅婚是一種夫從妻居的婚姻形式，而「倒插門」就是對贅婚的一種通俗叫法。

「倒插門」之習起於周代，在不同的歷史時期有不同的形式：如秦漢的「贅婿服役」；宋代的「舍居婿」；元代的「贅婿養老」；乃至今之所謂的「招夫養子」、「招婿養老」等。

「倒插門」往往有以下五種原因。

一是因為女方有種種困難，需要人料理支撐，所以招婿入贅；二是因為女方捨不得離開父母，戀家心重，故招婿入贅；三是因女家窮困，家中沒有男丁，故招婿以防窮養老；四是因為女家無男丁，恐香火難以為繼，故招婿以接嗣傳代；五是因為男方家庭兄弟眾多，或隨其所欲，或「家貧無有聘財，以身為質」，故願就贅於女家。

趣味鏈結：一個女婿半個兒

據說，「一個女婿半個兒」這句俗諺跟唐代公主許配給少數民族有關。

大唐帝國經濟文化的繁榮，為邊疆各族人民所傾慕。唐太宗實行開明的民族政策，常許配公主給少數民族首領以維繫感情，當時的少數民族首領也以娶唐代公主為榮。

安史之亂後，雖然唐代進入了迅速衰退的時期，西戎常覬覦大唐領地，但連接民族關係的紐帶還在。西元788年，唐德宗許配咸安公主給回紇可汗，回紇可汗非常感激，想為岳父唐德宗效力，就來信說：「昔為兄

弟，今婿半子也，陛下若患西戎，子請以兵除之。」婿稱「半子」便從此傳開了，後來慢慢演變成了「一個女婿半個兒」的俗諺。

大年初二「迎婿日」

嫁出去的女兒是不能回娘家過大年的。對其原因，民間有兩種看法：一是如果嫁出去的女兒回娘家過年，會把娘家吃窮；二是嫁出去的女兒就是別人家的人了，不能再吃回頭飯，尤其是大年初一不得在娘家吃。

既然嫁出去的女兒不能在初一那天回娘家過年，那什麼時候才可以回去呢？

根據流傳久遠的年節習俗，大年初二才是「迎婿日」，也有人說這天是「女孩日」。嫁出去的女兒全都要在這一天帶著丈夫回娘家，一來是拜年，二來是探望父母。一般來說，嫁出去的女兒在大年初二這天就可以無拘無束地回娘家了，但也有些地方是初三，甚至在初三以後。由於這一習俗對娘家非常重要，所以娘家人也特別重視。

趣味鏈結：為何說嫁出去的女兒是「潑出去的水」

古代社會把嫁出去的女兒比喻成潑出去的水。認為女子出嫁之後就是外姓人家的人了，不會像兒子那樣承續香火，為娘家創造價值。女孩子雖然也是父母的親生骨肉，但出嫁之後，儘管表面上還保留著固有的血緣關係，但實際上卻由十分親密漸漸地走向疏遠，像水一樣已經潑出門外了。

傳統禮教要求女子要遵守「三從四德」，其中的「三從」是指：在家從父、出嫁從夫、夫死從子。在當時，無論是在娘家還是婆家，女子都沒有權利和地位。即使親生女有機會回到娘家，但在娘家人的眼中，她也已經是外姓人了，家裏的事不會讓她參與。

「兩口子」說法的由來

將夫妻稱為「兩口子」的說法由來已久。不少人認為「兩口子」中的「口」就是嘴巴的意思，也即是說夫妻二人有兩張嘴。殊不知這種觀點是大謬特謬的。

關於「兩口子」之說的來歷，有以下兩種說法：一說是明朝洪武年間的；另一說則是清朝乾隆年間的。

明朝洪武年間，書生高文敬在外出時救了一位名叫路春花的落水女子。路春花為報答高文敬的救命之恩，便有意以身相許，而高文敬也對路春花一見鍾情，於是他們就私訂終身。誰知路春花的美貌被惡少羅大公子看上了，便要搶春花做小妾。這一消息被羅家丫環小玉偷偷告訴了高文敬和路春花，他們兩人便想私奔，卻被羅大公子追上，在相互撕扯中羅墜崖身亡。由於勢力強大，羅家不講公理王法，買通了判官，很輕鬆地就將高、路兩人送入了死牢。

洪武帝朱元璋得知此事後，覺得事有蹊蹺，便親自審訊，真相終於大白。為了防止高、路兩人再遭羅家惡勢力欺凌，就將他們分別發配到湖北的桃園口和安徽的金山口。雖遠隔千山萬水，但他們卻兩情依舊，時常往來於兩個山口之間。當地人都很敬重他們，稱他們為「兩口子」。後來，人們就用「兩口子」泛指「夫妻倆」了。

另一說是清朝乾隆年間。當時山東有一位名叫張繼賢的才子，與當地惡少石萬倉的妻子曾素箴有曖昧關係。由於石萬倉酗酒成性，在一次飲酒時意外死了，石家人便懷疑是張繼賢下的毒手，就將張繼賢告到了縣衙，並誣陷曾素箴通姦殺夫，要求有個公斷。縣官是個辦事不負責任的人，就胡亂斷了案，判張繼賢和曾素箴死罪，送往京城等待秋後問斬。

一次，乾隆皇帝看地方上呈上來的案卷，無意間看到了張繼賢的供狀，見其文筆不凡，出於惜才之心，乾隆皇帝就想救他。不久，乾隆皇帝下江南私訪，途經微山湖時，走遍了這裏的山水名勝，回來後便御批：張

繼賢發配臥虎口，曾素箴發配黑風口。兩人獲赦後，時常往來於臥虎口與黑風口之間，甚是自由。於是，當地人就將他倆稱為「兩口子」。

趣味鏈結：夫妻和好重聚為何稱為「破鏡重圓」

夫妻在離散或決裂之後的團聚或和好常被稱為「破鏡重圓」。為何會這樣說呢？

這個典故最早見於唐人孟棨的《本事詩》一書。據書中記載，南北朝末期，北周的宇文政權已經被隋朝的楊氏政權架空了。在隋文帝楊堅的經營下，隋朝的實力日益強大，而驕奢淫逸的陳國政權統治者陳叔寶卻渾然不覺。

隋開皇九年，隋朝以50萬大軍從東西兩線對陳政權發起了強大攻勢。在國破家亡之際，陳國太子舍人徐德言與他的妻子樂昌公主將一面銅鏡一分為二，每人各持一半，並相約如果他們在戰亂中失散了，就在正月十五京城的集市上叫賣半面破銅鏡以期重逢。

戰爭中，樂昌公主被俘並被賞賜給破陳有功的越國公楊素。戰後，樂昌公主雖然過著錦衣玉食的生活，卻一直心事重重。

徐德言在戰亂中倖免於難，孑然一身，流落荒村。他拿出半面銅鏡，想起了曾經的約定，就盼望著正月十五能早點到來。很快這一天就來了，徐德言抱著最後的希望，來到京城的集市上叫賣半面銅鏡，果然遇到了一個同樣叫賣半片銅鏡的人，但這個人不是樂昌公主，經交談得知此人是她的僕人。徐德言用自己的半面銅鏡與僕人的那半面銅鏡一對比，剛好能合在一起。

雖然破鏡可以重圓，但夫妻兩人別說團聚，就是見上一面也是難上加難，恐怕此生此世都不能再見了。徐德言只得題詩一首：「鏡與人俱去，鏡歸人不歸。無復嫦娥影，空留明月輝。」請僕人代為傳遞。

樂昌公主得詩後悲痛欲絕，萬念俱灰，終日茶飯不思、以淚洗面。楊素得知後，便將徐德言找來，把樂昌公主還給了他，並讓他們偕歸江南終老。

此後，人們便把夫妻重又團聚或和好稱為「破鏡重圓」。

「結髮」夫妻與儀式

「結髮夫妻」一般指原配夫妻，後來人們以此來表示夫妻間的患難與共和互助互愛。在文藝作品中經常有此說法，比如《古詩》中有：「結髮為夫妻，恩愛兩不疑。」詩作〈為焦仲卿妻作〉有：「結髮同枕席，黃泉共為友。」甚至南朝的梁江淹〈雜體・李都尉從軍〉中也有：「而我在萬里，結髮不相見。」

一般認為，「結髮夫妻」的說法源於古代婚俗中的「結髮」儀式。所謂的「結髮」，其實就是「束髮」的意思。而在古代婚俗中，「束髮」的方式大致有三種：一是在婚禮上將新郎、新娘的頭髮依男左女右紮在一起（因為古代男女的頭髮都很長，所以可以取一束紮在一起）；二是把新郎左前額的頭髮剪下一絡紮在新娘的頭髮之中；三是把新郎、新娘的頭髮各剪下一絡打成同心結，放在火裏燒成灰，然後攪在一起。

這種「結髮」儀式實際上是中國古代的一種愛情巫術。因為「身體髮膚受之於父母」，所以古人把它看得比生命還重要，不可以隨意毀損；另外，受迷信思想的影響，古人認為頭髮不僅是身體的一部分，而且裏面還藏有人的靈魂，假若對它施以法術，就能控制它的主人，讓他（或她）按照自己的意願行事。

正是因為頭髮如此重要，所以「結髮」在古代婚禮上是一件很莊嚴的事，後來變成了一個無聲的愛情契約。

現在，雖然在婚禮上已不再有「結髮」儀式了，但人們仍然用「結髮夫妻」來比喻夫妻之間的患難與共和互助互愛。

趣味鏈結：「結髮」也可用以表示忠貞不貳

唐太宗時，一位名叫賈直言的官員因為犯了錯誤被貶官海南。賈直言

不忍心與妻子分別，想著這一去便是山高路遠，再難活著回家，於是在臨別時就傷心地對妻子說：「這一去死活難測，你還是投嫁好人家去吧。」妻子泣不成聲，淚水連連。

過了一會兒，只見妻子拿出木梳和銅鏡，對賈直言說道：「夫君愛我多年，這一別相逢無期，妾只盼夫君能為我梳理一下頭髮。」賈直言便照辦，梳理完頭髮後，他還用頭繩打了個結，又取出綢帕包住。

在他臨走時，妻子跪地發誓：「妾髮為夫君所結，非夫君親手，髮結永遠不散！」20年後，賈直言被赦回家，見到妻子的頭髮未散，感動得熱淚盈眶。

「媳婦熬成婆」的封建傳統

「多年媳婦熬成婆」是傳統社會的一種真實寫照，後來經過演變，人們又多用這句話來比喻要取得一定的成就，必須耐心地經過時間的磨煉，方可取得成功。的確，大道成河是多年才走出來的，媳婦成婆也是多年才熬出來的。

舊時女子在封建禮教思想的束縛下，要嚴守婦道，遵循三從四德，這使得古代婦女沒有一點地位和自由，無論是在出嫁前，還是在出嫁後。尤其是出嫁以後，做了人家的媳婦，就更要講品格，要有溫良恭儉的言行表現，要孝敬並奉養好公婆長輩，侍候好丈夫的飲食起居，照顧與撫育好自己的子女成長，在兄弟姊妹之間，更要處理好融洽和睦的關係。除此之外，無論受了多大的委屈都得委曲求全、逆來順受，一切的一切都要忍著、熬著。

隨著時光流逝，子女長大成人，也都該成家立業了，在自己年老力衰之時，才有幸當上了婆婆，輪到別人侍候自己了。能有這樣的結果全是經過多年熬出來的，所以才有「多年媳婦熬成婆」的說法。

另外值得注意的是，古代大多是大家庭制，即一家人大多是四世同堂

的，也有五世同堂的，往往是由公婆來管家。比如《紅樓夢》中的賈母，由於婆婆都是多年煎熬過來的，可能會把以前受過的不公、挫折和苦難全都發洩到媳婦身上，所以對媳婦要求也就特別苛刻。自古以來，婆媳關係難處，這也是其中的原因之一。

在現代早已不存在煎熬不煎熬的問題，這句俗語如今更多地被引申用於經過多年耐心的等待，終於達成了目標，實現了自己的願望。表達了一種終於從底層脫穎而出後的釋然的心情。

趣味鏈結：老丈人為何又稱為「泰山」、「岳父」

日常生活中，常常稱「岳父」為「泰山」，這典故出於何處呢？唐段成式在《酉陽雜俎·語資》中講了岳父稱泰山的來歷，書中說將妻父稱為泰山與唐明皇「封禪」有關。

古代帝王常臨名山絕頂，設壇祭祀天地山川，顯示帝王的威儀，史稱「封禪」。唐明皇李隆基封禪泰山時，宰相張說（音「悅」）任封禪大使。正式舉行祭典時，五品以上的官員才許上山。按照慣例，還要封賞公侯百官。一般是三公以下的所有官員皆可升遷一級。

張說有個女婿叫鄭鎰，是個九品官。主持大典之前，張說的女兒老是替鄭鎰說好話，要求父親把女婿也帶上山，張說抵不過女兒的糾纏，只好藉口鄭鎰辦事有功，把他從九品破格提升為五品，帶上了泰山。

「封禪」之後李隆基大宴群臣，鄭鎰穿著緋紅的五品官服來了，李隆基看了覺得很是奇怪，就問鄭鎰，鄭鎰一下子支支吾吾回答不出來。這時，擅長諷刺的宮廷藝人黃旛綽把話接過來說：「此泰山之力也！」唐玄宗聽後，心照不宣，事情就這樣混過去了。

但另有考證說泰山是「五嶽之首」，據文獻記載，自宋代開始就把妻父稱做「岳」、「岳翁」、「岳父」、「岳丈」等。連帶著稱妻母為「岳母」或「泰水」。

說說「門當戶對」

所謂門當戶對，是指締結婚姻的雙方應該具有大致相同的社會地位。

婚姻關係中講究門當戶對的形式，早在周朝時就已經出現。特別是在統治階級，通婚範圍都有嚴格的等級限制。

《國語・越語上》記載，吳、越爭霸戰爭中，越國戰敗，越王勾踐被吳國俘虜。越國大夫文種帶了大批財寶和許多姑娘去吳國求和，「願以金玉、子女賂君之辱」。但即使是在這種俯仰由人的不對等談判中，他依然強調必須按門當戶對的原則來安排這些越國女子的婚姻，即越王的女兒應該嫁給吳王；越大夫的女兒應該嫁給吳大夫；而越士的女兒也應該以吳士為丈夫。

這種王室配王室、大夫配大夫的原則，有時候還根據地位的高低之分而實行換算，即大國上卿相當於小國諸侯；小國的王室只能與大國的卿大夫聯姻。比如陳國的公子陳完僑居齊國時，能娶齊大夫懿仲的女兒為妻已感到滿足。相反，齊僖公欲把女兒嫁給鄭國的公子姬忽，鄭國又不敢高攀了，說是婚姻要門當戶對。齊國大，鄭國小，不是同一個等級。這就是成語「齊大非偶」的由來。

後來，這種擇婚觀念繼續流傳下來。民間的談婚論嫁也大體相似，士農工商各色人等，都有約定俗成的通婚範圍。所謂「鳳凰要把高枝占」、「做官人不攀草鞋親」，直到近代仍舊是許多為父母者未能擺脫的擇偶標準。

趣味鏈結：陪嫁溯源

嫁妝，古時稱為「妝奩」，原指女子梳妝用的鏡匣，後則泛指女家陪送出嫁女兒的一切兼備實用性和禮儀性的物品，故又叫「陪奩」或「陪嫁」。

關於陪嫁的緣起，民間有不少解釋性的傳說。有一種說法稱，嫁女辦

陪奩是文成公主出嫁時興起的。

　　唐貞觀年間，吐蕃王派使臣帶上黃金珍寶為聘禮來到長安，請求娶公主為妻。吐蕃使臣能說會道，唐太宗無法推卻，於是答應將文成公主嫁給吐蕃王。公主聽說皇上要將自己嫁到幾千里遠的地方去，非常不願意，終日茶飯不思，以淚洗面。

　　這可把唐太宗急壞了，便找大臣魏徵商量。魏徵建議皇帝將公主平時使喚的丫環、奶娘一齊陪嫁，再把她喜愛的傢俱用品、珠寶玩器也一同送給她。唐太宗將此計畫對公主一說，公主也不好再說什麼，就答應了下來。

　　唐太宗十分高興，立即命匠人根據公主平時的喜好，做了龍鳳床、鴻雁櫃、孔雀屏、八仙桌、象腳凳、錦緞被、彩虹鏡。鏡子背面還嵌進了唐太宗夫婦的畫像，好讓公主思念父母時見像如見面。到公主遠嫁啟程那天，唐太宗親扶公主上車，又選了一位王子率領300名親兵護送，凡公主使喚的丫環、奶娘及其他珍寶器玩、經典書籍、琴棋書畫、梳妝器具等，一概陪送入藏。

　　此後，唐太宗嫁女陪嫁物品的禮節傳到民間，人們便把這些物品稱為陪奩，而送陪奩的禮俗也一直流傳至今。

傳統的喪葬禮儀

　　喪葬禮儀是人結束了一生後，由家屬、鄰里、友人等進行哀悼、紀念、評價的儀式，同時也是殮殯、祭奠、安葬的儀式。

　　傳統的喪葬禮儀包括居喪禮儀和安葬禮儀，居喪禮儀還可分為喪禮、喪服禮制以及「謚」禮。

　　居喪禮儀中的「喪禮」，民間俗稱「辦喪事」，古代視其為五禮中的「凶禮」之一。它是從死者初死至埋葬過程中，生者對死者所施行的各種禮節、儀式、祭奠等。《周禮・春官・大宗伯》載：「以喪禮哀死亡」。

以漢族為代表的喪禮，都是從周禮演變而來的。通行的「辦喪事」名目繁雜，擇其大的儀式就有招魂、停屍、報喪、弔孝、入殮、送葬、葬後祭祀與掃墓等，無數繁文縟節雜陳其間。隨著各代風俗的變化，喪禮在細節上也有所增改。至於各民族的喪禮更是複雜多樣。

喪服禮制是有關死者親屬弔喪時所穿衣服、服喪期限等的規定。傳統喪服制度中著名的「五服」制度是宗法制度的表現形式，它清楚地顯示了父系母系有別、男女有別、親疏有別、嫡庶有別的特點。

「諡」制是人死後獲得「諡號」的規定，也就是獲得一個褒貶善惡的「評價」稱號。能夠獲得這種「身後名」的婦女僅僅是皇后、妃嬪、公主、命婦們。作為一種禮制，諡的內容、賜諡的儀節都有嚴格的規定。

「葬」是指處置死者遺體的方式。因而安葬禮儀是喪葬禮儀的重要組成部分。中國是個多民族國家，處置死者遺體的方式是多種多樣的，安葬方法與形式五花八門，有土葬、火葬、天葬、水葬、崖葬、塔葬、荒葬等。

趣味鏈結：古代的「五服」制

五服有三方面的意義：一是統治階段的五等服飾，即天子之服、諸侯之服、卿之服、大夫之服和士之服。二是天子直接管轄的地區以外的地方，以五百里為率，視距離的遠近分為五等，依次為甸服、侯服、綏服、要服和荒服。三是指喪葬中用的五種服飾，五服由重至輕的名稱是斬衰、齊衰、大功、小功、緦麻。一般說的五服，即喪葬中用的五服。

喪服又叫孝服，或叫「成服」，按「五服制度」來穿孝、戴孝，稱為「遵禮成服」。一般說來，服制越重，其喪服形式也就越複雜，以示不同程度的哀痛之情，而一般是關係越近服制越重。

最重的孝服是「斬衰」。這種孝服上身曰「衰」，下身曰「裳」。所謂「斬」，就是孝服不緝邊。斬衰裳並非貼身而穿，內襯白色的孝衣，後來有的直接用麻布片披在身上代替，故有「披麻戴孝」的說法。斬衰之服的居喪期是三年（一說是25個月，一說是27個月）。

次於斬衰的孝服是「齊衰」。齊衰又分為四等，即齊衰杖期、齊衰不杖期、齊衰五月、齊衰三月，這四等連同斬衰、大功、小功、緦麻合稱「五服八等」。齊衰喪服用較斬衰略細的粗麻布做，齊謂衣邊縫緝而顯齊整。齊衰三年，喪期名為三年，實際上25個月（一說或27個月）而畢。

大功喪期為九個月。喪服用熟麻布做。小功喪期為五個月，喪服以較細的熟麻布做。緦麻喪期為三個月，喪服以細麻布做。

以上「五服」根據服孝人與死者血緣關係及其他情況，還有所謂「正服」、「義服」、「加服」、「降服」的說法。此外，還有「殤服」的規定。對尚未舉行冠笄禮就死去的男女的服喪規定，叫殤服，「殤」之喪輕於成人，一律從大功開始。

古代的殉葬制度

在古代，所謂「殉葬」也叫「人殉」，是以活人從葬，這是中國自原始社會末期至整個奴隸社會廣泛流行的一種古代葬俗。在古人心中，鬼魂觀念產生以前，人死後可以隨意處置屍體。但在鬼魂觀念出現以後，對屍體的處置便有了一整套的講究。

從考古資料上看，人殉最早出現在中原地區和西北地方，時間大約是在西元前2800年～前2000年。人殉最為盛行的時候是在中國商代。其實這些都是中國古代鬼魂崇拜的最為典型的例子。進入階級社會後，崇拜鬼魂在葬禮中表現得更為突出，其儀式有招魂、報喪、哭靈、禮葬、水葬、天葬等。

《墨子‧節葬篇》載：「天子殺殉，眾者數百，寡者數十；將軍、大夫殺殉，眾者數十，寡者數人。」這說明野蠻的殉葬已成為一種制度，當時用於殉葬的人都是直接被活活殺死的。這些人中女子占大多數，可以是奴隸，可以是俘虜，也可能是妾奴。

不過在春秋時期，「人殉」的做法引起了人們的非議。《禮記‧檀弓

下》記載：齊大夫子車死後，其妻和總管商定用人殉葬。子車的弟弟子亢卻對他們說：「如果哥哥在陰間需人侍候的話，沒有比他的妻子和總管更合適的了。這件事要不就算了，如果一定要堅持，我就準備用你們二位生殉。」子車的妻子和總管不願去死，只好同意取消人殉。

到了秦朝，秦始皇死時，《史記・秦始皇本紀》中記載，秦二世稱：「先帝後宮非有子者，出焉不宜，皆令從死。」後宮婦女殉葬者達數千人。

由於「用人殉葬」制度一直遭到人民的反對，隨著社會的進步，漢代至元代期間，人殉制已基本不復存在。到了明代，「人殉」又一度死灰復燃。

據《廿二史箚記》記載，人殉制廢止於明天順八年正月，即1464年。時值英宗病危，他下遺詔表示：「用人殉葬，吾不忍也，此事宜自我止，後世勿復也。」野蠻的「人殉」制度這才徹底退出了歷史舞臺。

趣味鏈結：參加葬禮時為什麼要送花圈

據說這種習俗是從歐美傳過來的，但花圈最初並不是為葬禮專用的。花圈的「發源地」在希臘，古希臘把花圈稱為「斯吉芳諾斯」，是裝飾神像的聖物。

後來，在羅馬及其他地區，花圈也被用作獎品，頒發給凱旋的戰士和運動場上的優勝者。

在古羅馬法律《十二銅表法》中的《神聖法》第七條說：「假如有人或者親身，或者由於自己的馬或奴隸在競賽中獲勝而得到花圈，那麼在他死時，無論在他家裏或在戰場，都不禁止把花圈置於死者身上。同樣，也允許他的親屬帶花圈參加葬禮。」

在印度和緬甸，至今還保留著用薔薇花做成花圈給貴賓戴上以表敬意的習慣。

據說送花圈是有一定含義的。在早期說是一個人臨死時帶上花圈，天使就會把他的靈魂帶到天堂。而現在送花圈是表示對逝者的懷念和哀悼。

古代的火葬

火葬在中國有悠久的歷史。據考證，在原始社會時，火葬就已出現；先秦時期，關於火葬的記載開始見諸於文獻。《墨子·節葬下》記載：「秦之西有儀渠之國者，其親戚死，聚柴薪而焚之。」儀渠國，在今甘肅省境內。

此外，許多古代民族如羌族、氐族都採用火葬的方式。東漢時，這種葬俗也開始在漢族民間流傳，《東都事略》記載，北宋初，「遵用夷法，率多火葬」。

元代時，江南水鄉居民火葬時要衣麻、奏樂、取甲冑金錦等物與屍並焚。處理骨灰時，浙東水鄉常把骨灰「散棄荒野外」，有的地方則用金甕把骨灰保存起來。

明、清時，統治者認為火葬「有失人倫」，於是下令禁止火葬，因此火葬制漸趨勢微，但仍有一些地方實行火葬。清代雖也嚴禁火葬，但同治年間蘇松太三府火葬仍很盛行。

趣味鏈結：樹葬習俗

樹葬是指把骨灰深埋在一棵指定的大樹下，或者把骨灰撒在土壤裏，上面種上一棵樹作為紀念的骨灰處理方式。樹葬沒有墓穴，沒有或者使用可降解的特製骨灰壇。它只作標記，如：僅在樹下放一塊石頭，石頭上釘一塊銅板，寫上死者的姓名、生卒年月即可，或者在樹上懸掛死者的紀念牌。不留墳頭，不立墓碑，只占很少的土地。

樹葬是彝族古老的一種葬俗。雲南彝區流傳著一則關於「樹葬」的傳說：「在漢代，諸葛亮在世的那個年代，彝族先祖孟獲大將軍的妾死了。孟獲讓屬下用帛緞裹屍，葬之在青松樹上。人們圍在樹下唱歌、跳舞，悼念這位美麗的妾」。當地人們還傳說，樹葬之後，骨頭會從樹上掉下來，於是用桶把裹著帛緞的骨頭裝起來放於樹洞，有說放之於靈房，稱為「鬼桶」。

「元旦」的來歷

　　每年陽曆的一月一日，是傳統的新年——元旦。元旦年年要過，可又有幾人知道元旦這個節日是怎麼定下來的呢？

　　「元旦」是個合成詞，按單個字來講，「元」是開始、第一之意；「旦」字在《說文解字》裏解釋為「從日見一上，一，地也」，表示太陽剛剛從地平線上升起，是個象形字，也就是早晨的意思。那麼「元旦」合在一起就表示新年的第一個早晨了。

　　據說「元旦」這一名稱，最早出自顓頊時期，顓頊以農曆正月為元，初一為旦。但此後，夏、商、周、秦、漢的元旦日期並不一致。據《史記》記載，夏代是正月初一；商代是十二月初一；周代是十一月初一；秦統一中國後，又以十月初一為元旦；漢武帝時恢復夏曆，以正月初一為元旦，並一直沿用未改。

　　到了近代，辛亥革命成功後，孫中山為了「順農時」、「便統計」，定正月初一為春節，而以西曆（陽曆）1月1日為新年。

趣味鏈結：元旦飲「屠蘇酒」的習俗

中國從三國以來，就有元旦飲屠蘇酒的習俗。屠蘇是什麼？

《通雅‧植物》中說：「屠蘇，闊葉草也。」那麼，屠蘇酒就是用屠蘇草浸的酒了？其實不然。屠蘇酒是一種酒名，古人以為飲用可健身體。陳延之《小品方》中說：「此華佗方也。元旦飲之，辟疫癘一切不正之氣。」蘇東坡《除夜野宿常州城外》詩云：「但把窮愁博長健，不辭最後飲屠蘇。」

《本草綱目》中載有製屠蘇酒的方子：「用赤木桂心七錢五分，防風一兩，菝葜五錢，蜀椒、桔梗、大黃五錢七分，烏頭二錢五分，赤小豆十四枚，以三角絳囊盛之，除夜懸井底，元旦取出置酒，煎數沸，舉家東向，從少至長，次第飲之。藥滓還投井中，多飲此水，一世無病。」說飲此水可「一世無病」，當然是誇大其詞，「東向」飲酒，也有其迷信色彩，但如果作為一種防疫病酒，就不可與迷信一概而論了。

過「春節」源於何時

春節就是農曆新年，古代稱「元旦」、「元日」、「元辰」、「元正」、「元逆」、「元朝」、「正元」、「新正」、「朔日」。春節是中華民族的傳統節日，除漢族外，滿、蒙古、瑤、壯、白、高山、赫哲、哈尼、達斡爾、侗、黎等十幾個少數民族也有過春節的習俗，並且還都富有自己的民族特色。但是，過「春節」的習俗起源於何時呢？

據史料記載，春節風俗源於遠古社會的「臘祭」。「臘祭」原是神農氏（一說伊耆氏）時代的「索鬼神而祭祀，合聚萬年而索享之」的「歲終出祭」活動，與過年根本沒有關係。可是由於宗教、風俗自身的保守性和歷代統治階級出於自身目的的提倡，這種產生於生產力低下的原始時代的傳統禮俗，被保留了下來，並一直沿用，沿襲到20世紀40年代，就演化為「春節」的習俗了。

又由於正月初一為「歲之元、月之元、時之元」，故而又稱「三元」，俗稱「年初一」、「大年初一」。

趣味鏈結：為什麼過春節也稱過年

春節，又稱過年，是中國的傳統節日，也是歷來最受人們重視的節日。可是過春節為什麼稱為過年呢？

「年」字的出現始於中國古代西周（前1046～前771年）。當時的年並沒有現在說的過年的意思。因為當時社會很不穩定，人民的生活條件也非常差，都還沒有過年的概念。年作為節日，形成於漢代（西元前206～西元220年）。

在這之前「年」有收成之意，也可通「稔」字講，有莊稼成熟豐稔之意等，凡此種種。

也許有人認為「年」作為節日名在秦朝就開始了。其實不然，秦雖統一中國，但徭役賦稅極為苛酷，民不聊生。直到漢代，也就是西元前206～西元220年，老百姓才有了一個安穩的社會環境，勉強能過著較為穩定的日子。在年終收成之餘，勞累的身體也該放鬆了，百姓們就適當地進補，並用一些簡單的方式慶祝。而此時恰好就是秋去冬來，立春前的一段日子。隨著時代的發展，天文曆法的進步，後來就把過年定在一年的歲首。而這個時候也恰好能遵循二十四節氣，順應農時，有利於農業生產。

20世紀初，中國在使用陰曆的同時，亦採用陽曆，並把陽曆的1月1日定為元旦，也就是俗稱的陽曆年，也叫過小年。20世紀40年代後，採用西曆（陽曆），但是陰曆同時存在，因為陰曆的二十四節氣與農作物的生長直接相關，順應「農時」，所以廢止不得。因此把農曆年的一月一日定為春節，一直延續至今。

過春節的習俗

除夕的夜間，人們通宵不睡，說是叫「守歲」。有守歲之說，自然就有「踩歲」。所謂踩歲，就是指除夕夜將芝麻秸鋪在大門的過道上或院子裏供人踩踏。因芝麻開花節節高，且芝麻粒多，此習俗含有「壽高多福」之意。現代人將花生殼、瓜子丟在地上，踏上去啪啦作響，亦有「踩歲」之意。

除夕之夜在古時有「扔愁帽」的習俗。夜深人靜之際，人們將自己戴過的舊帽子或舊頭巾悄悄扔到街上。此習俗含有「扔掉一年的憂愁，迎來一年的新喜」之意。

除夕之夜，將橘子、荔枝等果品置於床畔，謂之「壓歲果子」。「橘」、「荔」取其諧音，含有「吉利」之意。唯壓歲果當夜不食，需等到大年初一時才取而食之。

新春到親友家賀年時，有的地區要帶上柑子，謂之「賀年柑」。「柑」又稱「大橘」，取其諧音，有「大吉」之意。主人收下大橘後，又以自家的大橘回贈，意為「互相吉利」。

除夕這天夜晚，全家人團聚在一起，在劈劈啪啪的爆竹聲中，大家舉杯祝酒，一起吃年夜飯。在外地的家庭成員，凡是能回家的，一般都在除夕之前趕回家，所以年夜飯又叫「團圓飯」。

古時候吃年夜飯時，桌上會放一個燒得很旺的火爐，全家人圍著吃年夜飯，因此也叫「圍爐」，表示日子過得紅火興旺。

古人用餐時，在平時是男女不同席的，但吃年夜飯時，男女老幼都在一起吃，表示全家永遠歡樂團聚的意思。

趣味鏈結：中國人過年為什麼要放鞭炮

鞭炮也叫爆竹，過年放鞭炮是中國人的傳統習俗，沒有鞭炮就感覺年

味不足。

　　放爆竹賀新春的歷史，在中國已經有兩千多年了。有關爆竹的文字資料，被認為最早的是《詩經‧小雅‧庭燎》篇中「庭燎之光」的記載。所謂「庭燎」就是把竹竿放到大火裏燒，竹竿燃燒後，竹節裏的空氣就會膨脹，竹腔爆裂，發出聲響，這也就是「爆竹」的由來。那過年為什麼要放爆竹呢？

　　據說在古時候，每到過年的時候就有一種叫做山魈的怪物到人間來搗亂，老百姓為了驅逐它，就「燃竹而爆」，把山魈嚇跑。所以說鞭炮最早與桃符、春聯一樣，都是中國民間用來驅除邪魔鬼怪的。據梁朝宗懍在《荊楚歲時記》中載：「正月一日，三元之日也。春秋謂之端日，雞鳴而起，先於庭前爆竹，以辟山魈惡鬼。」

　　到了唐代，爆竹仍以竹著火爆響，又稱為爆竿。後來，經過煉丹家的不斷摸索，發明了火藥。有人將火藥裝在竹筒裏燃放，聲音更大，從此燃竹驅山魈的習慣就逐漸被火藥取代了。《神異經》上說：「西方深山中有人焉，長尺餘，一足，性不畏人。犯之令人寒熱，名曰山魈驚憚，後人遂象其形，以火藥為之。」

　　北宋時，爆竹在製作技術方面有了很大的改進。已經出現了用紙卷裹著火藥的燃放物，還有單響和雙響的區別，改名「炮仗」，後又改為「鞭炮」。

　　「爆竹聲中一歲除。」春節早晨人們為了開門大吉，先放爆竹，爆竹聲後滿地紅紙屑，紅的顏色讓人感到喜氣和喜慶，人們稱之為「滿堂紅」。

　　後來，人們還把爆竹用到慶賀婚禮、開業典禮，以及其他的一些重大活動上，也是一種喜慶的表示。

春節貼對聯的由來

除夕這天，家家戶戶都要貼上寫著祝福的春聯。春節貼春聯是古時流傳至今的一個傳統習慣。春聯也叫對聯、春貼、對子。據說春聯來源於2000多年前的「桃符」。

古人認為，桃木可以避邪，用桃木製成長條狀木板（也有做成劍狀的，稱為桃木劍），謂之桃符，過年時，人們在桃符上題詞，稱為題桃符。所題內容不過是一些壓邪話和符咒，比如「姜太公在此，百無忌禁」或「有令在此，諸惡遠避」等。

直到五代十國時，後蜀皇帝孟昶在桃木劍上題寫了「新年納餘慶，嘉節號長春」的句子，據說這句話就是最早的春聯。此後，過年時有寫聯語的，有掛桃符的，還有貼門神的。

到宋代時，春聯的概念還沒有出現，題桃符開始流行起來。據說蘇東坡訪王文甫，就曾贈王一副「門大要容千騎人，堂深不覺百男歡」的對聯。王安石有《元日》詩：「爆竹聲中一歲除，春風送暖入屠蘇。千門萬戶瞳瞳日，總把新桃換舊符。」

而「春聯」名稱真正出現是在明代，1368年，明太祖居金陵（南京）時，除夕之夜，令公卿士庶之家都貼春聯，過年時還曾親自微服出行，逐門觀看，以為樂趣，並乘興親筆題聯。

當時明太祖所題之聯，流傳下來的不多。比如題給大才子陶安的，他這樣寫：「國朝謀略無雙士，翰苑文章第一家」；題給民間某殺豬匠的，他這樣寫：「雙手劈開生死路，一刀割斷是非根。」由此可以看出，此時聯語已經藝術化了。從此春聯普遍盛行起來。

如今貼對聯不再是為了驅鬼避邪，而被看做是表達思想感情的藝術形式。

趣味鏈結：夜貼對聯的王羲之

傳說有一年，著名書法家王羲之連貼了三次對聯都被喜歡他字的人偷著揭走了。臨近除夕，不得不又寫了一副。他怕再被人揭走，就上下剪開，各先貼一半。

上聯是「福無雙至」，下聯是「禍不單行」。這樣，果然奏效，人們見他寫的不是吉慶的內容，也就不再揭了。到了新年黎明之際，王羲之又各貼了下一半，上聯成「福無雙至今日至」，下聯成「禍不單行昨夜行」。路人聞之，皆擊掌歎絕。

吃年夜飯要關門的由來

古時在江南一帶，每年吃年夜飯的時候，家家戶戶都要關起大門，不能大聲說話，不能敲擊碗筷。吃完年夜飯，將桌上的碗筷收拾乾淨後，再打開大門，這叫做閉門生財，開門大吉。相傳，這種做法是為了哄騙鐵拐李。

據說到了每年的最後一天，玉皇大帝都要瞭解民間的生活狀況，於是就派鐵拐李下凡查看民情。鐵拐李是個跛腳叫花仙，因此便在人間吃年夜飯的時候，提著要飯的籃子跛著腳沿街到各家乞討。

討完飯後，鐵拐李把討來的東西提給玉帝看，誰家窮，誰家富，一看就知道了。據此，玉帝便讓富人一年遭幾次災，不要太富；窮的則讓他發幾次財，不要太窮了。

這事慢慢傳到了人間，一個精明的商人知道了這個情況之後，很快就想到了應對之策。到吃年夜飯時，這戶人家把大門關得緊緊的，家人誰也不准大聲說話。等鐵拐李來討飯時，打開門，桌上什麼也沒有。鐵拐李一看，認為這戶人家窮得連年夜飯都吃不起，於是就大發慈悲，悄悄在這戶人家的門口放上幾個元寶就走了。就這樣，這家人越來越有錢了。

天下沒有不透風的牆，別家也看出了他家發財的原因，便都跟著學起

來。後來，鐵拐李見家家都關著門吃年夜飯，便知自己下凡探察之事已被人們覺察，就不再到人間來討飯察貧富了。但關起大門吃年夜飯的習慣，卻從此流傳下來。

趣味鏈結：除夕吃團圓飯的由來

到了除夕這天晚上，全家人都要團聚在一起，舉杯祝酒，一起吃年夜飯。在外地的家庭成員，凡是能回家的，都會在除夕之前趕回家中，所以年夜飯又叫「團圓飯」。

古代人吃年夜飯時，桌上放一個燒得很旺的火爐，全家人圍著火爐吃年夜飯，因此也叫「圍爐」，表示日子過得紅火興旺。

年夜飯是一年中最豐盛的晚餐。因為一年之中大家都很忙，只有過年才團聚在一起，所以特別重視除夕的團圓。這天的飯菜也很講究，而且含有美好祝願的意思，比方說一定要有一盤魚，因「魚」和「餘」諧音，取「年年有餘」的意思；還有叫「富永」之類的糕點，象徵著永遠富裕。

古人用餐時男女不同席，但吃年夜飯時，男女老幼都在一起吃，表示全家永遠歡樂團聚。

除夕的由來

除夕就是一年最後一天的夜晚。「除」字的本義是「去」，引申為「易」，即交替；「夕」字的本義是「日暮」，引申為「夜晚」。「除夕」即含有舊歲到次夕而除，明日即另換新歲的意思。

據《呂氏春秋・季冬紀》記載，古人在新年的前一天，擊鼓驅逐「疫癘之鬼」。這就是除夕的由來，它源於先秦時期的「逐除」。

最早提及除夕這一名稱的，則是西晉周處的《風土記》等書。在古代，除夕還有許多雅稱，如：除儺、除夜、逐除、歲除、大除、大盡等。

在民間，除夕有很多富有正面意義的習俗。歲晚相與饋問為饋歲，酒

食相邀呼為別歲，除夕夜達旦不眠為守歲等。

趣味鏈結：除夕夜為什麼要守歲

古人認為除夕這一天是一個人長一歲的界日（指虛歲），而這個晚上又是舊歲已過、新年到來的一夜。人們舉家歡慶，徹夜不眠，圍坐守歲，辭舊迎新，以求新的一年裏大吉大利，這一習俗即謂除夕「守歲」。關於守歲的由來，有一個遙遠的傳說。

傳說遠古時代有一個被稱為「祟」的小妖怪，它長著黑黑的身子，但手卻是雪白的。每年春節除夕之夜，它都要到人間害人，專門摸熟睡的小孩子的腦門。凡是被「祟」的雪白小手摸過的小孩，就會生病，莫名其妙地發高燒，整夜說夢話，等到十幾天高燒退去後，小孩就會變成癡呆瘋癲的傻子。

所以每年到了除夕這一天，家長們都怕「祟」來傷害自己的孩子，就整夜亮著燈，陪孩子一起玩，不讓他們睡覺。這在當時叫做「守祟」，後來，人們覺得說「祟」這個怪物有些晦氣，又因為「歲」與「祟」諧音，於是人們就慢慢改「守祟」為現在所說的「守歲」了。

「除夕不空鍋」的來歷

「除夕不空鍋」說的是除夕夜裏（也有說從除夕夜起連續三天），人們要在飯鍋裏放上些乾糧或其他食品（一般放在箅子上面），稱為「壓鍋」。表示去年的餘糧能夠存放到今年，意為年年有餘，以此來祈盼來年生活富裕安康，溫飽無虞。

關於「除夕不空鍋」的來歷，民間有個很有趣的故事。傳說朱元璋在當上皇帝之前，與老母親相依為命，家裏十分窮苦，常是吃了上頓沒下頓。有一年除夕之夜，朱家又沒有了過年的食物，老母親也沒有辦法。

朱元璋不由心生一計，不妨拉下臉來偷點東西回來吃。朱元璋想，村

子裏的人都是抬頭不見低頭見的，大多都認識，不好下手，於是他走了三里地，好不容易才摸進了一家人的廚房。在廚房裏找了半天，卻很失望地發現，鍋裏什麼吃的東西也沒有。朱元璋一氣之下就把那口空鍋揭下來扛走了。

朱元璋扛著鍋走到半路上，轉念一想，我把人家的鍋偷走了，人家怎樣做飯呢？再說現在是過年時節，家家戶戶都在忙著過年，我這鍋怎麼賣呢？想來想去，朱元璋決定抄原路給人家送回去。

可這時，東方既白，天已經快亮了。朱元璋心頭十分著急，萬一給人發現了豈不糟糕？想到這裏，朱元璋默默祈禱：「老天爺，讓天再黑一會兒吧！再黑一會兒吧！」結果，天果然又黑了一陣子，這樣，鍋就完璧歸趙了。

朱元璋登基做皇帝之後，回憶起自己除夕之夜偷鍋送還的經歷，想到現在還有不少人像他曾經一樣貧窮，於是就下令全國上下，每年除夕之夜都不能空鍋，最少要放上兩個饃（五穀磨成麵粉後做的乾糧）。

為了讓老百姓信服，他說這樣，一來為乞丐準備了食糧，以防止他們把鍋偷走；二來除夕把吃的放在鍋裏，就象徵著年年有餘糧，家家生活富裕，來年的生活會更好。自此以後，「除夕不空鍋」的習俗就流傳了下來。

趣味鏈結：「溫鍋」成為賀喜喬遷代稱的由來

現在人們常把搬家或喬遷稱為「溫鍋」。說起「溫鍋」可能與當時人們的生活水準低下有關。以前，普通人家蓋房子常是傾其所有，房子蓋完後，就會出現經濟拮据的情況，家裏不是缺錢就是少米。這時街坊鄰居就會送來一些食物、禮品，幫著添置些家庭用具，以助他們度過困境，同時也向他們表示祝賀之情。

主人為了感謝街坊，也為了讓新家熱鬧起來，就會炒菜做飯，設宴招待。由於遷入新居，鍋灶都是新的，同時也是涼的。這一炒菜做飯，鍋灶就熱起來了，故而叫「溫鍋」。「溫鍋」也標誌著這個家從此步入了

正軌，安穩地過日子了。實際上，溫鍋就是親朋鄰里相助，眾人添柴火焰高，把喬遷新居的暫時困難緩解了。

溫鍋充滿了濃濃的親情，使新戶主倍感溫暖，在精神上也能得到極大的安慰。此外，有些地方溫鍋時希望人越多越好，他們覺得人越多人氣越旺，特別是搬到一個新地方之後，人們更希望有眾多的人前來溫鍋，其想法是人多勢大不受欺壓。

初一吃餃子過年的由來

初一吃餃子過年，是說大年三十晚上要包好餃子，等到初一的時候拿出來吃了過年。關於這句民諺的來歷有一個很有趣的故事。

農曆年在民間是備受重視的，很久以前，在一個貧困的山村，有一戶人家很窮，常常是有一餐沒一餐。到了年三十這一天，就是年關了，為了新年能吃得飽，只好向親友借來米麵。和好麵後，用蘿蔔菜做餡，非常精心地包起餃子來了，包好的餃子由裏到外擺放得一圈一圈的，非常整齊，也很美觀，灶王爺看到之後非常滿意。

同村有個財主，家財萬貫，命令手下人包餃子，用肉、蛋等料調餡，這些人粗手粗腳的，包好後胡亂地放在蓋簾上，灶王爺見了很不高興，就想懲罰他們。

到了初一這天，財主家的餃子下鍋煮熟後，一吃味道全變了樣，豬肉餡變成了蘿蔔菜餡。而那戶窮人家的餃子卻變成了肉蛋餡的。後來這家窮人知道是灶王爺幫了他們的忙，所以每到過年的時候就包餃子。這事在村裏傳揚開後，村裏人即使再忙，過年也要包餃子，把餃子擺放得整整齊齊，以討個「圈福」的口彩。

趣味鏈結：「年初一，不吃稀」有什麼講究

古代科學很不發達，人們認為生活中所做的某件事，就會預兆以後的

生活中會發生與之相類似的事。比如，「年初一，不吃稀」就是這種忌諱的典型代表。

古人說在大年初一這天，不能吃稀飯，否則一年之中，外出旅行時一定會碰上下雨。無論是誰，出門遠行都盼望著遇上晴朗的好天氣，不希望被雨淋。所以人們為了防止這種忌諱應驗在自己的身上，大年初一時從來不吃稀飯。

另外，稀飯在有些地方稱為「粥」或「糊塗」，很容易讓人聯想起「發昏」、「看不清」、「不明白」、「不清醒」等含義。而這些話又都是過年時所忌諱的話語，因此「年初一，不吃稀」。

更為重要的是，「稀」還意味著「薄」的意思，年節吃稀，意味著一年吃喝不足；「年初一，不吃稀」，則象徵著過去和將來的一年裏豐衣足食，生活富裕。

春節吃年糕源於何時

過春節時，各地人民都有吃年糕的習慣。年糕又稱「年年糕」，與「年年高」諧音，意寓人們的工作和生活一年比一年提高。年糕分為白糖年糕、紅糖年糕、豬油百果年糕、棗子年糕、桂花赤糖年糕、水磨年糕等。

年糕作為春節食品，在中國具有悠久的歷史。據說在早年，年糕是為年夜祭神、歲朝供祖之物，後來這一習俗慢慢演變，才成為了春節食品。據考古探測發現，中國大約在七千年前就開始了稻穀的種植。漢朝時，人對米糕就有「稻餅」、「餌」、「餈」等多種稱呼。據說年糕是從米糕發展而來的。

在西元6世紀，當時的《食次》一書中就載有米糕「白繭糖」的製作方法，即將糯米蒸熟以後，趁熱舂成米糍，然後切成桃核大小，晾乾油炸，滾上糖即可食用。

後來，米糕進一步發展，就出現了粉糕，即將糯米粒磨成粉製作而成。其做法是先把糯米製成粉，然後再用絹羅過濾，加水、蜜，再做成團，將棗和栗子等貼在粉團上，用箬葉裹起蒸熟。

而年糕也多是採用糯米磨粉製作而成的，只不過名稱不同。粉糕就是年糕的最初雛形。又因為糯米蒸熟後，有很強的黏性，所以年糕又稱「黏黏糕」。不難看出，「年年糕」就是北方「黏黏糕」的諧音。

年糕不僅是一種節日美食，而且歲歲為人們帶來新的希望。

趣味鏈結：年糕的由來和傳說

年糕到底始於何朝何代？說起來還有一段故事哩！

西元前514年，吳王闔閭派大臣伍子胥督建王城。幾年之後，王城完工，吳王命名為「闔閭大城」。

西元前484年，闔閭死後，其子夫差繼位。夫差是個好大喜功之人，他一心想討伐齊國，稱霸中原。伍子胥屢次勸諫，夫差不但不聽，反而十分惱怒。

伍子胥預料到自己將有殺身之禍，他悄悄地對幾個親信說：「將來如果我有不測，都城被圍，民無所食，你們可去象門城下掘地三尺取糧。」不久，奸臣誣陷伍子胥私通齊國，夫差不分青紅皂白，賜寶劍一把，逼伍子胥自盡。

伍子胥死後，越王勾踐便舉兵伐吳，一路勢如破竹，把吳國都城團團包圍。吳國軍民被圍困日久，城中糧絕，每天都有人餓死。這時，伍子胥的幾個老部下突然想起伍子胥生前的囑咐，便帶領軍民去象門挖地，結果挖到了許多包裹嚴實的「城磚」。

原來，這些城磚都是用糯米粉蒸熟後壓製而成的。這種糯米磚十分堅韌，既可做磚砌城，又可充飢。這是伍子胥生前暗地設下的「積糧防急」之計。就這樣，士兵和百姓靠著這些「城磚」，終於度過了劫難。

從此以後，每逢過年，人們都要用糯米粉做成「城磚」，供奉伍子胥，以表示他們對這位救命恩人的紀念。久而久之，這「城磚」便被稱做

「年糕」，形成了過年吃年糕的習俗。

古人如何拜年

拜年是民間的傳統習俗，是人們辭舊迎新，相互表達美好祝願的一種方式。拜年的傳統由來已久。那麼古人是怎樣拜年的呢？

自古以來，拜年的習俗就分兩種，一種是向長輩叩歲的叫拜年；另一種是平輩之間的相互道賀，稱之為賀年。「拜年」的最初意思是《左傳・昭公十七年》所載的：「彗所以除舊布新也。」「彗」即掃帚的意思，本指掃除塵土，引申為過年時除卻過去一年的晦氣，迎來新年的好運。

另據考證，真正意義上的拜年出現在宋代（多是賀年的形式），盛行在明代。南宋吳自牧《夢粱錄》中有古人賀年的記載：「正月朔日，為之元旦……士兵皆交相賀，民男女，亦皆鮮服往來拜節。」由此句我們可以看出，當時不僅士兵互拜，朝官也一樣。他們不計相識與否，皆望門投帖，以示新春的祝賀。

還有史料記載，在宋朝的上層社會中，倘若坊鄰親朋太多，難以登門遍訪，就使遣僕人帶名片去拜年，稱為「飛帖」，各家門前貼一紅紙袋，上寫「接福」兩字，即為承放飛帖之用。

到了明代，盛行的拜年習俗中，又有了新的花樣，他們以投謁代替拜年。明朝傑出畫家、詩人文徵明在《拜年》詩中描述的就是這種情況，他在詩中寫道：「不求見面惟通謁，名紙朝來滿蔽廬；我亦隨人投數紙，世情嫌簡不嫌虛。」這裏明代人們所言的「謁」即是現今賀年卡的起源。

拜年中的「團拜」形式，大約出現在清朝，清人藝蘭主在《側帽餘譚》中說：「京師於歲首，例行團拜，以連年誼，以敦鄉情。」

趣味鏈結：拜年的由來

關於古人為什麼要拜年的問題，有這樣一個傳說。傳說「年」獸每逢

臘月三十晚上，看到人間熱鬧非凡，就會竄到村子裏，吞噬牲畜和百姓。人們為了應付牠，就只好備些肉食放在門外，然後把大門關上，躲在家裏，整個晚上都不能入睡。

「年」獸在飽餐肉食之後，一般在天快亮的時候就回去了。這時候在家裏憋屈了一晚上的人們，就會打開門，挨家挨戶問個好，看看誰家有沒有什麼損失，相互作揖道喜，互相祝賀又躲過了「年」獸的迫害，可以有新的一年的平安了。這就是「拜年」的由來。

元宵節的由來

農曆正月十五，叫「元宵節」，也叫「上元節」、「元夕節」、「燈節」，是富有悠久歷史的傳統節日。關於元宵節的由來歷來有很多種說法。

說法之一認為，農曆正月十五吃元宵，是傳統習慣。據記載，「元宵」二字的出典與隋煬帝有關。隋朝末期，隋煬帝殘暴無度，為了粉飾太平，他把西元610年的正月十五這一天定名為「上元」。並在洛陽端門以外，建國門以內，搭起高臺「歌舞昇平」，開始大張燈火，同時開展奇術異能、歌舞百戲活動。

由於這天晚上熱鬧非凡，一些賣小吃的小販也出來兜售食品，尤以湯圓最受歡迎，後來就把湯圓定為上元節的應節食品，所以上元節也有「元宵節」的叫法。

另一種說法認為，古時有「三官」，即天官、地官、水官，都是道教信奉的神，並說「天官賜福，地官赦罪，水官解厄」。

相傳東漢的道教始祖張道陵做三官時為人治病，深得老百姓愛戴。後來道教以三官配三元，說：「天官正月十五生，為上元；地官七月十五生，為中元；水官十月十五生，為下元。」於是道教分別把正月十五稱為「上元節」，七月十五稱為「中元節」，十月十五稱為「下元節」。上元

節這種說法就由此流傳了下來。

說法之三認為，「元宵節」的由來與漢代時期的漢文帝有關。並說它在道教產生之前就是一個傳統節日了，與第二種說法有很大的出入。

漢高祖劉邦死後，呂后獨攬朝政，把劉氏天下變成了呂氏天下。呂后病死後，諸呂惶惶不安，害怕遭到傷害和排擠。於是，在上將軍呂祿家中祕密集合，共謀作亂之事，以便徹底奪取劉氏江山。

此事傳至劉氏宗室齊王劉襄耳中，劉襄為保劉氏江山，決定起兵討伐諸呂。隨後，劉襄與開國老臣周勃、陳平等一起，在正月十五徹底平定了「諸呂之亂」。平亂之後，眾臣擁立劉邦的第二個兒子劉恆登基，稱漢文帝。

由於漢文帝是在平定「諸呂之亂」後上臺的，他深感太平盛世來之不易，為了紀念平息之日，每年正月十五日夜，他都要設夜宵款待有功之臣。後來就乾脆把正月十五這一天定為元宵節了。

在當時過元宵節，還沒有放燈的習俗。直到漢明帝永平十年（67年），有人從印度求得了佛法，漢明帝為了提倡佛教，敕令在元宵節點燈，以表示對佛教的尊敬。元宵節放燈的習俗才由此發源。漢代司馬遷在建議漢武帝修改曆法、創建《太初曆》時，把元宵節列為重大節日寫入書中。

趣味鏈結：元宵的做法

元宵是用糖和各種果肉做餡，外面滾上糯米粉，呈小球形狀，清水煮熟食用，香甜可口，古時候人們叫它湯圓、湯糰、圓子。因為這種食品在元宵節時吃，所以後來人們也就習慣把它叫做元宵。

元宵之夜，正是農曆新的一年的第一個月圓之夜，全家老少齊聚餐桌旁，吃著象徵家人團圓、和睦、吉利的元宵，高高興興度過春節的最後一晚。

清明節掃墓的起源

「清明節」是漢族傳統節日，亦稱為「植枝節」、「踏青節」、「聰明節」等。彝、壯、布依、滿、侗等23個少數民族也有這個節日。

從二十四節氣上講，清明是二十四節氣中的第五個小節氣，時間在西曆四月五日前後，夏曆則是三月上旬。清明節主要是祭祖掃墓的日子。

據《禮記》記載：「王者祭天地，諸侯祭山川，卿大夫祭五祀，士庶人祭其先。」所謂「祭其先」者，意思就是說，老百姓祭祀自己的祖先。

到了春秋時代，民間已有了「吉日良辰，郊祀野祭」之風，但並未形成一種真正的儀式。到了唐開元二十年，掃墓已經成為一種儀式，並被「編入五禮」。據《舊唐書》記載：「寒食上墓，禮經無文，近代相傳，浸以成俗。士庶有不合廟享，何以用展孝思？宜許上墓，用拜掃禮。……仍編入禮典，永為常式。」隨後，唐末宋初，掃墓的習俗開始盛行起來，《宋史·唐格傳》裏有「徑往錢塘掃墓」之句。

清明這天除了祭祖掃墓之外，還有禁火寒食、插柳踏青、興農事、蕩秋千、蹴鞠（踢球）、放風箏、拔河、打馬球等活動。也正是因為有禁火寒食、興農事等活動，清明節才作為一種獨立的節日流傳了下來。

趣味鏈結：人們為何選擇在清明節掃墓

世人選擇清明掃墓，除了祭拜祖先的需要外，從科學的角度來講，還有以下幾種原因。

其一，清明時節氣候轉暖，雨水增多，草木蔓生，陵園墓地需要修整。

其二，清明前後，山清水秀，桃紅柳綠，可藉此去郊野，掃墓踏青。

其三，可能與人們懷念介之推有關，因為他被焚於清明前一日，而清明前一日是寒食節。

「端午節」的起源

農曆五月初五是端午節，又叫「端陽節」，也叫「端五」、「端陽」，還有的地方叫「中天節」。端午節是中國最古老的節日，已經有四千多年的歷史了。

端是開始的意思。每月有三個逢「五」的日子，頭一個就是端五。古代「午」與「五」通用，故稱「端午」。又以奇數（單數）為陽，偶數（雙數）為陰，所以也叫「端陽」。這一天兩個「五」相重，因此又稱為「重五」。關於端午的起源，大致有「屈原說」、「龍節說」、「惡日說」三種。

節日起源的研究學者撰文指出，有文字可考的端午始源應該是夏至，《風土記》有「俗重五月五日與夏至同」的記載。他認為端午的風俗，就是源自夏至的風俗。比如古代夏至有祭祀活動，端午節也有。他文中引用了大量的，可以用為佐證的資料，很具有說服力。

他查閱古籍，發現《後漢書・禮儀志》一書也認為，漢代五月五日的風俗是來自夏、商、周時期的夏至節。唐代韓鄂也在《歲華紀麗》中開宗明義地解釋端午為：「日葉正陽，時當中夏。」從科學的角度來分析，只有在夏至，太陽才可能完全合於正陽的位置。端午又叫天中節的原因也在於此。

文章還說，關於端午始源的各家說法，無論屈原說、龍節說，還是惡日說，最多只能勉強解釋其中習俗的少數幾個，只是好心人的一種附會罷了。那麼端午節的習俗有哪些呢？

既然端午節是在五月五日這天，那麼它的許多習俗自然就與「五」有關。比如在端午節這天給小孩的長命縷，就是用紅、黃、藍、白、黑五色絲線做成的，繫在兒童的脖頸、手腕或足踝上，保佑小孩長命百歲；各家懸插的「五端」：菖蒲、艾草、石榴花、蒜頭和龍船花（山丹花）。在南

方過端午節時人們吃的「五黃」：黃瓜、黃鱔、鹹鴨蛋黃、黃豆瓣包的粽子、雄黃酒。這無一不與「五」有關。除此之外，端午還有賽龍舟和吃粽子的習俗。

後來端午節的習俗流傳到日本、朝鮮和東南亞等地。

趣味鏈結：艾和菖蒲真的能避邪嗎

民諺「清明插柳，端午插艾」。人們把插艾和菖蒲作為端午節的重要活動之一。五月正是炎熱酷暑將臨之時，也是流行病、瘟瘴疫癘將發之際，插艾可以發揮一定的抑制作用。

艾又名艾蒿，它的莖、葉都含有揮發性芳香油，可驅蚊蠅，淨化空氣。菖蒲是提神通竅、健骨消滯、殺蟲滅菌的藥物。菖蒲形狀似劍，掛在門上，可以達到殺菌防病的目的，故有「端午佳節，菖蒲做劍，懸以避邪」之說。

除五月初五的端午節有這些講究之外，整個五月在古人的生活中都是有諸多禁忌的，比如五月不能蓋屋，「五月蓋屋。令人頭禿」。不宜赴官，「五月到官，至免不遷」。古人還有諺語說：「有錢難買五月旱，六月連陰吃飽飯。五月連陰下大雨，玉皇大帝賣兒女。」

另外，五月也不宜生子，民間認為五月生子，各種毒氣、疫疾、鬼怪都會侵襲到嬰兒體內，對父母不利。萬一生下來了，即使不殺死，也得送到外婆家或河邊池畔去，以免衝撞家人。現在看這些，只不過是害人害己的迷信而已。

中秋節的起源

農曆八月十五是中秋節。在歷史上，中秋節與元宵節、端午節合稱為「三大節」。在中國古代，人們將農曆七、八、九三個月，分別叫做孟秋、仲秋、季秋。八月十五正屬秋季正中，故而稱為「仲秋」或「中

秋」。中秋節是「三大節」中僅次於春節的第二大傳統節日。

關於中秋節的起源，歷來有很多種說法。一種說法認為可以追溯到兩千多年以前。《禮記》記載：「天子春朝日，秋夕月」，意思是說，古時天子祭祀太陽的時間在春天，祭祀月亮的時間在秋季。而農曆八月正是秋季中間的月分，八月十五又是中間之中，所以，八月十五日就被擇為祭神吉日，稱為中秋節。

從時令上說，秋天正是莊稼收穫的黃金季節，所以在有的地方「中秋節」又名「秋收節」。春播夏種的穀物到了秋天就是收穫的時候了，自古以來，人們都在這個季節飲酒舞蹈，喜氣洋洋地慶祝豐收，八月十五日就逐漸發展為人民歡慶的節日了。而另一方面，中秋節是月亮最圓的時候，有象徵團圓之意，因而中秋節又有「團圓節」之稱。

還有一種說法認為，中秋節源於唐玄宗遊月宮的浪漫故事。相傳唐玄宗中秋之夜在宮中祭月時，伴隨道人作法，將手中拐杖化做空中銀橋後，步入月宮。但見門樓匾額上書「廣寒清虛之府」幾個大字，門口的高大桂樹下白兔正在搗藥，宮內嫦娥和諸仙女在悠揚的樂曲伴奏下，翩翩起舞，翩躚不已，玄宗大讚美妙。

玄宗歸來後，整理出暗自在月宮記下的舞曲，命名為《霓裳羽衣曲》，並在宮中廣為傳唱。據說稱月宮為「廣寒宮」也與玄宗夜遊月宮的故事有關。自此以後，每年到了八月十五這天，宮中都要舉行祭月活動，久而久之，就定為正式節日了。又因為八月十五正值仲秋，所以就命名為中秋節了。到了宋代，中秋節已經十分熱鬧了，親朋好友之間大擺宴席，互贈月餅，已經初具現代中秋節的雛形了。

其實，中秋節不僅僅是華人的傳統節日，甚至在日本、朝鮮等國家，每年夏曆八月十五日也要過這個節日。

趣味鏈結：「月餅」一詞最早見於何時

「月餅」一詞，最早見於南宋吳自牧的《夢梁錄》，書中所描述的月餅是像菱花餅一樣的餅形食品。到了宋代，有記載說「八月十五祭月，其

祭果餅必圓」。由此可見「月餅」一詞已經正式使用了。中秋節吃月餅，有團圓之意。

在中秋節的禁忌裏，所祭月餅必須是圓的，但不能供桃子和梨，因桃不能避邪，不能近神道，梨和「離」諧音宜諱。分瓜必定花切，犬牙交錯切出蓮花瓣來以取吉利。

月餅最初在家庭製作，到了近代，月餅作為傳統糕點在市面出售，且製作越來越精細。宋代詩人蘇東坡詩云：「小餅如嚼月，中有酥和飴。」

臘八節習俗的起源

農曆十二月初八，是漢族傳統的「臘八節」。「臘」是中國遠古時代一種祭禮的名稱，在《說文解字》裏解釋為：「臘，冬至後三戌，臘祭百神。」從先秦起，臘月都是用來祭祀祖先和神靈的日子。到南北朝時期，據傳「臘祭」之神有八種，「臘祭」才被固定到臘月初八這一天。當時人們稱這一天為「臘日」。相傳「臘八節」就是起源於遠古的這種「臘祭」，俗稱「臘八節」。

臘八節有很多種習俗，除了祭祖敬神的活動外，人們還要舉行驅儺儀式逐疫（古代驅鬼避疫、驅鬼治病的一種巫術活動）。《荊楚歲時記》記載：「十二月八日為臘日。村人並擊細腰鼓，戴胡頭及作金剛力士以逐疫。」不過這種巫術活動，基本上已經消失了，只在當今的湖南新化等少數地區存在。

此外，臘八節最重要的一項活動就是喝臘八粥。中國喝臘八粥的歷史已有一千多年。每逢臘八這一天，不論是朝廷、官府、寺院，還是黎民百姓家都要做臘八粥。

臘八粥是用八種當年收穫的新鮮糧食和瓜果煮成的，一般都為甜味粥。在中原地區的許多農家有喜歡吃臘八鹹粥的。臘八粥內除大米、小米、綠豆、豇豆、花生、大棗等原料外，還要加蘿蔔、白菜、粉條、海

帶、豆腐等。

　　據說喝臘八粥可以延年益壽，還有滋補的功效，有食療的作用。比如做臘八粥時，加入大棗，就對脾胃虛弱、血虛萎黃和肺虛咳嗽等症有一定療效。

趣味鏈結：關於臘八節的詩詞佳句

　　歷史上歌詠臘八節的詩歌有很多，這裏只摘取少數名家之作。

　　唐代杜甫的《臘日》詩：「臘日常年暖尚遙，今年臘日凍全消。侵陵雪色還萱草，漏泄春光有柳條。縱酒欲謀良夜醉，還家初散紫宸朝。口脂面藥隨恩澤，翠管銀罌下九霄。」詩中寫出了往年臘日很冷，而今年臘日卻很暖和的情景。詩人在高興之餘有一種辭朝還家，縱酒狂飲歡度良宵的想法，但此時此刻，他又因感念皇帝對他的恩澤，而不能隨便離開。

　　宋代陸游的《十二月八日步至西村》寫道：「臘月風和意已春，時因散策過吾鄰。草煙漠漠柴門裏，牛跡重重野水濱。多病所須惟藥物，差科未動是閒人。今朝佛粥交相饋，更覺江村節物新。」詩的意思是說，雖是隆冬臘月，但已露出風和日麗的春意。柴門裏草煙漠漠，野河邊有許多牛經過的痕跡。臘日裏人們互贈佛粥（即臘八粥），更感覺到些許清新的氣息。

天文曆法

表與渾儀

中國古代科學技術很不發達，無論是農業生產，還是天文觀測，都是一些極為簡單的工具和儀器。當時觀測天象所用的儀器，大致可以分為兩類。

一類是「表」，形制是一根直立的桿子，經過太陽光的照射，人們根據表在地上的投影方向和長度的變化來觀測天象。「表」是起源最早的天文儀器，它是古人在長期的生產和生活實踐中，觀察太陽投影的變化而發明的。古人利用「表」可以達到定方向、定節氣、定時刻的目的。

另一類是「渾儀」，是專門用以觀測天體在天體球面上座標的天文儀器，也是中國古代天文觀測的主要儀器。它是中國古代關於宇宙模式的渾天說理論建立後的產物。古人透過它不僅可以達到觀測天象的目的，還可以測定昏、旦和夜半中星以及天體的赤道座標，有時也能測黃道經度和地平座標。

趣味鏈結：中國古代行星運行的記錄

1973年，在湖南長沙馬王堆出土的《五星占卜書》，詳細描述了

水、金、火、木、土等行星的運行情況，還一一列出了從秦始皇元年（西元前246年）到漢文帝三年（西元前177年）的70年中，金星、木星、土星的準確位置，並推得了它們的會合週期（指該行星連續兩次走到與地球最近處的時間間隔）和公轉週期，其精密度已與現代測得的精確值差不多。

據多方考證，這本書的寫作年代不遲於西元前170年，這比古希臘權威喜帕恰斯的記錄至少早1個世紀。

世界上最早的天文觀測儀器

古代中國人很早就開始了天文觀測，隨著觀測技術的不斷提高，前後發明了很多觀測儀器，其中有一些被認為是世界上最早的。除了觀測地震的地動儀是世界上最早的天文觀測儀器以外，比較有代表性的還有渾儀和渾象兩種儀器。

渾儀和渾象都是世界上最早的天文儀器。渾儀出現在春秋戰國時代，甚至更早。渾儀是用來測量天體的位置和兩個天體之間角度的天文儀器，它由照準器（即望筒）、轉動裝置、讀數裝置三部分組成。

照準器是渾儀的主要部分，測量天體座標時，只需用照準器對準要觀測的天體，照準器上所設的各種環圈就能將該天體的座標標示出來。照準器上的這些環圈有的代表著地球自轉的軌跡赤道，有的代表地球公轉的軌跡黃道。

而渾象是東漢科學家張衡發明的，它是用來觀測天體位置的一種儀器。渾象是用銅鑄造的，形狀像個圓球。圓球裝在一根傾斜的軸上，軸和球有兩個交點，分別代表南極和北極，類似於今天的地球儀。

球面上刻有二十八星宿和其他星辰，採用齒輪裝置，用漏壺滴出的水的力量推動齒輪，帶動渾象繞軸轉動。銅球轉動一周和地球自轉一周的時間相同。球外面安有一個水平的環，表示地平線。

此球由東往西運動，刻在上面的恆星就從東方升到地平線以上，又向西落到地平線以下，這和天空中星象出沒的實際情況完全相同。坐在屋子裏，便能從渾天儀上看到天體運行的情況。

趣味鏈結：日珥最早發現在什麼時候

日珥是太陽表面上經常會出現的一種情況。具體來說，太陽表面像一個火海，時常有一串串巨大的「火舌」騰空而起，這便是日珥。

由於日全食特別受人關注，在西元前1400年前，中國在甲骨卜辭中就已經有了日珥的記載，那時人們只說它是「火焰」，日珥這個詞是近代才出現的。

古代的天文觀測源於何時

中國古代的天文觀測起源很早，但確切時間現已無法考證了。殷商時代，據甲骨文記載，已經有了日食、月食的記錄。並且出現了原始曆法——陰陽曆。

春秋戰國之際，影響後世的二十八宿體系建立起來了。二十八宿是古人在觀測日、月、星辰及五星運動時，沿天球黃、赤道帶所劃分的二十八個區域，分別是：角、亢、氐、房、心、尾、箕、斗、牛、女、虛、危、室、壁、奎、婁、胃、昴、畢、觜、參、井、鬼、柳、星、張、翼、軫。二十八宿的建立為觀測提供了一個較為準確的量度標準。

此外，對異常天象的觀測，也有了更大的把握。除了多次記錄了日食、月食外，還有關於哈雷彗星的記錄。《春秋‧文公十四年》中記載：「秋七月，有星孛入於北斗。」

戰國時魏人石申繪製了人類歷史上第一張星象表。在中國曆法中占有重要地位的二十四節氣經過逐步發展，到戰國時已完備，二十四節氣是把周年平分為立春、雨水、驚蟄、春分、清明、穀雨、立夏、小滿、芒種、

夏至、小暑、大暑、立秋、處暑、白露、秋分、寒露、霜降、立冬、小雪、大雪、冬至、小寒、大寒。它的建立不僅具有天文意義，而且對古代農業生產有指導作用。

秦漢時期對天象的觀測更為精確，《漢書·五行志》中記載：「河平元年三月己未，日出黃，有黑氣，大如錢，居日中央。」這段話對太陽黑子出現的時間、位置、形狀作出了準確的記錄。

隨著天文學研究的深入，出現了有系統的天文學理論。

自此以後，中國的天文觀測經歷了突飛猛進的發展。明清兩代，古天文學開始走向沒落，隨著西方科技的傳播，開始和近代天文學知識相結合。

趣味鏈結：中國第一座天文館

中國最早的天文館出現在18世紀末，但並不是我們現代意義上的天文館，而是一座高5公尺、周長約4公尺的「架子」。

據《掌故叢編》記載，1793年（清朝乾隆五十八年），大臣梁肯堂向乾隆皇帝奏呈英使進貢單上說，英國國王謹進天朝大皇帝貢件清單：「第一件，西洋語布蠟尼大利翁（天文館）大架壹座，乃天上日月星宿及地球全圖。其上地球照依分量是極小的，所載日月星辰同地球之像，俱自能行動效法天地之運轉，十分相似。」

當時，這座天文館安放在北京圓明園的正大光明殿裏。它「依天文地理規矩」而造，「何時應遇日食月食及星辰之愆（差錯），俱顯著於架上，並有年月日時之指引及時辰鐘，歷歷可觀」。

可惜，這座「天文館」建成還不到100年，英法聯軍就在第二次鴉片戰爭期間，火燒了圓明園，將其毀掉了。目前，中國第一座「天文館」只有遺址供遊人憑弔。

關於哈雷彗星的最早記載

哈雷彗星是中國人最早發現的，它每隔76年繞太陽一圈。從歷史典籍中我們發現，早在春秋時期中國就有了關於哈雷彗星的記載。

《淮南子‧兵略訓》記載，武王伐紂時，有「彗星出」，魯文公十四年（西元前613年）「七月，有星孛於北斗」。《史記‧六國年表》記載，秦厲公十年（西元前467年），「彗星見」。其中西元前613年的記載被國人公認為是最早的關於哈雷彗星的記載，但在世界上未得到承認。

被世界公認的最早的一次哈雷彗星觀測記錄，出現在秦始皇七年（西元前240年）。據《史記‧秦始皇本紀》記載：「（始皇七年）彗星光出東方，見北方，五月見西方……彗星復見西方十六日。」這次記錄要比西方最早的記錄早228年。

此後，中國開始了長期、連續的有關哈雷彗星的觀測記錄。從西元前240年到西元1910年的2000多年間，哈雷彗星一共出現過29次，每一次都有詳細記錄。這在世界上都是領先的，為很多外國天文學家研究哈雷彗星提供了豐富的資料。

但是，由於中國歷史條件的限制，沒有人去從大量資料中研究彗星的運動規律，給歷史留下了一大遺憾。

趣味鏈結：哈雷彗星命名的由來

哈雷彗星的命名與英國的天文學家，格林威治天文臺臺長艾德蒙‧哈雷有關。哈雷在占有了大量的中國觀測資料的基礎上，又結合牛頓的萬有引力定律，研究出1531年阿皮亞尼斯發現的彗星，1607年開普勒發現的彗星和他本人在1682年所觀測到的是同一顆彗星。

由此，哈雷還得出了一個重要的結論：這顆彗星的運行回歸週期為76年。他還預言說這顆彗星將於1758年底或1759年初回歸。哈雷死後，

後世的天文學者果然在1759年看到了這顆彗星重現。他們為了紀念哈雷的功績，就把這顆彗星命名為哈雷彗星。

五星與五行

所謂五星，就是古人觀測到的金、木、水、火、土五顆行星。由於這五顆行星在天空上像緯線一樣由東向西穿梭行進，所以也稱為五緯或五曜。

古人很早就注意到了這五顆行星，有關木星的記載甚至在甲骨文中就已經出現。戰國時期就有了五星的說法，最初，這五顆行星分別叫做太白、歲星、辰星、熒惑、鎮星，這也是古代對這五顆星的通常稱法。

之所以把這五顆星又分別叫金木水火土，那是用地上的五個元素配上這五顆行星產生的。《史記・天官書》中說「天則有日月，地則有陰陽。天有五星，地有五行。」其中，陰陽與日月相符，五行也相應於五星。

金星，古稱太白、明星、大囂，因為金星在天空中，除了太陽和月亮，就數它看起來最為明亮了。早晨，它出現在東方黎明前的夜空，人們又叫它「啟明星」；傍晚，它出現在西方日落時的天際，人們又稱它為「長庚星」。《詩・小雅・大東》中說，「東有啟明，西有長庚。」古人誤以為啟明與長庚是兩顆星，所以給它起了兩個名字。而實際上都是金星，只不過出現的時間和位置不一樣罷了。

木星，古稱歲星或歲，有人認為甲骨文中的歲字就是指歲星。歲星在《史記・天官書》中還有攝提、重華、應星、紀星等別名。木星在五星中是體積最大的一顆，所以古人特別注意對它的觀測。《淮南子・天文訓》中記載道，「歲星之所居，五穀豐昌。」把木星的週期與農業生產結合起來，可能因為木星和太陽活動週期相近。木星十二年繞天一周，每年居十二次的一次，所以被稱為歲星。

水星，古稱辰星，它是離太陽最近的一顆行星，看起來總是在太陽

兩邊擺動。古人把一周天分為十二辰，每辰約三十度，因此將水星稱為辰星。在《五星占》中，水星還被稱為小白。

火星，古稱熒惑，因為火星的紅光熒熒似火，而且它在天空中時而由西往東，時而由東往西，很迷惑人，故名熒惑。此外，古人還將火星的紅色與雷厲風行的執法官連結起來，又將火星稱為「罰星」或「執法」。《廣雅·釋天》中記載道，「熒惑謂之罰星，或謂之執法。」

土星，古稱鎮星。土星約二十八年繞天一周，每年進入二十八宿中的一宿，叫歲鎮一宿，好像輪流坐著二十八宿一樣，所以被稱為鎮星。

在「五行」中，五是指金、木、水、火、土五種物質。行就是運動變化、運動不息的意思。五行就是金、木、水、火、土五種物質的運動變化，是自然界事物內部陰陽運動變化過程中物種狀態的抽象概括。

古代的五行學說認為：宇宙間的一切事物，都是由金、木、水、火、土五種物質所構成的。自然界各種事物或現象的發展變化，都是這五種物質不斷運動和相互作用的。古人把五行學說納入預測術的範疇，以全息系統的觀點，來觀察、解釋自然現象和人事，並依據自己的理論體系，綜合推衍出事物發展的趨勢和細節。

趣味鏈結：觀星臺的由來

觀星臺位於河南省登封市，由元代天文學家郭守敬創建，是中國現存最早的天文臺。

觀星臺是一座磚石結構的建築，高9.46公尺。觀星臺臺體平面近於正方形，四壁有明顯的收分，臺基每邊長16公尺餘，臺頂每邊僅長8公尺餘。在臺頂北部，現存有明嘉靖七年（1528年）增建的小室，全臺連同小室高度達到12.62公尺。臺的北壁中部有一凹槽，槽底連接向北伸展的石圭，二者之間有36公分長的間距。

石圭，俗稱「量天尺」，圭座用磚砌築，上鋪設青石圭面，共鋪青石36方，全長共計31.19米，寬53公分。北高南低，北端高62公分，南端僅高56公分。圭石的厚度一般在20公分左右，石面上刻有平行雙股流水

渠。

　　觀星臺的主要作用在於測量太陽的影長，即所謂「測景」（影）。但歷代記載都稱之為觀星臺，可見中國古代，觀星和測影常常是互相配合的。

　　在近代，登封觀星臺屢遭破壞，石圭面上的青石也只剩下35方。抗日戰爭時，觀星臺建築又遭日本侵略軍炮火轟擊，殘損嚴重。現在這座古天文臺已經修復，石圭面上散失的一方青石也已找回復原。

古代日食的記載

　　中國古代對於日食的最早記錄是在《書經・胤征篇》中，據考證，這次日食大概發生於夏代仲康元年，距今已有3000多年。

　　在此後的古籍中，有關日食的記錄越來越多。在出土的商代甲骨卜辭中，被認定的日食紀事就有5次。

　　在古書《詩經・小雅》中，也有日食紀事：「十月之交，朔日辛卯，日有食之。」據考證，這次日食發生在周幽王六年，即西元前776年9月6日。

　　到了漢代時，古籍中已不再是簡單地記錄日食發生的時間了，而是對日食時的太陽位置、起止時刻、見食時間、食分（即日面所食部分占整個日面的比例）以及日食初虧所起的方位等，也多有詳細的記錄。

　　在《漢書・五行志》中，就這麼記載了一次發生在漢征和四年八月辛酉晦（西元前89年9月29日）的日食：「不盡如鉤，在亢二度，晡時食，從西北，日下晡時復。」我們從中可以看出，這次日食食分很大，光亮的太陽圓面只剩下一個鉤形了，食起於西北方向，這時太陽位於亢宿二度等。

　　據統計，僅春秋時代記載的日食就有37次，其中33次已經被證明是完全可靠的。如果從春秋時代起算到清乾隆年間為止，中國記錄了大約有

1000次左右，這可以說是世界上最完整的日食記錄了。

趣味鏈結：古代太陽黑子的記載

清晨或者傍晚，當太陽光不是很強烈的時候，人們可以在太陽中看到一些暗黑色的、不規則的斑點，科學界把它稱為「太陽黑子」。

西元前2000年，中國就發現了太陽黑子的存在。中國古代神話說，太陽裏有隻三腳的烏鴉。從甲骨文到現代楷書，「日」字中都有那麼短短的一橫，就表示這隻「三足烏」是存在的。所以，中國古代文學家又把太陽稱為「金烏」或者「陽烏」。

《漢書·五行志》，漢成帝河平元年（西元前28年）的一天，「日出黃，有黑氣大如錢，居日中央。」這是舉世公認的關於太陽黑子的最早記載。而歐洲的有關太陽黑子的最早記載，在800年後的西元807年。

事實上，在這以前，中國還有更早的黑子記載。在約成書於西元前140年的《淮南子》中，就有「日中有踆烏」的敘述。踆烏，也就是黑子現象。

中國關於地震的最早記載

中國是一個地震較多的國家，地震記錄開始很早。中國晉代出土的《竹書紀年》記載有，帝舜時期「地坼及泉」、夏桀末年「社坼裂」的現象，有人認為這是中國關於地震的最早記載。可是由於時間、地域等因素較寬泛，使得這個記錄不被多數人承認。

被人們公認的最早的地震記載，出自西元前1177年。據《呂氏春秋》記載：「周文王立國八年，歲六月，文王寢疾五日而地動，東西南北，不出國郊。」這一記載明確指出了地震發生的時間和範圍，是中國地震記錄中具體可靠的最早記載。

除此之外，流傳後世的先秦古籍也保存了不少古老的地震記錄。比如

在《詩經》、《春秋》、《國語》和《左傳》等先秦古籍中都有關於地震的記述。

從漢代開始,官方修訂的斷代史《五行志》中就已經有了地震災異的記載。宋元以後,地方誌發達起來,地震也被作為災異記入志中,當時許多私人寫的筆記、雜錄、小說和詩文集中也有地震的記載,而且往往附有生動的描述。

歷代的一些「類書」,如宋代編的《太平御覽》、清代編的《古今圖書集成》等,還分類收集了不少地震資料。此外,碑文中也有地震的記載。

趣味鏈結:地動儀是如何發明的

地動儀是世界上第一架用來觀測地震的儀器,它是東漢傑出的科學家張衡發明的。張衡是河南南陽人,擔任太史令多年。他學識淵博,掌握了大量的天文知識。每次地方上發生地震都由他負責記錄、整理。

張衡一生中遇到過很多次地震。據統計,西元92~139年間,京師(洛陽)和隴西發生地震20次,其中大約有6次是破壞性地震。由於當時他就在京師(洛陽)工作,對每次發生地震造成的災禍,他都目不忍視。為了掌握各地發生的地震情報,他感到需要有儀器來進行觀測才行。

於是,張衡潛心鑽研這個問題,終於在陽嘉元年(西元132年),創造了世界上第一架地動儀,在歷史上寫下了光輝的一頁。

關於這架地動儀的形狀,《後漢書》記載:「地動儀以精銅鑄成,直徑八尺,合蓋隆起,形似酒尊。」地動儀製成以後,被安置在洛陽,並觀測到了永和三年(西元138年)隴西發生的一次六級以上的地震,開創了人類使用科學儀器觀測地震的先河。在世界範圍來看,張衡的地動儀要比西方類似儀器的出現,早了約一千七百年。

古代計時的工具

古人的時間安排，大多是日出而作，日落而息的。可是在沒有太陽的陰天裏該怎樣安排時間呢？聽雞鳴當然是一個方法，但除此之外，還有沒有科學的計時儀器呢？

在很長一段時期裏，古人都是根據太陽的起落和人獸的活動來計時的。他們把一天分為夜半、雞鳴、平旦、日出、食時、隅中、日中、日昳、晡時、日入、黃昏、人定12個時段。由於四季晝夜長短的變化，一天12時段的分法並不科學，具體的時間差竟達兩小時。因為不太科學，終於被十二地支計時法所替代。

古人用地支（子、丑、寅、卯、辰、巳、午、未、申、酉、戌、亥）把一天分為12個時辰，每個時辰相當於現在的兩個小時，如巳時相當於9時至11時。這些只能知道大概的時間，可是要得到精確的時間還是比較困難的。

於是古人又發明了用漏壺計時的方法，漏壺是中國最古老的計時器，也叫更漏。根據史書記載，周代時已有漏壺，到春秋時期，漏壺的使用已相當普遍。中國最早的漏壺是用銅壺盛水，壺底穿一個小洞，壺中插一隻標桿，叫做箭，它的上面刻有度數，箭下有箭舟托著，浮在水面上，壺裏的水逐漸地漏下去，箭上的度數陸續顯現，以此來計時。這種漏壺也有箭漏之稱。

除此之外，古代還有報更，又叫打更的計時法，把夜間分為五更。一更相當於現代的19時到21時；二更相當於21時到23時；三更相當於23時到1時；四更相當於1時到3時；五更相當於3時到5時。

由此看來，古人每天並不是很糊塗地生活，他們對時間還是知道大概的。

趣味鏈結：古時如何用沙漏計時

漏壺分兩種，一種裝水，一種裝細軟的沙子。裝沙子的這種漏壺就被稱為沙漏。沙漏的記載最早見於元代，使用並不普遍。沙漏的計時方法是，觀察沙子的流漏程度，從而判斷時辰。

為什麼七日一週叫「一星期」

「星期制」是兩河流域的古巴倫人發明的，首先傳到希臘、羅馬，後來逐漸遍及世界各地。

相傳，古代巴倫人把每個朔望月中能看到月亮的二十八天，劃分為四個等份，每個等份七天，這就是星期的雛形。後來，古巴倫人又從天象上觀測到恆星和行星，他們認為行星一共有7顆，分別是金星、木星、水星、火星、土星、太陽、月亮，也就是所說的「七曜」。

後來他們又把星期制的七天配上這些美妙的星名，即以「七曜」來分別命名。其中，土曜日是星期六，日曜日是星期天，月曜日是星期一，火曜日是星期二，水曜日是星期三，木曜日是星期四，金曜日是星期五。這樣，「星期」便成了「星」的日期。

那麼中國為什麼又把七日一週叫「一星期」呢？光緒三十一年（1905年），清廷宣佈停止鄉試、會試，成立了一個「學部」籌建的編譯圖書局，袁嘉穀奉命調入該局，後任該局首任局長。

1909年，編譯圖書局設立了一個新機構，專門用來統一規範教科書中的名詞術語。袁嘉穀親自參與各項工作，主持制定了很多統一的名稱。把七日一週制定為中國自己的「星期」，就是在袁嘉穀的主持下制定的。

「星期」的制度建立後，袁嘉穀和他的同事們覺得翻譯過來的名稱，不合中國人的口味，於是就修正為以「星期日、星期一……星期六」依次指稱一週內各日的名稱。這既與國際「七日一週」制「接軌」，也具有中國自己的特色。

一本書讀懂中國文化知識

趣味鏈結：一週從星期幾開始

有人說日為大，一週之始自然是星期日；也有人說一週應該從星期一開始。到底哪種說法更科學呢？

《聖經》說，上帝創造世界萬物，上帝在第一天把光明和黑暗分開，有了白天和夜晚；第二天造天地，有了上下之分；第三天造草、木、蔬菜，大地披上了綠裝；第四天造日月星辰，確定年月日和季節；第五天造魚、水生動物和各種飛禽，讓海洋、大地和天空充滿生機；第六天造出牲畜、昆蟲和野獸；最後上帝照著自己的形象造了男人和女人來管理這個世界。上帝造物之工已經完畢，在第七天就休息了，稱為聖日，又叫安息日。因此，星期日就是週末，一週應從星期一開始。

而一週從星期日開始，是目前外國通用的，星期六為週末，已經是盡人皆知，週末的第二天，自然是一週之始。可是二者相比較，在日常生活中，人們在星期一早晨上班時，都有一週之始的感覺，星期日休息，似是一週的最後一天，這種心理習慣也符合先工作勞動後休息的規律。所以更多的人持「一週從星期一開始」的觀點。

「小時」是怎樣來的

60分鐘被稱為1個小時。可是「小時」是怎樣來的呢？相傳「小時」是個外來詞。在中國古代，把一天分為十二個時辰，每個時辰相當於現在的兩小時，並且用「銅壺滴漏」的方法計算時間，這在人們的生產生活中非常不方便。

後來西方人的鐘錶傳入中國，西方人一小時60分的觀念逐漸被人們接受了，於是有人把中國的一個時辰叫「大時」，而把西方新時間的一個鐘點叫「小時」。隨著鐘錶的普及，「大時」一詞就消失了，而「小時」卻沿用至今。

而一刻15分鐘的由來，還是跟古代「銅壺滴漏」的計時方法有關，當

時的一刻是14分鐘多一點。

「銅壺滴漏」是最簡單、最原始的計時方法。做法就是用一個銅壺裝滿水，壺底鑽一個小孔，壺內豎起一根刻有度數的箭。隨著水從壺底的小孔裏不斷流出，水面緩慢下降，箭桿上表示時間的刻度就會逐一露出水面。一看水面淹沒在哪個刻度上，就知道是什麼時辰了。

可是由於水多時滴得快，水少時滴得慢，很不準確。因此，又在壺的上面階梯形地設置了上、中、下三個播水壺，下面設一隻受水壺，讓中、下兩個播水壺始終保持水滿狀態。這樣，水位穩定，滴漏的速度就均勻了。

東漢時，人們又發明了百刻計時制，在漏壺的浮箭上劃分100個刻度，計算時間更為精確。隨著西方鐘錶的傳入，人們接受了一小時60分鐘的觀念，他們發現把一刻定為15分鐘更為合理，於是古老的一刻14分多一點的計時方法就逐漸被取代了。

趣味鏈結：一日為何從半夜開始

俗諺說「一年之計在於春，一日之計在於晨」。在先人的習慣裏，他們認為一天就是從早晨開始。因為他們長期以來都過著「日出而作，日落而息」的生活。一天的開始到底是不是早晨呢，如果不是，那又是什麼時候呢？

古代人們的一天也是24小時，他們把太陽經過當地子午圈的兩個瞬間，分別稱做上中天（中午12點）和下中天（半夜12點）。下中天人們是無法見到的，因為太陽在地球的背面。古人把上中天的時辰定做「午正」，下中天定做「子正」。由於太陽經過子午圈上中天的瞬間，正是太陽當空，觀測起來簡單易行，如果把這一瞬間算一日的開始，似乎也合理。

後來，人們瞭解到把一天從正午分開很不合理，給生產、生活帶來了諸多麻煩。這時聰明的天文學家們就將子正時辰（半夜12點，即0點）作為一日的開始。當人們甜甜熟睡之時，新的一天也就悄然誕生了。

閏年規律的確定

　　有閏月的年叫閏年，沒有閏月的年叫平年。氣候由冷到熱，再由熱到冷，這個週期就是一個回歸年。在這個回歸年內，月亮的圓缺變化會發生12次。

　　所以，陰曆的一年12個月，共有354天或355天。例如丙申年（1956年）就是354天（6個大月，6個小月），戊戌年（1958年）是355天（7個大月，5個小月）。陰曆一年是354天的時候，比回歸年短11天多，一年是355天的時候，比回歸年短10天多。

　　這樣三年就要短30多天，為了適應氣候冷熱的週期，所以每三年就要增添一個月。這個額外增加的月就叫閏。但是每三年增添一個閏月，並不能完全解決問題，因為陰曆每三年比回歸年短33天左右，而增添一個閏月只是增添了29天或30天，仍短3天左右，為此，人民很早就採用了「19年7閏」的方法，也就是每19年中，安排7個閏月。如此一來，19個陰曆年和19個陽曆年的日數就差不多了，只有2個小時之差。

趣味鏈結：農曆的閏月

　　農曆3年一閏，5年兩閏，19年七閏，每逢閏年所加的一個月叫閏月。有閏月的這一年就有十三個月，即383天或384天。農曆的閏月是為了減小農曆的誤差、協調農曆年與西曆年的對應關係而設置的，它的設置是有規律可循的。

　　早在春秋時期，古人就採用了「十九年七閏月」的方法設置閏月，即在19個回歸年（6939.6天）中，安插7個閏月，這樣算來，19個農曆年有228個朔望月，再加上7個閏月，就有235個朔望月（6939.7天）了，這樣兩種曆法就平衡了。

　　那麼這7個閏月應該加在什麼位置呢？這與二十四節氣的「中氣」有

關。所謂中氣就是二十四節氣中雙數的氣，即雨水、春分、穀雨、小滿、夏至、大暑、處暑、秋分、霜降、小雪、冬至、大寒等稱為十二中氣。如果哪個農曆月分沒有「中氣」，那麼它就是閏月，它在哪個月分的後面就被稱為閏幾月。如農曆丙戌年（西曆2006年）閏七月小，只有白露，而無中氣。

農曆「一月」為何叫「正月」

中國民間現在仍然沿用的農曆所劃分的十二個月中，第一個月稱「正月」，這是為什麼呢？

西漢《爾雅·釋天》中說：「夏曰歲，商曰祀，周曰年。」說明各個朝代過年的時間不同。夏朝以一月為一年的第一個月，商朝以十二月為一年的第一個月，周朝又以十一月為一年的第一個月。由於上面所述古代各朝每年的起始月都比較混亂，以至於每個朝代都必須改一次月分次序，而改後的第一個月便叫「正月」了

據春秋時期《春王正月》上說：「正月為一月，人君即位，欲其常居道，故月稱正也。」意思是：古代帝王，接受百官朝拜的時間是每年的頭一個月，為了表示莊重，就把新年的第一個月叫做正月。據歷史記載，直到漢武帝時才最後確定農曆的一月為「正月」，並一直沿用至今。

趣味鏈結：「正月」為何讀做「征月」

人們習慣把農曆的一月稱做「正月」而且讀成「征月」的音，這是為什麼呢？關於這種讀音並不是人們習慣使然，在生活中有很多有趣的說法。

一種說法認為，秦始皇名字叫嬴政，他統一天下後，嫌「正」字讀音與他名字中的「政」字相同，犯忌諱，於是就下令把「正月」一律念成「征月」，不然就殺頭。從那時起，正月讀成「征月」就延續到現在了。

還有一種說法認為歷代王朝之所以頻繁更改月分的次序，是由於在這些朝代的統治者看來，既然他們做了領袖，居了正位，一年十二個月的次序，就也得跟著他們「正」過來。

農曆十二月為什麼稱「臘月」

人們習慣上說農曆十一月為冬月，這倒不難理解，可是稱農曆十二月為「臘月」，就讓人有點摸不著頭腦了，這該怎麼理解呢？

其實，「臘月」是由「臘日」演變而來的。在古代，「臘日」是祭祀百神的日子。據說這種活動最早是從周代開始的，具體在哪一天，沒有確切記載。

到了漢代，「臘日」已經有了明確的定位。漢代的人們把冬至後第三個戌日，即干支紀日法中地支為戌的日子定為「臘日」。由於冬至日在農曆上是不固定的，所以「臘日」也沒有確切的時間。後來，人們將12月8日定為「臘日」。

為什麼祭神的日子要叫做臘日呢？這得從「臘」字古義說起。古「臘」字沒有「月」旁，像形為一隻被掏掉內臟的小動物烤在日頭上。後來，人們把成塊的乾肉稱為「臘」。在周代，掌管「臘」的人稱為「臘人」。用「臘」祭神，所以便把祭神日稱「臘日」。因臘日定在十二月，所以後來就把十二月稱為「臘月」。

趣味鏈結：農曆十二個月的別名

一月：正月、陬（讀周音）月、孟陬、端月、孟春；

二月：如月、杏月、仲春；

三月：桃月、季春；

四月：餘月、清和、槐月、孟夏；

五月：皋月、榴月、蒲月、仲夏；

六月：且月、荷月、伏月、季月；

七月：相月、巧月、孟秋；

八月：壯月、桂月、仲秋；

九月：玄月、菊月、季秋；

十月：陽月、小陽春、孟冬；

十一月：辜月、葭月、仲冬；

十二月：除月、臘月、嘉平、季冬。

天干地支的含義

天干地支，是中國古代用以紀年紀月紀日紀時的系統，在古代的曆法中，甲、乙、丙、丁、戊、己、庚、辛、壬、癸被稱為十天干，子、丑、寅、卯、辰、巳、午、未、申、酉、戌、亥叫做十二地支。兩者按固定的順序互相配合，組成了干支紀法。

那麼，天干地支到底是什麼意思呢？天干地支的含義，在《史記》、《漢書》中均有部分記載。十天干的含義如下：

甲是拆的意思，指萬物剖符甲而出；

乙是軋的意思，指萬物出生，抽軋而出；

丙是炳的意思，指萬物炳然著見；

丁是強的意思，指萬物丁壯；

戊是茂的意思，指萬物茂盛；

己是紀的意思，指萬物有形可記住、可識別；

庚是更的意思，指萬物收斂有實；

辛是新的意思，指萬物初新皆收成；

壬是任的意思，指陽氣任養萬物之下；

癸是揆的意思，指萬物可揆度。

由此可見，十天干與自然界的萬物有關，尤其是與太陽的出沒有關。

因為太陽循環往復的週期運動，對萬物產生著直接的影響。因此，十天干又叫十母。

十二地支的含義如下：

子是滋的意思，指萬物開始萌芽於既動之陽氣下；

丑是紐，指陽氣在上而未降；

寅是移、引的意思，指萬物始生寅然；

卯是茂，指萬物生長繁茂；

辰是震的意思，指萬物經震動而長；

巳是起，指陽氣之盛；

午是仵的意思，指萬物盛大枝柯密佈；

未是味，萬物皆成有滋味也；

申是身的意思，指萬物的身體都已成就；

酉是老的意思，指萬物之衰老；

戌是滅的意思，指萬物盡滅；

亥是核的意思，指萬物收藏；

由此可見，十二地支指地上的萬物，與太陽息息相關，因此，十二地支又叫十二子。

趣味鏈結：天干地支最初是誰創立的

在中國古代的曆法中，甲、乙、丙、丁、戊、己、庚、辛、壬、癸被稱為「十天干」，子、丑、寅、卯、辰、巳、午、未、申、酉、戌、亥叫做「十二地支」。兩者按固定的順序互相配合，組成了干支紀法。天干地支在中國古代主要用於紀日，此外還曾用來紀月、紀年、紀時等。那麼，干支紀法的發明者究竟是誰呢？

梁啟超在《國文語原解》中認為，天干地支這二十二個字，頗為「奇異複雜而不可思議」。按梁氏的觀點，中國古代干支紀法的發明似乎與腓尼基的二十二個字母有關聯。

郭沫若提出了不同的觀點。郭沫若認為，「十天干」純屬十進位記數

法的自然發生，其中多半是殷人所創制。至於「十二地支」則起源於古巴比倫，在比較中國古代的十二辰和古巴比倫的十二宮後，指出中國古代的十二辰和十二地支都是從古巴比倫的黃道十二宮演變而來的。至今這個問題一直也沒有討論清楚。

另外有個民間故事說，天干地支是玄黃創立的。故事說在開天闢地之初，玄黃騎著混沌獸到處遨遊，遇到女媧。女媧身邊有兩個肉包，大肉包裏有十個男子，小肉包裏有十二個女子。

玄黃見女媧眉頭緊鎖，便問她有什麼需要幫忙的，女媧說正愁不知怎麼給這些人取名字。於是玄黃說：「這是天干革命地支神，來治理乾坤的。」於是，為他們分別取名，配夫妻，成陰陽。男的統稱天干，女的則為地支。這個創世神話故事，把干支的「身世」追溯得十分撲朔迷離。但仔細想想，這十男、十二女怎麼配夫妻呢，這故事所說顯然不可靠。

劃分四季的原理

所謂四季，是中緯度地區春、夏、秋、冬的總稱。中國在傳統上是以立春、立夏、立秋、立冬來劃分四季的，而西方則是以春分、夏至、秋分、冬至來劃分四季的，這兩種劃分方法，都屬於天文學上的四季劃分方法。這兩種劃分有什麼科學依據呢？

首先從春、夏、秋、冬四季的差異上來說，這主要反映了地面上接受太陽能量的多少，而接受太陽能量的多少又主要取決於太陽光照射的角度。從天文學的角度講，太陽高度角越大，就越接近直射，地面上單位面積獲得的熱量就越多；太陽高度角越小，地面上單位面積獲得的熱量就少。所以，四季的劃分主要受正午太陽高度變化的影響。

夏至日，太陽直射在北回歸線，這一天北半球單位面積獲得的太陽熱量最多，而南半球單位面積獲得的太陽熱量最少。冬至日，太陽直射在南回歸線，這一天南半球單位面積獲得的太陽熱量最多，而北半球則相反。

春分日和秋分日，太陽直射赤道，各地獲得的太陽光熱大致相等。

趣味鏈結：一天24小時的劃分是怎麼來的

現在一天是二十四小時，然而過去的一天只有十幾小時甚至幾小時，這是為什麼呢？

古生物學家根據珊瑚外殼上的「年輪」推斷，這跟地球自轉速度在緩慢減速有關。

他們根據地球自轉速度緩慢減速推知，在地球形成之初，一天約為4小時；30億年前，一天約為10～11小時；13億年前，一天只有18小時左右；5億年前，一天約有21小時；2億年前，一天是23小時；6千萬年前，一天約為23.7小時；而現在，一天是24小時。

並且他們還預言，如果地球自轉仍然均勻減速，那麼，2億年以後，一天將會有25個小時，10億年以後，一天就會有30多個小時甚至更長。在更加遙遠的將來，一天的時間會變得更長，到那時，真可謂是「度日如年」了！

二十四節氣的由來

中國古代把一年分為二十四節氣，這個獨特的創造，是中國古代科學史上的一個輝煌成就。二十四節氣是古人在生產實踐中總結出來的，有掌握季節時令和引導農業生產的作用。

早在春秋時期，人們就已經會利用土圭來測量正午太陽影子的長短了。一年之中，土圭在正午時分影子最短的一天為夏至，最長的一天為冬至，影子長度適中時為春分或秋分，由此確定出了夏至、冬至、春分、秋分四個節氣。

在秦漢時期，二十四節氣的概念已完全確立，人們根據月初、月中的日月運行位置、天氣及動植物生長等自然現象之間的關係，把一年平分為

二十四份，用來表示一年裏天時和氣候變化的24個時期，也就是表示地球在圍繞太陽公轉的軌道上24個不同的位置。

後來在西元前104年，由鄧平等制定的《太初曆》，正式把二十四節氣編於曆法中，從而明確了二十四節氣對應的天文位置。自此，二十四節氣逐漸固定下來。

二十四節氣將天時、氣象與農業結合起來，對於農業社會的耕種收割有著舉足輕重的作用。如「立春」是農曆新年的第一個「節氣」。驚蟄、清明、穀雨等，這些名詞與天氣、物候的對應，與農業、畜牧業與人民生活一樣息息相關。曾有外國學者稱讚：「中國人在阿拉伯人之前，是全世界最堅毅、最精確的天文觀察者。」

二十四節氣的傳統含義是：立春，春季開始的意思；雨水，降雨開始；驚蟄，開始響雷，冬眠動物復蘇；春分，春季的中間，晝夜平分；清明，氣候溫暖，天氣清和明朗；穀雨，降雨量增多，對穀類生長有利。

立夏，夏季開始的意思。小滿，麥類等夏熟作物子粒逐漸飽滿。芒種，即忙種，麥類等有芒作物成熟。夏至，夏天到，此時白天最長，夜晚最短。小暑，正當初伏前後，氣候開始炎熱。大暑，為一年中最炎熱的時節。

立秋，秋季開始，氣溫逐漸下降。處暑，「處」有躲藏、終止的意思，表示炎熱即將過去。白露，此時節因夜間較涼，空氣中的水汽往往會凝成露水。秋分，秋季的中間，晝夜平分。寒露，氣溫明顯降低，夜間露水很涼。霜降，開始降霜。立冬，冬季開始的意思。小雪，開始降雪。

老百姓在靈活地運用二十四節氣的同時，也創作出了許多農諺，如「大麥不過小滿，小麥不過芒種」、「芒種不收草裏眠」等。人們還運用二十四節氣進行田間管理和推算作物發育，比如諺語說「白露白迷迷，秋分稻莠齊，寒露無青稻，霜降一齊倒」。湖北對於晚稻有「寒露不低頭，割回餵老牛」之說，意思就是，晚稻如果播晚了，到寒露時還未抽穗，就不會有什麼收成了，還不如割去餵牛。

可見，二十四節氣是我們祖先智慧的結晶，是一筆寶貴的文化遺產。

趣味鏈結：二十四節氣歌

有人按春夏秋冬的排列順序，編了一首二十四節氣歌，流傳很廣。並且後人還為它譜了曲。二十四節氣歌完整內容如下：

春雨驚春清穀天，夏滿芒夏暑相連。

秋處露秋寒霜降，冬雪雪冬小大寒。

每月兩節不變更，最多相差一兩天。

上半年來六廿一，下半年是八廿三。

注：大雪，降雪較大。冬至，進入數九寒天，白天短，夜晚長。小寒，氣候已比較寒冷。大寒，為最冷的時節。

「皇曆」和「黃曆」

「皇曆」和「黃曆」都是曆書，但並不相同。「黃曆」可要比「皇曆」久遠得多。根據考證，中國早在四千多年前就已經有了曆法。西漢以前，中國使用的古曆法主要有六種，即黃帝曆、顓頊曆、夏曆、殷曆、周曆和魯曆。傳說以軒轅黃帝創制的「黃帝曆」（黃帝曆也就是我們所說的「黃曆」）最為古老。

生活中，人們習慣把曆書稱為黃曆，黃曆也由此成了舊曆書的代名詞。現在市場上所出售的「黃曆」，除了西曆和農曆的日期外，通常還包括二十四節氣、日食月食的時間、每天的吉凶宜忌、生肖運程、喜神何方等。不少迷信的人，出門辦事之前都要事先查黃曆，以趨吉避凶。

而「皇曆」則跟皇帝有關。由於歷代皇帝都很重視曆法，唐文宗大和九年（西元835年），文宗下令，今後的曆書必須由皇帝親自審定並由官方印刷，從此，曆書就成了「皇曆」。同時，他下令編制了中國第一本雕版印刷的曆書——《宣明曆》。此後，歷代王朝都參照這種做法頒行曆法，由皇帝親自審定的官方曆書便被稱做「皇曆」。

「皇曆」中刻有農曆日期節令，以及在耕作種植方面的普通知識。所

有曆法，一般是以一年為限，第二年變更。

趣味鏈結：「老皇曆」典故

「老皇曆」這個詞語始於宋朝，據說與宋太宗有關。宋太祖趙匡胤把帝位傳給弟弟趙匡義，是為宋太宗。宋太宗在位期間，注意農田水利，鼓勵開荒，每年到了年終，便要宴請群臣，記功行賞，並送給每人一本皇曆。

這本皇曆記載著農曆時令及耕作上的有關知識，其中有一欄叫做《回時作物觀覽》，是希望大臣們在政治事務中不要誤了農時。「皇曆」中所記載的，主要是當年的曆法，過了這一年就要更換新曆法，但由於曆法都是皇上贈的，所以不能隨便丟棄，為了區分保存，就給舊曆法冠以一個「老」字，稱之為「老皇曆」了。

老皇曆是沒有任何價值的，所以人們常用「老皇曆」比喻過時的事物或陳舊的經驗，在新的情況下已經用不上了。如清代夏敬渠的小說《野叟曝言》中就說：「隔年的皇曆，好一本子冷賬，閒著要捉蝨子，沒工夫去揭它了。」

古老的太極八卦圖

在中國古代傳說中，太極八卦是遠古的聖人伏羲所創。伏羲觀察天地鳥獸等萬物演變，從中受到啟發，推演出象徵宇宙真理的八卦。起初八卦比較複雜，為了讓更多的人去瞭解它，伏羲等人經過長期的修改，把它簡化抽象，形成了今天我們所見的圖像。

太極八卦圖，以同圓內的圓心為界，畫出相等的兩個陰陽表示萬物間的相互關係。圖中的「S」線將太極圖清晰地分為兩個關聯部分，一條是陰魚，一條是陽魚。陰魚用黑色，陽魚用白色，這是白天與黑夜的表示法。陽魚的頭部有個陰眼，陰魚的頭部有個陽眼，表示萬物都在相互轉

化，互相滲透，陰中有陽，陽中有陰，陰陽相合，相生相剋。

太極八卦圖把圓心分為四份，並定為四象。四象為太陽、太陰、少陽、少陰。四象表述空間的東西南北，時間的春夏秋冬。任何一組矛盾加中心，就構成為三才。古代哲學認為天、地、人為三才，又在四象的學說基礎上，更進一層，增加了陽明、厥陽兩項，與四象組成六合之說。

四象若加圓心就構成五行之說，南方為火，北方為水，東方為木，西方為金，中間為土。六合加圓心稱為七星。四象經過「一分為二」的切分，又構成八卦圖。先天八卦方位表示為：「乾南、坤北、離東、坎西，震東北，兌東南，巽西南，艮西北。」八卦加軸心稱之為九宮。配九宮數為乾九，坤一，巽二，兌四，艮六，震八，離三，坎七，中央為五。

總之，太極八卦圖是由太極和八卦組合而成，它反映了現代哲學中對立統一的規律。後來它又為道教所利用。道家認為，太極八卦圖神通廣大，可以震懾邪惡。

趣味鏈結：太極的含義

「太極」的概念很早就出現了，著名的《易經》中記載道：「易有太極，是生兩儀。兩儀生四象，四象生八卦。」古人還認為「一生二，二生三，三生萬物」。即世間萬事萬物都是由「無」生出來的。由「無」生出了一，一分化為二，二生出三，三再演化就可以生出一切東西。

按照古人的觀點，宇宙有無限大，所以稱為太極，但是宇宙又是有形的，即有實質的內容。按易學的觀點，有形的東西來自於無形，所以無極而太極。

十二生肖的由來

生肖是一種民俗現象。它指的是人所生年的屬相，一共有十二個，通稱「十二生肖」，分別用十二種動物來代表。這十二種動物都是與中國人

民關係最為密切的動物，它們分別是鼠、牛、虎、兔、龍、蛇、馬、羊、猴、雞、狗、豬。

「生」就是所生之年；「肖」就是類似、相似的意思。生肖成為民間普遍流行的紀生年和紀歲、排輩分的符號體系，兩千多年來早已蔚為大觀，婦孺皆知了。

那麼，十二生肖是怎麼來的呢？

華夏民族在很久以前就發明了天干地支理論，並用干支來紀年、紀月、紀日、紀時，這是中國古代曆法的重大發明。

後來，因為人們對動物非常崇拜，就用十二種動物與十二地支相配，形成了更生動的紀年法：子為鼠、丑為牛、寅為虎、卯為兔、辰為龍、巳為蛇、午為馬、未為羊、申為猴、酉為雞、戌為狗、亥為豬。

十二生肖就這樣出現了。它的出現很有意義，這包括以下三個方面。

十二生肖的廣泛性是其他任何事物都無可比擬的，它把人與人連接得很近。不僅如此，它還對人的思考方式、信仰追求、倫理道德等方面產生了深刻影響。在十二生肖中，時常會出現好惡之分與貴賤之別。所以，十二生肖在人們心中的分量不可低估。

十二生肖的出現還廣泛影響著中國古代的民俗。古代民間除了流行生肖遊戲、生肖算命外，還有生肖剪紙、生肖卡、生肖圖、生肖燈、生肖麵食等，多不勝舉。古人不光活著時使用生肖屏風、生肖鏡、生肖錢幣等以圖吉利，佩戴生肖護符以圖保佑，即使死後也要用生肖俑陪葬，達官貴人的墓室還要繪上生肖壁畫。

十二生肖的出現也產生了種種禁忌。這些禁忌在民間婚姻方面比較常見。例如男女將要訂婚時，雙方家長常常用生肖是否相合來決定是否可以結婚。其實，以今天的眼光看來，生肖只是年齡的象徵而已。如果說肖龍的人與肖虎的人不能相配，等於說龍年出生的人不能與虎年出生的人結婚，這是毫無科學根據的。

生肖作為一種文化現象，並不為中國所獨有，而是幾乎遍佈世界各地。

在十二生肖方面與中國最為相似的國家是印度。印度的十二生肖是該國神話中十二個神所駕馭的禽獸，除了獅相當於中國的虎、金翅鳥相當於中國的雞之外，其他的都與中國相同。

古代巴比倫、希臘、埃及的十二生肖與中國的十二生肖也大體相似，只是沒有豬和鼠。

法國人按十二個月來計算生肖，生肖物是天上的星座。一月分出生的人屬摩羯星座，其餘按月依次為寶瓶座、雙魚座、白羊座、金牛座、雙子座、巨蟹座、獅子座、處女座、天秤座、天蠍座、人馬星座。這些星座也主要以動物來命名。

除此，緬甸、越南、柬埔寨等國也有類似中國的生肖。

趣味鏈結：與十二生肖相關的詩

宋代著名的理學家朱熹曾寫過一首《十二生肖詩》，其中的每句話都隱含著一個生肖。其詩如下：

晝聞空箪齧飢鼠，曉駕羸牛耕廢圃。

時才虎圈聽豪誇，舊業兔園嗟莽鹵。

君看蟄龍臥三冬，頭角不與蛇爭雄。

毀車殺馬罷馳逐，烹羊酤酒聊從容。

手種猴桃垂架綠，養得鵝雞鳴角角。

客來犬吠催煮茶，不用東家買豬肉。

十二生肖之中為何沒有「貓」

十二生肖常用來記人的出生年。在古人用以作為十二生肖的動物中，除了龍以外基本上都是人們生活中比較常見的動物，其中有平時為人們生產或生活立下汗馬功勞而受到敬仰、關注的，如牛、羊、犬、馬、雞、豬等；也有人們用以作為圖騰來崇拜的，如虎、蛇等。

可是，為什麼沒有貓這種動物呢？

原來，十二生肖的說法起源於夏代發明的天干地支理論。之後，十二生肖與地支的相配體系就固定了下來。

而無論是《禮記》中所說的山貓，還是《詩經》中「有熊有羆，有貓有虎」的豹，都是生活在野外的野生貓。

我們今天飼養的家貓的祖先，據說是印度的沙漠貓。現在見到最早的家貓捕鼠圖，是東漢古石墓中發現的。由此可知，印度貓進入中國的時間大約是在東漢時期，那正是中印交往透過佛教而頻繁起來的時期。直到唐代，養家貓才較普及。

因此，家貓來到中國的時間和十二生肖的說法產生的時間恐怕已相差千年了，所以「姍姍來遲」的貓自然就沒有被列到十二生肖之中。

趣味鏈結：十二生肖排序的傳說

鼠、牛、虎、兔、龍、蛇、馬、羊、猴、雞、狗、豬是中國的十二生肖，而且牠們的先後順序是固定不變的。那麼，古人為什麼要給牠們排定了順序，且分別與十二地支相對應呢？

對於這個問題，有人給出了以下這個十分有趣的答案。

傳說，當年黃帝遴選十二生肖，舉行了一個公開賽跑。參賽的動物很多，其中野牛並不像現在的牛那樣慢吞吞，而是四蹄生風，跑得一「牛」當先。在牠就要衝刺終點的關鍵時刻，偷偷騎在牠背上的老鼠卻來了個「喧賓奪主」，竊取了第一名。老實本分的野牛只好屈居第二。然後，其他動物也都到達了終點，依次是：虎、兔、龍、蛇、馬、羊、猴、雞、狗、豬。

比賽結束後，黃帝就依牠們的先後順序，把十二地支依次分配給了牠們。

古人怎樣用十二生肖來計時

據說生肖的制定與十二時辰有關。在漢代，人們用十二地支配十二種動物來計時，叫做十二生肖。十二生肖分別指：子鼠、丑牛、寅虎、卯兔、辰龍、巳蛇、午馬、未羊、申猴、酉雞、戌狗、亥豬。人們先是用此法區分每天的十二個時辰，後來發展到用此法紀年。王充的《論衡》中就記載了以十二獸配十二地支的方法。

其實，古人將一天劃分為十二個時辰，與我們今天的二十四時是完全一樣的，因為古人的每個時辰恰好等於現代的兩小時。十二時辰和現代時段對照如下：

子（鼠），深夜十一時至一時，此時老鼠最活躍。

丑（牛），凌晨一至三時，耕牛將出早工。

寅（虎），凌晨三至五時，虎時常在此時出沒傷人。

卯（兔），清晨五至七時，此時尚屬「旭日」、「曉月」，而依中國傳說，月中有兔。

辰（龍），上午七至九時，按傳說，是群龍行之時。

巳（蛇），上午九至十一時，蛇出洞之時。

午（馬），中午十一時至下午一時，按舊傳統說法馬為陰類，此時陽光到頂，陰氣始生。

未（羊），午後一至三時，相傳羊此時所食之草再生力最強。

申（猴），下午三至五時，天氣將晚，猿猴啼叫。

酉（雞），黃昏五至七時，月出之時，所謂「金雞」。

戌（狗），晚上七至九時，狗開始守夜。

亥（豬），晚上九至十一時，天地混沌不清，豬貪睡。

十二生肖計時法，是中華民族文化的寶貴遺產。它通俗易懂，使用方便，所以直到今天仍然沿用。

趣味鏈結：古代的十二時

古時將一日分為「十二時」，據《左傳》杜預注，這十二時為夜半、雞鳴、平旦、日出、食時、隅中、日中、日昳，晡時、日入、黃昏、人定。

漢太初改朔之後，對於一晝夜有了等分的時間概念，十二時辰又有了更細緻的劃分。比如把子時分為子初、子正，丑時分為丑初、丑正等。

漢樂府《孔雀東南飛》中寫道：「庵庵黃昏後，寂寂人定初。」其「黃昏」，「人定」均為十二時之一。

古代的「九州」是怎麼來的

中國古代，尤其是周代的人們，將「九」看做是一個包羅萬象的數字，如說：「天地之至數，始於一，終於九。」將中國大地劃為九州，正反映了這種以「九」為「天地之至數」的觀念。因此，「九州」的最初含義，並不是指九個具體的地區，而是泛指前後、左右、遠近所有方位。

「九州」後來成了中國的別稱，泛指全國，它最初的含義是指洪水中的許多塊陸地。相傳在四五千年前，中國大地上發生了一次嚴重的洪水，人們被迫向山頂、高地遷徙，後來，禹疏浚河道，制伏了水患，把天下分為九個區域，供後人居住，於是就有了「九州」之名。

九州的劃分是以方位為基礎的，但同時又以精確的自然地理和詳實的經濟、地理知識為脈絡，大致上是這樣的：

冀州，今山西、河北、遼寧一帶。

兗州，今河北、河南、山東交界部分。

青州，今山東、遼寧東部，渤海與泰山之間。

徐州，今山東南部，江蘇、安徽北部，黃海、泰山、淮河之間。

揚州，今江蘇、安徽南部，江西東部，淮河以南東至大海。

荊州，今兩湖及江西西部。

豫州，今河南、湖北北部。

梁州，今陝西南部和四川一帶。

雍州，今陝西北部、中部和甘肅及其以西地方。

這九個「州」，實際上包括了當時政治、經濟、文化最發達的中原地區、淮海地區、華北、華南、華東、西北、西南地區。

趣味鏈結：「大千世界」的由來

人們常說「大千世界，無奇不有」，那麼這「大千世界」到底有多大呢？這一說法又是從何而來呢？

「大千世界」是對人類社會的統稱，源自佛教術語。據《華嚴經》卷四說：以須彌山（須彌山是古印度傳說中的一座山，在它周圍四方有東勝神、南贍部、西牛賀、北俱盧四個洲，人類就住在南贍部洲）為中心，以鐵圍山為外廓，在同一日月照耀下的四大洲和七山八海，叫做一個世界。累計一千個世界，叫做「小千世界」；累計一千個「小千世界」，叫做「中千世界」；累計一千個「中千世界」，才叫做「大千世界」。因此以「千」為單位，經過三次累計而來，準確的叫法應是「三千大千世界」。宇宙中有無數「大千世界」，隨著佛教的傳播，這一術語逐漸通俗化，世人常用來形容廣大而豐富多彩的世界。

省、縣的來歷

中國的行政區劃實行的是省、縣制。那麼，你知道，「省」、「縣」這兩級的區劃名稱是什麼時候出現的嗎？

在歷史上，「縣」的名稱比「省」的名稱出現得早。「縣」作為行政區劃名，始於春秋時期。最初設置在邊地，秦、晉、楚等大國往往把新兼併得的土地置縣。到春秋後期，各國才把縣制逐漸推行到內地，而在新得

到的邊遠地區置郡。郡的面積雖較縣大，但因地廣人稀，地位要比縣低。所以晉國趙簡子說：「克敵者上大夫受縣，下大夫受郡」（見《左傳·哀公二年》）。

戰國時期，邊地逐漸繁榮，才在郡下設縣，產生郡、縣兩級制。秦統一六國後，確立郡縣制，縣隸於郡。之後的歷朝歷代，縣一直作為最基本的行政區劃單位存在著。

而「省」的區劃名稱是直到元代才產生的。元世祖忽必烈統一國家以後，整頓中央和地方的行政機構，創立了行省制度。在中央設中書省，相當於今天的國務院。它不僅統管全國行政，還直轄大都附近的河北、山東等地區。在地方則設行中書省，置丞相、平章政事、左右丞、參知政事等官職，總攬該地區的政務。當時全國共有河南、江浙、湖廣、陝西、嶺北、遼陽、四川、甘肅、雲南、江西等11個行中書省。這是地方最高行政區劃。

行中書省簡稱「行省」或「省」。元代的11個行省劃分，成為後來行政省區的雛形。明朝朱元璋雖改行中書省為承宣佈政使司，但人們習慣上仍稱行省。到清代，不僅恢復了省制，而且增為18行省，後又增為22行省，已很接近現行區劃了。

趣味鏈結：鄉的由來

以鄉作為行政單位的歷史很悠久，在《周禮·大司徒》中就有「五州為鄉」的記載。說明中國在西周時就有鄉制的設置。

春秋戰國時期，各諸侯互相殘殺和吞併，但鄉的建制卻保留下來了。《國語·齊語》載：三十家為邑，十邑為卒，十卒為鄉，三鄉為縣。後又有五家為軌，十軌為里，四里為連，十連為鄉的記載。從齊國的情況來看：鄉是縣以下的一級行政單位，管轄2000～3000戶。

秦漢時，則以十里為一亭，十亭為一鄉。每個亭有亭長，鄉有三老，還有一些鄉官，如秩、嗇夫、遊徼等，用以幫助縣令處置鄉里的事務。

到唐代時，人口增多，經濟進一步發展，於是改為「百戶為里，五里

為鄉」。里設里正，鄉設耆老，每鄉管轄約500戶。後來的宋、元、明、清各代，均沿襲效仿，不廢鄉的設置，只是在轄治範圍和管理人戶的多寡上有些變化。

香港因何得名

香港這個名稱的來源歷來眾說紛紜，其中最為人們所熟悉的有以下幾種傳說。

其一，由「紅香爐山」一名演變而來。

據說清初在銅鑼灣海旁有紅香爐從海上飄來，於是村民便在沙灘上建廟，廟後的小山便被命名為「紅香爐山」，由此演變成「紅香爐港」，後簡稱為「香港」。

其二，得名於芬芳的港口。

香港早期常有外國商船停泊，水手們上岸流覽時見遍地是芬芳的野花，他們非常高興，就把這個地方稱為芬芳的港口，於是被譯作「香港」。

其三，得名於鰲洋甘瀑。

據說在香港附近有一山溪，是行船者喜歡汲取的溪水，被稱為「香江」，其入口的港口被稱為「香港」，而全島也被叫做「香港島」。

其四，稱與「香水」有關。

香港在明代至清初盛產香水，名叫「莞香」，種香及製香盛極一時，不少居民賴此為生。莞香先運至九龍的香涉頭（今尖沙咀），然後運到石排灣（香港東北），再乘艚船運至廣州甚至江浙一帶，所以運香水的海灣就被叫做「香港」。

趣味鏈結：澳門名稱的由來

據記載，明代前期，廣東珠江三角洲一帶沿海有許多供外國商船停

泊的地方，如浪白、廣海、望峒、奇潭、十字門、虎頭門、屯門、雞樓
等處。海邊這些可供船隻停泊的地方，在粵語中被通稱為「澳」。至於
「門」，其來由則有多種傳說。

一種說法是中國內河通往海洋的海峽總稱「門」，澳門內港的媽閣
廟，隔海與灣仔的銀坑相望，形成海峽象門，故稱「澳門」。

另一種說法是澳門南面對開的氹仔、小橫琴、路環、大橫琴四島兩兩
相向對峙，海水貫流其間，成十字門狀，所以亦有「十字門」之稱，故稱
「澳門」。

此外，澳門南臺山（媽閣廟山）和北臺山（蓮峰山），兩山相對成
門，故稱「澳門」。總之，既是澳，亦有「門」，便稱「澳門」了。

古代的都城

商——奄、殷（今河南安陽小屯村）。

西周——鎬京（今陝西西安西南）。

東周——洛邑（今河南洛陽）。

秦——咸陽（今陝西咸陽市東北二十里）。

西漢——長安（今陝西西安）。

東漢——洛陽（今河南洛陽）。

曹魏——洛陽（今河南洛陽）。

蜀漢——成都（今四川成都）。

孫吳——建業（今江蘇南京）。

西晉——洛陽（今河南洛陽）。

東晉——建康（今江蘇南京）。

隋——大興、洛陽（今陝西西安、河南洛陽）。

唐——長安（今陝西西安）。

北宋——汴京（今河南開封）。

南宋——臨安（今浙江杭州）。

遼——上京（今內蒙古巴林左旗南波羅城）。

金——中都（今北京）。

元——大都（今北京）。

明——北京（今北京）。

清——北京（今北京）。

趣味鏈結：傳說時代的都城

黃帝軒轅氏，定都於涿鹿（今河北省涿鹿縣東南十里有土城遺址，建有黃帝廟）。

少昊金天氏，定都於曲阜（今山東曲阜）。

顓頊高陽氏，定都於帝丘（今河南濮陽西南）。

帝嚳高辛氏，建都於亳（今河南省偃師縣西）。

唐帝堯，建都於平陽（今山西省臨汾縣南）。

虞帝舜，建都於蒲阪（今山西省永濟縣東南）。

夏帝禹，建都於安邑（今山西夏縣北）。

北京做過哪些朝代的首都

戰國時，北京是諸侯國燕的首都，叫薊城。遼代改為燕京，將其作為陪都，金朝於1153年遷都至此，稱為中都。因此，一般說來，北京正式作為首都是從金朝開始的。但是，嚴格說來，第一個建都在北京的是「五胡十六國」的燕國，只是為時很短而已，在歷史上並沒有大的影響。

1267年，元世祖忽必烈以今天北海公園所在地為中心，營造新城，定都於此，改稱大都，擴建後成為13世紀最光輝的城市。1368年，朱元璋在南京建立了明朝。北京在被明初大將徐達帶兵攻取時，叫做北平，明成祖朱棣在1403年，將北平改為北京，並在不久後的1420年正式遷都北京。

1644年3月，李自成的民軍攻占北京，明朝滅亡，隨後，李自成建立大順政權，也以北京為都城，但是，李自成的大順政權在北京只存在了43天時間，即為清朝所取代。

清代順治皇帝定都北京，北京遂成為全國政治中心，從康熙開始，北京城開始大規模地修建。

趣味鏈結：歷史上的東京、西京、南京、北京、中京

中國現在有北京、南京兩個大城市，而在歷史上，不光出現過北京和南京，還有東京、西京、中京。其地理位置也和現在的不一樣。

漢代時，稱洛陽為東京，長安為西京。因為東漢定都洛陽，洛陽在長安的東方，故名東京，長安則為西京。

西晉定都洛陽，江南在洛陽之南，因此江南人稱洛陽為北京。東晉時，南朝人則稱洛陽為中京。

南朝宋時，丹徒（即京口，今江蘇鎮江市）則被稱為北京。

北魏原來的都城是平城（今山西大同），後遷都洛陽後，稱平城為北京。

北周時定都長安，稱東邊的洛陽為東京。

隋時稱洛陽為東京，長安為西京。

唐初沿用隋的稱呼，以洛陽為東京，長安為西京。到至德二年時，則以鳳翔為西京，長安為中京，成都府為南京，太原府為北京。

五代時，後唐以興唐府（今鄴城）為東京，太原府為西京，後改稱北京；後晉、後漢、後周以開封府為東京，河南府（今洛陽）為西京，太原府為北京。

宋時，則以開封府為東京，河南府為西京，應天府（今河南商丘市）為南京，大名府為北京。

遼朝以遼陽府為東京，大同府為西京，幽都府（即燕京，今北京）為南京，大定府（今內蒙古寧城西）為中京。

金朝時，以遼陽府為東京，大同府為西京；南京，曾先後分別以遼

陽、汴梁、平州為南京；北京，金改遼上京臨潢府為北京，後改遼中京大定府為北京；中京，金初以大定府為中京，後改河南府為金昌府（今洛陽），建號中京。

明朝朱元璋建國時，以應天府（今南京）為南京，開封為北京；後明成祖朱棣定都於順天府，稱北京（今北京）。

消失的樓蘭古城

在中國西部，有一處至今還籠罩在神祕色彩之中的地域。在綿延高聳的天山以南，在橫亙塔里木盆地的塔克拉瑪干大沙漠東側，是一處湖泊窪地。各種自然之謎和歷史傳說像霧一樣彌漫在它的周圍——這就是羅布泊。

羅布泊乾涸以前，面積曾達5604平方公里，沿岸生長著大片胡楊林。當中原地區進入新石器時代時，羅布泊沿岸已有了遠古居民，他們的生活依賴於漁獵或游牧。

樓蘭就位於羅布泊的西岸。塔里木河與孔雀河從西向東流出沙漠，經過樓蘭注入羅布泊。河流兩岸水草豐美，田地肥沃，滋養著樓蘭的歷代蒼生。

西元330年前後，這裏城郭巍然，而人煙斷絕。一種被多數人認同的說法是：由於孔雀河改道，塔里木河斷流，其下游的樓蘭地區水源枯竭，屯田生產無法進行。沒有了水源的樓蘭，居民的生計也難以為繼，樓蘭人紛紛離開故土。

西元400年，高僧法顯西行取經途經此地。他在《佛國記》中說，此地已是「上無飛鳥，下無走獸」，「唯以死人枯骨為標識耳」。樓蘭這座絲綢之路上的重鎮在輝煌了500年後，逐漸沒有了人煙，在歷史舞臺上無聲無息地消失了。時至今日，沉落荒漠深處的樓蘭古城依然蒙著神祕的面紗。

趣味鏈結：尋鏟尋出樓蘭古城

西元1900年3月，瑞典人斯文・赫定由北向南縱穿羅布泊進行考察。3月29日，考察隊的一把鐵鏟被斯文・赫定的嚮導維吾爾族人艾迪克丟失。用來掘井取水的鐵鏟與隊員性命攸關，艾迪克決定回去尋找。在他出發2個小時後，一場狂風襲來。30日，正當斯文・赫定為艾迪克的性命擔心時，艾迪克拿著鐵鏟和一些「藝術的雕刻物」出現在他面前。原來，尋找鐵鏟的艾迪克迷失了方向，狂風將他捲到「有許多房屋廢墟的地方，廢墟裏有裝飾得很美麗並且半埋在沙土中的板壁和其他物品」。

斯文・赫定看到艾迪克帶來的物品，激動不已。但他當時並沒有返回艾迪克發現「雕刻物」的地方，而是後來再找到這裏，並對所有房屋廢墟進行大肆挖掘。

斯文・赫定將大量出土文物運出中國。返回歐洲後，他將一些寫有文字的物品交給德國漢學家卡爾・希姆萊進行解讀。西元1902年，希姆萊正式發表《斯文・赫定在古羅布泊旁邊的發掘》一文，文中說：「在地理名稱中我發現了那個國家的名字叫樓蘭。」樓蘭從此再現於歷史舞臺。吸引了世界各地考古學家和歷史學家的高度關注。

歷史上的三山五嶽

「三山五嶽」的提法，在中國古代很早就出現了。傳說中的「三山」因是「神仙」居住的地方，格外受到古人的神往。

一種流傳最廣的說法認為，三山也就是指三神山，即古代傳說中的東海蓬萊、方丈、瀛洲三山，總稱「三神山」，據說山上長有長生藥，宮殿都是用黃金、白銀建造的。《史記》載：「齊人徐市（音福）等上書，言海中有三神山，名曰蓬萊、方丈、瀛洲。」從此以後，三山的名字便在古代小說、戲曲、筆記中經常出現，然而它只不過是傳說而已，現實中並不存在。

也有人將江蘇省南京市西南長江東岸南北相連的山，稱為「三山」。詩人李白《登金陵鳳凰臺》有「三山半落青天外」的詩句。江蘇省鎮江市長江江濱和江中的金山、焦山、北固山夾江相峙，世稱「金口三山」。

現在，所謂的五嶽是指中國的五大名山，它們是東嶽泰山、北嶽恆山、中嶽嵩山、西嶽華山和南嶽衡山。但在歷史上，五嶽的稱呼卻不是這幾座，而是另有其山。

漢宣帝時確定了以河南嵩山為中嶽、山東泰山為東嶽、安徽潛山縣的天柱山為南嶽，陝西華山為西嶽、河北曲陽縣的大茂山為北嶽。其後又改湖南的衡山為南嶽。隋以後遂成定制。明代的時候開始以山西的恆山為北嶽，到清朝時祭祀北嶽才改往山西的恆山了。

古代一些割據政權也曾將其境內的名山封為五嶽。如三國的吳末帝就將今江蘇宜興縣的離里山為中嶽，又封其南的荊南山為南嶽等。五代閩帝王延鈞封今福建寧德縣的霍童山為東嶽，永泰縣的高蓋山為西嶽等。唐朝時南詔統治雲南，則以境內點蒼山為中嶽、烏蒙山為東嶽、無量山為南嶽、玉龍山為北嶽、高黎貢山為西嶽。

現在所說的三山五嶽，泛指中國的所有名山大川。

趣味鏈結：五嶽的年齡到底有多大

泰山年齡25億歲，堪稱五嶽之尊；嵩山年齡14億歲；恆山年齡5.5億歲；衡山年齡1.5億歲；華山年齡1.4億歲。若將五嶽年齡與人的壽命類比，以泰山按照100歲計，那麼嵩山則已年過半百，為56歲；恆山正是風華正茂，為22歲；衡山和華山則是娃娃學童，僅在6歲左右。

寺和廟的區別

人們經常把寺廟連在一起用，殊不知，寺和廟並非是一體的。「廟」是指古代供祭祖宗神位的屋舍，也有人將皇帝的宮殿稱之為「廟堂」或

「廊廟」，比如范仲淹的《岳陽樓記》中寫道：「居廟堂之高，則憂其民；處江湖之遠，則憂其君。」

在有些史書裏，把皇帝與大臣所商討的對策也稱為「廟算」或「廟議」。皇帝死後，追贈的諡號便也稱為「廟號」。這無一不與廟有關。不管從哪方面來說，廟都是一個高規格的所在。

既然如此，那麼哪些人死後可以入廟呢？在歷史上，先秦之後有一個規定，凡有功於國的，死後方可入廟，享受人們祭祀禮拜。故《後漢書‧梁統傳》描述梁統之子梁竦：「嘗登高遠望，歎息言曰：『大丈夫居世，生當封侯，死當廟食……』」現今，從歷史上留存下來的廟，幾乎都是用來供奉和祭祀有功於國的歷史人物，如關帝廟、岳飛廟、孔廟等。

而寺則大大不同於廟，它是和尚修行和居住的處所，除此之外，寺院裏還要供奉各類大小不同的佛像。比如，建於東漢永平十一年（西元68年）的白馬寺，是中國歷史上的第一座佛寺。確切地說，寺與廟的最大不同就是，寺裏供奉的是佛，而廟裏供奉的則是偶像化的有功之臣。人們在寺裏祈求，是精神的追求，是期望得到佛祖的保佑；而人們在廟中祭祀，則往往是為了紀念國殤，表達對功臣的緬懷。

趣味鏈結：寺廟裏的男性僧侶為何稱為「和尚」

「和尚」是對佛教男性僧侶的一種通稱。但這種稱呼是怎麼來的呢？似乎鮮有人知。關於這種稱呼的由來，歷來有很多種說法，有人說這是從梵文翻譯過來的，也有說這是佛教中國化的結果，總之，莫衷一是。不過從梵文翻譯過來的說法，被更多的人所接受。

佛教認為，人的生、老、病、死都是苦，苦的根源在於各種欲望。要想脫離苦海，首先必須消滅一切欲望，做到與世無爭，並苦心修行，忍受人世間的一切痛苦，只有這樣，死後的靈魂才可以升入「天堂」得到解脫。

所以說佛教的人生處世哲學是主張一切調和，萬事忍為先，以和為貴。「和」就是忍耐、服從的意思，「如來以『和』為尚」，因此，

「和」就被佛教徒崇尚為修行的根本方法。「和尚」的稱呼也就逐漸傳開了，但這很可能是一種附會，看似有一定的道理。

更為準確的說法是，由於佛教是從印度傳入中國的，在梵文裏與「和尚」相對應的詞是「Upādhyāya」，意思是博士或親教（親承教誨）師。所以就有人認為這是梵文音譯，可是專業人士說，準確的音譯是「烏波陀耶」。

於是，有人就提出了這是佛教中國化的結果，但起源還是梵文音譯，是隨著佛教傳播的需要，音轉為和尚的。隨著佛教影響力的逐漸增大，尤其是佛教傳入中原漢地以後，「和尚」就成為對佛教男性僧侶的固定稱呼了。

佛教的四大菩薩和四大名山

中國的宗教分為佛教和道教兩種，這兩種宗教都以山為居。俗話說：「天下名山僧占多。」南宋詩人陸游也說過：「天下名山，唯華山、茅山、青城山無僧寺。」除少數名山為道教勝地外，幾乎無山不寺，無山不廟。通常所說的佛教四大名山，實際上原是佛教的四大道場，即佛祖或菩薩顯靈說法的場所。

佛教傳入中國後，它的流傳和發展都一直處於低谷之中，自東漢後期開始，隨著大量漢譯佛經的出現和外國著名佛教徒的請入，佛教的發展才出現了一絲轉機。當時的佛教徒先後請來著名的菩薩東來定居，他們自立道場，授法講經，於是就慢慢形成了佛教的四大菩薩和四大名山。

文殊菩薩，全稱文殊師利菩薩。是智慧、雄辯、威猛的象徵。其道場在五臺山。五臺山在山西省東北部，共有五座山峰，因山高頂平，看上去像平臺，所以取名五臺山。又因夏無炎暑，又叫清涼山。

普賢菩薩，是德行的代表，峨眉山是其道場。峨眉山，位於四川省峨眉縣西南，又稱光明山。歷代修建的寺院達100餘座，現只存先鋒寺、萬

年寺、報國寺、伏虎寺、遇仙寺等。

　　觀音菩薩，觀世音菩薩的略稱。觀音是大慈大悲的菩薩，普陀山是其道場。普陀山又名「海天佛國」，位於浙江省東部海中舟山群島上。

　　地藏菩薩，又稱大願菩薩，能夠盡孝道、擔苦難、除疾病。在中國貧苦百姓中信徒最多，道場在九華山。九華山，在安徽省青陽縣西南，有十王、鉢盂等九十九座山峰。山上有祇園寺、百歲宮、甘露寺等寺院。

　　「四大佛山」以五臺山最為有名，明朝時曾有「金五臺、銀普陀、銅峨眉、鐵九華」之說。這些地方風光秀麗，古木參天，壯美的自然景觀和豐富的人文景觀交相輝映，成為佛教信徒參拜的聖地和旅遊者的遊覽勝地。

趣味鏈結：什麼叫「衣鉢相傳」

　　「衣鉢」是佛教僧人的隨身之物，「衣」指「三衣」，即僧尼不同場合所穿用的三種法衣。「鉢」即僧尼所使用的食器，由梵名鉢多羅而來。

　　佛教禪宗師徒間傳法，常以「三衣」和「鉢」為信，傳給接班人，稱為衣鉢相傳。《壇經・行由品》記載：「三更受法，人盡不知，便傳頓教及衣鉢。」後世常以衣鉢相傳指師徒之間以技術、學問相傳授。

　　衣鉢相傳也寫作衣鉢相承，郭沫若《十批判書・韓非子的批判》中寫道：「《韓非子》書中屢次引用申子，正表明其衣鉢相承。」

　　「衣鉢相傳」這個佛教用語，常被後人用來比喻前人的學術思想或藝術手法對後人有很大影響。金人王若虛《滹南遺老集》卷四十：「魯直開口論句法，此便是不及古人處。而門徒親黨以衣鉢相傳，號稱法嗣，豈詩之真理也哉！」

道教名山

　　道教是發源於本土的宗教，據說在道教創立之初，選擇了一些大山作

為道場講法，並修煉道術，設爐煉丹，傳授道法，後來這些山就成為道教名山了。如華山、泰山、恆山等都是道教名山。年長日久，這些山嶽不僅以風景優美著稱，而且成了道教的名勝古蹟，著名的道教名山有：

武當山又稱太和山，是著名的武當拳發源地，在湖北省十堰市境內。著名的張三丰就是道教中人，他當時就在武當山修煉。道教以青龍、白虎、朱雀、玄武為四方守護神。玄武又稱真武，也就是民間所供奉的真武大帝。

道教認為玄武是黃帝脫胎轉世，出生後叫淨樂國王子，後來進入太和山修煉成仙，被玉皇大帝封為玄武，守護北方，玉皇大帝認為除他之外無人能夠擔當這項重任，於是改太和山為武當山。

明永樂皇帝即位後，自稱是玄武轉世，下令大修武當山。山頂有中國最大的銅殿，俗稱金頂（因其在太陽的照射下燦燦發光而得名），殿中供奉有真武銅像。

泰山是五嶽之首的東嶽，也稱岱宗、岱嶽，在山東省泰安市境內，有道教第二小洞天之稱。古代很多帝王都在泰山進行祭天拜地的封禪大典。道教宮觀佈滿山間，山下岱廟供奉泰山主神，山頂的碧霞元君祠供奉泰山女神。此外，還有黃伯陽洞、碧霞洞、斗姥宮等道教名勝古蹟。

衡山是五嶽之中的南嶽，在湖南衡山縣境內，道教稱為第三小洞天。衡山有七十二峰，有黃庭觀、上清宮、降真觀、九真觀等著名道觀。

西嶽華山在陝西華陰市境內，是道教第四小洞天。其主峰為落雁、朝陽、蓮花，素以奇險著稱。華山有四仙庵，據說是全真教的譚紫霄、馬丹陽、劉海蟾、丘處機修煉處。此外還有玉泉院、鎮嶽宮、東道院、玉女廟、雷祖殿等。

北嶽恆山在河北曲陽縣西北，為道教第五小洞天。相傳茅山派祖師——西漢時的茅盈年十八歲時就進恆山修道。山上的通元谷為張果隱修處。

中嶽嵩山又稱嵩高山，在河南登封市，道教稱第六小洞天。山有七十二峰，嵩山之頂叫峻極峰。現在保留有唐代建築——崇唐觀和精思

院。

　　江西貴溪縣西南的龍虎山也是道教聖地，由龍山和虎山兩座山組成。因道教名師張道陵在山上的壁魯洞（又稱駐仙巖）發現異書，居住於此，此山才成為道教名山。有道教第三十二福地之稱。

　　茅山在江蘇省句容縣境內，道教稱第八洞天、第一福地和第三十二小洞天。相傳西漢景帝時茅盈和兩個弟弟茅固、茅衷在這裏修道成仙，因此改名三茅山，簡稱茅山，為茅山派發源地，隋唐時道教建築有20多處，清代還保留有許多道觀。抗日戰爭期間，很多道觀被日軍焚毀。

　　青城山在四川都江堰市境內，因四面青山環繞，形狀像城郭，所以有青城之稱。相傳是張道陵創立五斗米道以後講道收徒的地方。山上有上清宮、天師洞、丈人宮等多處道教建築。

　　嶗山，在山東省青島市境內。宋元以後成道教勝地，山中有許多道觀，只有一座佛寺。嶗山道士因蒲松齡《聊齋志異》的描寫而聞名天下。

　　趣味鏈結：出家人為何自稱「方外人士」

　　僧人、道士這些出家人都自稱是方外人士。這方外是什麼意思呢？

　　在《管子》、《詩經》中所記載的方外，是指區域之外、中國之外（即夷狄之地）的意思。《莊子》：「彼遊方之外者也。」其中的方外是指浮世之外，或超越世俗的世界。但這些似乎與出家人不相關。

　　「方外」是個合成詞，從單字來解，「方」就是「道」的意思，也指世俗秩序或邦國律法。平常百姓皆在世俗秩序及邦國律法約束之內，故都是方內之人。而在此世俗價值體系規範之外者，就是方外之人。

　　依佛教、道教思想理念而言，僧侶、道士都是出家人，擯棄了世人固守的道德規範，不能用世俗的規律加以約束，因此都可稱做方外人士或塵外之士。

九曲黃河的由來

黃河是中華民族的象徵，素有「母親河」之稱。黃河流經的地域廣，地形複雜。俗話說：「天下黃河九曲十八彎。」說的就是黃河流經路線的蜿蜒曲折。

黃河發源於青藏高原，其上游是藏族的主要聚居地，藏族人根據黃河上游的地形和景觀，將上游諸河段取了很多有特色的名稱，如卡日曲、約古宗列曲、扎曲、星宿海、瑪曲、析（賜）支、河曲、九曲、逢留大河等。「曲」就是藏語「河」的意思。

漢、唐時期對黃河上游稱為析（賜）支、河曲、九曲。《後漢書‧西羌傳》中記載：「濱於賜支，至乎河首，綿地千里。賜支者，《禹貢》所謂析支者也。」漢代桑欽所撰《水經注‧河水二》記載：「司馬彪曰：西羌者自析支以西，濱於河首，左右居也，河水屈而東北流，逕於析支之地，是為河曲矣。應劭曰：《禹貢》析支屬雍州，在河關之西，東去河關千餘里，羌人所居，謂之河曲羌也。」

從這些歷史記載來看，「析支」的地理位置就是現在青海省貴德縣以西的共和、貴南、興海、同德、久治等縣的黃河彎曲之處。這裏的黃河形成了一個「S」形大灣，被稱為「拉加─貴德大河灣」。因貴德地方在西漢宣帝神爵二年（西元前60年）曾設置河關縣，意思是鎖河之關，所以漢時稱這段黃河為「析支河」或「河曲」。唐代時稱這段黃河為「九曲」，以後的人們也就根據黃河河道曲折的形狀，稱黃河為「九曲黃河」了。

趣味鏈結：黃河的三大古渡口

茅津渡口：在山西平陸黃河西岸，連接晉豫。

風陵渡口：在山西芮城縣西南，連接晉陝豫三省。

禹門渡口：在山西河津縣城西北黃河峽谷中。

江東、河東、東吳的由來

江東又名江左。長江在蕪湖、南京之間為西南偏南、東北偏北流向，自此以下的長江南岸地區（即今蘇南、浙江及部分皖南地區），習慣上稱為「江東」。三國時期，這個地區是孫權的根據地，所以當時又稱孫吳統治區為江東。

戰國至漢時，河東是指今山西省西南部，唐以後泛指山西省。黃河流經河套後，流向為由北向南，本區位於黃河以東，故得名。

三國時期，孫吳因地處江東（指蕪湖以下的長江南岸地區），所以又叫「東吳」。

趣味鏈結：關外、關內、關西

在歷史上，關外有兩種說法：其一，秦、漢、唐王朝定都西安，稱函谷關或潼關以東地區為「關外」；其二，明、清稱今遼寧、吉林、黑龍江三省為關外，因位於山海關以外而得名。

關內也有兩種說法：其一，古代在西安建都的王朝，統稱函谷關或潼關以西王畿附近叫「關內」；其二，明、清稱山海關以西地區為關內。

漢、唐時，泛指函谷關或潼關以西地區為「關西」。

《山海經》小介

《山海經》是中國先秦典籍中具有獨特風貌的作品。它共有18卷，其中5卷為《山經》，另外13卷為《海經》。現在，一般認為非一人之作，應該是由從戰國初年到漢代初年巴蜀地方的人所作。

在浩如煙海的古籍中，《山海經》以「怪」而聞名，自古以來被稱為

「奇書」。其中的怪事、怪物吸引和激發了無數學者的興趣和想像。

《山海經》的書名最早見於《史記・大宛列傳》，但司馬遷認為它荒誕不經，不能登大雅之堂，因此沒有用太多的筆墨來說明。

西漢劉向、劉歆父子整理了《山海經》並將它公布於世，以為是大禹、伯益治理洪水時所記。

班固依劉歆《七略》作《漢書・藝文志》，把《山海經》列在「數術略」中探究地域、人、物等形狀以制其吉凶貴賤的「刑法類」之首，這是對《山海經》性質的最早說明。

東漢王景治水，明帝賜以《山海經》。

在《隋書・經籍志》中，《山海經》被列在「地理類」之首，被視為實用的地理書。

之後的《舊唐書・經籍志》也把它歸為地理書。在這以後的很長一段時期，《山海經》是地理書便成了定論。

雖然《山海經》是地理書，但它以簡單的故事情節和人物形象，孕育著後代小說的胚胎。其浪漫主義的創作方法，也給中國小說重大影響。《山海經》記載了很多神話故事，如「夸父追日」、「精衛填海」、「西王母」、「女媧之腸化為十人」、「黃帝與蚩尤之戰」、「大禹治水」、「王亥」、「刑天」等，內容奇特，想像豐富，被視為古代神話傳說的淵源。魏晉時期的志怪小說、唐代傳奇、《西遊記》、《封神演義》、《鏡花緣》等都與《山海經》有著因承關係。清代的《四庫全書總目提要》甚至把它視為「小說之最古者爾」。

趣味鏈結：女媧補天

自盤古開天闢地以後，女媧造出了人類。人類一代又一代繁衍生息，其樂融融。可是，有一年，水神共工和火神祝融吵架且大打出手，最後祝融打敗了水神共工，共工因打輸而羞憤地朝西方的不周山撞去，哪知那不周山是撐天的柱子。不周山的崩裂使天塌了下來，當時天崩地裂，據古書中記載說：「天不兼覆，地不周載；火爁焱而不滅，水浩洋而不息；猛獸

食顓民，鷙鳥攫老弱。」

女媧目睹了人類的這種遭遇後，決心重整天地的秩序，救人類於水火之中。於是她精心挑選了許多五色的石頭，架起火把它們熔化成漿，然後再用這種石漿去填補殘缺的天窟窿。歷盡千難萬苦，女媧終於補好了蒼天。

補好了天，女媧又斬下巨龜的腳，分別豎在大地的四方，傾斜的天空被重新撐住，再也沒有坍塌的危險了。支撐好天之後，女媧又運用神力，殺死了在中原地區危害人類已久的水怪黑龍，把蘆葦草燒成灰，堆積起來，湮塞洪水，填平溝壑。

女媧修補蒼天，扶正四極，止住洪水，平定冀州，殺死黑龍，又理順春、夏、秋、冬四季，調和萬物陰陽的變化，其功甚偉，所以在西漢的《運斗樞》、《元命苞》中，女媧和她的哥哥伏羲、遍嘗百草救人的神農一起被列為中華民族人始之初的三皇，號媧皇。

七條古長城

現在舉世聞名的萬里長城，是指西起嘉峪關，東到山海關那條明代最後完成的長城幹線。但除此之外，還有七條古老的小長城，其遺址至今仍保存完好。這七條古老的小長城分別是穆陵齊長城、華陰魏長城、燒鍋營子燕長城、圍場古長城、寧夏戰國秦長城、臨洮秦長城、疏勒河漢長城。

山東省穆陵齊長城，位於沂水縣城北50公里的穆陵關兩側。係戰國時齊國所修長城的遺址，長約45公里。

陝西華陰魏長城，橫亙在華陰縣華山腳下，長城由此向北蔓延，穿過韓城到達黃河邊，長約150公里。

遼寧燒鍋營子燕長城，在建平縣張家灣村。乃燕時所築長城遺址，長約7公里。

河北圍場古長城，在圍場縣岱尹上村附近。是乾隆十七年乾隆帝狩獵

時發現的一座燕、秦長城真蹟。城東西綿亙達200餘公里。

寧夏戰國秦長城，在寧夏西吉縣境內，甘肅鎮原縣有一部分。

甘肅臨洮秦長城，在甘肅北部臨洮縣，是秦統一六國後所建長城的西向起點。

甘肅疏勒河漢長城，在甘肅西北疏勒河南岸，是漢朝所築長城中今存最好的遺址，長約150公里。

趣味鏈結：萬里長城真有一萬里長嗎

相傳，長城真有一萬里長，但實際上是不是這樣呢？

根據歷史文獻記載，有二十多個諸侯國家和君主王朝修築過長城，若把各個時代修築的長城加起來，大約有十萬里以上。

其中秦、漢、明三個朝代所修長城的長度都超過了一萬里。現在新疆、甘肅、寧夏、陝西、內蒙古、山西、河北、北京、天津、遼寧、吉林、黑龍江、河南、山東、湖北、湖南等省、市、自治區都有古長城、烽火臺的遺跡。

長城位於中國的北部，它東起河北省渤海灣的山海關，西至內陸地區甘肅省的嘉峪關。橫貫河北、北京、內蒙古、山西、陝西、寧夏、甘肅等七個省、市、自治區，全長約六千七百公里，約一萬四千多里，在世界上確實不愧「萬里長城」之譽。

六個杏花村今安在

晚唐詩人杜牧寫過一首七絕《清明》：「清明時節雨紛紛，路上行人欲斷魂。借問酒家何處有？牧童遙指杏花村。」雖然這首詩被人千古傳誦，但人們對詩中所指的「杏花村」究竟在何處，一直眾說紛紜，莫衷一是。

據稱，中國共有19個杏花村，其中最著名的有6個。

其一是山西汾陽縣城北15公里處的杏花村。相傳唐代最興旺時，全村有72家燒鍋酒坊，該村盛產全國八大名酒之一的「山西汾酒」，1916年曾榮獲巴拿馬萬國博覽會金質獎章。

其二是山東水泊梁山黑風口東南崖下的杏花村。這裏的王林酒家素有「杏花飛霞」之稱。據說《水滸傳》中黑旋風李逵常來飲酒。還有孔子問禮於老子的問祖堂石窟，也在這裏。

其三是湖北省麻城古鎮岐亭附近的杏花村。古時，這裏的杏花村酒店非常有名，有首民謠稱：「三月桃花店，四里杏花村，村中有美酒，店中有美人。」

其四是江蘇豐縣杏花村。蘇東坡有《朱陳村嫁娶圖》詩云：「我是朱陳舊使君，勸耕曾入杏花村。」指的就是這裏。

其五是南京城西南隅新橋西信府河、鳳凰臺一帶金陵杏花村，它地傍郊外，崗巒疊翠，綠水環繞，前臨大江，下為秦淮，是唐以來歷代風景名勝區，也是沽酒雅處。

還有一個是安徽省貴池縣杏花村，這裏在隋唐時就是產酒盛地，以「杏花大麴」譽滿江南。

那麼，「牧童遙指」的那個「杏花村」到底是哪一個呢？前四個杏花村，因無史料記載，所以無法順理成章。金陵杏花村，雖有較多記載，杜牧也曾到過金陵，但是否在金陵杏花村寫過《清明》詩，無史料可證，何況金陵杏花村遺址歷經元、明、清戰火摧毀殆盡。沒有留下尋蹤覓跡的線索，只好存疑。唯獨安徽省貴池縣杏花村，既有眾多的史料可供佐證，又有遺址可尋。

趣味鏈結：二十四橋的地理位置

「青山隱隱水迢迢，秋盡江南草未凋。二十四橋明月夜，玉人何處教吹簫？」這是晚唐詩人杜牧寫下的一首千古傳誦的七絕，名為《寄揚州韓綽判官》。這首詩的問世，使二十四橋成了舊時揚州禁苑繁華、風流盛事的象徵；同時，二十四橋也成了眾說紛紜而迄今尚無定論的一樁疑案。

不光是杜牧，在另一晚唐詩人韋莊的《過揚州》詩中，也提到了二十四橋：「二十四橋空寂寥，綠楊摧折舊官河。」

　　有人稱二十四橋是唐時揚州橋樑的總稱。但揚州是江南著名的水鄉，其橋樑設施，不應由二十四座橋所局限。北宋時，揚州城區南移至蜀岡南麓的平地上，原在蜀岡上的唐城早成廢墟，沈括只看到以宋城區為中心的橋，而唐城區及其西北郊一帶的橋大多已無蹤跡。因此，這樣看來，此「二十四」橋只可能是揚州府西湖裏那座冠名為「二十四橋」的橋了。

諸子百家的由來

春秋戰國時代，王權衰落，諸侯爭霸，各國開放政權以延攬人才，於是貴族政治逐漸消失。又因為人口增加，土地分配困難，社會發生劇變，民生苦痛日增。於是有思想的知識分子，面對現實的社會問題、人生問題等，提出了種種解決的辦法和思路。此外，教育的推廣和思想的自由等因素，也造成了諸子爭鳴、百家蜂起的局面。國人把這一時期稱為「諸子百家」時期。

「諸子」包括各家學派。司馬談《論六家之要指》中提到，諸子有陰陽、儒、墨、名、法、道六家。班固《漢書・藝文志》中提到，諸子有儒、道、陰陽、法、名、墨、縱橫、雜、農、小說十家。《隋書・經籍志》中提到，諸子有儒、道、法、名、墨、縱橫、雜、農、小說、兵、天文、曆數、五行、醫方十四家。

當時，各派各家都著書立說，廣授弟子，參與政治，互相批判，又互相滲透，學術思想極為繁榮。秦統一六國後，崇尚法家，兼用陰陽家，焚書坑儒，迷信暴力，將法家學說過分誇大君權的一面發揮到極致。

趣味鏈結：先秦諸子之書

現今，流傳的先秦諸子之書有如下幾種：

1.《管子》（管仲）；2.《鄧析子》（鄧析）；3.《墨子》（墨翟）；4.《老子》（李耳）；5.《文子》（老子弟子）；6.《關尹子》（關尹子）；7.《列子》（列禦寇）；8.《楊子》（楊朱）；9.《商君書》（商鞅）；10.《申子》（申不害）；11.《尸子》（尸佼）；12.《公孫龍子》（公孫龍）；13.《莊子》（莊周）；14.《慎子》（慎到）；15.《尹文子》（尹文）；16.《荀子》（荀卿）；17.《鶡冠子》（楚人）；18.《鬼谷子》（縱橫家）；19.《亢倉子》（庚桑楚）；20.《韓非子》（韓非）；21.《呂氏春秋》（呂不韋）；22.《晏子春秋》（晏嬰）；23.《孫子兵法》（孫武）。

這23種書也有真偽，偽的又有部分偽作或全部偽作的。所以，運用諸子史料，一定要有相當的識別能力。

早期的儒

儒，並不是單指儒家，在儒家建立之前就已經有了儒。在古代社會，最晚到殷代有了專門負責辦理喪葬事務的神職人員。這些人就是早期的儒，或者稱為術士。由於這些人收入、地位低，做事時還要看人臉色行事，因此形成了一種比較柔弱的性格，這就是儒的本意，即柔，還有他們職業的原始性質，即術士。

墨子曾對儒的生活作過極為生動的描述：夏天五穀收割以後，他們就去為人辦理喪事，孩子們都跟著，做完幾起喪事，就可以達到目的了。他們靠別人的錢財生活，仗著別人的產業養尊處優。富人有喪事，他們就高興地說：這可是衣食的來路啊！

儘管如此，儒中也有很多人不甘心做這種社會地位低下的職業，他們渴望進入政府機構，成為專門的典禮官，有的則希望成為君子儒，輔佐君

主。所以，孔子才有了對學生們的告誡：「女為君子儒，無為小人儒！」他希望弟子們勤奮努力，超越原來他那種低下的職位狀況。可見，儒名的起源應該在孔子之前。因為到了孔子時，儒這一階層已經有了很大變化，形成「君子儒」與「小人儒」兩種派別。

趣味鏈結：儒學著作和學派

儒學的主要代表人物有：孔子、孟子、荀子、董仲舒、揚雄、王充、王弼、孔沖遠、韓愈、柳宗元等。

儒家的著作和典籍主要有：《詩經》、《尚書》、《周易》、《禮經》、《春秋》、《左傳》、《公羊傳》、《穀梁傳》、《孝經》、《論語》、《孟子》、《荀子》、《大學》、《中庸》、《春秋繁露》、《四書集注》等。

儒家學說主要有：德政說、仁政說、大同說、公羊三世說、性善說、性惡說、性三品說、氣質之性說、與天地參說、天人感應說、天道自然說、天人交相勝說、天人合一說、以無為本說、天理人欲說、主靜說、主敬說、致良知說、知行合一說、本末論、體用論、理氣論、常變論、動靜論、生死論、經學、讖緯之學、玄學、理學、心學、經世之學、現代儒學研究等。

關於儒家派別的劃分有多種。除了繼孔子之後的儒家八派之外，宋代以後又出現了幾派，主要有：濂學（以周敦頤為代表）、關學（以張載為代表）、洛學（以北宋二程為代表）、閩學（以朱熹為代表）、泰州學派（以王艮為代表）、東林學派（以東林黨為主）、乾嘉學派（乾隆年間到嘉慶年間儒學的統稱）。

四書五經

「四書」、「五經」是古代的一系列儒家經典書籍。

「四書」是《論語》、《孟子》、《大學》、《中庸》這四部書的合稱。南宋理學家朱熹將這四部書輯錄在一起，加以注釋，題稱《四書章句集註》，始有「四書」之名。宋代以後，「四書」被定為科舉取士的初級標準讀物。

其中，《論語》是孔子的學生記載孔子及其部分學生言行的書；《大學》是《禮記》中的一篇，傳說是曾參的學生記述曾參言論的書；《中庸》也是《禮記》中的一篇，相傳為孔子的孫子子思所作；《孟子》是孟子及其學生的著作。

「五經」是《詩》、《書》、《禮》、《易》、《春秋》這五部儒家經典著作的合稱。

《詩》即《詩經》，是中國第一部詩歌總集，司馬遷在《史記》中說它為孔子所編，但後人認為不可信；《書》即《尚書》，為上古歷史文件和追述古代事蹟的著作彙編，相傳是孔子編選的；《禮》即《禮記》，為秦漢以前各種禮儀論著的選集，相傳多為孔子弟子及再傳弟子所記；《易》即《易經》，由卦、爻兩種符號和卦辭、爻辭兩種文字構成，是古代占卜所用的書；《春秋》是編年體的魯史，相傳是孔子據魯國史官所編《春秋》再加以整理、修訂而成。

趣味鏈結：六經

「六經」原稱「六藝」，分為「小藝」和「大藝」兩部分。

「小藝」包括禮、樂、射、御、書、數，是古代學校教育的主要內容。

「大藝」則包括《詩》、《書》、《禮》、《樂》、《易》、《春秋》六種典籍。從戰國後期開始，這六種典籍被尊為「六經」。由此可見，「六經」就是所謂的「六藝」。確切地講，「六經」就是「六藝」中的「大藝」。

漢初，「六經」與「六藝」常常並稱，如司馬遷著《史記》時仍稱「六藝」；孔子以《詩》、《書》、《禮》、《樂》、《易》、《春秋》

教弟子，「蓋三千焉，身通六藝者，七十有二人」。

直到漢武帝「罷黜百家、獨尊儒術」後，古代統治者出於鞏固自身統治的需要，競相尊崇儒術，「六經」之稱才代替了「六藝」。

道家學說

道家是以先秦老子、莊子關於「道」的學說為中心的學術派別。道家之名，始見於漢司馬談的《論六家之要指》，稱為「道德家」，《漢書‧藝文志》稱為道家。傳統的看法是：老子是道家的創始人，莊子則繼承和發展了老子的思想。

道家哲學思想的最高概括是道、德二字，認為世界萬物都源於「道」，即「道生萬物」。「道」是事物發展變化的規律，即「物得以生，謂之德」，「德者道之舍」；事物的發展方向是循環的；「道」存在於自然界之先、之外。在先秦諸子學派中，道家思想最富於哲學內涵，是傳統思想文化的哲學基礎。

在政治上，道家把社會動盪不安歸咎於新興地主階級的兼併征戰，因而對儒家禮儀德政的說教不滿，對法家的變法革新也持否定態度，要求統治者「處無為之事，行不言之教」，使社會自由發展，率民走「清靜無為」的道路；莊子更提倡一種「無君」的社會。

道家的經典主要是《老子》，也叫《道德經》，還有《莊子》等。道家思想不僅在歷史上對社會經濟、政治生活產生了影響，而且老莊的認識論方法還從哲學和藝術兩個方面對傳統思想文化產生了深遠影響。

趣味鏈結：老子名字的傳說

老子（約西元前600～前470年）姓李，名耳，《莊子》稱他為老聃，楚國苦縣（今河南鹿邑縣）人，春秋末期的思想家、哲學家。

據說老子在出生時，因為耳朵特別大，所以取名叫「耳」，又叫老

聃，聃即是耳朵大的意思。

另外，《史記正義》上記載：老子的母親懷孕長達八十一年，後來在一棵李樹下，割開左腋，生下了老子。老子一出生時，就是一個白鬍鬚、白眉毛的老頭。因此也就稱他為「老子」。

不過，《史記正義》還有一說：老子是號，「老」是「考」的意思，「子」就是「孳」的意思，也就是「考教眾理，達成聖孳，乃孳生萬物。善化濟物無遺也」。他是聖人，研究了許多的道理，善於育化別人，神聖地孳生出萬物，濟物又沒有遺留，因此稱他為老子。

法家的典籍《韓非子》

法家是先秦諸子中對法律最為重視的一派，他們以主張「以法治國」而聞名，而且提出了一整套的理論和方法，並把這些理論和方法集中到韓非子的作品集《韓非子》裏，為後來建立中央集權體制的秦朝提供了堅實的理論依據。之後，漢朝又繼承了秦朝的中央集權體制，中央集權體制便成了古代君主社會的政治與法制主體。

韓非子生活於戰國末期韓國的貴族家庭，是古代著名的思想家。他「喜刑名法術之學」，是法家的代表人物。

當時韓國很弱，常受鄰國的欺凌，韓非子多次向韓王提出強國富民的策略，但未被採納。在孤憤之中，韓非子寫下了《孤憤》、《五蠹》等一系列文章，這些作品後來集為《韓非子》一書。

戰國後期，為躲避戰亂，韓非子全家遷至今河南省駐馬店市西平縣酒店鎮的韓棠村。身為貴族的韓非子從小立志要成就一番偉業。於是，在弱冠之年他便告別父母，獨自一人遊歷天下，最終拜師於當時著名的思想家、政治家、法家——荀子。

韓非子為人正直、天資聰慧又勤學不怠。

西元前233年，秦王發兵攻打韓國，向韓國索要韓非子，韓王就派韓

非子出使秦國。韓非子到秦國後，秦王很高興，和他促膝暢談天下大事。韓非子勸秦王不要先攻打韓國，應先將趙國消滅掉。秦王以為韓非子有私心，便開始猜疑，置之而不重用。

李斯、姚賈因嫉妒而進讒言詆毀韓非子，說他本是韓國公子，終究為韓而非為秦盡全力。如果秦王不用而放他回韓國，則猶如放虎歸山，為秦國留下禍患，所以最好殺了他。秦王聽信讒言，將韓非子論罪下獄。李斯為了趕盡殺絕，便落井下石，派人送毒藥給韓非子，逼他自殺。等秦王要召見韓非子時，才知道他已身死獄中。

韓非子擅長創作寓言故事，並透過這些故事來述說自己的政治觀點。《韓非子》一書共彙集了三百多則寓言故事。其中，「自相矛盾」、「守株待兔」、「濫竽充數」、「老馬識途」、「曾子殺豬」等寓言已經成為文學寶庫中的瑰寶而代代相傳。

以韓非子為代表的法家在法理學方面作出了傑出的貢獻，對於法律的起源、本質、作用，以及與社會經濟、時代要求、國家政權、倫理道德、風俗習慣、自然環境的關係等都作了深入的探討，對後世產生了深遠的影響。

趣味鏈結：法家學說的不足之處

法家學說也有很多不足的地方。

比如，法家極力誇大法律的作用，過於迷信法律的功能，過分強調治國應用重典，「以刑去刑」，而且認為對輕罪也要實行重罰。這違背了「罪罰相當」的基本法理。

法家還認為，人的本性都是追求利益的，沒有什麼道德的標準可言，所以，就要用利益、榮譽來誘導人民去做事情。這說明了法家對人性的認識過於狹隘和悲觀。

他們還認為，對於在戰爭中立下戰功的將士就應給予包括官職在內的極高賞賜，唯有這樣，才能激勵將士們浴血奮戰。這反映了法家的階級局限性。

法家的這些主張反映了新興古代地主階級的利益和要求，為結束諸侯割據、建立中央集權體制的統一國家提供了理論依據。秦始皇統一後採取的許多政治措施，就是法家理論的應用和發展。

墨家的思想和代表人物

墨家是戰國時的重要學派，是儒家最大的反對派，與儒家齊名，創始人是墨子。

墨子，名翟（約西元前480～前420年），魯國人，出身於「賤人」階層，曾做過造車的工匠、大夫。早年受過儒家教育，但後來背棄了儒家，創立了墨家學派。這個學派的成員多半來自社會下層，紀律嚴明，生活儉樸，積極參與政治。學派負責人稱「鉅子」。

墨子以孔子提出的「愛人」論為出發點，向統治階級提出種種要求，對統治階級的自利、自私諸事提出限制，對社會上因自愛、自利而引發的爭奪和戰爭進行抨擊，比孔子的人本學說有更為具體的政治措施，對統治階級的限制更為嚴格。

墨子提出十大主張，即「兼愛」、「非攻」、「尚賢」、「尚同」、「天志」、「明鬼」、「非樂」、「非命」、「節用」、「節葬」。墨子認為，運用這十大主張要視不同諸侯國的實際情況，有針對性地選擇其中最適合的方案。如「國家昏亂」，就選用「尚賢」、「尚同」；國家貧弱就選用「節用」、「節葬」。

墨子學說的核心，是主張「兼相愛，交相利」。他認為，欲要治世，必先尋世亂之所由起。

墨子還具有「天志」、「明鬼」的觀念，認為天的意志是衡量人們言行的準則，要求人們尊天帝、敬鬼神，一言一行都必須「取法於天」，做到「不義不富，不義不貴，不義不親，不義不近」。

另外，墨子在認識論方面帶有唯物主義的因素，其後的學說對這一點

進行了發展。這在當時的社會條件下也是難能可貴的，被認為是中國唯物主義的先驅。

趣味鏈結：兼愛、非攻

墨翟提出了「兼相愛，交相利」說，即不分尊卑貴賤，上下左右，人人互相愛，以愛己之心去愛人。他認為當時國家互相攻打，家與家互篡，是因為「不相愛」，或者叫「交相惡」。所以人與人、家與家、國與國只有「兼相愛」，才能「交相利」。這是墨子處理人們之間政治關係的基本觀點，也是他的基本政治主張。

「非攻」是墨子理論的一個重要組成部分。墨子從其興利除害的救世目的出發反對戰爭，確切地說是不合他所謂義、利的那種戰爭，即「攻」，認為它是「天下之巨害」。墨子一生奔波於各國之間，制止了多起即將發生的戰爭，維護了小國的利益，實踐著他「非攻」的主張，如止楚攻宋、勸齊息戰等。

但是墨子並非一味反對戰爭，墨子「非攻」主張的獨特性在於它並不是反對戰爭，而是反對侵略戰爭，即「攻」。而對正義的戰爭，墨子是持支持態度的，他稱正義的戰爭為「誅」。對於正義的戰爭，墨子是充分肯定而且予以支持的。

名家的思想和代表人物

名家是秦代以前注重辯論技巧，探討名稱概念之間、名稱與實物之間關係的一種學說派別。他們注重對名詞概念進行深入細緻的分析，提倡「控名責實」。當時稱之為「辯者」。由於成文法的公布，「辯者」在社會上充當了類似律師的角色，他們根據法律條文進行辯護，所以又稱「刑名之家」。最主要的代表人物有惠施、公孫龍，此外還有鄧析、尹文和後期墨家的一些學者。

春秋戰國之際，學術興盛，百家爭鳴，各家各派都在申說自己的學說，批駁他人的學說。隨著辯論的深入，人們發現許多舊的概念不能反映新事物的內容，而新出現的概念還有待於社會的認同，於是，名實不符的問題亟待解決。到了戰國中期，隨著名辯思潮的發展，名家學派應運而生。

名家學派的創始者為春秋末期的鄧析，他當鄭國大夫的時候，正值子產執政。為了出難題給子產，他為人辯護，能將是說成非，非說成是，使執法者難以定案。子產認為他是一個大禍害，於是便把他殺了。由此說明，研究、制定辯論規則是當時的重要任務。由此形成了名辯學派。

在鄧析之後，又出現了三個基本學派：宋鈃、尹文學派，惠施學派和公孫龍學派。

其中，公孫龍學派強調名詞概念的相互區別，認為一個概念只能指一個事物，而不能既指這一事物，又指另一事物，否則的話，就會產生邏輯混亂。

公孫龍著名的「白馬非馬」命題，最明顯地表現出他學說的詭辯性質。他認為，「馬」這個詞，是指馬的形態，凡具有馬的形態的都命名為馬。「白」這個詞，是指白的顏色，凡是白顏色的都命名為白。「白馬」是馬的形態再加上白顏色，亦即白顏色的馬。可見，馬與白馬是兩個不同的概念，所以說「白馬非馬」。

惠施學派則強調事物之間的相互關聯。認為相同的事物是相互關聯的，所以是「同」，不相同的事物表面上看來不同，是「異」，但實際上也是相互關聯的，也是「同」。因此「同」也是「同」，「異」也是「同」，「同」和「異」沒有本質的區別，都是一樣的。

在諸子百家中，名家以自己凌厲的論辯，細緻入微的分析而著稱於世。它與儒、墨、道、法、陰陽等家並列為當時地位十分顯赫的「顯學」中。由於百家爭鳴的局面在秦代之後消失了，所以古代的名家也就隨著銷聲匿跡了。

趣味鏈結：名家領袖人物公孫龍

名家領袖公孫龍（西元前320～前250年），以詭辯聞名於世。據說，他有一次騎馬過關，關吏說：「馬不准過。」公孫龍回答說：「我騎的是白馬，白馬非馬。」說著就連馬一起過去了。

公孫龍著有《公孫龍子》一書，書中一篇〈白馬論〉，主要命題是「白馬非馬」。公孫龍透過三點論證，力求證明這個命題。第一點是：馬，是用來描述外形的；白。是用來描述顏色的。「馬」的內涵是一種動物，「白」的內涵是一種顏色，「白馬」的內涵是一種動物加一種顏色。三者內涵各不相同，所以白馬非馬。第二點是：「馬」，包括一切馬，不管顏色上的區別：「白馬」只包括白馬，不包括黃、黑等顏色的馬。第三點是：「馬」，因為有色，所以有白馬，如果沒有白馬，同樣有馬：「白馬」，是馬和白的綜合，而不僅僅是馬。

《公孫龍子》另有一篇〈堅白論〉，提出了「離堅白說」。公孫龍的證明有兩個部分：第一部分是，假設有堅而白的石，那麼，沒有堅仍有白石，沒有白仍有堅石。因此，堅和白是彼此分離的。他說，用眼看，只能看見一白石：用手摸，只能摸到一堅石。感覺到白石不能感覺到堅，感覺到堅石不能感覺到白。第二部分是，堅、白表現在一切堅物、一切白物當中。即使實際世界中完全沒有堅物、白物，而堅還是堅，白還是白。堅和白完全獨立於堅白石以及其他堅白物而存在。這是有事實證明的，這個事實是，實際世界中有些物堅而不白，另有些物白而不堅。所以堅、白顯然是彼此分離的。

公孫龍的「白馬非馬論」和「離堅白說」在古代都是著名的哲學命題。

陰陽家的思想和代表人物

陰陽家，是戰國時期形成的以「陰陽」解說事物存在和發展變化的一

種學說派別。據現存史料記載，最早使用陰陽解說事物運動變化的是西周末年的思想家伯陽父，戰國時期的代表人物是鄒衍。

陰陽是古人對宇宙萬物兩種相反相成性質的一種抽象概括，也是宇宙對立統一及思維法則的哲學範疇。它最初指的是日光向背，後來在《易經》中被做了哲學概括，認為自然界和人類社會的一切事物都是由陰陽兩面形成的，並由陰陽的對立鬥爭而形成事物的運動變化。

西周的伯陽父用陰陽解說地震。鄒衍則用它來解說王朝的更替，並把陰陽和五行兩個哲學概念結合起來，融為一體。他認為金木水火土五種性能的相生相剋表現著陰陽兩個方面的相反相成，由此推動著社會的變化和王朝的更替。

一般說來，戰國時期的陰陽學說，一半建立在對客觀事物觀察的基礎上，反映出一定的科學認知，一半是出於神祕的推測，結合著巫術，將其與人的吉凶禍福結合起來，成為妄說。

陰陽家的著作，現在已大都湮沒不存，僅在《管子》、《呂氏春秋》、《禮記》等書中，保留了《四時》、《輕重己》、《五行》、《水地》、《度地》、《月令》等篇。陰陽家中集大成者鄒衍的著作也大都流失了，但他的一些言論卻散見於《史記》等典籍之中。

趣味鏈結：看風水的由來

「看風水」是古代社會中流行頗廣的一種迷信行為，又稱「相地術」或「地理之學」，舊時社會中專營此道的職業者稱「風水先生」。看風水的基本內容是：在選擇宅基和墳地時，必須注意該地的風向山水，合者得福祿，不合者遭禍殃。

看風水從根本上是一種迷信活動，約產生於戰國末年燕、齊一帶方士之中。在此之前，人們在營宅下葬時，對地形與時日雖有所選擇，但多與宗教禮俗相關聯，而燕、齊方士則以陰陽五行附和人事，有關的迷信禁忌也就應運而生。

漢代已經有了許多將陰陽五行貫穿於社會各種活動之中的著作，其

中與風水有關的大致有兩派，一派是形法家，一派是堪輿家，亦稱「日者」，講究下葬立宅的時令。東漢以來，這種思想就在社會上傳開了。

不可否認的是，隨著人們教育程度的提高，風水學中也夾雜著一些比較科學的理論，這需要人們認真去辨別。

理學思想和代表

理學，又稱道學，它產生於北宋，盛行於南宋與元、明時代，理學家們認為，合乎自己願望的事物就是「理」，就是一種自然。在這一點上，「理」與老莊學派的「道」有點相近。

理學認為，理不僅是自然界的最高原則，同時也是人類社會的最高原則。很多理學家將「理」規定為宇宙的根源，認為自然界及人類社會一切都是從「理」而來，這個「理」是自己存在的，是永恆的，它「不為堯存，不為桀亡」，不生不滅，不增不減。

古代的倫理綱常也是「理」，「父子君臣天下之定理」，實際上就把君主倫理關係神聖化、絕對化、永恆化。所以理學為宋以後的歷代統治者所推崇，成為占統治地位的哲學思想，強迫人們信奉。

理學包括以周敦頤、程顥、程頤、朱熹為代表的客觀唯心主義和以陸九淵、王守仁為代表的主觀唯心主義。前者認為「理」是永恆先於世界而存在的精神實體，世界萬物只能由「理」派生；後者提出「心外無物，心外無理」，認為主觀意識是衍生世界萬物的本原。

趣味鏈結：理學流派

理學流派紛紜複雜，北宋中期有周敦頤的濂學、邵雍的象數學、張載的關學、二程的洛學、司馬光的朔學，南宋時有朱熹的閩學、陸九淵兄弟的江西之學，明中期則有王守仁的陰陽學等。

儘管這些學派具有不同的理論體系和特點，但按其基本觀點和影響來

分，主要有三大派別，即以張載為代表的氣一元論哲學；以二程、朱熹為代表的理一元論哲學；以陸九淵、王守仁為代表的心一元論哲學。

心學的思想和代表

心學，作為儒學的一門學派，最早可推溯自孟子，而北宋程顥開其端，南宋陸九淵則大啟其門徑，而與朱熹的理學分庭抗禮。至明朝，由王陽明首度提出「心學」兩字，至此心學開始有清晰而獨立的學術脈絡。

宋代陸九淵主張，既然氣聚合為人時，理成為人的本性、精神，那麼，人心也就是理，並且因為整個宇宙也都是氣的或聚合或消散的狀態，那麼，這個理也就到處貫通。

從這個意義上說，心也就是整個宇宙，宇宙也就是人的心。因此，只要心中能夠先樹立一個大的志向，或者說是一個基本原則，那麼，就可以不受外界事物的干擾和引誘。

到了明代，王守仁認為，人心中都有天生的良知，所以儒學最基本的任務就是把心中的良知推廣到每一件事物。他和陸九淵一樣，認為不必要一件一件地去考察事物，要認識天理，只要考察自己的心就可以了。

趣味鏈結：鵝湖之會

鵝湖之會是歷史上一次著名的辯論，在朱熹和陸九淵之間展開，因發生在鵝湖寺，故得名。

鵝湖書院，位於江西廣信府鉛山縣境內。自東晉以來，歷經唐、宋、明等朝，都聚居過許多學者，曾經是一個著名的文化中心。

在鵝湖書院後面的四賢祠內，設有朱、呂、二陸四個牌位，又有一個題著「頓漸同歸」字樣的匾額，這和書院前排建築中所懸「道學之宗」的御匾，正遙遙相對，由此可見宋代朱陸鵝湖之會的盛況。

鵝湖書院之所以譽滿江南，乃至聞名全國，主要是因為宋代著名理學

家朱熹、陸九淵等曾在這裏講過學，進行過學術辯論的緣故。

南宋淳熙二年（1175年），呂祖謙因鑑於朱熹、陸九淵兩派學說論點不同，常引起爭論，故而發起約會，邀請朱、陸兩家集會於鵝湖寺。當時，朱熹和陸九淵、陸九齡兄弟皆應邀赴約。在這裏，發生了朱、陸兩派學說第一次面對面的激烈爭論。

爭論的焦點是關於認識論的問題。朱熹主張「泛觀博覽，而後為之約」；陸九淵則主張「先發明人之本心，而後使之博覽」。這就是朱、陸兩派的分歧點。朱熹認為陸學太簡易；陸九淵則認為朱學太支離。這次爭論，就是哲學史上著名的「鵝湖之會」。爭論的實質，都是為了互爭正宗教主地位。但是，這次「鵝湖之會」並沒有解決他們兩派學說之間的分歧，故以後還有關於世界觀問題更加激烈的爭論。儘管如此，「鵝湖之會」對當時學術界卻有很大的影響。

先秦的「天人之辯」

思維和存在的關係問題，是全部哲學的根本問題。先秦「天人之辯」比較集中地反映了人們對思維和存在關係的看法，形成了先秦哲學的一大特色。

所謂「天人之辯」，是指關於天與人、天道與人道、自然與人之間關係的辯論。商周時期，人們把天看做是至高無上的神，到了春秋戰國時期，「天人之辯」真正開始得到了廣泛而深入的展開。

儒家創始人孔子曾對鬼神產生懷疑，但孔子並未因此引導到唯物主義。道家代表老子主張道法自然，這種尊重客觀規律的思想有一定的合理性，但叫人順從命運則是消極的。孟子則片面誇大理性的功能作用，以為透過思維能「知天」。

先秦哲學家們對天人關係問題的思考，都涉及思維與存在的關係問題，亦即涉及了世界的統一性在於物質還是精神的問題。總之，先秦「天

人之辯」反映了古人對思維和存在關係問題的思考。

趣味鏈結：先秦的「義利之辯」

所謂「義」，是指一定的行為道德；所謂「利」是指個人利益。討論行為道德與個人利益之間的關係問題，就是「義利之辯」。

在先秦，孔子提出「君子喻於義，小人喻於利」。認為義利是矛盾的，解決義利的方法是重義輕利。

墨家則認為義和利是絕對統一的，不存在任何矛盾。他們不認為存在有利無義或有義無利的現象。

孟子認為，追求義是人們行為的唯一目的，而對利的任何關注，都有損於人們道德行為的純潔性和高尚性，所以利是一種有害的念頭，必須在思想上加以排除。

荀子主張「性惡論」。他認為個人的利欲和社會的道德要求是完全相反的，個人的利欲只能是惡，而應首先規範的是善，所以在義利關係問題上，他認為義利不相容，它們的關係只能是一個戰勝另一個的關係。

「義利之辯」，是現實生活中義和利既矛盾又統一的關係在思想中的反映。各種不同的觀點，表現了先秦各個階級或階層的不同的利益和當時社會政治經濟發展的水準。不過，這些觀點也有相通的地方，即一般都認為，在義利關係中義是主要的，個人利益應該遵循和服從義。可以說，重義輕利是先秦義利之辯的主要傾向。

魏晉的「風流」思潮

想要瞭解古代文人的「風流」境界，還是要看魏晉時期的文人，尤其是竹林七賢。在《莊子注》中，向秀與郭象對於具有超越事物差別之心，「棄彼任我」而生的人，作出了理論的解釋。這種人的品格，正是後人所說的「風流」。

《世說新語》記載了許多魏晉時候的清談，記載了許多著名的清談家。這些記載，生動地描繪了三四世紀信奉「風流」思想的人物。所以自《世說新語》成書之後，它一直是研究「風流」的主要資料。

《世說新語》中有劉伶的一個故事。故事說：「劉伶恆縱酒放達，或脫衣裸形在屋中。人見譏之。伶曰：『我以天地為棟宇，屋室為褌衣，諸君何為入我褌中？』」劉伶固然追求快樂，但是對於超乎形象者有所感覺，即有超越感。這種超越感是風流品格的本質。

具有這種超越感，並以道家學說養心，即具有玄心的人，必然對於快樂具有妙賞能力，要求更高雅的快樂，不要求純肉感的快樂。《世說新語》記載了當時「名士」的許多古怪行為。他們純粹任衝動而行，但是絲毫沒有想到肉感的快樂。比如說，晉人盛讚當時一些名人的體質美和精神美。嵇康「風姿特秀」，人比之為「松下風」、「若玉山」。

阮籍、阮咸是叔姪，都是竹林七賢中的人。「諸阮皆能飲酒。仲容至宗人間共集，不復用常梧斟酌，以大甕盛酒，圍坐，相向大酌。時有群豬來飲，直接去上，便共飲之。」這又何嘗不是一種「風流」的境界。

中國的「風流」含義中有「情」的意味。莊子認為聖人無情。《世說新語》中也記載許多人無情的故事，最著名的是謝安的故事。

何晏與王弼關於「情」曾經有過一些討論。王弼認為聖人有情而無累，這句話的確切意義，王弼沒有講清楚。它的含義，後來的新儒家大為發揮了。由此可見，雖然新道家有許多人是主理派，可是也有許多人是主情派。新道家強調妙賞能力，有了這種能力，再加上前面提到的自我表現的理論，於是毫不奇怪，道家的許多人隨地排遣了他們的情感，又隨時產生了這些情感。

《世說新語》記載了王戎的一個故事，故事說：「王戎喪兒萬子，山簡往省之。王悲不自勝。簡曰：『孩抱中物，何至於此？』王曰：『聖人忘情，最下不及情；情之所鍾，正在我輩。』簡服其言，更為之慟。」王戎的這番話，良好地說明了為什麼新道家有許多人是主情派。可是在絕大多數情況下，他們的動情，倒不在於某種個人的得失，而在於宇宙人生的

某些普遍的方面。

中國的「風流」一詞也有「性」的含義，尤其是在後來的用法上。可是，晉代新道家的人對於性的態度，似乎純粹是審美的，不是肉感的。例如，《世說新語》有一則說，阮籍喝醉之後經常躺在漂亮女人的身邊睡覺，但從來沒有其他的舉動。他們都是欣賞異性的美，而不含任何性愛。或者可以說，他們只是欣賞美，忘了性的成分。

這些都是晉代新道家「風流」精神的特徵。照他們的看法，「風流」來於「自然」，「自然」反對「名教」，「名教」則是儒家的古典傳統。

趣味鏈結：玄學的由來

所謂玄學，指的是古代以解說、闡述、發揮《老子》、《莊子》和《周易》為主要形式，以探求事物之所以產生、之所以存在、之所以變化的根據為主旨的一種學說。它並不是一種「玄之又玄」、「神祕莫測」的學問。

玄學的代表人物有魏晉時期的何晏、王弼、嵇康、郭象等。玄學家大都是所謂名士。他們以出身門第、容貌儀止和虛無玄遠的「清談」相標榜，成為一時風氣。

玄學家常把儒家思想跟道家思想結合。推崇「三玄」書籍中的思想。所謂「三玄」，即《老子》、《莊子》、《周易》（人們認為這三部書內容之奧妙，真可以說玄之又玄，所以稱之為「三玄」）。他們對三玄的有無、本末、一多、才性、言意、名教、內聖外王、王道霸術問題，都有較為深入的論述。

東晉以後，玄學與佛學趨於合流，張湛《列子注》，顯然受佛學影響；般若學各宗，則大都用玄學語言解釋佛經。於是佛學漸盛，玄學漸衰。

一本書讀懂中國文化知識

皇帝之最

歷代王朝中，帝王最多的是商朝，自湯至紂，共歷31王。

歷代王朝中，帝王最少的是王莽的新朝，僅歷1帝。

歷代王朝中，帝王平均壽命最長的是五代十國時期的南唐，平均每帝享年54歲。

歷代王朝中，帝王平均壽命最短的，是北朝時的北周，平均每帝僅享年22歲。

歷代王朝中，帝王平均在位年數最長的是清朝，自1644年統治全中國至1911年滅亡，歷267年，傳10帝，平均每帝在位近27年。

歷代王朝中，帝王平均在位年數最短促的是北遼，自1122年3月立國至1123年滅亡，僅歷19個月，傳4帝，平均每帝在位不足5個月。

中國歷史上最早稱皇帝的是秦始皇嬴政，在位時間是西元前246年至西元前210年。

中國歷史上最後一個皇帝是清朝的宣統，即愛新覺羅・溥儀，他在位的時間是1909年至1911年。

壽命最長的皇帝是清高宗愛新覺羅・弘曆，享年88歲。

壽命最短的皇帝是東漢殤帝，名劉隆，不到1歲即夭折。

即位時年齡最小的是東漢殤帝，剛過100天。

即位時年齡最大的皇帝是女皇武則天，67歲即位為武周皇帝。五代十國的荊南王高季興即位時也是67歲，其次是南朝宋武帝劉裕，即位時年已65歲。

在位時間最長的是清康熙皇帝，在位62年。

在位時間最短的是金末帝完顏承麟，僅僅1天即戰死。

嬪妃最多的是晉武帝，後宮佳麗達10000多人。

子女最多的是清康熙皇帝，男孩36人，女孩20人。

趣味鏈結：古代共有多少帝王

從啟建夏開始，歷史上共出了多少帝王呢？

據史書記載：夏朝共傳13代、16王，商朝17代、31王，周朝34王。春秋戰國時期，天下紛亂，諸侯爭雄，沒有出現統一的王朝。一直到秦始皇統一六國，中國才出現了歷史上第一個專制主義中央集權的君主王朝，但秦朝僅歷二世就滅亡了。

兩漢共有24帝，其中西漢12帝，東漢12帝。王莽新朝僅1人稱帝，後被起義滅亡。三國時魏歷5帝，蜀漢2帝，吳4帝。兩晉共歷15帝。晉朝後期，北方少數民族繼起，先後建立了前漢、前趙、後趙、冉魏、前秦、後秦、後燕、西秦、後涼、南涼、西涼、北燕、北涼、夏等小國，亦稱王稱帝，約20餘王。南北朝時南朝宋8帝，南齊7帝，梁6帝，西梁3帝，陳5帝；北朝北魏17帝，東魏2帝，西魏3帝，北齊6帝，北周5帝。

到隋又實現一統，歷2帝。唐代20帝，盛極一時，武周1帝，南詔13王，大理22王。五代時後梁3帝，後唐4帝，後晉2帝，後漢2帝，後周3帝；吳4主，南唐3主，吳越5主，楚6主，南漢4主，前蜀2主，後蜀2主，閩6主，荊南5主，北漢4主。

到宋代，共歷18帝，遼國9帝，金9帝，西遼5帝，西夏10帝，元代傳位15帝，明代16帝，清傳11帝。再加上唐末黃巢所建的齊國，明末李

自成所建的大順，總共算來，中國歷史上約有300個帝王，其中天下一統的帝王（從秦始皇算起）約120餘位。

帝王為何「南面」稱帝

古人很重視南方，帝王都是坐北朝南，這是為什麼呢？其實，坐北朝南為尊起自於《周易》。

《周易·說卦》中說：「離也者，明也，萬物皆相見，南方之卦也。」意思是說，在八卦之中，離卦象徵光明，當太陽處在正中的位置時，照耀南方，萬物都可以看到，這是代表南方的卦。所以帝王取法離卦，坐在北方，面對南方接見群臣，聽取政務，象徵面對光明，治理天下。

因此《周易·說卦》說：「聖人南面而聽天下，嚮明而治，蓋取諸此也。」古代新君登基，都是面向南而坐，因此就稱為「南面稱王」或「南面稱帝」。

古時，「南面」為尊，但「北面」卻是卑位。古代君見臣及尊長見卑幼，均南面而坐，臣僚或卑幼都是站在南面的，也就是面朝北的。因此「北面」指向人稱臣，稱為「北面稱臣」。

《史記·項羽本紀》載項羽烹煮劉邦的父親以要脅劉邦退兵，劉邦就說：「我和你都是面向北面向楚懷王稱臣，曾約為兄弟，我父親就是你父親，如果一定要烹殺我們的父親，請你分給我一杯羹。」後來，「北面」又有了投降的引申義。

因為卑幼面向北方拜見尊長，所以拜人為師也稱「北面」。《漢書·于定國傳》中就有「定國乃迎師學《春秋》，身執經，北面備弟子禮」的說法。

趣味鏈結：古代皇帝的日常政務活動

我們經常在電視劇或舊小說中看到這樣的場面：皇帝早朝時，大會百官，身旁的太監往往宣稱：「有事啟奏，無事退朝」。似乎皇帝的日常生活就是這樣，其實不然。

古代皇帝有兩種朝會，一種是大朝，即大會文武百官、王國諸侯和外國使臣的朝會。大朝非常隆重，往往在特定的節日舉行，僅僅是一種儀式，一般不在這種場合處理國政。另一種是常朝，即皇帝每天或間隔數天於早晨會見政府官員，處理一些日常政務。這種朝會，類似於官府中的早衙與晚衙。

但朝會並不是皇帝日常生活的全部，因為並不是所有的國家政務都是在常朝上決定的，所以，有些倦政的皇帝常常不上早朝。

古代皇帝所處理的政務，基本上可分為兩類，一類是日常政務，就是指這種常規性的統治活動；一類是非日常性政務，這是因國家政治中出現了動亂，皇帝往往要和主要官員商議對策。以上這些才構成皇帝的日常政務生活。

「奉天承運，皇帝詔曰」始於何時

現在看古裝戲，戲裏宣讀聖旨時，常聽到「奉天承運，皇帝詔曰」的說法，聽多了也就習慣了。不過這種用法最初是怎麼來的呢？最早應用於何時呢？

明萬曆時期，文學家沈德符提出，這種叫法最早始於明代的開國皇帝朱元璋。據他分析認為，西元1368年，朱元璋在南京稱帝，因為他所捧的大圭上面刻著這幾個字。

沈德符，字景倩，又字虎臣，浙江嘉興人，是萬曆時的舉人，著有一本《野獲編》。這本書是搜集明萬曆皇帝以前的朝章典故彙集而成的，書中記載著，明太祖朱元璋這「奉天」二字是千古獨見，是前人所從未用過

的。

太祖所遺留下的祖訓中也曾經說過，皇帝所執的大圭刻著「奉天法祖」這幾個字，所以皇帝也被稱為「奉天承運皇帝」，皇帝頒布的詔書前面也都會加上「奉天承運皇帝」的稱呼。

這「奉天承運皇帝」的稱號再加上「詔曰」這兩個字，後來人們對它斷句有誤，就演變成了我們在電視劇中常常聽到的「奉天承運，皇帝詔曰」的說法。

趣味鏈結：「尚方寶劍」是一柄什麼劍

電視劇中，我們常看到某某欽差舉起「尚方寶劍」，其他臣僚見了如同見皇帝一樣紛紛跪拜。「尚方寶劍」究竟是一柄什麼劍呢？

「尚方寶劍」，也稱尚方寶劍，也就是「尚方」鑄的寶劍。在君主社會，「尚方」是掌管帝王所用刀劍等器物製造的一個部門，秦朝始設置。

「尚方寶劍」一般為皇帝所用，往往作為皇權的一種象徵。據說它可以上斬王親國戚，下斬眾臣百姓。是否真有「先斬後奏」之權呢？從歷史記載來看，很少有人得到這把寶劍。再說，只要皇帝還沒到臥病不起的時候，他是不會把這種權力交出來的。

據說，真正的尚方寶劍出現在明朝。《明史‧職官志》記載，明朝開國之初，明太祖朱元璋就將御史臺與軍政首腦部門並列，下詔說：「國家立三大府，中書總政事，都督掌軍旅，御史掌糾察。朝廷紀綱盡繫於此，而臺察之任尤清要。」為了懲治腐敗，明太祖才真正把尚方寶劍作為皇權的象徵物賜給臣下。

黃色：皇帝的專用色

在唐朝以前，皇帝所穿的服飾並沒有統一的規定。

周朝時期有天子「著青衣」的記載。

春秋時期，侯國紛爭，世態混亂，當時的五霸也沒有統一的袍服顏色。《韓非子‧外儲說左上》載：「齊桓公好服紫，一國盡服紫。」可見當時朝中上上下下都穿紫色，紫服並不是君王的專利。

從戰國到秦漢魏晉之際，水、火、木、金、土的「五行」說非常盛行。秦始皇就按「五行」和「五色（黑、白、青、赤、黃）」分別相配的「五德」說，穿黑色袍服，並且旌旗等都以黑色為貴。當然這與秦朝實行的水德制度是分不開的。

晉代實行金德制度，以赤色為貴，當時的皇帝著紅袍。

隋朝時，隋文帝、隋煬帝都著黃袍，其他人也可穿黃色衣服。直到隋煬帝大業六年，按不同等級，各階層服飾才有了一些規定。據《隋書》卷十二《禮儀志》記載：「胥吏以青，庶人以白，屠商以皁，士卒以黃。」

到唐高祖時期，黃色才成為皇帝的專用顏色，黃袍遂成為御用之服。朝廷正式禁止百姓穿黃色衣服。

趣味鏈結：趙匡胤陳橋兵變後黃袍加身

趙匡胤就是宋太祖，在後周時期，任殿前都點檢，領宋州歸德軍節度使，掌握兵權。

周世宗柴榮死後，他七歲的兒子柴宗訓繼位。這時，趙匡胤看到奪取後周政權的條件已經成熟，於是精心策劃了一場歷史上有名的「陳橋兵變」。諸將替他披上黃袍，擁立他為帝。清代錢彩在《說岳全傳》中說：「自從陳橋兵變，黃袍加體，即位以來，稱為真龍天子。」

九品中正制的形成

九品中正制度又稱門閥制度，創建於曹魏初期。東漢時期，出現的一批大地主已經成為一支不可忽視的政治力量，稱為世家大族。曹操當政時，許多世家大族認為曹操出身低微，不肯合作，使得曹操很傷腦筋。後

來，曹丕篡漢建魏，採納陳群的建議，創立了九品中正制。

九品中正制就是透過各州、各郡中正官的品評，把人才分為上上、上中、上下、中上、中中、中下、下上、下中、下下九等。被評為上等的人才將推薦給各級政府，吏部選拔官員時要向中正官徵詢被選者的家世情況、品級。晉以後就完全由家世確定品級，形成了重家世輕德才的風氣。所謂「平流進取，望至公卿」的說法，就是對這種積弊的抨擊，這樣就形成了豪門世家把持各級官僚機構的局面。

趣味鏈結：士族制度是如何形成的

魏晉以來，地主階級中開始有了士族和庶族之分，形成了士族制度。到東晉時，士族制度得到進一步發展，士族在經濟上占有大批土地和勞動力，在政治上享有特殊地位，高門士族世世代代擔任重要的官職。

士族在社會上有特殊地位，他們講究身分和門第的高低，不與庶族通婚、共坐，不穿同樣的衣服，甚至不互相往來。士族子弟不學無術，整天遊蕩，吃喝玩樂，縱情聲色。他們「無不熏衣剃面，傅粉施朱」，「膚脆骨柔，不堪行步，體羸氣弱，不耐寒暑」，「出則車輿，入則扶持」，是一群極端腐朽的社會寄生蟲。

南方士族勢力到南朝末年才逐漸削弱。到了隋唐時期，由於實行了科舉制度，重視門第高低的觀念不復存在，士族更加趨於衰弱。到唐末時，在黃巢起兵的打擊下，士族制度徹底瓦解。

三省六部制

隋唐時期建立的「三省六部」制度，在君主社會職官制度上的影響較為深遠。

「三省六部」都屬於君主政府的中央機構。

「三省」是古代皇帝之下的三個最高政務中樞機構尚書省、中書省

（隋朝時稱為內史省）、門下省的合稱。尚書省掌管行政，長官是尚書令和左、右僕射；中書省掌管軍國政令，負責起草制定政策，也是決策機關，長官是中書令和中書侍郎；門下省掌管政令的審核，進行議論封駁，政令不善者可以駁回，長官是侍中（隋朝時稱納言）和門下侍郎。三省長官號為宰相。

「六部」是中國古代中央政府六個行政管理機關的合稱，即吏部、戶部（隋朝時稱度支）、禮部、兵部、刑部（隋朝時稱都官）、工部，具體負責人事、財政、禮儀、科舉、軍事、刑法、工程等國家事務。

趣味鏈結：明清兩代六部的職能

吏部：主管全國文職官吏的挑選、考查、任免、升降、調動、封勳，大體相當於現代人事行政局的職能。

戶部：主管國家戶籍、田畝、貨幣、各種賦稅、官員俸祿，大體相當於現代的經濟部、財政部。

禮部：主管朝廷重要典禮（如祭天地、祭祖先等）、科舉考試、接待外國來賓，類似於現代的教育部和外交部禮賓司。

兵部：主管全國武職官員、練兵、武器、驛站，相當於現代的國防部。

刑部：主管國家司法行政，大體相當於現代的法務部。

工部：主管興修水利、重要的土木建築工程，大體相當於現代的公共工程委員會。

各部的最高長官稱「尚書」，相當於現代的部長，副長官稱「侍郎」，相當於副部長。

三公在不同朝代代表什麼

三公是古代三個具有崇高地位與榮譽的職位和官位的尊稱。對三公的

稱呼，歷代差別很大。

周朝時，三公是太師、太傅、太保，都是宗族的長老，對中央政務負有全面指導之責，且負責指導、輔政、監護國王，在國王年幼時可單獨或共同代行王權。

秦及漢初時，稱丞相、太尉、御史大夫為三公，他們分別是負責行政、軍事和監察的最高級官員。

西漢成帝以後，將丞相改為大司徒、太尉改為大司馬、御史大夫改為大司空，並以改稱後的三大臣為三公，同行相權，並稱宰相。

東漢以太尉、司徒、司空為三公，但因尚書臺上升為政務中樞，三公漸成虛位，僅「備員而已」。

魏晉南北朝時，除北周以太師、太傅、太保為三公外，其他朝代都沿襲了東漢的制度。隋、唐、宋、遼也沿東漢之制，但不常置，只用來作為安置老臣顯貴的榮譽職。

明清時，又以太師、太傅、太保為三公，僅以最高榮銜加於某些大臣。

三公的演變揭露了古代政治制度的一個基本現象：盡量保留原有的職銜和榮譽，但卻以新的職官接管其實權而架空之，從而巧妙地防止位高權重之臣威脅和侵奪皇權。

趣味鏈結：九卿指的是什麼

九卿是古代中央政府機構和官員的合稱。

「卿」為官名。周曾以少師、少傅、少保、冢宰、司徒、宗伯、司馬、司寇、司空為九卿。前三卿專輔天子，後六卿分管政務，按其次序，相當於後來的吏、戶、禮、兵、刑、工六部尚書。

戰國時期，一般以中央政務機關之首長為卿。秦以奉常（主管禮儀祭祀）、郎中令（主管宮外警衛）、衛尉（主管官內警衛）、太僕（主管車馬）、廷尉（主管刑獄）、典客（主管內外客使）、宗正（主管皇族譜籍）、冶粟內史（主管鹽鐵錢穀）、少府（主管皇帝財產），這些機關首

長為九卿。

漢承秦制，只是將奉常改為太常、郎中令改為光祿勳、典客改為大鴻臚、治粟內史改為大司農。秦漢九卿，隸屬宰相，在其指揮下負責執行政務，且參與朝議，職權較重。

魏晉南北朝大體沿漢制，梁時曾增設機關，置十二卿，雖然增太府、大匠‧太舟三卿，但仍以舊九卿為骨幹。

隋、唐、宋諸代，仍有九卿之稱，其官署改為寺、監，增減裁併，變化頗多，因六部執行政務，九卿僅為中央辦事機構的長官，且要受六部的指導。

明代九卿有大小之分，一般以六部尚書和都察院都御史（主管監察）、通政司使（主管奏章）、大理寺卿為大九卿；以太常、光祿、太僕、鴻臚、苑馬（主管御馬）、尚寶（主管印璽）六機關首長和詹事府詹事、翰林院學士、國子監祭酒為小九卿。

清代則不把六部列入大九卿，除都察院、大理寺、通政司之外，其餘具體指某官並無明文規定。而小九卿則一般為宗人、太常、太僕、光祿、鴻臚五機關首長、詹事府詹事、國子監祭酒，左右春坊庶子、順天府尹。

古代如何招聘和選拔人才

招聘作為一項選拔官吏和徵求人才的辦法，可以追溯到殷商。據《孟子》記載，商湯曾五次派人「以幣聘」伊尹輔治國政。到了周代，人才招聘開始形成一種制度，規定每年三月，都要「聘名士，禮賢者」，廣招各方人才。

戰國時期群雄割據，有的國家利用招聘辦法取得賢才，使國家興盛起來。著名的燕昭王求賢的故事，說燕昭王為郭隗築宮，樹立禮賢榜樣，卑辭厚幣招聘天下賢才，招得樂毅、鄒衍、劇辛等賢才。一時間，「士爭趨燕」。此外，秦國大量從關東六國徵聘人才，使得秦國強盛一時，終有滅

六國之舉。

兩漢時期，人才招聘進入黃金時代，漢高祖發佈詔令說：只要發現
了賢才，郡守要親自勸勉，駕車送至京師，如果不這樣做，就要受免職處
分。漢武帝即位之初，也下詔招聘人才，當時，應聘者達上千人。

漢代以後，在九品中正制度下，招聘制度開始徒具虛名。特別是在
隋朝以後，科舉成為主要選官辦法，招聘制度漸趨衰微。但是仍有一些帝
王，利用招聘制度延攬了一大批人才，如唐高祖李淵、唐太宗李世民、明
太祖朱元璋等。特別是朱元璋，曾命中書省引拔卓犖奇偉之才，地方官選
民間年25歲以上有學識有才幹的人，薦舉到中書省，與年老官員參用。
洪武元年他還下詔「徵天下賢才為守令」，「有能輔朕濟民者，有司禮
遣」，指示有關部門「以禮聘致賢士」。

趣味鏈結：古代的「意見箱」與「檢舉箱」

在現代生活中，意見箱、檢舉箱等隨處可見，也許你還不知道，這些
東西並非是現代所獨有的，它們在古代也有。

《資治通鑑》記載，唐朝武則天執政時，為了維護其統治、網路人
才、廣開言路，曾命工匠鑄銅為「匭」。「匭」就是箱子、匣子。

這種箱子很特別，它四面都有開口而分類。東面名曰「延恩」，是專
為那些投詩詞文章自薦求仕的人開設的；南面名曰「招諫」，是專為評議
朝廷政策得失的人開設的；西面曰「伸冤」，專為那些蒙受冤屈的人開設
的；北面曰「通玄」，專為研究自然災變及提供軍事情報的人開設的。

「匭」鑄成以後，武則天又責令正諫、補闕、拾遺（古代官名）專門
負責。這種「銅匭」，實際上是幾個作用不同的箱子的組合。其中的「招
諫」一面，就很像現在的「意見箱」，而「伸冤」一面，又類似於現在的
「檢舉箱」。

因為事物的內容都要向分門別類發展，因此「銅匭」也逐漸分解開
來，慢慢地演變成了「檢舉箱」、「意見箱」、「投票箱」等。

「烏紗帽」因何代指官位

在戲劇舞臺上，凡是當官的，總要戴一頂「烏紗帽」。那麼，「烏紗帽」最初就是官員戴的帽子嗎？

「烏紗帽」也叫紗帽，其前身是古代男子裹頭髮用的樸頭。北宋初年，有人將樸頭改為紗帽，皇帝對此非常欣賞，於是便要求朝中官員都要戴這種紗帽，甚至他自己有時也佩戴。

這種紗帽的樣式是兩旁各有一根一尺多長的細翅，當佩戴者走路時它就會上下顫動。為了保護帽翅，以免碰掉帽子，官員們都養成了每走一步都小心翼翼的習慣。

據史書記載，宰相寇準有一次微服私訪，路遇一老翁，老翁對他跪拜迎送，十分恭敬。寇準很奇怪，便問道：「老人家，我不是朝中大臣，你為何對我如此客氣？」老翁笑道：「大人休要再瞞我了，剛才你從狹巷過，左看右看生怕碰著你的頭頸，說明你是戴慣紗帽的。如今你雖沒穿朝服，但我還是能看出你的身分來的。」

直到明朝，官員們仍沿襲宋制戴紗帽，但皇帝已不再戴了，把紗帽定為文武官員的禮帽。明太祖朱元璋洪武三年（西元1370年），規定官員上朝和辦公的制服是戴紗帽，穿團領衫，束腰帶。從明世宗時開始，對紗帽作了一些變動：縮短其雙翅的長度，並調整其雙翅的寬窄，官階越大，紗帽的雙翅越窄，反之亦然。

清朝初年，順治帝入關，為了籠絡人心，允許不少地方官員仍穿明代朝服，戴明代烏紗帽，等到清室統治得到了鞏固，才下令將官員戴的烏紗帽改為紅纓帽。雖然如此，「烏紗帽」一詞卻流傳了下來，成為官位的代稱了。

趣味鏈結：什麼是頂戴、花翎

清代時滿族人入主中原，因此官服形制和歷代不同。由於等級觀念森嚴，清代對官員的服帽有嚴格的規定，官員絕對不許亂戴。

所謂「頂戴」，就是官員戴的帽頂。各品的頂戴在同色之中又有區別：一品、二品有純紅和雜紅之分；三品、四品有亮藍和暗藍之分。

各品的頂戴所戴的東西也有區別：一品戴珊瑚，二品戴起花珊瑚，三品戴藍寶石或藍色明玻璃，四品戴青金色或藍色涅玻璃，五品戴水晶或白色明玻璃，六品戴硨磲或白色涅玻璃，七品戴素金頂，八品戴起花金頂，九品戴鏤花金頂。

而所謂的「花翎」則是皇帝特賜插在官帽上的裝飾品，一般分藍翎和花翎兩種，藍翎是鵯翎，花翎是孔雀翎。「花翎」並不是任何官員都可以戴的，只有那些立有戰功的人和對朝廷有特殊貢獻的人才可獲此殊榮。而且，這些人在獲戴「花翎」時也有嚴格的規定，六品以下的官員只能獲賞藍翎，五品以上的官員獲賞單眼花翎，雙眼花翎賞給大官，三眼花翎則是賞給親王、貝勒等皇族和有特殊功勳的上臣。

古代官服上圖案的含義

古代的服飾設計，不論是色彩的選用還是圖紋的設計都力求順應自然法則，既體現了與大自然的和諧相處，還遵循了封建社會尊卑等級的原則。古代的官服更是非常講究，君與臣的服飾有區別，臣子之間的服飾也因其官銜的高低各有不同。

皇帝是萬民仰視的真龍天子，擁有極其尊貴的身分，其衣裳配飾都極其講究。標準的帝王專用服飾形成於周代，周天子在祭天的時候所穿的服裝為黑色上衣、赤黃色的下裳。因為當時衣與裳是分開的，所以衣指上衣，而裳指下衣。上面繪繡有十二種紋飾，其中上衣繪日、月、星辰、山、龍、華蟲，稱為「上六章」；下裳繡宗彝、藻、火、粉米、黼、黻，

稱為「下六章」。後世把它們合稱為「十二章」。紋樣、顏色不同，所屬官階也就不同。

十二章各有其特殊的象徵意義。

「日」即太陽，相傳日中有三足鳥，故世稱太陽為金鳥，取自「日中有鳥」、「后羿射日」等神話傳說，象徵光明、生命之源；「月」即月亮，相傳月中有白兔，以白兔為月的代稱，取自「嫦娥奔月」等神話傳說；「星辰」即天上星宿，服飾上以幾個小圓圈表示星星，星與星之間以線相連，構成一個星宿；「山」即群山，取其能雲雨或其鎮重的形象。在官員的服飾上其圖形亦為群山狀，代表著為官者沉穩的性格，象徵君王能夠安邦定國；「龍」為龍形，取其騰雲駕霧、千變萬化，象徵帝王縱橫捭闔，審時度勢；「華蟲」為鳥類，其羽細而紋理華麗，取其文（紋）理，象徵帝王有文章之德，文采彰顯。

「宗彝」為宗廟裏的一種祭祀禮器，通常是一對，各繪以虎紋和蜼紋。虎，取其忠猛；蜼，為長尾猴，傳說性至孝，故取其孝，象徵帝王具有忠孝之懿德；「藻」即水藻，為水草形狀，取其潔，象徵帝王品行高潔；「火」即火焰，取其明，象徵帝王處理國政正大光明，而火焰向上狀，也隱含著帝王率領黎民百姓向歸上命之意；「粉米」即白米，取養之意，象徵在帝王統治下的人民安居樂業，物產豐厚；「黼」半黑半白如斧形，取其能斷之意，象徵帝王行事果斷；「黻」如兩己相背之形，取其辨，象徵帝王能明辨是非善惡、知錯能改的美德。

在明朝時，皇帝的朝服仍為十二章紋，但文武官員按照官級高低穿著前胸和後背用金線與彩絲繡成的「補服」，一般是文官繡鳥類圖形，武官繡獸類圖形。同是文官，所繡圖案也因其官級高低而不同：一品繡仙鶴，二品繡錦雞，三品繡孔雀，四品繡雲雀，五品繡白鷳（音閒），六品繡鸂鷘，七品繡鴛鴦，八品繡黃鸝，九品繡鵪鶉。

清朝官員的袍子也是有等級之分的：皇帝和皇太子穿龍袍，皇子只穿龍褂；官員穿蟒袍，三品以上的文官袍上繡九蟒，四品以下的文官袍上繡八蟒，七品以下的文官袍上繡五蟒。

趣味鏈結：為什麼古代皇帝的龍袍上要繡九條龍

據《清史稿・志七十八・輿服二》上載：「龍袍，色用明黃。領、袖俱石青，片金緣，繡文金龍九。」因袍上繡有九條金龍圖紋，故名「龍袍」。

龍袍上為什麼會繡有九條龍呢？

根據《大清會典》載，「龍袍」的基本款式是上衣下裳相連。古人對帝位有「九五之尊」之稱，因為九為陽數，五為卦象中自下而上的第五個爻位。《易經》中記載：「飛龍在天，利見大人。」孔穎達《正義》上說：「言九五，陽氣盛至於天，故雲飛龍在天。此自然之象，猶若聖人有龍德，飛騰而居天位。」

官府為何又稱「衙門」

「衙」字本為「牙」，「衙門」是由「牙門」轉化而來的。

在古代，「牙門」是軍旅營門的別稱。先秦時武將儀仗「像猛獸以爪牙為衛，故軍前大旗謂牙旗」，用猛獸的爪牙來象徵王者的武衛，取其勇武之意；除此之外，起初軍事長官辦公的地方常列飾有猛獸的爪牙，後來營門兩側乾脆也用木頭刻畫了大型的象徵性獸牙，於是便有了「牙門」，但並未成為官府的代稱。

直至唐代，「牙門」才變為「衙門」，「衙門」也正式成為官府的代稱。

唐代封演的《封氏聞見記》載有：「近俗尚武，是以通呼公府為公牙，府門為牙門，字稍訛變轉而為衙也。」由此可見，在唐朝，由於漢字的演變，「牙門」已變成了「衙門」，「衙門」也從此正式成為官府的代稱。

到了北宋時，人們已普遍使用「衙門」一詞了。

在平民百姓的眼裏，「衙門」多是指和自己關係密切的基層州縣政府機構。這些機構的職能沒有作詳細的劃分，常常是全縣的治安、生產、稅收、徵兵、地方祭祀、傳達御旨、陳情上奏、緝拿盜匪、衣食住行幾乎全管。

可見，當時的縣官也真是夠累的，大大小小的事都要管。

古代官員的退休制度

官員到一定年齡而致仕的做法自周代起就有。周初，隨著國家機構的發展，把「致仕」作為官制中的一項內容。《禮記・曲禮上》云：「大夫七十而致仕。」孔穎達疏曰：「七十曰老，在家則傳家事於子孫。在官致所掌職事於君，退還田里也。」意即人到七十歲就老了，在家者應把家事傳給子孫，在朝廷當官的則要把職位還給君上，以讓賢者。這些記述成為後世各個朝代官員在何時退休的基本依據。

秦漢基本沿用「大夫七十而致仕」的周例。漢朝時逐漸形成了一套人事行政制度，明確規定了官員退休的條件和待遇。如《西漢會要》中的丞相韋賢，他在七十多歲時「以老乞骸骨」，皇帝賞賜他百斤黃金和一處宅第，准許他退休了。

唐代對官員退休也有規定：「諸職官及七十，精力衰耗，例行致仕。」另外，若身有疼病或受傷，不到致仕年齡的也可退休請俸。

此後，宋、元、明各朝都有如此制度。

清代，官員的致仕年齡提前。老弱病殘、不能任事者可提前退休。文官六十應告退，是否允許需等待批准；武官則「自副將以下，年六十者概予罷斥」，因為軍營貴朝氣、忌暮氣，需要保持戰鬥力。但這條規定對提督、總兵之類的高級武將不適用。

當然，古代官員的退休年齡也不是絕對的，朝廷重臣、有功者和特旨

選用者不受退休年齡限制。

宋代的大學問家——朱熹就沒有因老病而致仕。他於宋寧宗慶元元年「夏乞致仕不允」，又過了四年「乞致仕」，仍未獲允。直到「慶元六年春二月辛酉改《大學誠意》章，甲子以疾終於正寢……享年七十有一」。

元代規定「集賢」、「翰林老臣」不致仕，即使三品以下，也可如此。如天文、曆法專家郭守敬，逾七十申請退休，朝廷不准，直至八十六歲時才卒於知太史院任上。

清代康、雍、乾三朝元老徐元夢「自以年老衰邁，不能辦理刑名事件，疏辭」，卻屢請不准。乾隆還特意下詔：「徐元夢老成望重，雖年逾八旬，未甚衰憊，可照舊供職，量力行之，不必引退。」最後他以八十四歲高齡卒於任上。

趣味鏈結：古代官員退休後的待遇

古代官吏退休後，在待遇上依然享有政治上和物質上的優待。

唐代規定，五品以上的官員退休後可得半祿；但有功之臣可得全祿，如唐名相房玄齡、宋璟請致仕，皇上許之，均賜全祿。

明代的官員退休後的待遇分兩種：一種是精神鼓勵，即皇帝對退休者頒發一種勉勵性的文告，亦稱誥敕，以表彰其在職時的功績；另一種是升官晉級或「冠帶」致仕，即在原品級上，升一等級或帶職帶薪退休，但這一規定僅適用於四品以下官員，二品以上的在原職位上退休的無此待遇。

清代退休官員的待遇，一般來說大都照原品給予半俸，而對國家重臣則給予全俸，並對個別有突出功績的官員加銜加官。

古代丞相的職位和職責

丞相，是歷史上的一種職位稱號。在君主專制時期，丞相的權力很大，僅次於天子。丞相的職責是輔佐皇帝，總攬政務。

據歷史記載，早在商周時代，就已經出現了太宰、尹、太師等官職，作用是輔佐天子、管理國家，但不具備後來丞相的權勢。到了春秋戰國時期，相的名稱開始出現。

史載，秦悼武王二年（西元前309年）設左右丞相，其後或置丞相，或置相國，秦統一六國後仍舊。漢代承襲秦的制度。置丞相，間或亦置相國或左右丞相。成帝以後，丞相改為大司徒，與大司馬、大司空同行相權。東漢相權轉歸尚書臺行使，丞相變成的司徒只是「備員而已」（《後漢書·仲長統傳》）。東漢末年，又恢復了丞相之職。

魏、晉時期，以中書監、中書令、侍中、尚書令、僕射以及重要的將軍等執政者為相，無定名也無定員。南北朝期間，宋、齊、梁、陳、魏、周等朝，均設丞相或相國。隋代，廢除丞相，以中書令、侍中、尚書令、僕射行相權。

唐承隋制，行相權者多不稱丞相，僅在唐玄宗時尚書省長官稱左右丞相，宋因唐制而損益之，直至南宋孝宗時，改尚書左右僕射為左右丞相，行相權者復稱丞相。

元代時，中書省的實際長官稱左右丞相。明初沿元制，到西元1380年，明太祖朱元璋宣佈廢除中書省，罷左右丞相，此後因此不再有丞相之稱。但明清兩代的內閣大學士雖無相名而有相職，故尊稱為相。

趣味鏈結：古代尚書管些什麼

尚書，或稱掌書，是古代官名，始置於戰國，「尚」是執掌的意思。到了秦，尚書成為少府（九卿之一）的屬官，掌政務文書，地位相當之低。

西漢時期，漢武帝設尚書五人，開始分曹治事。漢成帝也設尚書，群臣奏章都得經過尚書，地位雖不高，權力卻很大。東漢時期，尚書正式成為協助皇帝處理政務的官員。從此三公權力大為削弱。

魏晉以後，尚書事務愈來愈繁雜。隋代設置尚書省，分為六部；唐代確定六部為吏、戶、禮、兵、刑、工，以左右僕射分管六部。宋代以後，

三省分立之制漸成空名，行政全歸尚書省。

元代僅存中書省之名，而以尚書省各官隸屬其中。明代初期，尚存此制，後來廢去中書省，直接以六部尚書分管政務，六部尚書等於國務大臣，相當於今天的部長。清代相沿，末期改官制，合併六部，改尚書為大臣。

知府溯源

在許多朝代中，都設置了「知府」這一職位。

「知府」這一官職，是由「知」和「府」兩詞結合而來。府作為一級地方行政單位，它的演變經歷了一個較長的過程。

在魏晉時期，州刺史兼任將軍之職。州刺史是文職，將軍是武職。州有州的衙門和幕僚，將軍另外有將軍的衙門和幕僚。將軍的衙門，就叫做「府」。

到了唐代，中央政府在首都、陪都以及皇帝登基前任職的州設置府，例如京兆府、河南府、太原府等。府的長官，統稱府尹。

宋代時，府的設置逐漸多了起來。府隸屬於路（路是介於中央與州之間的一級行政區劃）。

明、清兩代，省、縣之間的一級行政單位被稱為「府」。除了首都、陪都所在地的府長官仍然稱府尹外，一般的府長官，都稱為「知府」，意思是「知（即主持）某府事」。

知府之下，設同知、通判等官員，輔佐知府處理公務，分掌糧稅、鹽稅、江海防務、水利等。

在明代，按照繳納稅糧的多少，「府」被分成三等：納糧20萬石以上為上府，20萬石以下為中府，10萬石以下為下府。當時，全國有150多個府。清朝時，各府因自然條件的差異、人口多寡、路程遠近，相互間的差別也很大。

趣味鏈結：知州的由來

在中國，許多地方的名稱，都帶有一個「州」字。如杭州、福州、廣州、永州、青州等。而且先秦時期還有刻「九州」於一鼎之說。這些名稱都是歷史上延續下來的，那麼州的由來是怎麼樣的呢？

在西漢時期，州這一名詞開始出現。但當時的州，並不是行政區劃。據史書記載，漢武帝為了有效地管理地方，將全國劃分成13個監察區，稱為「州」。每州都由中央派遣一長官，負責監察郡、縣的官吏。這一長官，便被稱為刺史。

到了東漢後期，州慢慢演變成為一種地方行政區劃。州轄郡、縣，刺史又稱州牧，就是州的行政長官，擁有行政軍事權。

隋代時，郡的建制被取消，只保留州、縣。唐代繼承隋朝的制度，將地方分成州、縣兩級。當時州的行政長官仍稱為刺史。

在宋代，開始把州的行政長官叫做「知州」，知州下屬的官員有同知、通判，分別掌管財政、刑法、治安等。

明清兩代，州有兩個級別：直隸州和散州。直隸州直屬於省，級別與府相同；散州隸屬於府，級別與縣相同。

法律一詞的由來

在中國古代，法與律不連用，單講法或律。

法，古文為灋，漢・許慎《說文解字》云：「灋，刑也。平之如水，從水；廌所以觸不直者去之，從去。」也就是說，它的含義與「刑」字相同，它的水字偏旁，表示法的公正性，即像水那樣平坦，它的去字偏旁，表示要卻除（懲處）有不法行為的人（觸不直者去之）的意思。由此可見，法字包含有兩個方面的意思：一是要規範人的行為；二是要公平地執行法律。

律，本義指調音的工具，即使音律均平。後來又延伸為判定是非曲直的標準。

可見，法與律的本義，均有規範、標準、公平、劃一的含義，所以後人將法律連用，「法律」一詞即由此而來。

趣味鏈結：中國最早的刑法專著

中國最早的刑法專著是西周穆王時呂侯作的《呂刑》一書。《呂刑》原本現已失傳，僅在今文《尚書》中存有《呂刑》一篇。

呂侯，又稱甫侯，為呂國國君，兼周穆王的司寇，主管獄訟刑罰之事。他接受周穆王的命令，在夏代贖刑的基礎上，提出了自己的法律思想和刑法條文，稱之為《呂刑》。

在這篇刑書中，首先總結了勤政慎刑的歷史經驗，如蚩尤濫施刑罰，導致滅亡，而堯用中刑，享有天下。接著又告誡諸侯效法伯夷，以苗民為戒，合理使用刑罰，也告誡同姓宗族，以前人為戒，勤勞政事，慎用刑罰。其次闡述了刑律條文和審理案件的方法、原則，提出依據罪行輕重給予不同的處罰方式，即五刑、五罰、五過，並把五刑細目增加到3000條。最後，指出刑罰的重要性。

《呂刑》的這些法制思想和法律條文，對後代法學的形成和發展具有重要影響。

《唐律》：唐代的重要法典

《唐律》，又稱《唐律疏議》，頒布於唐高宗永徽四年（西元653年），它是中國現存古代最早最完備的一部古代法典。

《唐律》實際上包括了兩大部分，一是《永徽律》，一是對《永徽律》進行的解釋，即《疏議》。由於這些對《唐律》的解釋是以法定的形式由皇帝「詔頒天下」，《疏議》和律文具有同等的法律效力，因此可以把《唐律》及其《疏議》視為反映唐代法制的一部完整典章。

《唐律》作為唐代重要法典，充分反映了唐代法制的特點。作為唐代統治者意志的體現，《唐律》充分貫徹了保護新經濟制度的原則，其作為封建法律，毫無例外地展現、庇護了權貴的利益和崇尚品官的原則，為宋代以《刑統》為主體的法制體系的產生開了先河。

趣味鏈結：世界上第一部環境保護法

世界上第一部完整的環境保護法，當屬2000多年前秦朝制定的《田

律》，其明確規定，從春季二月開始，不准進山砍伐林木；不准堵塞林間水道；不到夏季不准入山採樵，燒草木灰；不准捕捉幼獸幼鳥或掏鳥卵；不准毒殺魚鱉；不准設置誘捕鳥獸的網罟和陷阱。以上禁令，到七月才得解除。

後來在西漢時，漢宣帝曾制定一項保護鳥的法令：「其令三輔毋得以春夏摘巢探卵，彈射飛鳥。」這也是中國乃至世界較早的一部自然保護法。

古代監獄的發展和演變

監獄是國家機器的一個重要組成部分，是階級專政的工具之一。

監獄的起源可以追溯到遠古時代，獄是原始人馴養野獸的阱檻或者岩穴。

到了氏族社會後，氏族對內部違反習慣的人或外族敵對者的懲罰，除死刑外也有限制其行動自由的處罰，即「畫地為牢」，實際上是劃出一定的活動區域，不准其逾越。

隨著社會階級的出現，囚禁人的牢獄也就出現了。最早的監獄，是不便於人行動的荊棘叢。《易・坎・上六》記載：「繫用徽墨（用黑帶子加以綑綁），置於叢棘（放到荊棘叢中）。」但這只是暫時拘禁，不能長期關押。

監獄一開始並不叫「監獄」，夏時叫「官」，商時叫「圉」，周時叫「圜土」。

秦漢以後，監獄的正式名稱就是「獄」。秦時，不僅京城有獄，地方也開始設獄；漢時，監獄更是名目繁多。

南北朝時期的北朝，又開始掘地為獄，發明了「地牢」。

唐代時，州縣都有監獄。

宋代時，各州都設置了類似周代「圜土」的獄；犯人白天勞役，晚上

監禁。

明代時，京城、州、府、縣都有監獄。

清代沿襲了明朝的監獄體制。

趣味鏈結：拘留所為何也叫「監獄」

拘留所也被稱為「監獄」，這是何故呢？

明清時期，州縣衙門的「三班衙役」開設看守所，沒有州縣長官簽發的命令，便不能將人關入看守所。

當傳喚到的被告、證人，以及捕獲的通緝犯、嫌疑犯帶到候審時，長官不升堂就沒有辦法關押。而且即使是經過了堂審，有些「查無報案、又無贓據」的疑犯，或者是一些「鼠竊狗偷，辦之無甚重罪，縱之仍擾閭閻」的輕罪慣犯，也會被州縣長官下令由捕快暫時看管，於是捕快還得自己設法找地方看管。

捕快一般就是在自己家裏設一個「阱房」，裝起柵欄，把那些人關在裏面。有的是找一些無主房屋，如「空倉」、「冷鋪」之類作為看管地點。這種地方一般稱為「押館」、「卡房」、「官店」等。由於衙役碰頭的地方叫「監獄」，後來就把這種捕快自辦的拘留所統稱為「監獄」。

古代的告狀方式

古人如果要提起訴訟，都要向官府提供說明事實和請求的文書，這被稱為狀子，又叫狀紙、狀等。因此，打官司又稱為「告狀」。

古時候的狀子，一般都不是當事人自己寫的，而是請書吏代寫。書吏大多是官府幕僚或落魄文人，有一定的寫作技能，也精通法律條文，自然擅長寫狀。

除了一般的告狀外，如果當事人認為官府處理不公，或者官府不受理，往往會「告地狀」，即在市集等公共場合展示自己的狀子，請眾人作

公斷；或者是「告御狀」，即越級上告，直至向中央政府提交狀子，也就是請求皇帝親自處理。

但是，「告地狀」和「告御狀」一般都很難實現。因為「告地狀」會面臨被官府查禁的危險，而「告御狀」，如果沒有門路的話，狀子根本達不到皇帝手中，更別說受理案情了。但有的人會在上級官員出巡時，攔住車駕告狀，有時也能解決問題。

趣味鏈結：古代的喊冤方式

擊登聞鼓喊冤、攔駕喊冤、臨刑喊冤，合稱為古代「喊冤三法」。

其一，擊登聞鼓喊冤。

這是吏民擊鼓喊冤的一種方式。古代，皇宮的左側置有一大鼓，有冤者（往往是蒙冤被押犯的家屬）可擊鼓喊冤，由官員加以記錄上奏。這種制度起於漢朝，而且為以後歷代所效法，並不斷完善。宋代時，還特地設置登聞鼓院，受理吏民申告冤枉。明、清也有，並且規定，如果吏民擊鼓申冤被認為確係冤案，則由通政司奏請昭雪，否則，就認為越級上訴，由通政司送刑部加一等治罪。

其二，攔駕喊冤。

攔駕喊冤者通常手持狀紙，跪在皇帝、大臣或官員車駕、轎子所經過的路上，攔駕訴冤，希望能夠除惡扶善，平反昭雪。但是，由於官吏貪贓枉法者居多，因此，多數官吏不問冤情虛實，一律先按「衝突儀仗罪」責打數十大板，對於不實者更是加重處罰。

其三，臨刑喊冤。

一般是被執行死刑的人在臨刑時喊冤，以求監斬官明察申冤。這種喊冤，在封建社會大多不被監斬官所理會。

捕快的職責

捕快，是捕役和快手的合稱。捕役，是專門偵緝罪犯的，而快手是逮捕現行犯的，由於性質相近，一般合稱捕快。

捕快平時身穿便服，腰間掛個表明身分的腰牌，懷揣鐵尺、繩索。領班的稱「捕頭」、「班頭」。法律規定，捕快執行公務要出示他們的腰牌，抓人要有通緝罪犯的「海捕文書」或者是州縣長官簽發的「牌票」，沒有牌票，捕快不得出城門半步。

明清時，各州縣的捕快根據州縣轄境大小、治安狀況、歷史沿革等因素來確定，實際數目相差很大。一般來說，州縣正、副捕快大致在一百人以上。

捕快所承擔的破案任務都是有時間限制的，稱為「比限」。一般以五天為一「比」，如果五天後仍未破案，負責這個案件的捕快就要挨打，一般是打十板。還往往專打身體的一側，留下另一側下次再打。遇上重大的人命案件時，往往以三天為一「比」，三天後未破案，捕快就要挨打。因此，捕快常被打得一瘸一拐地去奔走破案。

由此可見，捕快完全是一種賤役，在古代，往往也只有無賴地痞才願意當捕快，完全不像小說裏寫的捕快那樣威風。法律甚至還規定，脫離捕快身分後，三代以內子孫仍然不得參加科舉考試。

更慘的是，捕快沒有工資可領，只有伙食補貼性質的「工食銀」，一般每年在十兩銀子左右。這點銀子可謂微薄之極，因此，以前的捕快往往利用職務之便，亂收錢財。如拿著傳喚當事人的「牌票」，索要「跑腿錢」、「鞋腳錢」、「酒飯錢」等，拘傳時還有「上鎖錢」、「開鎖錢」。還有勒索錢財後，讓被傳人外出逃跑避風頭，這是「買放錢」；或者讓被傳人躲過期限，不立即到案應訴，這叫「寬限錢」。

由此可見，古時的捕快和現在的員警相似之處很少。

趣味鏈結：錦衣衛的由來

據《明史·兵志一·侍衛上直軍》記載：明朝建立後，朱元璋怕大臣對他不忠，為了加強監視，洪武十五年（西元1382年），朱元璋「改儀鸞司為錦衣衛」。錦衣衛的首領稱為指揮使（或指揮同知、指揮僉事），通常由皇帝的親信武將擔任，很少由太監擔任。其職能是「掌直駕侍衛、巡查緝捕」，成為他加強集權統治的重要手段。

由於朱元璋出身的特殊性，他對皇權的維護有其他朝代皇帝所沒有的強烈欲望，這就使得錦衣衛「巡查緝捕」的職能後來被無限度地擴大了，以至於到後來，錦衣衛又擁有了自己的監獄，可以自行逮捕、刑訊、處決犯人，不必經過司法機構和正常司法程序。

錦衣衛因穿橘紅色服裝，騎馬，又被稱為「緹騎」。緹騎的數量，最少時為1000人，最多時達60000之眾。錦衣衛官校一般從民間選拔孔武有力、無不良記錄的良民入充，之後憑能力和資歷逐級升遷。同時，錦衣衛的官職也允許世襲。

明成祖的時候，又「倚錦衣為心腹」，增設了一個「北鎮撫司」，「專治詔獄」，就是專門審訊皇帝交代的案件，與專門處理錦衣衛內部案件的「鎮撫司」並列。

說「枷」

我們經常可以在古裝電影、戲劇中看到一種加於頸上的刑具，稱為枷。枷作為一種刑械具使用，已有三千多年歷史。在殷墟出土的甲骨文中，就有了枷的記載，枷的做法是「以乾木為之」兩半合起，中有孔洞，用來限制被捕人犯的身體活動。

枷本來只是單純限制犯罪人行動自由的械具，但很快便成為一種新刑具。南北朝時北魏的執法官便用大枷逼供：「不能以情折獄，乃為重枷，大幾圍，復以縋石懸於囚頸，傷內至骨；更使壯卒迭搏之。囚率不堪，因

以誣服。吏持此以為能。」

到隋唐時，枷得以普遍使用。對於枷的定制，《唐六典》云：「諸流、徒罪居作者皆著鉗，若無鉗者著盤枷，病及有保者聽脫。」「枷長五尺已上，六尺已下，頰長二尺五寸已上，六寸已下，共闊一尺四寸已上六寸已下，徑頭三寸已上，四寸已下。」宋朝從法律上規定了枷的重量。宋枷開始分二十五斤和二十斤兩種，同時將其大小輕重刻在枷上，以便監督。

至明代，枷作為刑具行罰，正式進入律令，名曰：「枷號」，即戴枷示眾。當時的枷重分三等，「死罪重二十五斤，徒流重二十斤，杖罪重一十五斤」。枷成為法定刑「五刑（笞、杖、徒、流，死）之外的必要補充。沈家本《歷代刑法考》云：「明代濫用枷號，致有傷害人命之事。」

清朝的枷分兩級，重者七十斤，輕者六十斤。康熙八年刑部規定：囚禁的人犯，不戴木枷，只用細鏈，使枷只作刑罰而用。

光緒二十九年，經刑部奏准：「仍留竹板以備刑訊之用，外此各刑具，盡行廢除，枷號亦一概芟削。」從此，枷不論是作為獄具還是刑具，慢慢退出了歷史舞臺。

趣味鏈結：刺配、度牒和鐵券

刺配，又叫「打金印」。這種刑罰，在中國歷史上許多朝代都使用過，只是到了宋代，其內容的規定才較為固定。實際上，「打金印」不過是刺配刑罰的一部分。被刺配者，首先要挨脊杖二十或四十，然後判官根據「犯罪」情節的輕重，把所犯事由、發配地名和勞役專案等內容一一刺在臉上，最後由差人把「罪犯」押往幾千里以外的牢城，這就是刺配刑罰。

度牒，就是古代人在出家時，經由官府審查後發給的身分證明。有度牒的出家人享受許多優待，可以不交賦稅，不服勞役，甚至犯法也可以減罪。但是，出家人必須隨時都將度牒攜帶身邊，無論走到哪裡，都能證明身分，以防假冒。

所謂鐵券，是皇帝分封功臣時所頒發的憑據。有了鐵券，如果本人或後世犯罪，可以此為證推念其功，予以赦減，起了「護身符」的作用。鐵券起於漢代，《漢書・高帝紀下》載：「（劉邦）又與功臣剖符作誓，丹書鐵契，金匱石室，藏之宗廟。」由於分封功臣的誓詞是用丹砂寫在鐵制的契券上，所以稱為「丹書鐵券」，或「誓書鐵券」。為了取信和防止假冒，將鐵券從中削開，朝廷和功臣各存一半。

封建時代五刑與帝制時代五刑

中國古代最主要的刑罰制度是「五刑」。它經過了封建時代五刑與帝制時代五刑兩個階段，這兩個階段的「五刑」確實是有所區別的。

封建時代五刑分別是：墨（在臉上刺字）、劓（割鼻子）、刖（砍足趾）、宮（破壞生殖器）、大辟（死刑）。

墨刑，又稱黥刑，是一種在犯人面頰上或額頭上刺字再染上墨的酷刑。這種刑罰不僅使犯人身體受到傷害，而且在精神上也受到很大折磨。不過與其他四種刑罰相比，墨刑是封建時代五刑中最輕的一種刑罰。

劓刑，就是把犯人的鼻子割去的一種刑罰。鼻子是人的重要器官，而且與人的尊嚴密切相關，因此劓刑較墨刑為重。

刖刑，是砍去犯人的手或足的重刑。另外，與砍手足相類似的還有砍去膝蓋骨的臏刑，孫臏就是因為他受過臏刑而得此名。

宮刑，就是剝奪犯人「傳宗接代」能力的一種刑罰，一般適用於性質嚴重的犯罪者。宮刑被視為最大的恥辱和不幸，因而是「五刑中除死刑以外最殘酷的刑罰，《史記》的作者司馬遷就曾受過宮刑。

大辟，是死刑的總稱。夏、商、周三代的死刑方法多種多樣，尚無統一的規範，但還是以殘酷的肉刑為主。商末期的昏君紂王，更是將酷刑發展到了極致，除常見的斬、戮等死刑方法外，還出現了炮烙、醢、脯等酷刑。

封建時代五刑極其殘忍，沒有人性。隨著文明的發展，人類進入了帝制社會，帝制時代五刑相對於封建時代五刑來說則更文明些。

帝制時代五刑的典型代表是唐代的五刑，主要包括笞刑、杖刑、徒刑、流刑、死刑五種。

笞刑，就是用長三尺五寸的小竹板打犯人的腿與臀，分五等，由十至五十，每等加十。

杖刑，就是用比笞粗的常行杖（法杖）打犯人的背、臀與腿，分五等，由六十到一百，每等加十。

徒刑，即強迫犯人帶鉗（頸圈）或枷（束頸）服勞役，分五等，由一年至三年，每等加半年。

流刑，即流放到邊遠地區服勞役（開始為一年，後加至三年），分三等，由二千里至三千里，每等加五百里。

死刑，分兩等，即絞與斬。

趣味鏈結：「象刑」可以用來代替封建時代五刑嗎

「象刑」是古代的一種酷刑。由於人們對「象」字的不同理解，所以對「象刑」有以下三種不同的說法。

一是「依照刑」說。此說認為「象」字是法式、效法的意思，所以「象刑」也就是依照法律進行審判、定罪和量刑。

二是「頒布刑」說。此說是依「治象之法」、「刑象之法」來理解的，也就是把犯罪、刑罰的情狀用繪畫的形式懸示，公之於眾。

三是「象徵刑」說。此說認為「象刑」是一種象徵性的刑罰，意即用「畫衣冠、異章服」的辦法來代表肉刑和死刑，以羞辱性的服飾來懲罰犯人。

在以上三種說法中，「象徵刑」說比較可信。《慎子》中取的就是「象徵刑」說，該書稱舜時的刑罰制度，蒙黑頭巾、草梗做帽帶、穿麻布鞋、割衣服前襟下擺及著無領衣服，來分別代替封建時代五刑中的墨、劓、刖、宮、大辟。

死刑與「午時三刻」

古典戲曲小說裏常有午時三刻行刑的描述，是不是古代行刑的時間規定在午時三刻呢？事實並非如此，古代並沒有在午時三刻執行死刑的硬性規定。

既然沒有明確的硬性規定，那麼小說裏執行死刑的時間為什麼偏偏是午時三刻呢？其實這只不過是寫書人藝術化的處理而已。

古代的計時單位是「時」和「刻」。古人把一晝夜劃為12個時辰，又把這12個時辰劃為一百刻（「刻」原來指的就是計時的滴漏桶上的刻痕，一晝夜滴完一桶，劃分為一百刻），平均每個時辰合八又三分之一刻。「午時三刻」一般相當於現在的11點多，將近正午12點。此時太陽掛在天空中央，是地面上陰影最短的時候。

古代一直認為殺人是「陰事」，如果處理不好就會遭到鬼魂糾纏，因此想辦法避邪。

選擇在午時三刻是因為，古人認為這是一個人一天當中「陽氣」最盛的時候，而在陽氣最盛的時候行刑就可以驅趕陰氣，壓抑鬼魂不敢出現。這就是習慣上在午時三刻行刑的主要原因。

趣味鏈結：古代有哪些死刑

古代的死刑不僅僅是剝奪犯罪人的生命，還包括了羞辱、報復等含義。死刑種類很多，大多是很殘忍的酷刑。其種類有：凌遲、斬首、絞、棄市、車裂、脯、戮、炮烙、磔（音折）、烹、焚、梟首等。在這些死刑中，有的是法定刑，如斬首、棄市、凌遲、絞；其他的則是一些臨時設置或使用的酷刑。

廷杖與午門斬首

在一些古典小說和戲曲中，經常會看到「推出午門斬首」的說法。歷史上是不是真的有這種事呢？

午門是紫禁城的正南門，建成於明永樂十八年（1420年）。因其位於京城正陽門南北中軸線上，居中向陽，位當子午，因此稱為「午門」或「午闕」。午門城臺平面呈凹字形，正面開三門，左右拐角處各有一掖門，因而又稱「五門」。城臺之上當中是一座重簷廡殿式正樓；左右兩側各有明廊三間，明廊折而向南，各有十三間聯簷通脊廊廡（俗稱「雁翅樓」）；廊廡兩端又各建有金銅寶頂的角亭一座。整個建築有樓五座，高低錯落，左右輝映，崇宏雄偉，有若朱雀展翅，五鳳翱翔，因此也稱為「五鳳樓」。

明、清時，午門是禁衛森嚴的重地。庶民百姓嚴禁靠近，文武官員不准隨意行走。當時規定，工匠雜役出入要佩帶腰牌，王公大臣出入必須通報姓名。違反者護軍可以用紅杖笞打。正中大門專供皇帝出入，其他文武百官和宗室王公只能走兩側偏門和掖門。

歷史上，午門並無「斬首」之事。但是午門前的宮廷廣場，明代卻是對觸犯龍顏的官員進行廷杖的地方。所謂廷杖，就是皇帝當廷杖責官員，是明代特有的一種懲處官員的酷刑。凡被廷杖者，輕則皮開肉綻，重則當場斃命。

據《明史‧刑法志》記載：「正德十四年，以諫止南巡，廷杖舒芬、黃鞏等百四十六人，死者十一人；嘉靖三年，群臣爭大禮，廷杖豐熙等百三十四人，死者十六人。」有人根據《明會要‧刑‧廷杖》統計，整個明代，在午門處廷杖大臣達五百多人次，死者眾多。這或許就是「推出午門斬首」這一說法的來源。

趣味鏈結：古代的杖刑

杖刑，是古代比較常用的一種刑罰，即用大竹板或大荊條拷打犯人脊背臀腿的刑罰。杖刑的起源甚早，在《尚書‧舜典》中就有「鞭作官刑」的說法，就是用鞭杖懲罰失職的官吏。後來，漢、魏、晉時都設有鞭杖的刑罰。杖刑正式被列入刑書，是在南北朝梁武帝時。當時規定杖用生荊製作。北魏開始，杖刑與鞭刑、徒刑、流刑、死刑並列，為五刑之一。北齊、北周沿襲魏制，北齊杖刑分三等：三十、二十、十；北周杖刑分五等：十、二十、三十、四十、五十。北周、北齊均允許以金贖杖刑。

到隋代時，政府下令廢止鞭刑，以杖刑替代；另立一種笞刑，用來代替原來的杖刑。隋代的杖刑分為五等：六十、七十、八十、九十、一百，只要所犯重於五十笞者，則入於杖刑。唐代杖刑同於隋。宋沿唐制杖刑亦分為五等。宋代杖刑的特點是廣泛用它作為附加刑。

據《遼史‧刑法志》記載，遼國的杖刑數目為五十至三百。凡杖五十以上者，用沙袋決之，即用熟皮合縫，裝沙半斤（1斤=500公克），長六寸（1寸約為3.33公分），廣二尺（1尺約為0.33公尺），加一尺許木柄，對犯罪者擊打。遼太宗時大臣犯罪不至死，以木劍擊背，其數自十五至三十。

明清杖刑沿襲唐宋，犯徒刑、流刑罪都用杖刑作為附加刑。所不同的是，明代杖刑是用三尺五寸長的大荊條，而清代是用五尺五寸長的大竹板。清末年，杖刑被廢除。

歷史上唯一的一次「誅十族」

古代社會是以家族為中心，按血統、嫡庶來組織的宗法社會。「誅九族」的刑罰思想就是建立在宗法制度基礎上的。滅族在古代統治者看來，是最有效果、最有威懾力的刑罰。

在君主專制社會裏，一人犯罪，往往九族株連。除此之外，也出現過

一次「誅十族」的刑罰。

「誅十族」出現於明朝的第三任皇帝明成祖朱棣治下。他誅十族的對象就是明太祖朱元璋的皇太孫朱允炆（即明惠帝）的老師方孝孺。

方孝孺，字希直，又字希古，明初浙江寧海人。他是一代名儒宋濂的得意門生，是當時的大儒。他博聞強識，通曉經史，文章蓋世，洪武二十五年被蜀獻王特聘為世子之師，並為其讀書處題額「正學」，時人遂尊稱其為「方正學」。

靖難之役後，燕王朱棣趕走了姪兒明惠帝以後，到了北京，登上帝位，是為明成祖。當朱棣還是燕王的時候，他的謀士就對他說過，方孝孺是「天下『讀書種子』，絕不可殺」。於是他剛到北京就立刻召方孝孺進殿，想借這位大名鼎鼎的太學博士寫個冠冕堂皇的「即位詔」。但是，令人意料不到的是，方孝孺進殿時身穿白衣，沒有施禮，並且一直在嚎哭不已。

朱棣便說：「我是效法周公輔佐成王啊。」方孝孺止住哭聲，厲聲反問：「成王安在？」「他自焚而死。」朱棣答道。方孝孺又問：「何不立成王之子？」朱棣回答：「國家需要一個成年的君主。」方孝孺熱情激增，咄咄逼人道：「何不立成王之弟？」朱棣無奈回答：「你還是不要管我的家事為好！」

說完，朱棣便命方孝孺立刻起草即位詔書：「詔天下，非先生不可。」方孝孺還是不理會，朱棣又開口道：「先生一代儒宗，幸勿再辭。」方孝孺奪過詔紙，在上亂批數字，擲筆於地，邊哭邊罵道：「死即死耳，詔不可草！」

朱棣見方孝孺如此強硬，禁不住抽了一口冷氣，大怒道：「爾何能遽死？不起草詔書，你不怕滅九族嗎？」方孝孺則針鋒相對地說：「便誅十族又能怎樣！」然後從地上拾起筆來，大書四字「燕賊篡位」。

朱棣受此侮辱，怒不可遏，大發雷霆，命人拿刀來從方孝孺的嘴角直割到耳旁，並將他投入監獄，接著就收拿他的九族親眷坐罪。還因方孝孺說了句「便誅十族又能怎樣！」的話，朱棣又把他的朋友和學生也抓來拼

成「十族株連」，都依次碎剮殺戮於方孝孺面前，行刑達七日之久。方孝孺忍淚不顧，仍然寧死不降，最後被凌遲於聚寶門外，時年僅45歲。而在這一冤案中喪生的竟達873人，真可謂駭人聽聞了。

趣味鏈結：「株連九族」的牽連範圍

株連法源於封建社會末期，亦稱「連坐法」，即一人犯罪，全家人甚至親友都被一起懲罰，「株連九族」就是株連法的一種。先秦時的《尚書‧秦誓》和《尚書‧堯典》中分別記載著：「罪人以族」和「以罪九族」，可見在當時，家族中只要有一人犯罪，整個家族都要跟著遭受滅頂之災。

那麼，「株連九族」受到牽連的範圍到底有多大？其實，這裏的「九族」指的分別是高祖、曾祖、祖父、父、本身、子、孫、曾孫及玄孫九代之族。

這種沒有人性和公平可言的刑罰，一直以來都盤踞在君主社會的發展歷程之中，是古代帝王藉以鎮壓反對者、鞏固統治地位的專政手段。

笞刑為何只打臀部

我們在看古裝戲時，經常看到在公堂上被判「重打五十大板」時，犯人都是被打臀部，直打得皮開肉綻，而不打手、腳、胸或背部，這是因為打臀部會更疼嗎？

原來，這還有一個故事呢！據傳，甄權是隋末唐初著名的醫學家，善於針灸。西元621年，唐太宗李世民平定河南，派李襲譽出任潞州的地方官。當時朝廷聘請一些醫生為徵士，甄權就是李襲譽隨行的徵士之一。甄權繪有一幅叫做〈明堂人形圖〉的人體穴位畫，有一天他拿給李襲譽看，李襲譽看後覺得很有意思。

貞觀初年，李襲譽官拜少府監。一天，李襲譽向唐太宗詳述〈明堂人

形圖〉之妙，於是，唐太宗命他主持修訂，將甄權的〈明堂人形圖〉加以校訂、充實，且經甄權審定，於西元630年，圖文並茂的〈明堂針灸圖〉終於完成，並呈獻給太宗御覽。

唐太宗很仔細地看了〈明堂針灸圖〉，發現人體的胸、背部是五臟經脈穴道集中之處，而臀部穴位則較少。唐太宗由此聯想到：在鞭打的刑罰中，鞭背有可能將犯人誤打致傷殘或死亡。因此，仁厚的唐太宗為避免打死罪犯，就下令衙門在執行笞刑時只可打犯人的臀部，而不可以打背部。自此之後，公堂之上鞭打犯人時就只打臀部了。

趣味鏈結：古代審判時的「五聽」

古代沒有發達的科技手段，法官在審判案件時為了能夠明察秋毫、公正判案，就在實踐中形成了「五聽」制度。這種制度確立於西周，要求法官透過對原告和被告察言觀色等五種方式來審清案情，然後作出公正的判決。它是古代法官審判案件的主要方式。

具體來說，所謂的「五聽」就是以下五種判斷方式。

一是辭聽，即根據犯人的言語來判斷，如果言語錯亂則說明他在說謊。

二是色聽，即根據犯人臉上的顏色來判斷，如果臉紅則說明他在說謊。

三是氣聽，即根據犯人的喘息來判斷，如果喘息加重則說明他自覺無理。

四是耳聽，即根據犯人的陳述來判斷，如果聽不清法官的話，或者在設法自圓其說，則說明他自覺無理。

五是目聽，即根據犯人的眼神來作出判斷，如果兩眼慌亂無神則說明他自覺無理。

經由以上這五種方式，再結合目擊證人的話，核實證據，法官就會作出合理的判決。

駭人聽聞的「凌遲」

凌遲也稱陵遲，是一種先殘害人的肉體然後再傷及其生命的極其殘忍刑罰。其過程就像民間所說的「千刀萬剮」，具體的做法就是在犯人處死之前，將其身上的肉一刀刀割去，讓他在痛苦中備受煎熬，慢慢死去。

凌遲最早出現在五代時期。據後晉《刑部式》記載，當時處死犯人時「或以長釘貫簽人手足，或以短刀臠割人肌膚，乃至累朝半生半死」。

而凌遲被正式地定為刑名則是在遼代。《遼史·刑法志》將其列入正式的律文，成為一種法定刑種。

元、明、清各代均沿用凌遲這種刑罰，直至光緒三十一年（1905年）才被正式廢除。

雖然各朝各代執行凌遲時的方式並不一致，但普遍的做法如下。

行刑開始時，劊子手會先巧妙地一刀剜去犯人的喉結，以免他喊叫，然後動手的部位就是背，且每刀割下的肉必須只有指甲蓋大小。

凌遲一個成年人必須要施3357刀，刀刀須見血掉肉，要用大白瓷盤將其貼在上面供觀眾鑑賞，並要得到觀眾的讚賞。如果犯人在規定刀數前死去，劊子手將被觀眾嗤之以鼻，並有可能丟掉飯碗。但實際上，有時執行凌遲時的刀數遠不止3357刀，如明朝作惡多端的太監劉瑾被凌遲時就被割了三天，共4700刀；明朝崇禎年間，鄭曼被凌遲時就被割了3600刀。

趣味鏈結：「梟首」是怎樣一種刑罰

梟首是古代的一種死刑。梟本是一種鳥名，為什麼會被用做刑罰的名稱呢？

據傳，梟和一般鳥一樣由母梟為幼梟哺食，但母梟老了以後，就力盡眼瞎，不能再為幼梟哺食了，這時候幼梟就會啄食母梟的肉來充飢。母梟用嘴緊緊銜住樹枝任憑幼梟啄食，一直到全身被啄光，死後只剩下掛在枝

頭的腦袋。

幼梟啄食母梟，直至母梟只剩下腦袋掛在枝頭的奇特方式後來被人們借鑑到了刑罰制度之中，創造出了所謂的「梟首」刑罰。其行刑的方式就是把犯人的頭砍下來，高掛在城門的木桿子之上示眾。犯人的頭確實與母梟死後的樣子很像，「梟首」就是取名於此。

根據歷史記載，梟首之刑發端於商代初期，從秦代開始正式形成制度；漢律中規定，對大逆不道者皆處梟首；晉時的南朝梁律有「大罪梟首」的規定；北齊時死刑分五等，梟首就居第二；北周死刑亦有五等，梟首位居第四；北魏太和三年（西元479年），「除群行剽劫首謀門誅，律重者止梟首」。

隋開皇元年（西元581年），梟首被廢止使用；不過到了唐、宋、明、清之時，又偶爾恢復使用，但在整體上有漸趨廢止之勢；1905年4月24日，梟首連同死刑中的凌遲、戮屍一同被清廷徹底廢除。

一本書讀懂中國文化知識

冷兵器指的是什麼

兵器來源於生產工具，在人類最初的原始衝突中，人們用來爭鬥的武器就是生產工具，比如用於農業生產的石刀、石鏟，用於狩獵的弓箭、標槍、石矛等。

進入階級社會以後，常備軍開始出現，兵器也開始和生產工具相分離，作為專用的戰鬥工具，形成了獨特的形制。

而所謂的冷兵器，就是相對於火藥武器而言的，它主要依靠武器本身的鋒刃來殺傷敵人。中國從原始社會後期到唐末，戰爭中所用的兵器都是冷兵器。五代以後，火器開始進入實戰，是冷兵器和火器並用時代。直到清末冷兵器基本退出實戰，讓位於火器為止，冷兵器歷經了數千年的發展與變化。

從冷兵器的製作材料來看，在夏朝以前用的是石製兵器，商周春秋時期主要使用銅製兵器，戰國以後則以鐵製兵器為主。從類型和形制上來說，經歷了由單一到多樣、由龐雜到統一的發展過程。

古代的冷兵器主要有：長兵器，分為矛、戈、戟、槍、刀等；短兵器，分為刀、劍兩大類；射遠器，主要是弓箭。

趣味鏈結：弓、弩是怎樣發明的

弓箭由兩部分組成。一部分是力量的來源，即弓；另一部分就是箭。早在28000年前的原始社會，人類便製造出了人類歷史上最早的弓箭。弓箭這種器具，在當時主要用於狩獵。原始社會後期，發生了部落戰爭，弓箭便演變為作戰的武器。

最早的弓箭很簡陋，一根樹枝或一根竹子一彎就是弓體，用藤或獸筋作弦。這種半月形的弓，由於弓體已經彎曲到很大程度，發射的力量也就小了。後來人們改為「弓」形，使弓體中央部分凹進去，不上弦時弓形沒有多大變化，這就可能儲備更多的力量，增大發射威力。這種弓發明時代也很早。

到了周代，弓箭製作水準逐漸提高。春秋戰國時期，弓箭的製造已經形成了一系列較完整的工藝，對選材、配料、製作程序以及規格等都有了嚴格的規定。魏國曾專門選拔訓練弓箭兵，產生了極強的戰鬥力。

但是，弓箭在戰場上雖能達到不交手而收攻殺之效，但畢竟威力有限，而且射箭的技巧不易掌握，後來，人們在弓箭的基礎上，改進發明了弩。

所謂弩，是利用機械力量發射箭鏃的一種遠射兵器。據傳最早的弩機是戰國時的楚琴氏發明的。他發明的弩機製造十分精巧，外面有一個匣，前面有掛弦的鉤，後面和照門連接，照門上刻有定距離的分劃，匣下有扳機。發射時，先將弓弦向後拉，掛在鉤上，對準目標後，一扣扳機，箭即射出。這種弩機的原理和現代的槍、炮擊發裝置有些類似。

另有一種強弩，它的特點是又遠又準，有時間從容瞄準，但上弦比較費力耗時。根據這些特點，強弩通常被用於防禦和伏擊。

弩的種類還有很多，小的如背弩、踏弩，可藏於衣內、馬蹬之下做暗器使用，大型弩可用於攻堅和守城，甚至有的床弩能發射長約3公尺的大鐵箭，能射穿數百公尺外堅厚的城牆。

火藥武器始於何時

在火藥發明以後，人們發現火藥如果放在某個容器裏燃燒還可能發生爆炸，便進一步發明了火藥武器。

據記載，早在唐末昭宗天祐元年（西元904年），已經用火藥來製作「飛火」向敵人射擊。到了宋時，火藥在軍事上已經得到廣泛運用。南宋初年，虞允文在採石磯大破金兵時，曾使用過一種叫霹靂砲的火器，這種火器是用紙筒裝石灰和硫黃製成，點著後先升空再降落爆炸，石灰煙霧四散，用於迷惑敵方人馬。

到了明代，這種爆炸型的火器更得到廣泛的發展，並從地面發展到地下和水下，出現了地雷和水雷。

火藥在燃燒和爆炸時會產生大量氣體，於是人們利用這一特點，使之沿某一直線方向噴射，利用其反作用力來推動武器向敵方射出，這就是拋射性火器。概括起來，它有兩大類：一類是火箭類火器，一類是管狀火器。

鴉片戰爭後，清政府開始大量引進、仿造西式槍炮，因此，從19世紀50年代開始，古代火器便逐漸為近代槍炮所取代，退出了實戰。

趣味鏈結：火箭、火球、火蒺藜

北宋初年，由於生產力的發展，手工業相當發達，武器的製造也不斷改進。

宋真宗咸平三年（西元1000年），有個叫唐福的士兵向宋政府獻上了火箭、火球、火蒺藜三種火藥武器。

火箭是在箭上紮一個紙筒，內放火藥，尾部引出導火線，點燃後，火藥燃燒產生的火藥氣體，從紙筒後面噴出，利用反作用力推動紙筒前進；火球和火蒺藜都是火藥包。火蒺藜的包中除了火藥以外，還裝著「鐵

蒺藜」。鐵蒺藜上面有尖刺，菱角形。用火點著藥線後拋出去，不但會燃燒，裏面的鐵蒺藜還會把敵人打傷打死。

火砲小史

中國是世界上最早發明和使用火砲的國家。

東漢時期，魏國曾發明過一種拋石的機械，它可以把石塊拋出很遠以殺傷敵人。這種拋石機就是最初的砲，「砲」就是「拋」的意思。軍事家使用火藥以後，人們在石砲的基礎上，用火藥代替石塊發射出去，成了原始的火砲。

火砲的最初形式是火藥箭，火藥箭始於唐末宋初年間。即在箭頭上附上火藥，點燃後發射出去。歷史上試製火砲的先驅者是1000年的唐福和1002年的石普，他們所製造的火箭、火球、火蒺藜，都是十分成功的。

1126年，人們又創造了類似火砲的「霹靂砲」和「震天雷」等武器。《金史》中曾有這樣的記載：火藥發作，聲如雷震，熱力達半畝之上。「人與牛皮皆碎迸無跡」，「甲鐵皆透。」

世界上第一門金屬砲出現在14世紀中葉的元代。金屬砲的發明和製造，中間經過了100多年的時間。由於火槍和突火槍的射程有限，人們想透過提高槍膛裏的爆炸力，來延長其射程。但由於突火槍的槍管是由竹管做成的，火藥裝少了爆炸力太小，裝多了又會炸傷自己人。到元代，終於出現用銅或鐵鑄成的筒式火砲，這類砲統稱「火銃」，又因為它威力大，被人尊稱為「鐵將軍」。

趣味鏈結：最早的大砲

約在13世紀時，中國已經製造了金屬身管的火銃，這是古代用火藥發射鐵彈丸的管形火器。一開始，它是「以巨竹為筒，內裝火藥彈丸」。到了元代時，管形火器開始用金屬鑄造了。原來用竹管做的火槍發展成

金屬做的火銃，原來用粗毛竹做的突火槍也發展成金屬做的大型火銃。而且，當時的金屬管形火器不但裝火藥，還裝上鐵彈丸或者石球。

元代的管形火器起初是用銅鑄造的。有一尊元代至順三年（西元1332年）鑄造的銅火銃，長35.5公分，口徑10.5公分，是迄今發現世界上最早的大砲。

到了14世紀，中國也開始用生鐵來鑄造火銃了。這不但說明當時製造武器的技術已經有高度的發展，也說明冶金和鑄造技術有了很大的進步。

古人為何喜歡隨身佩劍

千百年來，劍得到人們的珍視，也得到人們的充分利用。劍不僅用於沙場，而且也是古代人雅愛的佩飾。

在周、秦、漢、唐兩千多年間，佩劍之風一直盛行。

最早的劍，是西周時期的青銅劍，它用錫、鉛、銅混合鑄造而成，硬度較強。

從西周到春秋，劍主要都是用於佩帶防身，但有時也是一種身分和地位的象徵，故而在當時只有貴族才能佩帶，普通老百姓是望塵莫及的。直到西元前408年，秦國才放寬禁令，允許老百姓佩劍。

春秋戰國時期，魏國國王和丞相都好武，所以不論文吏武將入朝奏事都要佩劍，甚至有些文官在奏事時，沒有劍也得借一把佩在身上。

戰國以後，出現了長劍，到秦朝時劍就更長了，但是劍太長了，從劍鞘裏拔出來極不方便。荊軻刺秦王時，秦王就因劍太長拔不出來而幾乎喪命。

東漢以後，在疆場征戰中，劍已經被刀替代了，但是作為佩飾，劍仍是必不可少的。

晉朝時，甚至有達官貴人用木劍、玉劍作為佩飾。《晉書》中就有記

載：「漢制，天子至於百官無不佩劍。」

到了隋唐時期，劍有金裝劍、蒼玉劍之分，隻佩、雙佩之別，佩劍也已有不同級別的規定。朝廷上百官走動，佩劍鏗鏘，曾有詩云：「花迎劍佩星初落，柳拂旌旗露未乾。」「佩劍聲隨玉墀少，衣冠身惹御爐香。」

趣味鏈結：中國最早的劍

中國目前發現最早的劍是西周時期的青銅劍。在陝西省長安縣張家坡、北京市琉璃河等地的西周時代的墓葬中，都曾經挖掘出柳葉形青銅短劍。

春秋時期，吳、越等國的步兵都擅長用劍。他們所使用的劍，劍身長度都在50公分以上。那時候，吳國、越國善於鑄劍，鑄劍技術非常先進，鑄出了一些名揚天下的寶劍，如吳王夫差劍、越王勾踐劍等。

戰國時期，劍身繼續加長，鑄劍技術進一步得到提升，鑄出了脊部和刃部具有不同銅錫配比的青銅劍。這種劍的脊部很柔和，刃鋒卻很堅利，大大提高了作戰禦敵的殺傷力。代表著最高技術水準的青銅劍是陝西省臨潼縣秦始皇陵兵馬俑坑出土的青銅劍，這種劍長達94公分，劍身又窄又薄，刃部鋒利，表面還進行了防鏽處理。

總督、都督和提督的分別

總督是管轄一省或數省軍政的地方最高長官，起於明代。正規的跨省總督制出現在憲宗成化五年（西元1469年）常設兩廣總督以後。明代的總督還不是固定的職務，主要負責軍務和糧餉。之後其職權日益擴大，逐漸成為地方的軍政首長，才開始兼掌民政。實際上清康熙以後，總督成了一品封疆大臣，正式行使軍政民刑的督管職能。當時全國共設直隸、四川、兩江、湖廣、閩浙、兩廣、雲貴、陝甘八員總督。

都督一職始設於漢末；三國時有「都督諸州軍事」，主要指領兵打仗

的將帥，一般不管民事；魏晉以後，都督總攬了軍政大權；唐代各州都設都督，大都督成為當地轄區的軍政總首長。

提督是清朝的一個要職。當時的提督有兩種，一種是提督學政，各省一人，掌學校政令，負責歲、科考試，考查師生的優劣，又稱為學政、學臺，凡全省大事，他有權和總督、巡撫一起參加討論；另一種是提督軍務總兵官，負責一個省的軍務，和總督一樣，他也是一品大官，其官位高於巡撫、藩臺、臬臺。

趣味鏈結：古代的將軍

早期軍隊中沒有將軍這一職務，是由司馬來掌管軍事。

春秋之前，國家軍隊的數量並不多，天子只有六軍（每軍2500人），諸侯最多不超過三軍。各軍的統帥叫卿，卿以下叫大夫，大夫以下叫士。

到了春秋時代，諸侯為了建立霸業，總是費盡心思來擴充兵力。大國諸侯，如齊、晉、楚等，常常擁有三軍以上的兵力。可是在編制上，諸侯只能有三軍，只能設三卿。於是，有些諸侯就把擴充軍的統帥稱做「將軍」，意即率領一軍的意思。行軍打仗時，軍隊得由一人統一指揮，方能發生效力。因此，便在將軍中選拔出大將軍或上將軍來全盤指揮。

到漢朝時期，軍隊數量更多，單設一位大將軍管不過來了，於是又出現了不同級別的驃騎將軍、車騎將軍、衛將軍等職位。

晉朝的將軍名目眾多，有驃騎、車騎、衛將軍，有伏波、撫軍、都護、鎮軍、中軍、四征、四鎮等大將軍，開府（所謂開府，是指官員可以成立府署，自選僚屬）者位從公，不開府者秩二品。三品將軍秩二千石。而晉諸州刺史多以將軍開府，都督軍事。

南北朝時將軍名號更多，權位不一。而唐代以後，上將軍、大將軍、將軍，或為環衛官，或為武散官。到了宋、元、明三朝，多以將軍為武散官；殿廷武士也稱將軍。明清兩代，有戰事出征的時候，才置大將軍和將軍，戰爭結束則免去。清朝，將軍成為宗室的爵號之一，而駐防各地的軍

事長官也稱將軍。

象棋與古代的兵制

象棋，古稱「象戲」，其起源應該在周朝，於北宋末年定型成近代模式：32枚棋子，棋盤有河界。棋子中除各設一個雙方的將帥外，士（仕）、相（象）、車、馬、炮紅黑雙方都是兩兩成對，「兵」、「卒」雙方各設五個。根據局制和規則可知，象棋是模擬古代兵戰與軍隊編制。「兵」、「卒」雙方各設五個，就是古代兵制的一種反映。

夏代的軍隊以步兵為主，車兵開始出現。

到了周代，就有固定的軍隊編制了，並且軍中等級鮮明，沿用商代的戰車制，以車兵為主力軍種。據《周禮・地官・小司徒》記載：「五人為伍，五伍為兩，四兩為卒，五卒為旅，五旅為師，五師為軍。」因此一軍約有一萬二千五百人。

周代的兵制是古代社會兵制的典型，象棋中的「兵」、「卒」就是以周代的兵制單位「五」為基準，所以象棋的「兵」、「卒」雙方各設五個。

周平王東遷後，兵種除步兵、車兵、舟師外，還有新出現的騎兵，但車兵還是主要兵種，這時的戰爭方式也以車戰為主。

戰國時的秦朝兵制則以軍權高度集中和軍隊高度統一為主要特徵。兵役制度採取徵兵制，軍隊以步兵為主，同時還有強大的騎兵和水師。各級地方政府也設有主管軍事的職官，從中央到地方，形成一套完整的以皇帝為最高領導、高度集權的軍事領導制度。

漢朝無論是在徵兵還是在軍事統治上，都基本承襲秦制。

隋唐以後，各朝各代的兵制大多沿襲漢制。但不管兵制如何演變，士兵的基本建制單位大多維持五人為伍，這也就是象棋的「兵」、「卒」雙方各設五個的緣故。

趣味鏈結：楚河漢界的由來

在象棋的棋盤中間，寫著「楚河」、「漢界」四個大字。那麼「楚河」、「漢界」究竟在哪裡呢？

據考證，歷史上的「楚河」、「漢界」，並非今日的揚子江畔的楚河地帶，而是在河南省滎陽成皋一帶。它北臨黃河，西依邙山，東連平原，南接嵩山，只有一個出口，自然是歷代兵家興師動眾的地方。

西元前204年，劉邦和項羽在這一帶短兵相接，楚漢兩軍隔著一條廣武澗對峙起來。

西元前203年，劉邦憑藉大後方豐富的糧草做後盾，出兵擊楚，項羽因為糧缺兵乏，被迫提出「中分天下，割鴻溝以西為漢，以東為楚」的要求。

這條「鴻溝」就在從滎陽引河水向東南，溝通濟、汝、淮、泗四水為界的範圍內。從此，就有了「楚河」、「漢界」之說。

方陣與八陣法

方陣是古代軍隊作戰時把參戰部隊（車、步、騎兵等）按照作戰要求排列的陣式，一般呈方形或長方形。這種陣式是按古代軍隊的編制，以伍或隊為基礎的，其組成包括中軍、左拒（矩）、右拒（矩）。根據作戰規模的不同，可大可小，大方陣可達萬人以上。

八陣法是《孫臏兵法》中提出的八種最基本的陣法。它歷經秦漢傳到三國，由於諸葛亮的出色運用，而一舉成為歷史上比較著名的陣法。分列如下：

方陣：用於截斷敵人；

圓陣：用於聚結隊伍；

疏陣：用於擴大陣地；

數陣：密集隊伍不被分割；

銀錐之陣：如利錐，用以突破敵陣；

雁行之陣：如雁翼展開，用於發揮弩箭的威力；

鉤行之陣：左右翼彎曲如鉤，準備改變隊形，迂迴包抄；

玄襄之陣：多置旌旗，是疑敵之陣。

這八種陣法在戰爭中結合運用起來變幻莫測，神乎其神，有攻有守，所以又有人說這「八陣」其實就是「一陣」。

趣味鏈結：最早的地雷

最早發明地雷是在宋代。1130年，金兵攻打陝州，宋軍使用的「火藥砲」，就是鐵殼地雷。最早的地雷表面平滑，爆炸時碎片少，後來發展成表面有觸角的地雷，當時稱「蒺藜砲」，起爆裝置也是由「信香」、「火鉢」發展起來的。

古代士兵都穿什麼樣的盔甲

盔甲是冷兵器時代頭部和軀幹各部分防護裝備的統稱。名稱種類繁多，但基本上分為頭盔、甲身、甲裙、甲袖、臉甲、頸甲、胸甲、手甲等。

西周時期就出現了青銅鑄造的防護裝具。從出土文物中已經可以證實西周時期已有銅鎧甲。春秋初期雖然青銅防護兵器得到了改進，但當中華民族掌握了煉鐵的技術，尤其是春秋晚期發明了生鐵技術後，鐵兵器逐漸用於實戰，同時開始用鐵製造鎧甲，由於鐵鎧甲的防護能力超過了銅鎧甲，在十分頻繁的戰爭中鐵鎧得到了普遍應用。

但是，金屬盔甲的製造難度很大，價格也非常昂貴，在宋代，一套純鐵盔甲往往要100名工匠花300個工作日才能完成。

古代的盔甲並不輕。宋代的步人甲（步兵鎧甲）是中國歷史上最重的鎧甲，根據《武經總要》記載，北宋步人甲由鐵質甲葉用皮條或甲釘連綴

而成，其防護範圍包括全身。

從出土的實物來看，古代戰甲，多以犀牛、鯊魚等皮革製成，上施彩繪；皮甲由甲身、甲袖和甲裙組成；甲片的編綴方法，橫向均左片壓右片，縱向均為下排壓上排；胄也是用十八片甲片編綴起來的。除皮甲之外，商周時期的戰甲還有「練甲」和「鐵甲」。練甲時間較早，大多以縑帛夾厚綿製作，屬布甲範疇。鐵甲出現於戰國中期，它的前身為青銅甲，是一種比較簡單的獸面壯胸甲。戰國時期的鐵甲通常以鐵片製成魚鱗或柳葉形狀的甲片，經過穿組連綴而成。

趣味鏈結：盔甲的發明者是誰

「丟盔棄甲」是對軍隊落敗後的一種形容，你知道最初的盔甲是由誰發明的嗎？

盔在古代叫做胄、兜鍪、頭鍪，形狀像帽，用以防護頭部；甲又叫介、函、鎧，形狀類似衣服，用以防護身體。盔甲合起來就是一整套裝備了，既能防護頭部，也能防護身體。

據古代傳說，盔是黃帝發明的。《事物紀原》卷九記載：「兜鍪，胄也，黃帝內傳所述。蓋玄女請帝製之，以備身也。」

而甲則相傳是夏朝第七代帝杼在和東夷人作戰時創造的。《世本》記載：「杼作甲」，或作與，注：「少康（夏第六代君王）子也。」

原始的盔甲都不是在兵工廠生產的，用料比較簡單，大多用藤條、獸皮製作，盔似乎也有用金屬做的。《史記‧五帝本紀》正文中記載：「蚩尤兄弟八十一人，並獸身人語，銅頭鐵額。」這裏所謂的「獸身」很可能就是用獸皮製的甲；「銅頭鐵額」也許就是金屬製的頭盔吧！

中國古代的「三軍」

「三軍」最早源於春秋後期，當時的大國通常都設三軍，如晉、

楚、齊、魯、吳等國。但各國對此的稱謂都不一樣，如晉國稱「中軍、上軍、下軍」；楚國稱「中軍、左軍、右軍」；齊國、魯國、吳國都稱「上軍、中軍、下軍」。三軍各設將、佐等軍銜，一般以「中軍」作為統帥，「左」、「右」兩軍為輔軍。

當時的一軍有多少人呢？據《管子・小匡》記載：「萬人為一軍。」事實上，一軍的人數遠不止一萬人，應大約一萬二千五百人。因此，「三軍」合起來就有三萬七千五百人。

唐、宋代以後，「三軍」已經成為軍隊的一種固定建制。不過，這時候的「三軍」與春秋時候的「三軍」又有不同，因為這時候的「三軍」各軍是擔任不同作戰任務的各種部隊：「前軍」是先鋒部隊；「中軍」是主將統率的部隊，也是主力；「後軍」主要是擔任掩護和警戒任務的部隊。

明代的「三軍」又與之前的「三軍」有所不同。據明代朱國禎的《湧幢小品》記載：「三軍者，壯男為一軍，壯女為一軍，男女之老弱者為一軍。」這裏所說的「三軍」，原是戰國時代秦商鞅所規定的，包括前方作戰、後方保衛城池的三方人員。

而我們今天所說的「三軍」，則是指陸軍、海軍和空軍。

趣味鏈結：西周有軍一級的編制嗎

歷來兵家學者都認為西周有軍一級的編制，其主要依據就是《周禮》中記載的軍。在此前後成書的一些史籍，比如《國語》、《左傳》也都記載著西周存在軍一級編制。

《周禮・夏官》記載：「凡制軍，萬有二千五百人為軍，王六軍，大國三軍，次國二軍，小國一軍，軍將皆命卿。二千五百人為師，師帥皆中大夫。五百人為旅，旅帥皆下大夫。百人為卒，卒長皆上士。二十五人為兩，兩司馬皆中士。五人為伍，伍皆有長。」

《國語・齊語》有「五鄉一帥，故萬人為一軍」。

《左傳・襄公十四年》有「周為六軍，諸侯之大者三軍可也」的敘述。

唐、宋、明編纂的《通典》、《通志》、《太平御覽》、《永樂大典》，也都有關於西周「軍、師、旅、卒、兩、伍」編制的記載，並未見與此相悖的論述。

清代兵服上的「兵」字含意

我們在看有關清代的影視資料時，常會看到兵服上的「兵」字，這「兵」字有什麼意思呢？

兵，是一個國家的常備武裝力量。從字義上看，兵指兵卒、士兵，是正規軍隊中的服役人員。清在入關以前，軍隊主要由旗人編組的八旗兵組成。1644年，清入關「定鼎中原」後，八旗兵員嚴重不足，就建立了由漢族人組成的漢兵作為彌補，這種軍隊因為以綠旗為標誌，故稱綠營。

這兩種軍隊雖然有區別，但都是清的正規軍，其駐防地有嚴格規定，不經過朝廷是不能隨便調動的：八旗兵大部分用來衛戍京城，小部分駐防全國某些要地；綠營兵則遍佈全國各地。我們在一般的影視作品中所看到的應該多是綠營兵。

趣味鏈結：清代兵服上的「勇」指什麼

清代把戰爭時期臨時招募的兵士叫做「勇」，如「勁勇」、「募勇」、「鄉勇」等。

雍正、乾隆之後，遇有戰事，每每常規「兵」不夠用，就需要臨時招募軍隊，以補八旗兵、綠營兵之不足。「勇」就地取材，臨時招募，戰事完了就卸甲歸田，即使立有戰功的也不久用。

「鄉勇」始建於1787年清將福康安鎮壓臺灣林爽文起義。他的「官兵」屢遭失敗，遂採取「以土著破土著」的方法，廣募鄉勇「以厚兵威」，終於鎮壓了林爽文起義。由於這些臨時士兵都是本地人，大多熟悉本地山勢水形，自然就很容易取勝。

嘉慶初年時，清廷鎮壓川、楚白蓮教起義，也是廣募川、陝、楚三省「鄉勇」幫助綠營作戰。但這「鄉勇」仍不是清朝的正規軍隊，一到起義被鎮壓下去後，就紛紛解散了。

直到清末太平天國時，曾國藩以團練起家，才改非正式的「鄉勇」為「練勇」（即湘軍），定兵制，發餉糧，稱為「勇營」。由於清入關以後，八旗兵養尊處優，逐漸腐朽，綠營也逐漸腐化，為鞏固統治，清廷不得不依靠曾國藩的湘軍、李鴻章的淮軍（也是招募的）來打仗。從此，「勇」代替了「兵」，成為清廷的正規軍主力。

娘子軍的起源

隋朝末年，李世民策動他的父親李淵起兵，反抗漸漸走入末路的隋朝。李淵的三女兒李氏回到雍州，變賣家產，招募了大批士兵，又聯絡各地的平民武裝，合併了幾支零散的義軍，兵力擴充到七萬。西元617年，李氏率領著這支隊伍和李世民在渭北會師，共同擊潰了隋軍，宣告了隋王朝的結束。

李淵稱帝後，李氏被封為平陽公主。之後，李氏統領的軍隊號稱「娘子軍」。但這支娘子軍只是以女子為將，士兵則多為男性。

至於以女子為基本成員又有嚴密組織的娘子軍，則是從太平天國時期才開始有的。太平天國的女軍是在男女平等的政治綱領指導下成立的，以前、後、左、中、右和數字一至八來編排番號，共40軍，每軍2000餘人，共有10萬之眾。

趣味鏈結：孫武操練「娘子軍」

據史書記載，孫武來到吳國幫助吳王謀劃霸業，吳王為了試他的兵法，便將宮中180名美女交給他訓練。孫武將她們分成兩隊，兩隊隊長由吳王寵愛的兩個妃子擔任。可是這兩人不守紀律，嘻嘻哈哈，於是孫武下

令將她們處斬，另任隊長。

其他美女見狀後非常害怕，所以都認認真真地聽從孫武指揮，進行操練。她們隊伍整齊、步伐統一，完全合乎規格。這大概就是娘子軍的先驅了。

中國古代的軍銜

元帥：元帥源於《左傳‧僖公二十七年》所載晉文公的「謀元帥」。唐代設有元帥、副元帥等戰時最高統帥；宋有兵馬大元帥；元有都元帥、元帥。

將軍：春秋時晉國稱將軍為「卿」；漢代將軍名號頗多；魏晉南北朝時將軍名號更多；隋唐以後歷代皆設有將軍。

校尉：古代軍隊的編制單位是校，校尉是統領一校之官，地位僅次於將軍。漢武帝初置中壘、屯騎、步兵、越騎、長水、胡騎、射聲、虎賁等八校尉，為專掌特種軍隊的將領；唐代團設校尉。

尉：春秋時晉國軍隊分為上軍、中軍、下軍，每軍都設尉；秦漢時太尉、大尉、中尉地位頗高，秦漢以後帶尉字的官員地位逐漸下降。

趣味鏈結：「冠軍」本是軍事用語

冠軍最初的含義是列於諸軍首位。《史記‧黥布列傳》：「項梁涉淮而西，擊景駒、秦嘉等，布常冠軍。」秦末，楚國義帝封宋義為上將軍，號稱「卿子冠軍」。後來，漢名將霍去病也被封為「冠軍侯」。意思是他們的勇武善鬥為諸軍之最。

大約從漢代起，經魏晉以至南北朝時，冠軍成了將軍的一種官銜，叫「冠軍將軍」。唐代設冠軍大將軍。到了清代，皇帝的鑾儀衛及旗手衛的首領，也稱「冠軍使」，是一種官名。後逐漸把「冠軍」一詞從武將推廣到文士，科舉考試中，把名列第一的人稱為「冠軍」。現在，「冠軍」一

詞多用來稱比賽第一名。

諸葛亮是否用過空城計

《三國演義》第九十五回「馬謖拒諫失街亭，武侯彈琴退仲達」中的詩句，被後人改編成京劇、晉劇、徽劇，冠以《空城計》的名字廣為流傳。在民間則認為是諸葛亮在西城憑三尺瑤琴，空城退敵，究竟是不是這回事呢？

自從裴松之否定了諸葛亮用「空城計」的真實性以後，人們對歷史上是否用過空城計的問題多持懷疑態度。

《三國志‧蜀書‧諸葛亮傳》：「（後主建興）六年春，（亮）揚聲由斜谷道取郿，使趙雲、鄧芝為疑軍，據箕谷。魏大將軍曹真舉眾拒之。亮身率諸軍攻祁山，戎陣整齊，賞罰肅而號令明，南安、天水、安定三郡叛魏應亮，關中響震。魏明帝西鎮長安，命張郃拒亮，亮使馬謖督諸軍在前，與郃戰於街亭，謖違亮節度，舉動失宜，大為郃所破。亮拔西縣千餘家還於漢中。」

從這段權威性的記載中我們可以看出街亭之戰時，蜀軍主帥是諸葛亮，魏軍主帥則是張郃，諸葛亮只是「拔西縣千餘家還於漢中」，並未用過什麼「空城計」。

趣味鏈結：「空城計」的發明權屬於趙子龍

諸葛亮雖然沒有用過空城計，但並不是說歷史上沒有人用過這個優秀的戰術。據考證，真正使用過「空城計」的人是趙子龍。

據《趙雲別傳》記載：「曹公爭漢中地，運米北山下，數千萬囊，黃忠以為可取。雲兵隨忠取米，忠過期不還，雲將數十騎輕行出圍，迎視忠等。值曹公揚兵大出，雲為公前鋒所擊，方戰，其大眾至，勢逼，遂前突其陣，且鬥且退，公軍散，已復合，雲陷敵，還趣圍，其將張著被創，

雲復馳馬還迎著，公軍追至圍。此時，沔陽長張翼在雲圍內，翼欲閉門拒守，而雲入營更大開門，偃旗息鼓。公軍疑雲有伏兵，引去。雲擂鼓震天，唯以戎弩於後射公軍，公軍驚駭。自相蹂踐墜漢水中，死者甚多。先主明旦自來，至雲營圍視昨戰處，曰：『子龍一身都是膽也！』作樂飲宴至暝，軍中號雲為虎威將軍。」

我們所瞭解的諸葛亮用空城計的故事，多為《三國演義》所誤。也許是作者羅貫中出於文學表達的需要，有意來了個「移花接木」。

《孫子兵法》的作者是誰

《孫子兵法》是現存中國最早、也是最傑出的兵法，歷來被稱為「兵經」，譽為「百代談兵之祖」。然而，關於它的作者是誰卻長期存在著爭論。

《史記·孫子吳起列傳》說，春秋戰國時期有兩個「孫子」——孫武和孫臏，他們各有兵法傳世。但是，流傳到現在的只有一部《孫子兵法》。司馬遷認為《孫子兵法》的作者是春秋時期吳國的將軍孫武，這一看法也得到了絕大多數人的認同。

但是，有人根據《孫子兵法》闡述的許多是戰國時代的情況，就認為此書源出於孫武，而完成於孫臏；有人則乾脆主張，它是孫臏所作。

還有一種說法認為，由於比《史記》早得多的《左傳》中絲毫沒有提及孫武，並且《孫子兵法》中提到了一些不是孫子時期所能出現的詞和事，所以，《孫子兵法》的作者不是孫武，而是春秋戰國時期的無名氏。

也有人認為《孫子兵法》是孫武和他的門徒共同創作的。

但1972年，在山東臨沂銀雀山的西漢墓葬中，同時發現了書寫《孫子兵法》和《孫臏兵法》的大批竹簡。這一發現證實了《史記·孫子傳》中兩個孫子均著有兵法書的記載是真的，但是，仍有學者認為這不足以證明《孫子兵法》就是春秋末年的孫武所撰。

所以，歷史的真相如何，目前還沒有結論。

趣味鏈結：中國古代十大兵書

《孫子兵法》：中國現存最早的兵書，相傳是由春秋末年著名軍事家孫武所著，今存本13篇。

《孫臏兵法》：為戰國時齊國孫臏所作，共39篇，圖4卷，隋以前失傳，1972年在山東臨沂縣西漢墓中重新發現其殘簡。

《吳子》：由吳起、魏文侯、魏武侯輯錄，共48篇，今存「圖國」、「料敵」等6篇，都係後人所撰。

《六韜》：傳說為周代呂望（姜太公）所作，後經研究，認定為戰國時的作品，現存6卷。

《尉繚子》：傳說為戰國尉繚所作，共31篇，今存5卷，共24篇。

《司馬法》：戰國時齊威王命大夫整理古司馬兵法，共150篇，今存本僅5篇。

《太白陰經》：由唐代李筌撰寫，共10卷，《四庫全書》收錄的8卷本是後人合作的。

《虎鈐經》：是由宋代李許洞撰寫，全書共20卷120篇。

《紀效新書》：由明代戚繼光在東南沿海平倭時撰寫，共18卷。

《練兵實紀》：由戚繼光在薊鎮練兵時撰寫，正集9卷，附集6卷，此書和《紀效新書》亦稱戚氏兵書。

擊鼓與鳴金

在古典小說中，描寫戰鬥的場面常會用到「擊鼓進軍」、「鳴金收兵」的成語。這是怎麼來的呢？

「金」和「鼓」的歷史悠久，早在2500多年前的西周時期就出現了。在《詩經·小雅·采芑》第三章就有「鉦人伐鼓」一句。這句話的意思是

說：掌管鳴鉦和擊鼓的官員（鉦人），這時在擊鼓。「鉦」和「鼓」就是古人行軍時用的器物。

「鳴金」就是「鳴鉦」。《說文解字》說：鉦，「似鈴，柄中上下通。」段玉裁的注解中說它像鈴，但沒有舌，靠柄上下活動，撞擊鉦中心殼體，發出響聲。《詩・傳》中這樣說：「鉦以靜之，鼓以動之。」現在用的「鼓動」這個詞，也是從這裏來的。擊鼓就前進，鳴鉦就止步，擊鼓、鳴鉦都是傳達軍令的。後來陳奐在《詩・傳》疏文中說，鉦、鼓主要用在演習作戰上。真正在戰場上廝殺，則是用的號角和口令。

趣味鏈結：古代的號角

古代軍旅中使用的號角是用獸角做成的，故亦稱「角」，它是東漢時由邊地少數民族傳入中原的：由於它發聲高亢淩屬，在戰陣上用於發號施令或振氣壯威，如「鳴角收兵」之例。後來，角也用於帝王大臣出行時的儀仗；隨著角被廣泛使用，製角的材料也就改用了較易獲得的竹木、皮革，還有銅角、螺角。角的型號也長短大小有別，以適應不同的需要。元明以後，竹木、皮革製作的角漸消失，銅角使用最為廣泛。到清末，新軍創建，「洋式」軍號盛行，角就退出歷史舞臺了。

烽火臺是什麼設施

烽火臺是中國古代有組織地傳遞軍事警報的設施，2700多年前的周幽王時就有了用烽火傳遞資訊的方法。據說在邊疆及通達邊疆的道路上，每隔一定的距離，就築起一座烽火臺，接連不斷。烽火臺裏裝滿柴草或動物糞便，遇到敵人入侵時，便一個接一個地點起烽火報警。各路諸侯見到烽火，就會派兵前來援助，抵抗敵人。

漢朝時，從河西四郡（今甘肅武威、張掖、酒泉、敦煌），一直到鹽澤（今新疆東部羅布泊），都有烽火臺設置，而且規模很大，據說是「五

里一燧，十里一墩，三十里一堡，百里一城寨」。這些烽火臺由各地地方官吏管轄。各臺按照遠近大小，分別配置若干兵卒。舉放烽火的方法，晝夜不同，白天舉煙，夜晚放火。

此外，還採用各種不同的暗號來表示進犯敵人的多少，例如敵人在500人以下的放一道烽火，500人以上的放兩道烽火等等。這種有組織的通信方法，對防守邊疆、抵禦敵人，曾發揮過一定的作用。

這種通信方法，直到明、清時代許多地方還在使用。

趣味鏈結：金牌與文書急遞

《說岳全傳》秦檜連發十二道金牌急召岳飛班師，讀過小說的人均會留下深刻印象、那麼，金牌究竟是什麼東西呢？

金牌的正式名稱是金字牌，交給遞送文書的人佩帶，其作用在於使人一望而知有緊急命令：金字牌本身並不含有班師意義，主要只是表示催促的緊急。

按照宋代的規制，金字牌乃由「急腳遞」傳送。急腳遞又是什麼呢？原來宋代的郵傳制度分為最速、次速、平常三種，最速的日行五百里，其次四百里，再次則三百里。其實，急腳遞每日亦只能趕程四百里，所以能收五百里效果，乃有賴於互遞。因為宋代於特別指定的驛與驛之間設有郵鋪，文書（金字牌）到了，便即由甲鋪的鋪兵遞送乙鋪的鋪兵，依次傳遞，猶如長途賽跑的「接力賽」，加強了傳遞速度，故而急腳遞的傳送可以日行五百里之遙。

金字牌實際上只是緊急文書的一種標誌，它所以「聲名大噪」純受「秦檜十二金牌召岳飛」此一故事深入民間的影響；其實，古代緊急文書使用的標誌並非單獨由「金字」包攬，還有黃漆青字牌、黑漆白字牌、黑漆赤字牌等，其作用與金字牌並無分別。秦檜的十二道金牌，就是等於十二封急遞文書。

古代早期的貨幣

貨幣是商品生產和交換發展的必然產物。中國最初曾使用過牲畜作為貨幣，在彝族的古籍中就有「四羊換一牛」的比值記載，他們表示貨幣概念的「則麋」，原義泛指牛羊，即牲畜的概稱。周代青銅器銘文中還有「匹馬束絲」以易奴隸的記載，即其明證。

隨著商業的發展，人們開始使用貝殼作為貨幣。貝以朋為計算單位，一朋貝就是一條項鏈所用貝殼的數目。西周交通不發達，貝殼不易得，還常用銅來仿製，於是出現了銅貝、銅尋，這是世界上最早的金屬鑄幣之一。此外，也有以石、骨、玉、蚌製作的仿貝，也可能在不同程度上充當著貨幣。由於貝曾被用作古錢幣，因此漢字中凡與價值有關的字都從貝，如貨、財、賦、貴、賤等。

到了周代，生產中大量使用鐵器，生產水準進步，大概在春秋時期金屬鑄幣開始流行，據《國語・周語》記載「景王二十一年（西元前524年）鑄大錢」。

鑄幣開始時有圓形、方形、刀形、鏟形等樣式，後來一般都採用圓形。這也是今天把貨幣的基本單位叫「圓」（簡寫為「元」）的由來。

錢幣在古時還有兩種謔稱：「白水真人」和「王老」。「白水真人」由古代稱錢為「泉」拆字而來。《周禮·地官·泉府》賈公彥說：「泉與錢，今古異名。」大抵可信。

稱錢幣為「王老」由《南郭新書》而來，據說唐代有個富翁，姓王名元寶。他家財萬貫，而當時的錢上恰也有「元寶」兩字，於是人們謔稱錢幣為「王老」。

一本書讀懂中國文化知識

元寶簡史

我們現在常說的元寶，指的大多是舊時鑄的金銀錠，始於元代。忽必烈繼位後，曾以庫銀為元寶，後來又將元寶鑄成馬蹄形，因此又稱馬蹄銀，作貨幣流通。大錠重約五十兩，多由各地銀爐鑄造，標有銀匠姓名及日期、地點。重量成色各有差異。清中葉後元寶須經公估局鑑定批明重量和成色才能流通。而金元寶一般供保藏，極少流通。

其實元寶也是一種古錢幣的名稱，以唐宋兩代鑄造較多。因唐「開元通寶」誤讀作「開通元寶」而得名。

最早使用元寶這一名稱的是唐肅宗乾元元年（西元758年）史思明在洛陽鑄的「得一元寶」和「順天元寶」，後有代宗時的「大曆元寶」。五代晉石敬瑭鑄的錢叫「天福元寶」，宋代有「淳化元寶」。以後每次改元，多更鑄新幣，用年號標名鑄於幣面。清末所鑄銅元上曾用「光緒元寶」四字，這些都是以元寶為名的錢幣。

趣味鏈結：鎳幣之祖

古錢從商代後期到明前期，其成分主要為銅、錫、鉛合金。

古錢色澤因其成分不同而各異，如銅多則顯「冰紅銅」色，銅的比例適中則為黃中泛青的普通青銅色，而錫鉛過多則呈灰白色。秦半兩、六朝

五銖、隋五銖、唐開元、乾元以及宋崇寧、大觀、政和、宣和、靖康、紹興等古錢，有呈青白或白而泛黃的色澤，一般俗稱為「白銅」，其實為銅鎳合金。

鎳有為磁石所吸引的特點。但除了版別特殊的崇寧通寶折十錢外，一般對磁石無動於衷。能與磁石相吸引的崇寧通寶「通」字平頭，走之底平足，「寶」字大斜。此種錢存世較少，可為中國鎳幣之祖。

「孔方兄」為何成了錢的代稱

古代的錢幣在春秋戰國時期是各式各樣的，戰國晚期的秦國才開始鑄造「圓形方孔」的錢幣。從此這種圓形方孔式樣的錢幣就成為古代社會最為通行的錢幣形狀，後來民間也用大錢、銅錢來稱呼這種形狀的錢幣。

最早稱錢為「孔方兄」的是晉朝的魯褒。惠帝元康（西元291～299年）年間，綱紀大壞，世風日下，惠帝昏聵無知，朝綱旁落，政出多門，賄賂成風，很多人都貪得無厭。

魯褒是晉時一個名士，他在文章中寫道：「錢之為體，有乾坤之象，內則其方，外則其圓……親之如兄，字曰孔方。」

針對當時朝廷中達官貴人搜刮民財、巧取豪奪的行為，他寫了〈錢神論〉一文來嘲諷、挖苦他們。他戲稱自己對金錢「親之如兄，字曰孔方，失之則貧弱，得之則富昌」。

這本是魯褒對「錢」的遊戲說法，但是在晉末那個盛行玄談、講究風度的年代，「孔方」、「方兄」或「孔方兄」作為錢的代稱迅速流行起來。因為人們覺得用「孔方兄」來代指錢幣，不但符合它自身的形狀，而且完全消除了言及「錢」時的庸俗氣，使人們覺得說話者知識淵博、氣質脫俗。

時至今日，儘管銅錢已經成為古物，但是仍舊有人用「孔方兄」來稱呼錢，也展現了一種豁達和幽默。

趣味鏈結：最早的貨幣與紙幣

中國最早的貨幣是貝殼。貝殼是隨著商品交換的發展而充當一般等價物的一種主要的也是最早的原始貨幣。

中國最早的紙幣是「交子」。交子產生於宋代初期。交子上有圖案、密碼、花押、圖章等印記。可流通，也可兌現。

紙幣為何又稱「鈔票」

紙幣，又稱鈔票。「鈔」字來源甚早，唐代時就把賣田地的賣約和經官府蓋印的證據稱做「田鈔」，稱官府的其他文件為「文鈔」。

有人認為鈔始於唐代的「飛錢」，但也有人認為這種「飛錢」是一種匯兌而非紙幣。很多的學者認為紙幣始於北宋的「交子」。「交子」一產生，就有地方官吏稱它為「鐵緡鈔」。「交子」的本位是鐵錢，一緡就是一千文。可見，紙幣剛剛出現，就與「鈔」字結下了不解之緣。

交子最初由四川的16家富戶主持發行，是一種紙幣。當時發行額是1256340緡，三年更換一次，備有本錢360000緡。後來由於富戶衰落，1023年，政府收回紙幣的發行權。宋仁宗天聖年間，政府在益州設「交子務」，專司貨幣發行，流行漸廣。

宋代通行過的紙幣，除稱做「交子」、「會子」、「關子」以外，稱做鈔的也有很多，如「河北見錢鈔」、「兩浙鹽鈔」、「陝西錢鈔」等，有上百種之多。金代有「交鈔」，元明兩代的紙幣稱「寶鈔」，如「至元寶鈔」、「大明通行寶鈔」等。

明代中期以後，由於工商業逐漸發達，匯兌業務隨之發展，出現了「匯票」一詞，「票」字的使用也開始多起來。

清朝初年，曾發行一種紙幣，叫做「鈔貫」。民間陸繼出現了「錢莊」和「票號」等金融信用機構，發行「照票」、「憑票」等作為領取現金的憑證。不過，咸豐以前，票是票，鈔是鈔，各不相混，互不通用。至

咸豐年間，太平天國革命爆發，清政府為籌集鎮壓革命的軍費，解決財政困難問題，實行「大清寶鈔」，代替製錢和「戶部官票」，從而出現了「鈔票」一詞，並成為紙幣的代稱。

趣味鏈結：票號和錢莊

票號是清代重要的信用機構，主要從事匯兌業務，又稱「匯票莊」或「匯兌莊」，因多由山西人開辦和經營，故亦稱「山西票莊」、「西號」。

錢莊又名銀號，在長江流域和上海地區稱「錢莊」，在北方和華南各省，多稱之為「銀號」。是君主社會後期（約明中葉以後）出現的一種金融業組織，主要經營銀錢兌換、存款、放款和匯兌等業務。

兌換業源遠流長，唐宋時就有金錢鋪、兌坊類的組織。明初推行寶鈔，禁用金銀；宣德年間，寶鈔壅滯難行，民間交易只用金銀；英宗正統年間放鬆管制，白銀正式成為法定通貨，和銅錢同時流通。

因幣種繁多，僅製錢一項就有「金背」、「火添」、「錠邊」等，重量成色不一，而且製錢、私錢和白銀的比價經常波動，經營銀錢兌換業務的錢莊遂應運而生。

為什麼購物又稱「買東西」

為什麼把購物稱為「買東西」，而不是「買南北」呢？與此相關的有下面這個小故事。

宋代有一位名叫朱熹的理學家，他好學多問，愛鑽「牛角尖」。有一天，他偶然遇見了一個上知天文、下通地理的好友盛溫和。他笑問盛溫和：「你提著竹籃子幹什麼去呀？」盛溫和想和他開個玩笑，便詼諧地眨著小眼睛回答：「我呀，是上街去買『東西』的。」

朱熹冥思苦想，卻百思不得其解，於是又問：「『東西』怎麼個買

法？什麼價？買『東西』？那為何不買『南北』呢？」盛溫和聽了不覺失聲笑道：「你呀，真是聰明一世，糊塗一時。我問你，與金木水火土相對的是什麼？」

他這才翻然醒悟，晃著腦袋饒有興趣地自言自語道：「哦，哦……金木水火土，東西南北中。東方屬木，西方屬金。金木之類的物品，籃子都能容納得下；而南方屬火，北方屬水，這類東西籃子豈能容得下？」說罷，他高興地指著盛溫和的腦袋說：「哎呀，還是你的腦瓜子聰明！」兩個人都哈哈大笑起來。

原來，「五行」的「木金水火土」，是與方位上的「東西南北中」相配的。按照相生相剋的原理，東方的木和西方的金可以共處，而南方的火和北方的水可就勢不兩立了。

後來，這個有趣的小故事在民間廣泛流傳。久而久之，「東西」逐漸被作為商品物質的代名詞了。

趣味鏈結：「東西」與「南北」的對聯

有一年，乾隆帶著一群翰林學士到江南遊玩，途中經過一個名叫通州的小鎮，看到此處小橋流水，風光旖旎，人來人往，市面繁榮，他們就停了下來。

乾隆想起在北京郊外也有一處地方叫通州，隨即吟成了一副對聯的上聯：南通州，北通州，南北通州通南北。

吟完以後，乾隆便命隨行的翰林學士們來對對試試。這上聯有一點刁，那些翰林學士們冥思苦想，卻無人應對。

江南通州當鋪很多，到當鋪當東西、贖東西的人絡繹不絕，生意頗為興隆。有個翰林看到此情此景，頓生靈感，以景造對，脫口道出了下聯：東當鋪，西當鋪，東西當鋪當東西。

乾隆聽了，隨即點頭讚許，說這下聯順手拈來，和上聯匹配竟是妙趣天成。隨行的其他眾人也為這位翰林的機智拍手叫好。

這個下聯末尾的「東西」是表對象，卻要和上聯的表方位的「南北」

相對。人們之所以認可下聯的原因，無疑與「東西」的本義是表方位相關。

「壓歲錢」的由來

現在，人們遇到逢年過節、生日婚慶時，都習慣送紅包。這個習俗是由以前的「給壓歲錢」演變而來的。

「歲」是年的意思，所謂「壓歲錢」，就是壓住由年引起的恐慌的祝福之錢。為什麼年會引起恐慌呢？

在中國的傳說中，年本是一種凶惡的怪獸，每隔365天後的夜晚，牠就會出來傷害人畜，踐踏農作物，人們為了不讓年為害人間，就在牠出現的那一天敲響各種東西驅趕牠。後來逢年敲鑼打鼓放鞭炮便由此演變而來。

年這樣一種怪獸來了，孩子們當然會驚恐害怕，於是大人們就在年來到的時候，做出好吃的食物為孩子們壓驚，久而久之，壓驚逐漸演變為壓歲錢。

據《宋史》記載，宋神宗時，王韶的小兒子南陔元宵觀燈時，被賊人擄去，正巧碰上皇家車隊，南陔呼救，官員們把南陔救出送進皇宮，當時的皇帝宋神宗連忙慰問南陔，同時送南陔壓驚金犀錢祝福。從此，饋贈「壓歲錢」更成流行時尚。

早期的「壓歲錢」是以彩繩穿錢，放在孩子床腳，待年過後方可花掉，明顯有壓驚和祝福的雙重含意。到了明、清年代，則將串起銅錢的彩線改用紅線，更突出了驅凶辟邪和吉利祝福之意。

隨著社會的發展，壓歲錢的含義已由最初的壓驚逐漸轉化為節日的祝福。

趣味鏈結：「搖錢樹」的來歷

「搖錢樹」經常出現於神話傳說中，是說一種寶樹，只要一搖動，就會有錢落下來。也有用「搖錢樹」來比喻能賺錢的人。那麼，「搖錢樹」一詞是怎麼出現的呢？

《醒世恆言・賣油郎獨占花魁》：「只是你的娘，把你（花魁女）當個搖錢之樹，等閒也不輕放你出去。」《占花魁》劇：「被許多人，口稱是万俟府上，把女兒搶去。若有些山高水低，可不把我一個搖錢樹活活地砍折了。」《憐香伴》劇：「我周公夢的秀才，是個搖錢樹。只求樹不倒，不怕沒錢搖。」

因為舊時妓院中鴇母把妓女當做搖錢樹，所以，也稱妓女為「錢樹子」。段安節《樂府雜錄》載：「許和子者，吉州永新縣樂家女也……既美且慧，善歌，能為新聲。及卒，謂其母曰：『阿母，錢樹子倒矣。』」

公債溯源

公債，是國家以信用方式吸收巨額款項的一種形式，它是社會經濟發展的產物。

在出現這種形式之前，國家收入一向依靠地丁與錢糧。太平天國運動爆發後，連年戰爭使清廷元氣大傷、丁糧銳減，而且軍用浩繁，國家財政吃緊。在這種情況下，曾國藩為了搜刮軍費，圍剿太平軍，便與幕僚建議創「釐金」，後又開捐官之例，用來增加收入。

甲午中日戰爭爆發後，清廷已氣息奄奄，理財之術亦窮，經濟來源更加困難。正在清廷內外交困時，光緒庚辰科的狀元、翰林院侍讀學士、南京人黃思永仿效西洋列國籌集公債的先例，奏請清廷發行公債，以應當務之急。這篇奏摺，大受慈禧的讚賞，遂准奏。可是，慈禧認為稱債有失皇家體面，便取名叫「昭信股票」，以示昭大信於民之意。這次發行的「昭信股票」，均交各省派銷。

從此，中國就開始有了公債。

趣味鏈結：彩票溯源

彩票，又叫獎券，俗稱「白鴿票」，還有些人稱之為「發財票」。其前身據說是一種叫「闈姓」的東西。

1880年左右，杭州劉學詢在北京會試時，發行一種「闈姓」。其法將應試舉人的姓印在一張紙上，定價出售，由購買的人去猜，等放榜後，依猜中多少，依次得頭、二、三等彩。科舉未廢時，「闈姓」風行於廣東，官方並不禁止。光緒初年，且有人奏抽「闈姓」捐，以助軍餉。

此後湖廣總督張之洞批准發行的「湖北簽捐票」，可算是傳統中國最早正式發行的彩票。另外，自1894年起，上海即流行一種來自菲律賓的「呂宋發財票」。

商人的由來

「商人」就是買賣人、生意人。那麼，「商人」一詞是怎麼來的呢？

在原始社會後期，出現了以物易物的交換活動。到了夏代，在社會上便分離出一部分專門從事交換的人。西元前1000多年，黃河下游的商族首領王亥聰明多謀，很會做生意，經常率領很多奴隸，駕著牛車到黃河北岸去做買賣。

後來，到了商族後裔湯的時候，商族的手工業已相當發達，特別是紡織業，花色品種優於其他各族。湯為了削弱夏的國力，便組織婦女織布紡紗，換取夏的糧食和財富，把貿易作為政治競爭的武器，最後滅了夏代的統治者夏桀，建立了商朝。

周朝建立後，商朝的臣民被貶為下等人，被剝奪了政治權利，被沒收了土地和財產。過慣了奢侈生活的商族貴族，為了過更好的日子，便紛紛重操舊業，到處去跑買賣。久而久之，便在周族人的心目中形成了一個概

念，即跑買賣的人都是商族人。後來，慢慢地「族」字也去掉了，簡呼為商人了。這些稱呼一直沿襲至今。

趣味鏈結：唐代的外商

唐代時，經濟對外開放，因此吸引了大批外商湧入中土，當時的外商，主要集中在長安、揚州、廣州三個大城市中。

唐代將長安西市劃為外商集中區，這裏的外商主要由西域絲路而來。他們有的開「酒家」，藉「胡姬」陪酒賺錢；有的辦「質庫」（當鋪），「舉質取利」；有的建「波斯邸」，放高利貸發財。更多的則是做珠寶木材生意。

廣州的外商則主要從海上絲路而來，大多經營從波斯、印度等地運來的香料珍寶等物。唐代廣州外商最多時，據估計有十多萬人。

揚州也是一個經濟十分發達的城市，對長安和廣州的外商有強烈的吸引力。肅宗時，田神功率軍大掠揚州，僅大食、波斯的外商就死了幾千人，可見揚州外商之多。

在史籍中，唐代的外商大多被稱為「商胡」，亦稱「賈胡」、「胡客」、「番商」，這些外商主要是來自於大食（古阿拉伯帝國）、波斯（今伊朗）的穆斯林商人。

與外國通商，為唐代帶來巨大財富。每年的商稅、市稅收入，廣州市舶使的關稅收入，在唐代每年的財政收入中都占很大比重。

薪水史話

據《南史·陶潛傳》記載，陶潛送給他兒子一個僕人，並寫信說：「得知你們在家連每日的生活開支都難以供給，因此派了這個僕人來，幫你們打柴汲水。他也是人家的兒子，你們可要好好待他。」

在陶潛的這封信中，便出現了「薪水」這個詞，「薪」指砍柴，

「水」是擔水。因為柴和水都是生活的必需品，原指砍柴打水的「薪水」一詞，便漸漸有了生活開支的意思。如《魏書‧盧昶傳》中記載：「如薪水少急，即可量計。」這裏的「薪水」就是指日常費用。

東漢以前，官員俸祿一般都是發放實物（糧食、布帛），唐以後一直到明清，主要以貨幣形式為俸祿發給朝廷官員。古代官員俸祿的名稱不止一種，如「月給」、「月薪」、「月錢」等，而明代曾將俸祿稱「月費」，後又改稱為「柴薪銀」，意思是幫助官員解決柴米油鹽這些日常開支的費用。

現代一般人按月支取的工資近乎古代的「月俸」、「月費」，主要也是用來應付日常的生活開支。因此，人們常把工資也稱為「薪水」。

趣味鏈結：盤纏的由來

錢與我們每個人的生活息息相關，它用於不同場合時，說法有很多，如鈔票、紙幣、銀子、現金、費用等。看古裝劇或古小說時，說某人有沒有旅費時，還會發現它的另一種稱呼：盤纏（或盤川）。為什麼這樣叫呢？

「盤」和「纏」，分別是「盤繞」和「纏繞」的意思，是一對近義詞。錢同盤繞、纏繞在今日當然毫無關係，但在古代卻有著某種必然聯繫。

古代的錢幣都是中間有孔的金屬硬幣，因此古人常用繩索將一千個錢幣穿成串再吊起來，穿錢的繩索叫做「貫」，所以，一千錢又叫一吊錢或一貫錢。

宋代以前的商賈遊人出遠門，都把銅錢或背在身上，或肩扛手提，既不便，又引人耳目，且容易被竊賊盯上，所以到了宋代便出現了把銅錢盤起來纏繞在腰間的新發明，既方便攜帶又安全，因此古人就將這又「盤」又「纏」的旅費叫「盤纏」了。

古代的集市

「集市」一直伴隨著人類社會的進步而進步，自身的形態和功能也在發生著變化。在漫長的發展歷程中，「集市」肩負著兩部分的職能：一是物品交流的功能；二是民眾聚會的重要場所，即人與人的關係的社會體現場所。今天，我們所見到的廣場空間也是從「集市」的形態演變而來。

中國集市貿易的歷史，最早可以追溯到原始社會後期的「物物交換」。到了周代，集市貿易已初具規模，《周易・繫辭》記載：「日中為市，致天下之民，聚天下之貨，交易而退，各得其所。」

到了唐代，集市設有市令官，主要管理市場交易，並規定午時擊鼓三百下，商人始能入市。日落前七刻擊鉦三百而散市。

隨著商品經濟的發展，開始出現了專門性的集市。古代的專門集市可分為季節性和非季節性兩種。季節性的專門集市，大多出售的是節令商品，如《成都古今記》載：「正月燈市，二月花市，三月蠶市，四月錦市，五月扇市，六月香市，七月七寶市（用多種寶物裝飾的器物），八月桂市，九月藥市，十月酒市，十一月梅市，十二月桃符市。」另外，也有一些鹽市、草市、米市、茶市等，也屬於專門集市。

另外，還有廟市和香市，廟市又稱廟會，一般是一年一度，為期約數天。像上海靜安寺廟會。有的一年數次，甚至每月舉行。香市一般在春季汛期進行，也是一種大規模的集市貿易。

宋代還出現了夜市和早市。夜市一般至晚三更為止，早市一般始於五更。

最為有趣的是，在古代還有一種「學市」，又稱「槐市」。相傳為漢代王莽建立的。槐市「列槐數百行為隧，無牆屋，諸生朔望（每月初一和十五）會，且各持其貨物及經、傳、書、記、笙、磬、樂、器，相與買賣，雍容揖讓，論義槐下」。

趣味鏈結：秤的歷史

古代，將量物輕重的天平和桿秤通稱「權衡」。早在西周時期，已有了計算重量的手段，如西周青銅器銘文中的「金十勻」等記載，其中的「勻」就是計量單位。

到春秋時期，開始出現了天平。到了三國時代，天平的提紐漸漸從中間移至一端，並在衡桿上刻斤、兩數，形成提繫桿秤的雛形。現代出土的一些北魏、北齊的鐵秤砣顯示，在魏、晉、南北朝時期，桿秤已得到了廣泛運用。

對於計量衡器，歷代都重視其製造和管理。首先，要求衡器製造準確。早在西周成王時，王室就曾頒布度量衡標準器。秦始皇時，還曾頒發標準權器，詔令全國統一度量衡。唐、宋、元、明、清各代都對度量衡的管理十分嚴格，頒布了不准私造的法律。

為保持衡器的準確度，各代還實行一些定期巡檢制度。周代規定，每年仲春和仲秋之月「同度量，平權衡」。

為加強衡器管理，歷代還專門設置掌管度量衡事務的官吏與機構。史載東漢時的京兆尹平權衡，因而「市無阿枉，百姓悅服」。唐代專設監校官。明代權衡通由工部寶源局監造，由兵馬司兼領市司，負責校正衡器。

夜市史話

每當夜晚來臨華燈初上之時，各地的夜市便開始活躍起來。然而，你知道夜市的歷史嗎？

夜市在中國有著悠久的歷史，遠在春秋時期，商業活動就很活躍。到了西漢，都城長安及洛陽、邯鄲、成都等大城市，均已成為著名的商業中心。不過，當時官署對城市市場管理嚴緊，開市和閉市均有定時，不可能形成夜市。東漢時，有些城市打破禁錮，興起了「夜羅」，這便是夜市的萌芽形式。

到了唐代中期，隨著農業、手工業的不斷發展，商業出現了新繁榮局面，單靠白天的市場交換商品顯然已經不能適應，於是夜市才正式出現。

北宋時，都城汴梁的夜市已初具規模，十分熱鬧，達到了「車馬闐擁，不可駐足」的程度。夜市的時間要三更歇。買賣的內容以各種時令食品、風味小吃為主：夏天有綠豆飲、甘草冰雪涼水等；冬日則有旋炙豬皮肉、野鴨肉之類。當街擺鋪，提燈照明，任人選購。

南宋遷都臨安以後，夜市更是盛況空前。南宋吳自牧所著《夢粱錄》裏說：「杭城大街買賣晝夜不絕，夜交三四鼓，遊人始稀。」《都城紀勝》中更說：「其夜市除大內前外，諸外亦然，……奇巧器皿，百色對象，與日無異。」這時的夜市，凡白天能買到的商品，晚上幾乎都能買到。

趣味鏈結：官設馬市史話

所謂「馬市」，就是馬的交易場所。據史料記載，馬市起源於唐玄宗時，當時朝廷允許突厥人每年在西受降城（今內蒙古杭錦後旗烏加河北岸）用馬匹換金帛。這便是中國最早的馬市。

宋代沿襲了唐代這一交易制度，大多用布帛換取馬匹，宋神宗時則又用茶葉換馬。

明代永樂年間，在甘肅設有與回族易馬的互市，後來又在遼東的開原南關、開原城東和廣寧分設三個馬市，以米、布、絹和少數民族換馬。明正統三年，又在大同開設馬市，與瓦剌首領也先互市，後來由於中官王振裁抑馬價，發生兵爭，而招致土木之變，馬市廢除。明嘉靖十年（西元1531年），又在大同、宣府等地開設馬市，以銀換馬。

清順治二年（西元1645年）雖在張家口和古北口等處設馬市，用茶換馬，但到雍正年間趨於停止，僅僅在四川邊境地區與少數民族用鹽換馬。而到了咸豐時各地軍隊所需馬匹統歸自購，官設馬市告以全廢。

何謂商幫

明清時期民間的販運貿易形成了四大主要商幫，即船幫、車幫、馬幫、駝幫。

船幫是指以船為主要交通工具，載運貨物於江河湖海之間的商幫。在古代由於交通的不便和道路的崎嶇，大宗貨物的長距離運輸主要依賴船隻，船幫在當時的行商中名氣頗大，多為「攜數萬之資，以求什一之利」的鉅賈組成。明代中葉規模較大的是黃河船幫，清代晚期開始沒落。載運的貨物主要為糧、鹽和布匹，後期也曾以銅、鐵為主，主要是漂洋過海到日本採辦洋銅、洋鐵等。

車幫的交通工具一律為大馬車，以販運內地商品經東北至中俄邊境貿易為主，沿途經過的多為平地草原。車幫出發時，一般二十輛車組成一隊，白天休息晚上趕路，一輛輛馬車首尾銜接，每輛馬車下掛一盞馬燈，前後有二十多條大狗尾隨，氣勢浩蕩。

馬幫指以騾馬毛驢等為交通工具的商幫，馬幫與船幫比，一般規模較小，販運的距離也較近，主要販運的貨物為人們日常需要的糧、油、棉、布以及其他日用品，多在山區活動。馬幫的首領在中原地區習慣上稱為幫頭，他所帶領的騾馬數量也以幾把鞭子來計算，每把鞭子必須趕足五頭牲口，幫主要自備一匹騎騾壓陣。馬幫多活動在西部和中原一帶，大的馬幫一般擁有牲口上百匹，小的則只有十幾匹，甚至幾匹。

駝幫是指以駱駝為交通工具的商幫，由於駱駝的忍耐力極強，所以駝幫主要從事的是遠距離的長途販運，他們跋涉於崇山峻嶺或荒漠草原，行旅辛苦。民間駝幫主要以販運江南的茶葉到中俄邊境哈克圖進行貿易為主，在清代曾十分有名，如黃河駝幫互市的主要地方——哈克圖曾被稱為中國的陸地碼頭。

趣味鏈結：會計的由來

「會計」一詞大家都知道，它是監督和管理財務工作的代稱，而今，也用「會計」稱謂做此類工作的人。

「會計」就是「總會計算」的意思。「會計」起源很早，最早出於《史記‧夏本紀》：「禹會諸侯江南，計功而崩，因葬焉，命曰會稽。會稽者，會計也。」大禹晚年在紹興的苗山上大會諸侯，稽核他們的功德，這個行動稱會稽（會計）。

儘管「會計」起源很早，但到了周代，才形成現在意義上的「會計」。

據記載，周代有專設的會計官職，掌管賦稅收入、錢銀支出等財務工作，進行月計、歲會。亦即，每月零星盤算為「計」，一年總盤算為「會」，兩者合在一起即成「會計」。

古書中多處都有使用「會計」一詞：《孟子》裏有「會計當而已矣」的話。《戰國策》「馮諼為孟嘗君市義」裏也提到過，孟嘗君要派人去薛邑收債，問門下諸客：「誰習計會？」馮諼則應聲而出。

漢代把周代的會計官職又作發展，設立了管理這些會計事務的官職。《漢書》上載，漢初的桑弘羊曾為「大司農中丞筦諸會計事」。

古代的賦稅制度

賦稅，又稱稅收，是國家出現後的產物，是國家存在的經濟表現與物質條件。

據歷史記載，2000多年前的夏代就出現了「貢」，貢就是獻生產物給帝王。夏代的貢納，地區廣，名目多。據《尚書‧禹貢》所載，除地處王畿的冀州無須納貢外，其他八州都有貢納。各州的貢納內容互有側重。除麻、絲、漆、羽毛、皮革和銅鉛等金屬外，有的州還須貢納珠寶、怪石、海貝、異獸等。

商代時，國力強盛，貢納的範圍更廣，除諸侯封邑外，邊疆的氐、羌等族，也來納貢、稱臣。諸侯部族貢納的大量牲畜，更是商朝君主對外戰爭所需畜力和祭祀用牲的主要來源。

進入西周後，貢納已經制度化。一方面，將貢納列入財政預算，「專貢專用」；另一方面，按等級核定貢納的輕重。即所謂「天子班貢，輕重以列，列尊貢重」。

到了春秋時期，對私有土地按畝徵稅的「初稅畝」制實行後，就有了「稅」的徵收方式。後來，隨著手工業和商業的進一步發展，捐稅的種類日益增多。

北魏和唐代中期以前實行均田制，稅收多以田畝徵收，兩稅法實行後，則以人口和財產多寡徵收，宋代也大致如此。

到了明代後期，實行了「一條鞭」新稅法。它以州縣為單位，把所有的田賦、勞役以及多種攤派的貢納和雜役，統統折合成銀兩，歸併成一個總數，然後按本州縣田畝分攤，向土地所有者徵收。

清初，繼續沿用「一條鞭」法。1713年，清政府下令，依照康熙五十年各地所報人丁數字，作為丁銀的固定稅額，後來又演化為將丁銀併入田賦徵收，丁銀和田賦都按田畝徵收。這種「地丁合一」是古代傳統賦稅制度的最後形式。

趣味鏈結：捐輸、捐納、捐例

清中葉以前，遇有國家慶典、籌集軍餉、皇帝巡幸、工程建設等浩繁開支，准許鉅賈富民捐款報效，曾舉辦臨時性捐輸。其後，捐輸定為常例，在國家正項財政收入中，列有捐輸名目。清末，《辛丑合約》簽訂後，為籌措庚子賠款，在四川等地所徵的田賦附加稅，亦稱捐輸。

捐納是古代社會政府實行的捐官制度。以捐納一定數額的銀兩獲得授予的官銜（虛銜或實職）。這種制度始於秦始皇時期，以後歷代君主政權多沿襲。

捐例是亦稱「事例」。君主政府所訂捐官章程，分暫時事例和現行

常例兩種。清順治時招民授職，捐銀約數千兩，亦有至萬金者，但仍行考試，文理通順者為知縣，不通者改授守備。這就是捐例的開始。康雍時期，只捐虛銜，不能做實官。清代後期，將捐款列為正項財政收入，虛銜之外可以捐實官。捐什麼官，要多少銀子，皆明訂章程。

當鋪的由來

當鋪，在古代到處都有。它起源於1000多年以前的南北朝時期，當時稱為「質庫」。據《南史》記載，質庫最初全由寺廟經營，以後達官貴族也多開設。

到了唐宋，典當業日益發達。南宋詩人陸游在《老學庵筆記》中記述：今寺僧輒作庫，質錢取利，謂之「長生庫」。長生庫成了宋時當鋪的別稱。元代稱當鋪為解庫、解典庫、解典鋪。明代除舊稱外，又有當鋪、典鋪、典當等名稱。「當鋪」之名可能始於明代。民間當鋪的發展是清代以後的事情。

趣味鏈結：「銅臭」的來歷

人們通常把用錢買官的方式叫做「銅臭」，用來譏諷有錢人或唯利是圖的小人。那麼，「銅臭」一詞是怎麼來的呢？

據《後漢書·崔烈傳》載，東漢時，有個人名叫崔烈，他曾做過郡守、九卿，後官拜太尉，朝野均有聲望。漢靈帝劉宏在位時，崔烈以五百萬錢（當時折合黃金五百斤），買到了司徒這個官職。朝野議論譁然，崔烈的聲譽更是一落千丈。

一天，崔烈問他兒子崔鈞：「我位居三公（司徒為三公之一），不知大家都在背後說我些什麼呢？」崔鈞說：「他們說你身上有股銅臭味。」崔烈大怒，拿起木棒就打崔鈞。這件事當時被傳為笑柄。

「銅臭」一詞，從此被傳了開來。

商標溯源

商標是商品的標記，俗稱「牌子」。商標是隨著商品生產的出現而產生的。春秋戰國時期的酒店，最初就是以「旗」作為商標。《韓非子·外儲說》中提到：「宋人有沽酒者……懸幟甚高。」這裏的「懸幟」，就是指掛酒旗作商標。那時的商標多以實物充當，鞋店畫雙鞋、剪刀鋪繪把剪刀以示經營內容等。

但隨著工商業的發展，往往同一個市鎮裏，有幾家同行業的商店或作坊，倘若都以同樣的實物作標誌，那麼互相之間就難以區別了。於是，他們便各以一種動物或植物作記號，這樣便出現了「圖記商標」。北宋時期，當時濟南有家姓劉的針鋪店，以石兔作為商標，頗負盛名。

鴉片戰爭以後，外國商品大量湧進中國市場。中國商標受外國影響，它的職能除了區別同類商品外，也有著美化商品的作用。因而，商標的款式、花樣也逐漸繁多起來。

中國歷史上第一個商標法，是清光緒三十年（西元1904年）頒布的《商標註冊試辦章程》。

趣味鏈結：小議「幌子」

戰國時期的思想家韓非子在他所著的《韓非子·外儲說》中提到：「宋人有沽酒者……懸幟甚高。」

這裏的幟，就是幌子，是較古老的一種表明商店經營項目的旗子，也是古代商店的一種重要標誌。當時，就是目不識丁的人，透過形象的幌子也能知道商店經營的內容。唐代詩人張繼的「高高酒旗懸江口」、杜牧的「水村山郭酒旗風」等佳句，所描寫的正是這種幌子。

在以前，民間作坊都會掛出幌子以做標誌。諸如中藥店掛大膏藥，小吃鋪掛羅圈子，還有以實物或圖畫做幌子的，把豬頭、羊頭懸掛於店鋪門

前，畫雙鞋、繪把剪刀樣子以示經營內容等。即使現代，開始以牌匾做經商標誌，不少商家還會在牌匾上或者商店的櫥窗繪上實物的圖樣。

旅遊業的始創者

現在的人大都喜歡旅遊，遊覽名山大川，參觀名勝古蹟等。但是，你可知道，旅遊是由何時、何人始創而成為一項經濟事業的呢？

旅遊業的始創者當屬北宋名臣范仲淹。據古籍記載，宋仁宗皇祐二年（西元1050年）江蘇南部一帶發生災荒，當時，范仲淹任杭州太守。

范仲淹為了賑濟災民，便利用那裏的湖山秀麗、古廟名寺眾多之長，命各廟主事修葺廟宇，並在太湖舉辦划船比賽，然後號召各方官民出遊。他自己帶頭遊覽。自春至夏持續數月之久，收入一大筆錢，范仲淹便用來救濟災民。這一來災民衣食有著，居守家園，免受逃荒顛沛流離之苦，實是一椿美事，從而也為把旅遊業作為一種經濟事業來辦開創了先例。

趣味鏈結：「導遊」的由來

「導遊」是從「嚮導」一詞演化而來的。「嚮導」，是古代軍隊中的一種專門稱謂。《孫子兵法》中就有「不知山林險阻沮澤之形者，不能行軍，不用鄉導者，不能得地利」之語。

春秋時期，齊桓公帶著管仲北伐孤竹，春往冬返。由於沒有嚮導帶路，回來的路上迷了路。後來，管仲想出了一個辦法，曰：「老馬之智可用也。」這老馬就是發揮了嚮導的作用。

三國時，諸葛亮5月渡瀘，深入不毛。他深知「嚮導」的作用，就派熟悉雲南地理的永昌人呂凱繪製《平蠻指掌圖》，進軍入滇，從而獲得了七擒七縱孟獲的勝利。

古代醫藥是如何形成的

醫與藥，源於人類捍衛生命的需求。而中國傳統醫學的特有形態，是在華夏民族獨特的思維與文明影響下形成的，表現了古人的智慧。

原始人壽命多數很短，很多原始人在青少年時期就因各種原因死去。人類與生俱來有著對生命和健康的追求，由此產生了克服疾病與傷痛的願望，這是醫藥起源的基本條件之一。

原始人在尋找食物的過程中，發現某些食物會引起腹瀉、嘔吐、昏迷、中毒，甚至死亡，而另一些食物則能減輕或消除某些病症，在遍嘗植物根皮、花果、野草、動物等後，透過分類逐步確定了許多動植物的性味、功能、主治和毒性。

以上就是中草藥藥物知識萌芽的實踐過程。在這些基礎上，華夏民族經過一代一代長期反覆的試驗和證明，確認了某些自然界物質的藥物效果，逐漸學會了運用原始的藥。醫藥就是在長期實踐中探討、研究、歸納、總結、驗證，逐步形成發展而來的。

趣味鏈結：煉丹與長生不老的迷夢

在古代，許多人都在追求著長生不老的迷夢。秦始皇、漢武帝都曾迷信方士，出鉅資讓他們去尋覓仙山，煉製仙藥，結果都是徒勞無功。

魏晉時期宗教思想的盛行，對以儒家禮教為正宗的思想界帶來了衝擊。這一時期的知識分子，提出「越名教而任自然」，除了要求思想上擺脫束縛，行為上也經常以怪誕來反叛禮教，如居喪飲酒、赤膊跣奔等。這些行為的背後，又往往伴隨著服散。散，指「寒食散」，又叫「五石散」，一般由石鐘乳、紫石英、白石英、石硫黃、赤石脂五味礦石合成。

因寒食散藥性燥熱，服後須寒飲、寒食、寒衣、寒臥以散熱，這正符合當時文人放浪形骸的舉止，服散之風一度非常盛行。其實魏晉文人在放誕縱情的背後，掩飾不住的是對生命無常的恐懼，這與當時疾病和瘟疫盛行的環境有關。

魏晉時期，尋求長生不老丹藥的思想盛行，道教煉丹術得到發展。丹藥的原料往往是礦物，因為煉丹家們認為金銀玉石等永恆不壞，如果能以此煉成丹藥服食，就可以將金石的不朽性移植入人體，人體就能像礦物一樣不會衰敗。

礦物質平時性質穩定，在煉製過程中會出現各種變化。古人覺得很神奇的「丹砂燒之成水銀，積變又還成丹砂」，實際是紅色的丹砂（硫化汞）經煅燒後，生成二氧化硫，游離出銀色的金屬汞，再繼續加熱，最後又生成赤色結晶（氧化汞）。由於丹藥這些奇異的現象，更顯出它的「神奇」。

從醫學角度而言，礦物類雖可入藥，但往往副作用較強，多為燥烈劇毒之藥，過量服用能引起嚴重中毒，變生種種疾病。歷代服食丹藥中毒喪生者甚多，其中就包括不少皇帝，如東晉哀帝司馬丕、唐太宗李世民、唐穆宗李恆、唐武宗李炎、唐宣宗李忱等。

由於丹藥具有明顯的不良後果，最終使這一風氣在唐代以後漸漸衰退，只有某些皇帝貪戀人世，仍然不顧一切地以身試藥。煉丹術作為追求

長生不老的方術失敗了。但是，煉丹家們所記載下來的內容，包含了不少化學變化的例子，被認為是世界化學的先驅。

煉丹家們在煉丹中也創造出了偉大的發明，其中尤以火藥最為矚目，火藥的發明是在意外的失敗事故中取得的。由於許多化學物質在一起煆燒經常會引起丹房失火，這樣的意外事故卻使唐代的煉丹家們注意到：硫、硝、炭三種物質可以構成「火藥」。

後來，大約於晚唐時期，這一「配方」由煉丹家轉入軍事家手中，從而就發明了中國古代四大發明之一的黑色火藥，這對中國軍事的發展產生了很大的推動作用。

巫與醫藥的關係

巫是人類史前歷史發展到一定階段才產生的，舊石器時代中後期，原始的巫教意識開始形成，那時的巫尚未職業化。巫，無論作為一種宗教、一種從事巫教職業的人，還是在廣義上作為一種文化，其複合體是伴隨著歷史的前進從野蠻而跨進文明社會門檻的。

巫產生以後，曾把人類醫藥的經驗予以吸取、傳承變異，替比較質樸的醫藥經驗和樸素的知識披上一層靈光，在醫學史上形成了一個醫巫合流的混雜階段。

夏、商正處在這個階段的鼎盛時期，那一時期社會上的許多巫師，他們能代鬼神發言、歌舞等，還能醫治疾病，有的甚至還參與朝政，指導國家政事、策劃國王的行動。

巫師群體內進一步分化，便出現了比較專職的巫醫。殷墟甲骨文中的「巫妹」，就是一位治小兒病的女巫醫。《逸周書·大聚》：「鄉立巫醫，具百藥，以備疾災。」反映了巫醫在朝野普遍存在。巫教觀念的存在與積澱，是巫醫得以生存的重要條件。

巫醫是一個具有兩重身分的人，既能交通鬼神，又兼及醫藥，是比一

般巫師更專門於醫藥的人物。殷周時期的巫醫治病，從殷墟甲骨文所見，在形式上看是用巫術，造成一種巫術氣氛，對患者有安慰、精神支持的心理作用，真正治療身體上的病，還是借用藥物，或採取技術性治療。巫醫的雙重性（對醫藥的應用與阻礙）決定了其對醫藥學發展的功過參半。

隨著古代農耕文明的崛起，人們在造成一個人化的環境同時，逐漸地打破神化的世界，顯示了人的價值，不斷沖淡了對神的信仰。

到了周代，特別是周末，巫、醫消長的趨勢已有了反差，醫藥知識與經驗開始逐漸從醫巫合流的堤岸中分流出來，按自身的規律發展，而且愈向前發展，醫巫的流向分歧愈明顯，甚至兩者之間出現了對抗。到春秋戰國時期，兩者發生激烈的爭論，最終決裂。

文化價值的取向成為醫巫的分水嶺，醫藥的取向是科學文明與精英文化，而巫則基本上轉向下層文化和神祕主義。但在巫作為歷史發展新生事物誕生及其發展之初期，巫醫作為有知識之人在總結利用醫藥知識及積累方面，其作用應當給予充分的肯定。

趣味鏈結：「中醫」的真正含義

說起「中醫」，有些人會很自然地認為這個「中」字本來是為了區別「西醫」的「西」字，因此，「中醫」本意是指傳統醫學或大夫。是這樣嗎？其實不然。

「中醫」一說，最早見於《漢書・藝文志》的「有病不治，常得中醫」句。看來，「中醫」一詞在距今兩千多年前的西漢時代就出現了。那時西醫還不成系統，更沒傳入中國（西醫傳入是在西漢以後又過了一千七百年的明末），因此，「中醫」是不可能為了區別「西醫」而叫的，這裏的「中」也不是指中國，那是什麼意思呢？

中國最早認知萬物的思想基礎，來源於《易經》，將世界一切事物均納入陰陽的軌道，對後世的哲學、社會、天文、地理、醫學等都具有重要和直接的影響。因此古代的醫學理論認為，人體的陰陽保持中和才會取得平衡，不會生病。若陰陽失衡，則疾病必來。中醫大夫有「持中守一而醫

百病」的說法，意即身體若無陽燥，又不陰虛，一直保持中和之氣，會百病全無。所以「尚中」和「中和」才是中醫之「中」的真正含義。

中藥一詞的由來

中國醫藥學具有悠久的歷史，但在現存的傳統醫藥典籍中卻沒有「中藥」一詞，而只有「本草」或「藥」。那麼，「中藥」一詞是何時才開始出現的呢？

這要從西醫的傳入說起。從明末清初開始，西方近代醫學逐漸傳入。尤其是鴉片戰爭後，西藥開始流入。傳統醫藥和西藥都是取材於自然界的天然物質。不過，傳統醫藥在製法上落後於西藥，基本上停留在生藥階段，導致傳統醫藥在某些方面遜色於西藥。

為了振興中國醫藥，許多有志之士遠離故土，漂洋過海，學習西醫藥。與此同時，也開始了西藥教育。辛亥革命後，西藥學教育在中國逐漸推廣。

到20世紀20年代，一些大城市已形成中西藥相互並立和共存的局面。人們為了與西醫、西藥相區別，便將中國傳統醫藥分別稱之為中醫或漢醫、中藥或漢藥。正是由於西藥的傳入，才出現了與之相應的「中藥」一詞。

趣味鏈結：中藥緣何稱本草

自《神農本草經》問世以來，「本草」一詞經千百年的沿用，已有了特殊的含義，它已經成了所有中藥材的統稱。有些中藥材是動物和礦物，為什麼統稱中藥材為「本草」呢？

五代時期的韓保升說：「按藥有玉石、草木、蟲獸，而直云本草者，為諸藥中草類最多也。」這是長期以來人們對中藥材統稱為「本草」的公認解釋。

古代以「草」或「草本」作為植物的代稱，而中藥裏又以植物藥為主，所以說這樣的解釋是合情合理的。但若從藥物的起源來看，認知還可再深入一步。

原始人類在尋找食物的過程中，逐步發現了某些動植物的醫療功效。由於人類對植物接觸最多，認知最早，起初尋找藥物時只是在植物中進行，所以最初的藥物只有植物。

《說文解字》中說：「藥，治病草也，從草。」反映了最初只有植物藥的狀況。雖然，後來人們又發現了動物藥、礦物藥，但這一概念被保留了下來，所以後世把藥物稱為「本草」。

古代的醫院

中國醫院的雛形最早見於漢代，迄今已有近2000年的歷史了。

西漢元始二年（西元2年），瘟疫在黃河流域肆虐。因此皇帝劉衎下令，騰出一些房屋，請來醫生、籌備藥物，免費為百姓治病。這可能是世界上最早的居民隔離醫院。

到了唐代，朝廷在開元二十二年（西元734年）設有「患坊」，用來收容貧困的殘疾人和乞丐；另外，還設有「癘人坊」，用來隔離及醫治麻風病人。

宋代，醫療事業得到了很大的發展，醫院組織漸趨完善。朝廷開設了名叫「安濟坊」的醫院，內有專職管理人員和醫生、病房、病歷。朝廷還會根據醫生的醫療水準給予適當的獎勵。

當時，這種醫院除了設在北宋的京城汴京以外，在其他的一些大城市裏也可見到。如杭州太守蘇東坡創辦的「病坊」、蘇州城內的「濟民藥局」，以及一些私營的「養濟院」等。

建立現代形式的分科醫院，是近代的事。

太平天國末年，干王洪仁玕曾在天京（今南京）辦了一個醫院，由他

親自領導。

清同治二年（西元1863年），李鴻章雇用「常勝軍」鎮壓太平天國革命運動，曾聘用外國醫生在松江、崑山開設軍醫院。

最早的現代化醫院是於1918年創建的北京中央醫院。

趣味鏈結：醫生在手術中為什麼穿綠色的手術服

醫生們所穿的手術服為什麼是綠色的呢？

人眼在長時間注視著一種色彩時，視神經易受刺激而疲勞。為了減輕這種疲勞，視神經便會誘發出一種補色進行自我調節。

若長時間地盯著一張上面印有鮮紅色圖案的紙張後，把視線轉向另一張白色的紙張，你會發現這張白紙上出現了淺綠色的圖案，因此說紅色的補色是淺綠色。

醫生在手術過程中，眼睛看到的總是鮮血淋淋的紅色。如果醫生們所穿的手術服是白色的，那麼當他偶爾把視線轉移到同伴的白袍上時，就會看到斑斑點點的「綠色血跡」，使視覺產生混亂而影響手術效果。

而採用淺綠色的衣料做手術服，就可以消除綠色錯覺，確保手術順利進行。

古代最早的醫學校

南北朝劉宋元嘉年間，設立了太醫博士、太醫助教等醫官。隋朝創立了太醫署，主要是一些太醫們集中在一起辦公的地方，相當於現在的醫學教育行政機構。

隋朝的太醫署有主藥2人，醫師200人，藥園師2人，醫博士2人，助教2人，按摩博士2人，咒禁博士2人。其規模不大，設置不全，所以只能算是醫學校的初級階段，並不能算正規的醫學校。

唐高祖武德七年，在長安建立了唐太醫署。唐太醫署由行政、教學、

醫療、藥工四大部分組成，與現在醫學院校的教育行政機構設置相類似。

唐太醫署由皇家直屬，設太醫令2人，是太醫署的最高行政官員，相當於現在醫學院校的校長職務；還設立太醫丞2人，他們作為太醫令的助手。太醫丞手下則有醫監4人，醫正8人。以上18人都是太醫署的行政長官。

太醫署分醫學部和藥學部，醫學又分四大科：醫科、針科、按摩科（包括傷科）和咒禁科。四科之中，醫科最大，總共有164人。其中醫師20人，醫工100人，醫生40人，典藥2人，醫博士1人，醫助教1人。學生入學後，必須先學《素問》、《神農本草經》、《脈經》、《甲乙經》等基礎課程，然後再分專業學習。學生都由太醫署中的博士、助教教課。

針科共有師生員工62人，其中博士1人，助教1人，針師10人，針工30人，學生20人。針科學生先學醫學基礎理論，然後重點學習針灸專科。

按摩科共有師生員工36人，其中博士1人、按摩師4人、按摩工16人、學生15人，以學習按摩專門技術為主。

咒禁科共有師生員工21人，其中博士1人、咒禁師2人，咒禁工8人，學生10人，主要學習道禁和佛教中的五禁。但該專業人數最少，影響最小。

太醫署規定學生除了入學考試以外，月、季、年都有考試。對於學習9年仍不及格者，即令退學；考試成績優良的，予以獎勵，以保證學生的品質，並且可以及時發現人才。

太醫署中，「凡醫師、醫工、醫正，療人疾病，以其全多少而書之以為考課」。對於教師和教輔人員的考核制度，保證了師資隊伍的品質，也保證了整個醫學校的教育品質。

藥學部雖然沒有醫學部大，但也有一定規模。藥學部包括「府二人，史四人，主藥八人，藥童二十四人……藥園師二人，藥園生八人」。藥學部還設有藥園，所以當時不僅從理論上，還透過實踐培養藥學專門人才。

唐太醫署為當時培養了不少醫學人才，以後歷代都設立類似唐太醫署的醫學校。宋代，把醫學校劃歸國子監管理。國子監是當時主管教育的高

級領導機構。宋代醫學校的規模也有了擴大。元、明、清幾個朝代的醫學校都與唐太醫署相類似，改變不大。

趣味鏈結：古代的公共醫療機構

大約在戰國時期，出現了「癘遷所」。當時規定，凡經醫生檢查後發現有鼻樑塌陷、手上無汗毛、聲音沙啞、刺激鼻腔不打噴嚏等症狀者，一律送至癘遷所隔離治療。這說明中國古代對傳染性疾病的治療措施，很早就已經是得力有效的。

在漢代還出現了專門性的婦科醫院，西漢時的「乳舍」，相當於現在的產院。乳舍並不專為統治階層而設，而是服務於一般官員和平民的公共醫療機構。

南北朝時則出現了由朝廷主辦的慈善救濟機構「六疾館」和「孤獨院」，收養窮人和孤幼之人。唐代時，京城及各地設有「病坊」，類似平民醫院之性質。

到了宋代，公共醫療機構有了進一步的發展，尤其重要的是出現了專門售藥的醫療機構——熟藥局。熟藥局的設立，是成藥在宋代得以發展和盛行的重要保證。宋代還建有一些醫療慈善機構，如：收容窮困無靠的病人，給予醫藥照顧的安濟坊；收容貧病無靠之人的養濟院；收養鰥寡孤獨貧困不能自存者，月給口糧，病者給醫藥的居養院；收養老幼貧疾無依丐者的福田院等。

元代的公共醫療機構，設有廣濟提舉司和惠民局，為貧民免費醫病給藥，經費依民戶多寡分為等級撥給。明代的公共醫療機構的設置，則沿襲宋元舊制。

清沿前代例，在京都及全國各地設置養濟院，養贍鰥孤寡獨、殘疾無依靠的人，政府撥給銀兩和口糧，地方士紳有樂於資助者，任其捐獻。清代還創立有育嬰堂，收養遺棄或者父母無力養育的嬰兒。

古代醫生望、聞、問、切四診法

人吃五穀雜糧，難免會得病。不少人在得病後，喜歡找中醫大夫看病。中醫大夫為人看病的時候常常透過望、聞、問、切這四種方式來診斷疾病。這是因為，望、聞、問、切這四種方式是中醫傳統診斷疾病的基本方法，又稱為「四診」法。

醫生用這種手段來收集疾病顯現在各個方面的症狀體徵，經過歸納分析，就可以瞭解發病的原因、病變的部位、疾病的性質及它們內在的關聯，從而為確定治療原則和採取治療措施提供依據。

迄今為止，「四診」法至少已有兩千年以上的歷史了，而最早全面運用該法來診斷疾病的醫生是誰呢？是扁鵲。

扁鵲在他的行醫生涯中，把古代人民長期與疾病抗爭的許多經驗加以總結，從而歸納出「四診」法。從《史記·扁鵲列傳》的記載看，扁鵲診斷齊桓侯的病，運用的就是「四診」法中的「望」診法：初時，齊桓侯疾在腠理，繼而逐漸移入血脈，再進入腸胃，最後深入骨髓，直至不治為止。扁鵲的「望」診是符合「由表入裏、由淺入深、不斷發展」的科學病理的。

雖然「四診」法是扁鵲首創的，但是以後的歷代醫生又在實踐中不斷地豐富了其內容。

《素問·脈要精微論》說：診法何如？「切脈動靜而視精明，察五色，觀五藏有餘不足，六府強弱，形之盛衰，以此參伍，決死生之分。」由此可見，「四診」法就是對人體進行全面診察，藉以判斷人的健康狀況的方法。

《六十一難》將「四診」法概括為：「望而知之謂之神，聞而知之謂之聖，問而知之謂之工，切脈而知之謂之巧。」

「望」就是看病人的面色舌苔，也就是運用視覺，對病人的全身和局

部的情況及其排出物等進行有目的的觀察，以瞭解疾病的狀況。其中，重點是觀察人的神、色、形，綜合舌相的異常變化。這是因為，中醫認為神是人體生命活動的主體和外在表現，因此神的盛衰是機體健康與否的重要標誌。

「聞」包括聽聲音和嗅氣味兩方面：聽聲音是指診察病人的聲音、語音、呼吸、咳嗽、嘔吐、嘆息、腸鳴等各種聲響；嗅氣味是指嗅病人體內發出的各種氣味及其分泌物、排泄物的氣味。

「問」就是問病情，它在「四診」法中占有重要地位。很多在診斷上極為重要的線索，諸如發病時間、致病原因、既往病史和主要症狀等各種情況，都必須經過對病人的詢問才能知道。

「切」就是把脈，也就是醫生用手指對病人體表進行觸、摸、按、壓，從而獲得重要資訊的一種方法，包括脈診和按診兩個方面。中醫醫理認為，經脈是人體氣血活動的通道，而氣血的流通與機體健康狀況有關。

古代中醫認為，疾病的發生、發展過程就是邪、正、盛、衰、消、長相互轉化的過程。「四診」法要求醫生仔細觀察這一過程中所表現出的各種徵象，然後加以分析、歸納，明確診斷，之後採取相應的治療措施。後來，「四診」法發展成為一套完整的中醫理論體系。

「四診」法的基本原理是建立在系統觀和運動觀的基礎上的，是陰陽五行、臟象經絡、病因病機等基礎理論的具體運用。物質世界的統一性和普遍關聯性是「四診」法原理的理論基礎。

「四診」法符合科學道理，具有直觀性和樸素性的特點。運用此法，在感官所及的範圍內，醫生可以直接獲取病人的資訊，並進行分析、綜合，及時做出準確的診斷。正因為如此，「四診」法成了古代中醫診斷疾病的基本方法。

趣味鏈結：「懸絲診脈」現象的本質

在古代，因為宮廷男女有別、尊卑有序，御醫在為娘娘、公主們看病時不能直接採用「望、聞、問、切」的診斷方式，只能用絲線的一端固定

在病人的脈搏上，經由絲線另一端的脈象診治病情，俗稱「懸絲診脈」。

據傳說，孫思邈為長孫皇后看病也用此法。因孫思邈係從民間召來，不是有職銜的太醫院御醫，太監就有意試他，先後把絲線拴在冬青根、銅鼎腳和鸚鵡腿上讓孫思邈來診斷，結果都被他識破。最後，太監才把絲線繫在娘娘腕上，孫思邈診得脈象，知是滯產，便開出一劑藥方，服用了這劑藥方後，娘娘順利分娩。同行問其竅門，孫思邈笑而不答。

那麼，「懸絲診脈」之事是否符合科學道理？病人的脈象能否透過絲線傳導給醫生呢？其實，從現象上來說，確曾有「懸絲診脈」之事；但從本質上來說，「懸絲診脈」只不過是一種幌子，其背後則隱藏著事實的真相，而這些真相同樣展現著科學的道理。

原來，舉凡后妃們生病，總是由貼身的太監介紹病情。太醫也總是詳細地詢問這些情況，諸如胃納、舌苔、二便、症狀、病程等。為了獲得真實而詳盡的情況，有時太醫還要送些禮物給太監。當問完這一切之後，太醫也就對病人的病情瞭若指掌、成竹在胸了。

到了懸絲診脈時，太醫必須屏息靜氣，沉著認真。這樣做，一是謹守宮廷禮儀，表示臣屬對皇室的恭敬；二是利用此時暗思處方，準備應付，以免因一言不慎、一藥不當而招致殺身之禍。

所以，「懸絲診脈」雖確有其事，但只不過是一種蒙上了神祕色彩的騙人形式而已，也是醫者受縛於封建禮教而不得已施展的一種騙術。如果太醫事先不透過各種途徑獲知詳細病情，那麼就算他的醫術再高明，在疾病面前也會一籌莫展。

針灸的由來

針灸是醫學的重要組成部分，主要是利用按脈絡、刺穴位的方法來治病。中國古代醫學的經絡學說認為，經絡遍佈於人體各個部位，擔負著運送全身氣血、溝通身體內外上下的功能。它不僅存在於體表，而且和五

臟六腑相連，構成無始無終的環狀循環系統。其中幹線叫經脈，支線叫絡脈。整個經絡系統就像城市的自來水網，輸送氣血，養育人體。

穴位則是經絡系統的控制機關，刺激穴位就可以有調節經絡系統的作用。如針刺病人的「足三里」穴，可以消除胃部疼痛。

經由按脈絡、刺穴位的方法，針灸可治療和預防多種疾病，其治療效果顯著，且操作簡便易行、經濟實惠，因此深受人們喜愛。歷史上許多著名的醫學家在針灸治療方面都創造了神話般的奇蹟。春秋時的「神醫」扁鵲、東漢時的「醫聖」張仲景、三國名醫華佗和唐代名醫孫思邈等都是負有盛名的針灸大師。

春秋戰國時期，針灸療法就已經比較普遍了。這一時期，出現了一些名醫，最著名的是扁鵲。現在還有許多古代文物記錄了春秋戰國時期針灸醫術的發展進程。

針灸發展到漢、晉時期，逐漸趨於完備。在該時期，人們開始用圖形表示針灸穴位；一些總結性的針灸著作也出現了，其中西晉人皇甫謐撰寫的《甲乙經》是中國最早也是比較重要的針灸著作。

唐代開始在太醫院中專設針灸科，有針灸博士、針灸助教進行教學。

宋代是針灸大發展時期，新的穴位被不斷發現。1026年，翰林醫官院醫官王惟一科學地總結了古代針灸學成就，整理成《新鑄銅人腧穴針灸圖經》一書，並鑄造了兩個人體銅模型，全身有穴孔。按針灸學的傳統觀點，《黃帝內經》載的穴位叫「奇穴」，《圖經》不載的穴位叫「別穴」，合稱「經外奇穴」。

元、明、清時期，隨著針灸學的發展，人們整理和編纂了一些針灸學專著。這無疑對針灸學的總結和發展產生了重要作用，但推動針灸發展的主要是針灸醫療實踐活動。

趣味鏈結：針灸銅人的作用

針灸銅人是由宋代針灸專家王惟一設計鑄造的、用於針灸的人體模型，一共兩座。

針灸銅人與真人身高差不多，體內鑄有內臟器官，體表鑄有穴位。銅人穴位是當時的範本，銅人則被用來指導醫官院針灸科學生學習和考試。考試時，用蠟塗敷銅人穴位，如果刺中了穴位，就會有水銀流出；反之，則扎不進針。

針灸銅人對針灸學的推廣普及有積極作用，可惜現已失傳。

淳于意創制病歷

醫務人員對病人患病經過和治療情況所作的文字記錄就叫病歷。它是醫生診斷和治療疾病的依據，也是醫學科學研究中很有價值的資料。

漢初（西元前3世紀），最早的病歷就出現了，當時它被稱為「診籍」，為當時名醫淳于意所創。

淳于意是山東臨淄人，曾任齊太倉令，所以又稱倉公。他勤奮好學，刻苦鑽研醫術。起初，他師從名醫公孫光，隨後又從公乘陽慶那裏學得黃帝、扁鵲的脈書和五色診斷方法，由此醫術日漸高明。

漢文帝時，因為被人誣告，淳于意蒙冤入獄。他的女兒淳于緹縈上書皇帝，請求進宮做奴婢代贖父刑。皇帝被她的這一孝舉感動了，便赦免了淳于意。

出獄後，淳于意行醫於民間，不少病人得益於他高明的醫術而起死回生，由此他深受人們的愛戴。

但在長期行醫的過程中，淳于意常常深感記憶有限。病人的主訴，往往因事隔多日而記憶不準，對治療帶來了困難。為便於辨證論治，淳于意便將就醫者的姓名、地址、病症、藥方、診療日期等一一記錄下來。另外，對於那些被治癒的和無法挽救的病例也作詳細記錄。

經過長期的實踐，淳于意發現這樣做對於辨證和治療都大有幫助，便把這個習慣堅持了下來。他把這種記錄稱為「診籍」，最初的病歷形式便由此產生了。

因為他的做法對辨證和治療都大有幫助，所以，其他的醫生也都爭相仿效。由於「診籍」專門記錄病人的病史，所以醫生稱之為「病歷」。

到了今天，記錄病歷已成為每位醫生最基本的工作。

趣味鏈結：古代的女醫生

在漫長的歷史中，還產生過很多有名的女醫生。比如下面這些：

西漢義妁，她是史書記載的第一位女醫生，她懸壺濟世，深受群眾愛戴。相傳漢武帝得知她的醫術後，召她入宮，拜為女侍醫，專為皇太后等治病，深得太后信任。

晉代鮑姑，是名醫、煉丹家葛洪之妻。據傳「艾灸」法就是她發明的。

唐代的胡愔，對養生長壽、吐納導引有獨特見解。她編繪了《黃庭內景五臟六腑補瀉圖》，描畫了人體的五臟。

宋代名醫郭敬仲的母親馮氏，醫術也很高明。一次孟太后重病，御醫治療無效，宋高宗急召馮氏入宮。馮氏只用一劑藥就治好了孟太后的病。高宗大喜，封她為安國夫人。

明代的談允賢，祖傳名醫。當時的富家眷屬生病，羞於請男醫生搭脈，聞談氏之名，都請她診治。她晚年還寫有《女醫雜言》一書傳世。

清末女名醫曾懿，治病有許多獨特的經驗。她著有《古歡室叢書》一部，內有《女學篇》、《醫學篇》、《詩詞篇》三大部分。

行醫緣何又被稱為「懸壺」

細心的人會注意到，病人送給醫生的錦旗上常常寫著「懸壺濟世」幾個大字，以誇獎醫生醫術高明、醫德高尚。其中的「懸壺」就是行醫的代名詞。

「懸壺」一詞來源於《後漢書・方術列傳下・費長房》一書，該書記

載了下面的故事。

東漢時，有一個名叫費長房的人。他是汝南（今河南上蔡附近）人士，曾經是管理市場的小官吏。有一天，他在酒樓喝酒解悶，偶見街上有一賣藥老翁，懸掛著一個藥葫蘆兜售丸散膏丹。賣了一陣，街上行人漸漸散去，老翁就悄悄鑽入了葫蘆之中。

這一神奇的景象把費長房震住了。他斷定這位老翁絕非等閒之輩，於是便帶著酒肉等禮物，恭恭敬敬地去拜見老翁。明白了他的來意後，老翁領他一同鑽入葫蘆中。他睜眼一看，只見裏面雕樑畫棟，富麗堂皇，繁花似錦，宛若仙山瓊閣。

老翁對費長房說：「我本是天上的神仙，因為犯了錯誤才受到責罰，下到凡間。現在，對我的責罰期限已滿，我將要離開此地，你願意跟我一起走嗎？」費長房於是追隨老翁學道。在歷盡艱辛之後，他終於學到了高明的醫術。

在學成之後，費長房返回自己的家鄉。他能醫療眾病，鞭笞百鬼，驅使社公，甚至令人起死回生，由此成為一代名醫。

從此，「懸壺」這一說法便流傳了下來，成為對中醫行醫的雅稱。如今，中醫「懸壺」的做法已很少見到了，但他們腰間所掛的和診所前所懸的葫蘆，卻成了中醫行醫的標誌。

偉大的民主革命先行者孫中山先生早年也習醫。他在《革命原始》中自述：「卒業之後，懸壺於澳門、羊城兩地。」我們知道，其中的「懸壺」一詞本是對中醫行醫的雅稱，而孫中山先生早年學的是西醫，為什麼他也用了「懸壺」一詞呢？

這是因為，「懸壺」一詞後來逐漸發展成為所有醫生行醫的雅稱，而不論是中醫還是西醫了。「懸壺濟世」也就被用來形容醫生醫術高明，醫德高尚。

趣味鏈結：為什麼藥罐又稱為「急銷」

不同地域的人們對藥具的叫法不盡相同。北方人把熬藥用的藥具稱為

「藥鍋」，而在南方的某些地區，例如粵東和閩南地區，人們則把熬藥用的藥具稱為「急銷」。

他們為什麼把它叫做「急銷」呢？這還有以下一段傳說。

宋景祐元年，臺灣、粵東和閩南地區瘟疫肆虐。名醫吳本帶領徒弟採藥治病，救人無數，被人們尊稱為「醫靈真人」。但是由於所用的藥罐太雜、質料不一，有的甚至產生了副作用，所以瘟疫得不到有效的控制。

吳本聞訊後，心急如焚。他連忙趕到粵東，聯絡磚廠燒製了陶製藥罐以應急需。當時的老百姓聞「藥」色變，比較避諱「藥罐」的說法。經銷藥罐的商販也起不出一個恰當的名稱，在此情形下，急中生智的吳本便說：「眼下此物正急用，就姑且叫它『急銷』吧！」

從此，「急銷」作為藥罐的代稱，便在粵東和閩南地區民間叫開了。

為何用「杏林聖手」稱頌良醫

成語「杏林聖手」的來歷，其實與一位隱居在廬山的高士有關，這在《神仙傳》和《太平廣記》裏都有記載。

據記載，三國時的吳國有位民間醫生，姓董名奉，字君異，侯官縣（今福州市）人，後來他行醫到廬山，見廬山風景秀美，就定居了下來。

他有道術，同時也精通醫術，常年隱居在山裏卻不種田，每天為周圍的群眾治病，卻分文不取。但他立了一個規矩：如果患重病的人被治好了，必須在他開闢的園子裏栽五棵杏樹；如果是輕病患者被治好了，必須栽一棵。

就這樣連續好幾年，董奉杏園裏的杏樹已經達到十萬餘棵，蔚然成林。春天，杏花滿枝漫舞；夏天，杏樹鬱鬱蔥蔥；秋天，果實累累壓滿枝頭。因此，山中的各種飛禽走獸都喜歡在杏林中遊玩戲鬧。說來奇怪，杏林中從不生雜草，像是專門有人把草鋤盡了一樣。

每當杏子成熟的時候，董奉就在杏林裏蓋一間倉房，並告訴大家，想

要買杏的人不用找他，只要拿一罐糧食倒進倉房，就可以裝一罐杏帶走。董奉把每年賣杏得來的糧食都用來救濟貧困的人和在外趕路缺少路費的人，一年散發出去的糧食有兩萬斛之多。

董奉讓患者種植杏樹，不要診費的高尚醫德和情操，為中醫藥傳統文化留下了光彩奪目的一頁。後來，人們便以「杏林」作為醫者為民謀益的典實，並用「杏林聖手」來稱頌醫術高超、醫德高尚的醫生。

趣味鏈結：坐堂醫和遊方醫

古代，由於醫生的應診方式不同，將醫生分為兩種，一種叫坐堂醫，另一種叫遊方醫。坐堂醫是有固定坐診地點的醫生，人們可以在固定的地方找到他。

遊方醫是沒有固定坐診地點的醫生，他們雲遊四方，走街串巷，往往會有一個鈴鐺或者一面布幌作為標誌，因此也有人把他們稱為搖鈴郎中。

坐堂醫的來歷，與醫聖張仲景有關。張仲景是東漢末年的名醫，因學識淵博，人品高尚，舉孝廉，成為長沙太守。當時，做官的不能隨便進入民宅，接近百姓。

為了能為百姓治病，他處理完公事，常使用公堂擺開案桌，坐在堂中為當地百姓治醫。後來，人們就把坐在藥鋪裏替人看病的醫生，通稱為坐堂醫、坐堂郎中。

遊方醫這一名稱的由來沒有特殊的傳說，卻是歷史悠久。先秦時期，扁鵲就是一位著名的遊方醫，他周遊列國，為各國百姓治病。

遊方醫有三字訣：一曰賤，藥物不取貴也；二曰驗，下嚥即能去病；三曰便，能夠就地取材。儘管遊方醫多為國醫所不稱道，但其中確實有很多東西值得深入整理和研究。

有時遊方醫也受到世人的淺薄鄙視，有人認為他們遊食江湖，買賣假藥。這些或許是世人對遊方醫的偏見，為正遊醫之聲，清代醫藥雜家趙學敏編纂了《串雅》一書。《串雅》對遊方醫給予高度評價，認為遊方醫的治療方法是「操技最神，而奏效甚捷」。同時還記載了許多民間醫方，這

些醫方目前在臨床上仍在使用，並有很高的治療價值。《串雅》還介紹了民間防病的經驗，書中集錄了除蚤、滅虱、驅蠅、禁蚊、除臭蟲等驅除害蟲的措施，實際上是發揮了消滅疾病傳染媒介的作用。

同時，還記載了民間的許多有效的急救法，例如：溺水用騎牛法，解藥毒用防風，昏厥症用放血法等，這都是簡便而又經濟的方法。此外，它還重點介紹了民間外治法的經驗，這些方法都具有簡便、經濟、有效、用藥安全等特點。

中國歷代名醫大部分是坐堂醫，很多都有自己的診所和藥堂，少了漂泊之苦，有更多的機會精研醫術。但是，遊方醫雖然周遊四方，頗為勞頓，卻可以見到很多其他的病種，因此各有長短。無論是坐堂醫還是遊方醫，只要醫術高明、醫德高尚，都會受到老百姓的尊重。

醫生為何稱為「郎中」

郎中是古代的官名，始於戰國。漢代沿置，屬光祿勳，管理車、騎、門戶，並內充侍衛，外從作戰，分為車郎、戶郎、騎郎三類，長官設有車、戶、騎三將，其後類別逐漸泯除。

自隋唐至清，各部皆沿置郎中，分掌各司事務，為尚書、侍郎，丞以下之高級部員。稱醫生為郎中，乃南方人的方言，始於宋代，從此沿用至今。

相傳，南宋有位郎中（官名）叫陳亞，為人詼諧，又愛好文字遊戲，曾以中藥名寫詩百首。有一年大旱，陳亞和友人蔡襄在路上看到一個和尚求雨，赤膊自曬，殊為可笑，陳亞隨口念道：「不雨若令過半夏，應定曬作葫蘆巴。」半夏、葫蘆巴都是藥名。

蔡襄見他諷刺過分，便道：「陳亞有心終歸惡。」

陳亞應聲道：「蔡君除口便成衰（『便成衰』為中醫學『泄瀉』的別名）。」

此事傳到民間後，陳亞名聲大振，人們認為他不但熟諳藥名，也通醫術。後來，常有學醫者以讀陳亞「藥詩」為樂事，郎中也漸漸成為中醫師的代稱了。

趣味鏈結：「鈴醫」為什麼又叫「賣嘴郎中」

「鈴醫」指遊走江湖的民間醫生，又稱「走方醫」、「草澤醫」。

鈴醫在古代已有，宋元時盛行，大多數是家傳師授。他們有的肩挑藥囊，懸掛葫蘆；有的肩背藥箱，手搖銅鈴、串鈴或彈拍竹鼓來招徠病人。人們便稱呼他們為「鈴醫」。

到了近代，在北京等地，民間常有串鈴賣藥的江湖土郎中，他們一隻手持著串鈴搖動，另一隻手持著寫有「路順堂」字樣以及藥名的招牌，走街串巷，為人看病。

鈴醫往往掌握一兩種民間療法和祕方（包括草藥、針灸、推拿及其他簡易治療方法）為人治病。也有些僅微通醫術，略知藥性，仗著口有佞才，看病時，目視其色，言善變化，捎帶賣藥。

鈴醫多無固定診所，在民間流動行醫。為吸引人們的注意力，常持竹板敲打，並反覆宣傳，求人買藥，所以他們又有「賣嘴郎中」的綽號。

古代的人體解剖手術

在古代，毀傷屍體被視為一種非常嚴重的犯罪行為。所以，解剖人體也就成為一件非常忌諱的事情。雖然如此，為了治療疾病，古人早就開展人體解剖手術了。

如古籍中就載有：「昔者秦緩識晉景之膏肓，扁鵲見齊桓之腸胃，太倉解顱而理腦，俞跗潀胃而溯腸」；而在《靈樞‧經水篇》中也有「夫八尺之士，皮肉在此，外可度量切循而得之；其死，可解剖而視之」的記載。

其實，中國的人體解剖歷史十分久遠，最早可以上溯至西漢末年。

據《漢書·外戚傳》記載，天鳳三年（西元16年）王莽捕得政敵王孫慶，「使太醫，尚方與巧屠共刳剝之，量度五藏，以竹筳導其脈，知所終使，云可以治病」。

這次解剖，手段極其殘忍，但目的十分明確，就是取得「治病」的科學根據；參加者有太醫（皇室御醫）、尚方官員（朝廷技術人員）、巧屠（熟練的屠夫）；研究項目是人體內臟的大小、相對位置，以及血管的分佈和循環規律。

這種血淋淋的活體解剖固然可以取得「治病」的科學根據，但卻是非常不人道的。

唐代也有與人體解剖相關的記載。

據《隋唐嘉話》記載，唐太宗李世民在翻閱醫方時見「人五臟之繫咸附於背」，乃下令以後在笞刑中只許臀部受刑，不得擊背。唐太宗所見之圖其實名叫「明堂圖」，是唐代醫官所繪的人體解剖圖。

另據《唐書·忠義傳》記載，武則天執政時，懷疑太子李旦謀反，令來俊臣用酷刑拷掠太子家臣，逼令誣攀。太常工人安金藏闖入刑堂，執理申辯，拔出佩刀當堂剖腹，大呼：「請剖心以明皇嗣（太子）不反！」刀過胸臆，五臟俱出，血流被地，氣絕而仆。武則天被安金藏的壯舉所震撼，繼而動了惻隱之心，便「令輿入宮內，遣醫人納卻五藏，以桑白皮為線縫合，傅之藥。經宿，安藏始甦」。

當時的「醫人」對這位開腸破肚的自裁者不是束手無策，而是採用了內臟復位、縫合和傅（敷）藥三種有效的治療方法，挽救了這位忠義之士的生命。

但遺憾的是，關於外敷藥物和手術器材未予記載，使我們無法看到完整的臨床資料。這是因為，在古代社會，醫學被列入卜筮星象之流，不被重視。即如孫思邈、張仲景等「神醫」在「正史」裏也只能列入「方伎傳」中，篇幅有限，語焉不詳。

趣味鏈結：古代人如何驗屍

古代的司法人員在長期的法醫實踐中，形成了一整套檢驗屍體傷痕的獨特方法。

他們在檢驗前，先準備些糟醋、蔥、川椒、食鹽、白梅等。因為人的皮膚有紅、黑二色，死後會泛出青色。假如驗屍時看不出傷痕，可在可疑的部位用水把皮膚灑濕，然後將蔥白打碎、攤開，塗在該部位，再用紙蘸醋蓋上，約一個時辰後除去，用水洗淨，傷痕則顯現。

如果屍體上有幾塊青黑的地方，可用水慢慢滴注：假如是傷痕，皮肉就較堅硬，水滴便停滯不流；假如不是傷痕，皮肉上較鬆軟，水滴就會流掉。

檢驗屍傷和骨傷，如果在受傷的地方看不見傷痕，可以用糟醋洗敷屍體，把屍體抬到露天地方，用新油過的網子或明亮的雨傘，張蓋在需要驗看的部位，迎著陽光，隔著網或傘觀看，就能看見傷痕。如果是陰雨天，用炭火隔著照，效果一樣；這樣做後，如果還看不見傷痕，就把白梅搗爛，攤在需驗看的地方，然後用糟醋洗敷，再隔著網或傘照看。一般來說，這樣做後就可以看到傷痕了。

若仍看不見，就剝下白梅的肉，加進適量的蔥、川椒、食鹽等，合在一起研爛，做成餅子，放在火上烤得炙熱，再用一張紙貼在需要驗看的地方，把熟白梅餅放在上面熨烙，傷痕就會顯現出來，其原理與現代法醫學上用紫外線照射檢驗傷痕的原理一樣。

仵作與古代的法醫

古代曾出現了一支類似現代法醫專業的吏役，這些吏役本源於賣棺屠宰之家，後來逐步受用於官衙，但沒有官位、官品，平時仍以為喪家殮屍送葬為生。

隨著刑案的不斷增加，他們的身分逐步演變成官衙法定檢驗吏役，即

仵作。隋唐時期，仵作一詞就已經出現，但當時的仵作泛指幫助喪家埋葬的人。

到了宋代，朝廷建立了專門的檢驗制度，制定專用的表格《驗屍格目》和驗屍圖《檢驗正背人形圖》，以規範屍體檢驗。這一時期官府衙門裏的仵作，已參與具體辦案，並且有了明確的分工，就是負責處理屍體，並在檢驗官指揮下喝報傷痕。

當時的仵作，還被老百姓稱為團頭。他們的同行有坐婆、穩婆，在遇有婦女下體檢驗時，坐婆方才參加辦案。在大量實踐的基礎上，宋慈總結經驗，著成《洗冤集錄》。

趣味鏈結：《洗冤集錄》：中國第一部法醫專著

《洗冤集錄》是中國第一部法醫專著，也是世界上現存第一部系統的法醫學專著，它比歐洲第一部系統法醫學著作《醫生的報告》要早350多年。

《洗冤集錄》的作者宋慈是南宋人，出生於福建建陽，走上仕途後長期擔任提刑官，積累了豐富的斷案經驗。在他為官的20餘年間，始終以民命為重，採取「審之又審，不敢萌一毫慢易心」的嚴謹態度，深入查訪，不畏權勢，積累了豐富的檢驗經驗。在《洗冤集錄》中，宋慈提出：「事莫重於人命，罪莫大於死刑。」指出檢驗正確與否對司法公正具有決定性的意義。

《洗冤集錄》記載有許多檢驗經驗，尤其是辨別自殺或他殺很有心得。例如他根據「縊溝」正確區分勒死與縊死。如死者是自縊，縊溝的特點是在「腦後分八字，索子不交」，若是被勒死者則繩索多纏繞數周，那麼脖子上的繩索痕跡是相交的。

《洗冤集錄》記錄了一種蒸骨驗傷的方法：把屍骨洗淨，用細麻繩串好，按次序擺放到竹席之上。挖出一個長5尺、寬3尺、深2尺的地窯，裏面堆放柴炭，將地窯四壁燒紅，除去炭火，潑入好酒二升、酸醋五升，趁著地窯裏升起的熱氣，把屍骨抬放到地窯中，蓋上草墊，大約一個時辰

以後，取出屍骨，放在明亮處，迎著太陽撐開一把紅油傘，進行屍骨的檢驗。

若骨上有被打處，即有紅色微蔭，骨斷處其接續兩頭各有血暈色。再以有痕骨照日看，紅則分明是生前被打。骨上若無血蔭，蹤有損折乃死後痕，亡者的死因就在紅油傘下展現。現代科學證明，紅油傘吸收了陽光的部分射線，使當時的檢官看到了他想看的事實。

《洗冤集錄》還記載有一些急症的救治方法。如救治砒毒，用雞蛋一二十個，攪勻，和入明礬末三錢，灌進服毒者口中，吐後再灌。如果中毒不深，搶救及時，是可以有作用的。

宋慈在《洗冤集錄》中提出的檢驗四原則，即實事求是原則；不輕信口供原則；調查研究原則；驗官應親自填寫「屍格」原則，即使在今日，法醫檢驗仍須遵守。

透過對屍體現象、現場檢查、屍體檢查情況的歸納，宋慈在《洗冤集錄》中整理出一整套符合科學原理並與現代醫學相吻合的法醫檢驗方法，實為集宋代以前法醫學屍體檢驗之大成。

《洗冤集錄》問世後，立即被頒行全國，成為宋代以及歷代刑獄官辦案必備的參考書。從事司法檢驗工作的官吏、仵作，大多會隨身攜帶一部線裝《洗冤集錄》。

因為宋慈的努力，仵作被逐步提升為案件偵破中不可或缺的重要角色。後來，《洗冤集錄》的內容流傳到國外，近代以來又引起西方法醫界的高度重視，在學術界享有盛譽。

軍醫溯源

春秋戰國時期，軍隊中已有巫醫和方技，當與敵人作戰時，便徵用當地富室房屋。凡重傷士兵都安頓到臨時組成的傷兵醫院療養。由士大夫家派人照料，每日以酒肉補養傷患，並經常派遣官吏巡視。痊癒後即造冊上

報，以便重新歸隊。

古籍《太平御覽》載晉朝劉德「官至太醫校尉」，《資治通鑑·晉紀》中記有武帝時程據為太醫司馬，又《晉書·劉曜傳》所載劉曜被擒，石勒「使金瘡醫李永療之」之事。可見5~6世紀時，朝廷已有專職治療戰傷的醫生——金瘡醫。

北魏延昌元年（西元512年），「肆州地震陷裂，死傷甚多」，世宗下詔說：「亡者不可復追，主病之徒，宜加療救，可遣太醫、折傷醫，并給所須之藥救治」（《魏書·世宗紀》）。以上太醫校尉、太醫司馬、金瘡醫和折傷醫，可能都是當時的軍醫。

兩晉南北朝時，帝王及將帥出征，也多派遣太醫或有侍醫跟隨。

歷史上明文記載由醫生對徵募入伍士兵進行體檢，首推齊東昏侯蕭寶卷在位之時（西元499～501年）。史載，當時檢查人丁是否可服兵役，不僅有醫生，且有巫師在內。一方面，豪紳地主包庇應徵募者逃役；一方面，巫醫又借工作之便，勒索百姓錢財，放走合格的兵丁，而將有病、孱弱、貧窮的丁口充數。

趣味鏈結：定心丸究竟是什麼藥丸

現在，「定心丸」一詞常被人們用來形容起安心作用的人或事，但在古代，「定心丸」卻是一種軍隊中的必備之藥。

古代的戰爭激烈殘酷，刀光劍影，一場激戰下來，傷患很多。受了戰傷，痛苦自不必言，那生死肉搏時的場景，足以使人膽戰心驚。所以，要治好戰傷有個起碼的條件，首先要恢復心神安定。於是民間的醫生就專門配製了用於安定心神的丸藥，取名「定心丸」。

明代末年茅元儀所輯的《武備志》中，記載一種定心丸的配方為：「木香、硼砂、焰硝、甘草、沉香、雄黃、辰砂各等份，母丁香減半」，效果奇佳。

古代的行醫招牌

中國古代也曾出現過行醫招牌、招貼一類的醫療廣告。最早的行醫招牌，大多數是以模型實物作為行醫的「招幌」，如葫蘆、串鈴、魚符等。葫蘆自從漢代壺公在市井懸壺賣藥，便不僅作為裝藥的器具，而且也成為中醫的代名詞。店堂門口只需掛個葫蘆，人們便自然會進去就醫抓藥。

串鈴又名虎撐，相傳唐代醫家孫思邈為虎取喉中之刺，以之支撐虎口，後演變成為走方醫的標誌和象徵。而魚符是用石片或木頭雕成的魚形幌子，門掛雙魚含有太極陰陽魚之意，魚又諧「癒」之意；魚不分晝夜總是睜著雙眼，懸掛魚符也意味著不分晝夜地為人服務。

也有人將皇帝的賜物作為招牌，予以炫耀。如建炎年間，宋高宗太子有疳疾，經太醫院禦監張元圭治癒，賜金蛤蟆一個。後嗣以醫著名，懸金蛤蟆於門上，俗稱「張蛤蟆」。

醫家陳沂，字素庵，精婦科，曾療宋高宗妃吳氏危疾，得賜宮扇。其後人刻木為扇以為榮，上書「宋賜宮扇南渡世醫」八字列門前，以為招牌，人稱「陳木扇」。

宋代張擇端《清明上河圖》中不僅描繪了北宋開封城的繁華景象，而且還繪有與醫藥招貼有關的畫面。如有兩個兒科診所，一處門前掛了一個編織的挑子，上書「專治小兒科」，另一處門前豎有「小兒科」的招牌；而「趙太丞家」門前豎起高出屋簷的布製大路牌書有「治病兼售生熟藥」；再有一處藥鋪，招牌上「本堂兼製應症煎劑」八字依稀可辨。

《清明上河圖》所繪製的景況，皆有生活原型，真實可信。我們可以從同時期孟元老著的《東京夢華錄》中得到佐證。該書記載，汴京的馬行街北有金紫醫官藥鋪、李家口齒咽喉藥鋪、柏郎中家醫小兒、任家產科及香藥鋪，抱慈寺街有百草園藥鋪等。

清代醫家傅山，字青主，學識淵博，工時文書畫，尤精醫學。其於太

原古晉陽城中立牌「衛生堂藥鋪」，寫有「行醫招貼」最為完備，招貼中曰：

世傳儒醫，西村傅氏，善療男女雜症，兼理外感內傷；專去眼疾頭風，能止心痛寒嗽；除年深堅固之沉積，破日久閉結之滯淤；不妊者亦胎，難生者易產；頓起沉屙，永消煩苦；滋補元氣，益壽延年；諸瘡內脫，尤愚所長，不發空言，見諸實效；令人三十年安穩無恙，所謂無病第一利益也。凡欲診脈調治者，向省南門鐵匠巷元通觀閣東問之。

招貼中論及了傅氏醫學淵源、診所位址、診治範圍，內容詳盡，效驗顯著，這為當時的黎民百姓診病問疾提供了方便。

趣味鏈結：藥葫蘆的來歷

許多人不明白一些正宗的中藥店門前都掛著一個藥葫蘆是何意思？其實這也有一段來歷。

相傳漢代的某年夏天，河南一帶鬧瘟疫，死了許多人，無法醫治。有一天，一個神奇的老人來到長安，他在一條巷子裏開了一個小小中藥店，門前掛了一個藥葫蘆，裏面盛了藥丸，專治這種瘟疫。

凡是來求醫者，老人就從藥葫蘆裏摸出一粒藥丸，讓患者用溫開水沖服，就這樣，喝了他的藥的人，一個一個都好了起來。此事一傳十，十傳百，便在許多地方傳開了，後來一些行醫者就以藥葫蘆作為中藥店的標誌，這一習俗一直傳了下來。

最早的藥匠

早在漢代，江寧就有「藥匠」開始賣藥了。宋朝《景定建康志》記述：「漢，李南……賣藥自給，壽八十五。」李南便是見於史載最早以賣藥為主的「藥匠」。

《景定建康志》中記載，南宋時江寧府有官辦藥局3個，下屬中藥鋪

11家。元、明、清歷代沿襲，並有所發展。被譽為全國四大藥店中的漢口葉開泰、蕪湖的張恆春等中藥店，都是江寧上元人在明、清時期創建的。

清同治《上江兩縣志》稱：「龍都之民善賣藥。」江寧「藥匠」最多，分佈最廣，名揚大江上下，蓋源於湖熟——龍都一帶。溯江西上至蕪湖、九江、漢口，順流而下到鎮江、蘇州、上海，從城市到縣鎮，都有江寧「藥匠」從事藥業。

趣味鏈結：中國最早的官辦藥店

宋神宗熙寧9年（西元1076年），誕生了中醫史上第一家官辦藥店。

這第一家官辦藥店是王安石批准創建的。王安石在施行變法期間，各地曾多次發生自然災害，很多病者缺醫少藥，甚至有人乘機製造和販賣假藥。

於是，有人提出成立一個專門機構，研製各種劑型成藥，由國家專門出售，不許個人或其他部門私自製作；在瘟疫流行時，發放藥劑給百姓。

這一建議非常適合當時的需要，王安石當即採納並組織專門人員落實。不久，在京城開封便出現了「太醫局熟藥所」，也叫「買藥所」，它就是現代中藥店的前身。

「太醫局熟藥所」成立後，既方便了病人，也為政府贏得了豐厚的利潤，受到了朝野的一致贊許。王安石變法未能成功，但「熟藥所」的「生意」卻獲得了良好的發展。

到宋徽宗崇寧2年（西元1103年），藥所已增開到7所。幾年後，5所「熟藥所」更名為「醫藥惠民局」，2所更名為「醫藥和劑局」。與此同時，類似的藥局迅速出現在全國各地。

宋代官辦藥局的組織結構相當完整，有專門人員監督成藥的製造和出售，由專人管理藥材的收購及檢驗，有人專門從事藥物炮製配伍的研究工作。以保證藥品的品質。

當時的藥局內，還建立了很多制度，如規定夜間要輪流值班，遇到急病如不立即賣藥材，要給予「杖一百」的處罰，對陳損舊藥要及時毀棄

等。

　　宋代官辦藥局的設立，對中成藥的發展有很大的推動作用。它創制了許多有名中成藥，如蘇合香丸、紫血丹、至寶丹等，經過了幾百年的實踐檢驗，至今仍應用於臨床。

第一部中藥學專著

　　漫長的歷史中，中藥專書為數眾多，但流傳至今的要數《神農本草經》的歷史為最早。《神農本草經》大約在1～2世紀編成，是漢代以前古人用藥經驗的總結。

　　《神農本草經》又稱《本草經》，作者的姓名早已失傳了，但因古代「神農嘗百草」的傳說影響很深，所以自古人們將《本草經》託名「神農」所著，稱為《神農本草經》。

　　1972年，甘肅省武咸地區發掘的東漢墓葬中，挖出一批有關醫藥的木簡，這些木簡中所提到的藥物約有100種，其中多數在《神農本草經》裏已有所記載。

　　西元2世紀以後的許多中藥學著作，有不少內容是取材於《神農本草經》。《神農本草經》在醫學史上有著重要的價值，它奠定了中藥學發展的基礎，被後世列為古代著名的四部中醫經典著作之一。

　　《本草經》上所記載的藥物總數為365種，植物類有252種，動物類有67種，礦物類有46種。對藥物的產地、別名、形態、藥性和治療功能等，《本草經》做了簡要的記述。

　　對於用藥的劑量，《本草經》也做了說明，尤其是某些有毒藥物，提出應從小劑量開始，根據用藥後的反應，再逐漸適當地增加劑量。在序錄中，初步概括了用藥的一些基本理論，如單味藥的使用，複方中主藥與輔助藥的配合應用以及藥物的配伍禁忌等。

　　《本草經》中所載的藥物，有很多直到現在還經常在應用，並為現代

科學研究所證實。

趣味鏈結：中國第一部外來藥學專著

《海藥本草》是中國最早的一部外來藥學專著，由唐末五代時文學家、本草學家李珣所撰著。李珣，字德潤，祖籍波斯，其家以經營香藥為主業。

香藥主要透過海舶，自國外輸入，所以又稱海藥。因此李珣對一些海舶運載而來的外國藥接觸的機會較多，對於海藥的性質與功用瞭解得較深刻，故而撰著了《海藥本草》。

《海藥本草》對藥名釋義、藥物出處、產地、形態、品質優劣、真偽鑑別、採收、炮製、性味、主治、附方、用法、禁忌等都有記載。李珣撰著《海藥本草》時，曾參考40多種有關書籍，如《名醫別錄》、《本草經集注》、《新修本草》、《本草拾遺》以及山經地志等。

《海藥本草》體例乃仿照《新修本草》，不僅補遺了不少以前本草書所未記載的新藥，而且對不少以前本草書記述的藥物內容進行了補充或糾正。

《海藥本草》原書共6卷，至南宋末年已經亡佚，沒有刻本流傳。但其所敘述的藥物散見於《證類本草》和《本草綱目》等書中。

在古代，「感冒」是種藉口

感冒也叫傷風，是一種常見的傳染性呼吸道疾病，多發生在冬春季節。可是，感冒這個詞語最早卻出自官場。

感冒的來歷還得從宋代說起。

南宋年間，館閣（為當時的中央級學術機構）設有輪流值班制度，每晚安排一名閣員值宿。因為這是一份苦差，所以值班閣員開溜成風，他們每次開溜都得為自己找藉口。由於約定俗成，他們在寫開溜原因時均寫為

「腸肚不安」。

有位名叫陳鵠的太學生，硬被拉去館閣值宿。他開溜時，偏不循例照寫「腸肚不安」，而是標新立異，大書「感風」二字。

很顯然，陳鵠在開溜時賣弄了小聰明，假借位列「六淫」之首的「風」，並首冠以「感」——感者，受也。

陳鵠所創，為後代數世官場所襲用。直至清代，又發生了轉變。

清朝，官員辦畢公事，多會請假休息，例稱請「感冒假」。「冒」，透出之意。「感冒假」意即：本官在為該公務操勞之際，已感外淫，隱病而堅持至今，症狀現已爆發出來！故不得不請假休養。

從此，「感冒」就成為感受風寒等外感病的一個代名詞。

趣味鏈結：所謂的「六淫」具體指什麼

在歷史上，宋代醫理學家陳無擇首次把引致百病的原因分為「內因」、「外因」和「不內外因」三大類。其中的「外因」又分為「六淫」，也稱「六邪」，即「風」、「寒」、「暑」、「濕」、「燥」、「火」，這六種反常的氣候變化對人的身體會產生不利影響。

奇香或奇臭的中藥療效

中醫藥是一個博大精深的寶庫，內藏的奧妙無窮。其品類非常繁雜，無所不有；其味多種多樣，香者沁人心脾，臭者奇臭無比。

比如麝香奇香，阿魏奇臭，但它們卻各有其用。

在芳香藥物中，麝香的香味最為濃烈持久、馥鬱特異。它是鹿科動物雄麝體內香囊的分泌物。每逢求偶佳期，雄麝的香囊內便散發出奇芳異香，吸引雌麝與之交配，以繁衍後代。

麝香的主要成分是麝香酮，另外還有脂肪、樹脂、蛋白質、無機鹽類等。它是開竅、通經、活血、散淤的珍稀藥材，價格昂貴。

雖然麝香的價格昂貴，但卻是物有所值，它在臨床治療上有著顯著的功效。

對於腫瘤患者，應用麝香與其他藥物配伍後製成消瘤散，有良好的消腫止痛效果；對於因腦出血、腦栓塞而造成半身癱瘓的病人，應用麝香配合治療，往往能收到良效；對於患面神經麻痺而導致口角歪斜的病人，應用吊線風膏加入麝香粉外敷，則可以讓病人早日康復。

不但奇香的麝香有治療疾病的顯著功效，中藥中奇臭無比的阿魏也有神奇的療效。

阿魏的主要成分是有強烈臭氣的有機硫物，所以它臭不可聞。雖然如此，它卻可以祛除痰涎、醒腦開竅，在臨床中常用於治療憂鬱症、精神病、癲癇、昏厥等症。

值得一提的是，在使用阿魏時不能嫌它臭不可聞，這是因為最臭者其療效最好，其不臭則不能治病。

趣味鏈結：靈芝「靈」在哪裡

早在1000年之前，民間就流傳著靈芝能起死回生的神話故事。靈芝的確是一味靈藥，可是它「靈」在什麼地方呢？

要想知道其原因，我們必須先來瞭解鍺。

鍺是一種金屬元素，但它對人體生理功能的卓越貢獻卻鮮為人知，甚至被人們誤解為對人體有毒害。

直到20世紀70年代，人們才知道它能與體內的「氫離子」結合，以尿或汗液的方式排出，從而增強了體內氧的供應，有利於加速新陳代謝和延緩細胞衰老。而且，鍺在人體內只作極為短暫的停留，不到24小時便排出體外，對人體不會有毒害。

據科學研究顯示，在一些名貴的中藥中都含有豐富的鍺。其中，靈芝的鍺含量最為豐富，是人參鍺含量的四到五倍。

由此可見，靈芝之所以「靈」是因為它含有豐富的鍺。

某些動物糞便也能做藥材

一般來說，動物的糞便都是又髒又臭的廢物，只能當做肥料。然而，有些動物的糞便卻是療效顯著的中藥，有些還是名貴的中藥材，它們在治病中發揮了巨大的作用。有趣的是，古人也很講究藥名的「包裝」，他們為作為藥用的動物糞便起了雅致的名稱。

五靈脂：五靈脂是哺乳綱、鼯鼠科動物複齒鼯鼠（又名寒號鳥）、飛鼠或其他近緣動物的糞便。其性味甘溫、無毒、入肝經，具有疏通血脈、散淤止痛的功效。它是婦科要藥，主治血滯、經閉、腹痛、胸脅刺痛、跌撲腫痛和蛇蟲咬傷等症。

夜明砂：夜明砂是蝙蝠的乾燥糞便，因可治夜盲症而得名。其性味辛寒，入肝經，有清熱明目、散血消淤的功效，主要用於治療肝熱目赤、青盲、雀盲、內外障翳、疳積、淤血作痛等症。

望月砂：望月砂又稱明月砂，為兔科動物野兔的乾燥糞便。「望月」之名乃出自「嫦娥奔月」的故事：因嫦娥是與玉兔一同登月的，玉兔常站立起來東張西望，觀察周圍動靜，古人便把它視為隨嫦娥奔月的祖先，其糞便的名字也因此而引申為望月砂。望月砂性味辛平、入肝、肺經，主要用於治療目暗翳障、癆瘵、疳疾、痔漏等症。

蠶砂：蠶砂又名蠶矢，是家蠶的乾燥糞便。性味甘溫，入肝、脾、胃經，有燥濕、祛風、和胃化濁、活血定痛之功。古人將蠶砂炒熱後裝入袋中，趁熱敷患處，可治諸關節疼痛、半身不遂等症；或用蠶砂做枕芯的填充物，有清肝明目之效。蠶砂常用於治療風濕痹痛、頭風、頭痛、皮膚瘙癢、腰腿冷痛、腹痛吐瀉等症。

雞矢白：雞矢白即家雞糞便上的白色部分。性味甘鹹，有利水、泄熱、祛風、解毒等作用，可治鼓脹積聚、黃疸、風痹等病。

白丁香：白丁香即麻雀的糞便，又稱為雀蘇、青丹。其性溫，味苦，有小毒；入肝、腎二經；能消滯治疝，退翳去胬肉。在服用時應注意：內

服時研末為丸、散；外用時研細調敷或乳汁點眼。

蟲茶：蟲茶是中國湘、桂、黔交界山區的一種特殊的「茶」。它其實不是茶葉，而是化香夜蛾、米黑蟲等昆蟲排出的糞便曬製而成的。當地山民收集這些昆蟲排出的糞便，經特殊處理後當茶喝，其味甘甜，能提神醒腦、解熱祛毒、收斂止血、降壓祛脂、健脾和胃。它對消化不良、鼻衄、痔瘡出血、牙齦出血和癰腫有確切療效，對預防高血壓、高血脂和冠心病也有一定作用。

龍涎香：龍涎香是抹香鯨科動物抹香鯨腸內分泌物的乾燥品。其味甘、氣腥、性澀，具有行氣活血、散結止痛、利水通淋、理氣化痰等功效。常用於治療咳喘氣逆、心腹疼痛等症。本品是各類動物排泄物中藥中最名貴的，極為難得。

趣味鏈結：「寒號鳥」鼯鼠

哺乳綱、鼯鼠科動物複齒鼯鼠（又名寒號鳥）的糞便可以作為名貴中藥五靈脂，用於治療各種婦科疾病。鼯鼠是什麼樣子的呢？

鼯鼠形似大蝙蝠，頭寬、眼大而圓，背部毛呈灰黃褐色，腹部毛色較淺，前後肢之間有皮膜相連。它生活在長有松柏的峭壁石洞或石縫中，其窩形如鳥巢。白天，它就躲匿在窩內睡覺；清晨或夜間它就出來活動。

鼯鼠又被叫做「寒號鳥」，這是為什麼呢？

這是因為它在夏日時羽毛豐盛，而到了冬天它的羽毛就會全都掉光，晝夜鳴叫，故又被稱為「寒號鳥」。

古代運河小史

運河，是指人工開挖的水道。在中國歷史長河中，統治者為鞏固政權，戰事頻繁，征伐不斷，為保證軍事行動所需之大量糧草的運輸，在水運上占有主導地位的年代，開鑿運河就成了一件十分有必要的事。

中國最早的運河是西元前6世紀初期楚國和吳國開的溝渠。但是，最著名的還是隋代大運河。

隋統一中原後，人民得到安定的社會條件從事生產，社會經濟逐漸恢復。隋文帝於584年命宇文愷率眾重開漕渠。自大興城西北引渭水，略循漢代漕渠故道而東，至潼關入黃河，長150多公里，名廣通渠。604年改名永通渠。

但是，大規模的修造，還是在隋煬帝楊廣上臺以後。西元605年，隋煬帝徵發百萬士兵和夫役，修造通濟渠。同年又改造邗溝。608年，又徵發河北民工百萬開鑿永濟渠。610年溝通江南河。至此，開鑿大運河的工程基本完成，是為隋大運河。

隋煬帝在修運河的同時，還在兩岸築起御道，種上楊柳樹。從長安到江都，沿途建造離宮40多處。此外，沿運河還建立了許多糧倉，作為轉運

或儲糧之所。

隋代開鑿的大運河，以京都洛陽為中心，東北抵涿郡，東南至餘杭，全長2500公里。溝通了海河、黃河、淮河、長江、錢塘江五大水系，並把京師、東都、涿郡（幽州）、浚儀（汴州）、梁郡（寧州）、山陽（楚州）、江都（揚州）、吳郡（蘇州）、餘杭（杭州）等通都大邑連綴在一起，從而加強了各地區間的聯結。當時運河上「商船旅往返，船乘不絕」，它對隋唐時期南北經濟文化交流，維護全國統一和中央集權制的加強，都產生了促進作用。

到了13世紀的元代，元世祖忽必烈定都在大都（今北京），全國政治、經濟中心移到這裏。依然使用隋運河。然而，隋運河就縱貫南北來說，並不是很直，實際上是拐了一個大彎。這條航線費時費工，運價也高。忽必烈因而意識到，只要開出一條直通南北的河道，就是一條最快捷、最經濟、最有效益的人工長河。

於是，元世祖忽必烈在1289年下令開鑿會通河。這條河北始臨清，南到東平路（今山東境內）的安山。又從北京到通縣間開了一條通惠河，與原有的舊河道溝通。這樣一來，由杭州到北京，就可以不繞道洛陽，直接到達。而隋朝開掘的部分河道由於年久淤塞，未加清理，逐漸廢棄了。

元代開鑿的河道，稱之為京杭大運河。這條運河較隋代大運河大幅度東移，依然是連通北京和杭州，卻只有1794公里，比隋大運河縮短近800公里。這就是我們現在所看到的大運河。

趣味鏈結：靈渠是如何建成的

靈渠又名湘桂運河、興安運河，在廣西壯族自治區興安縣境內，是世界上最古老的運河之一，與四川都江堰、陝西鄭國渠齊名，並稱為「秦代三大水利工程」。

西元前221年，秦王嬴政在併吞六國、一統中原後，又揮師嶺南，命監察御史史祿率三位石匠，開鑿河渠，以便運送軍糧。自西元前218～前214年，歷經三年艱辛，運河終於開通。初名秦鑿渠，後因灕江的上游為

零水，故又稱零渠、零渠。唐代以後，方改名為靈渠。

靈渠全長37公里，由鏵堤、南北渠、秦堤、陡門等組成。設計科學，建造精巧。鏵堤為靈渠的樞紐工程，是在湘江內修建的一座滾水低壩，有大小天平石堤與其相連，形成「人」字形。鏵堤將湘江水三七分流，其中三分水向南流入灕江，七分水向北匯入湘江，溝通了長江、珠江兩大水系。靈渠的鑿通，打通了南北水上通道，大批糧草經水路運往嶺南，為秦王朝統一嶺南提供了重要的保證。靈渠通航的當年，秦兵就攻克嶺南，隨即設立桂林、象郡、南海三郡。

靈渠自秦代開鑿之後，漢、唐、宋、明歷代又有所增修，其中漢代馬援，唐代李渤、魚孟威增修最多，元代在南渠岸邊所修的四賢祠，供奉著史祿、馬援、李渤、魚孟威四人的塑像。

古代的橋樑

中國橋樑開始於何時，已不可考。古文獻中記載較早的橋，是西周初周文王為了迎親，用船在渭水上搭的浮橋。

古代建造的橋樑，包括現代橋樑工程中的梁橋、拱橋、索橋三種基本體系，有不少建築技術是世界創舉。

目前我們能夠看到的最古老的梁橋形象，是漢代畫像石、畫像磚和壁畫上的梁橋。石樑橋中，陝西西安的灞橋、福建泉州的洛陽橋和晉江的安平橋最為著名。除此之外，浙江省紹興市的「八字橋」也是比較有名的梁橋之一。

中國很早就有拱橋。據《水經注》記載，西元282年，河南洛陽東六七里有一座用石建的「旅人橋」，「下圓以通水」，這是見於文字記載中最早的石拱橋。而保留到今天最古老、最著名的石拱橋是安濟橋。

安濟橋在河北趙州（今趙縣）境內，修建於西元605年左右，迄今已有1300多年的歷史了。橋墩主要設計者是隋代傑出的工匠李春，在橋頭的

碑文裏還刻著他的名字。安濟橋是世界上著名的石拱橋，也是建成後一直使用到現在的最古老石橋。

安濟橋非常雄偉，全長50.8公尺，兩端寬9.6公尺，中部略窄，寬9公尺。橋的設計完全遵從科學原理，施工技術巧妙絕倫，所展現出來的高超技術水準和不朽藝術價值，充分顯示了古人的智慧和力量。

安濟橋建成後，對各地橋樑建造影響很大。河北、山西、浙江、貴州等地相繼出現不少敞肩拱橋，並在建造技術上有了新發展，如河北趙縣永通橋的矢跨比例比安濟橋的矢跨比例還小。

在古代單孔石拱橋中，曲線最美的要數北京頤和園的玉帶橋。該橋橋面作雙向反彎的曲線變化，配上精緻的欄板，顯得樸實又富麗。在聯拱長石橋方面，比較著名的是蘇州的寶帶橋，它是橋洞最多的一座中國橋。

索橋（吊橋）首創於中國。因為西南、西北地方的一些河流谷深水急，無法築墩建橋，古代人民就發明了用竹、藤、鐵等做索為橋。據楊衒之《洛陽伽藍記》載，北魏時新疆地區就有了鐵索橋。這是世界上最早的鐵索橋，西方到16世紀才出現這類橋樑。

索橋又分獨索、多索兩種。獨索橋又叫溜索橋。古書上記載：「溜索橋，兩岸立柱，以竹繩捆在身上，扶住木簡，溜索而渡。」多索橋是並排幾根纜索，上鋪木板面，有的兩邊懸索做欄桿，有的不設欄桿。最著名的多索橋是四川灌縣的珠浦橋和瀘定縣的鐵索橋。

說到橋樑，不能不提到歷史上跨越黃河的第一座橋。

明初洪武年間，朱元璋的大將徐達決意要在黃河上建築一座大橋。根據勘察，橋址選在蘭州城北通濟門外的黃河上。他要建築的是鐵索連接浮橋，先在兩岸各打下兩根大鐵索柱子，用6根130丈長的粗鐵鏈連接兩岸的鐵栓，在河中並列4艘大船，將船兩端牢牢地繫在鐵鏈上。船上鋪設木板，設立欄桿。這就是歷史上第一座跨越黃河的浮橋——「鎮遠橋」。

趣味鏈結：《清明上河圖》中的拱形木橋

在著名的風俗畫《清明上河圖》中，北宋畫家張擇端描繪了一座結

構新穎的拱形木橋。這座橋橫跨在北宋都城——汴京（今河南開封）的汴水之上。橋拱的主要架構為五根拱骨，用粗繩捆紮起來，互相搭架在橫木上。這樣的橋在世界橋樑史上是絕無僅有的。

古代是如何造船的

中國的造船史綿互數千年，早在遠古就開始了。新石器時代（約西元前10000～前4000年），我們的祖先就廣泛使用了獨木舟和筏，並以其非凡的勇氣和智慧走向海洋，為航海業奠定了基礎。據考證：筏，舟船發明以前出現的第一種水上運載工具，就是新石器時期中國東南部的百越人發明的。

秦漢時期，中國造船業的發展出現了第一個高峰。秦始皇在統一南方的戰爭中組織過一支能運輸50萬石糧食的大船隊。據古書記載，秦始皇曾派大將率領用樓船組成的艦隊攻打楚國。統一之後，他又幾次大規模巡行，乘船在內河遊弋或到海上航行。

到了漢代，以樓船為主力的水師已經十分強大。據說打一次戰役，漢朝廷就能出動樓船2000多艘，水軍20萬人。艦隊中配備有各種作戰艦隻，有在艦隊最前列的衝鋒船「先登」，有用來衝擊敵船的狹長戰船「蒙衝」，有快如奔馬的快船「赤馬」，還有上下都用雙層板的重武裝船「艦」。當然，樓船是最重要的船艦，是水師的主力。樓船是漢代有名的船型，它的建造和發展也是造船技術高超的標誌。

唐宋時期為古代造船史上的第二個高峰時期。古代造船業的發展自此進入成熟時期。秦漢時期出現的造船技術，如船尾舵、高效率推進工具櫓以及風帆的有效利用等，到了這個時期得到了充分發展和進一步的完善，而且創造了許多更加先進的造船技術。隋代是這一時期的開端，雖然時間不長，但造船業很發達，甚至建造了特大型龍舟。隋代的大龍舟採用的是榫接結合鐵釘釘聯的方法。用鐵釘比用木釘、竹釘聯結要堅固牢靠得多。

隋代已廣泛採用了這種先進方法。

明代，造船業的發展達到了第三個高峰。由於元代經辦以運糧為主的海運，又繼承和發展了唐宋的先進造船工藝和技術，大量建造了各類船隻，其數量與品質遠遠超過前代。鄭和下西洋時，在第7次航行中，共出動船艦62艘，共載27551人，其中最大的船長150公尺，寬60公尺，舵桿長11公尺，張2帆，可容1000餘人。這標誌著古代造船技術的發展達到了顛峰。

趣味鏈結：輪船的由來

「輪船」一詞出現於唐代。

唐代的李皋發明了一種「槳輪船」，這就是初級的輪船。李皋對當時的船的動力進行了改革，他在船的舷側或尾部裝上了帶葉的大型槳輪，轉輪外裝有呈放射狀的撥水板，依靠人力踩動槳輪軸，帶動輪軸上的槳葉撥水推動船身前進。

這種經過改造的新型船隻，槳輪的下半部浸埋於水中，上半部露出水面，所以稱為「明輪船」或「輪船」，以區別於那些人工划槳的木船和依靠風力推行的帆船。

隨著蒸汽、煤油等動力船的出現和「明輪船」的消失，「輪」已不復存在，但人們仍習慣地把機動船稱為「輪船」。

公路小史

「公路」一詞是以其作為公共交通的路得名的。在古文中，「公路」一詞並不存在，它是一種近代的說法。

築路修道的歷史相當久遠，相傳，史前先民由於作戰與生活的需要，黃帝「命豎亥通道路」。「道路」一詞出現了，名稱也由此而定。帝堯時，路名「康衢」。

西周時，路按等級分別命名，「路」容乘車三軌，「道」容二軌，「塗」容一軌，「畛」走牛車，「徑」為僅走馬的田間小路。

「秦治馳道」為公路史上空前大的工程。「馳道」又名「真道」，為天子馳車馬之道。又廣築非官道。秦漢以後歷代，路名「馳道」或「驛道」，元稱「大道」。清稱「官路」和「大路」。

清後期，國外有人開始在碎石路上鋪澆瀝青，成為瀝青路，這可以說是公路史上的一大突破。中國最早建設的一條瀝青路，是百年前光緒年間鋪設的廣西龍州至鎮南關的公路。

趣味鏈結：宋代路碑儀制令

宋代的「儀制令」是專指勒字刻碑立於道路旁的交通法規。儀制是朝廷官府頒布的法規禮節，亦即是社會奉行的禮儀制度。據史料考證，中國的交通法規，興於唐，盛於宋。

宋代的「儀制令」初期是刻在木板上，豎立於大街要道，以教行人車輦。陝西省略陽縣的「儀制令」路碑，立於南宋淳熙八年（1181年），原立於州縣的街頭。福建省松溪縣的「儀制令」路碑，立於南宋開禧元年（1205年），豎碑地點已不在縣城，移至縣城外的鄉村。

上述兩塊宋代的「儀制令」石碑，是研究古代交通法規的歷史文物。碑文規定，尊老敬長必讓道（少避老），來往應先後有序，講究禮讓（輕避重，去避來）等，展現了中國古代的文明禮貌。

鐵路小史

1814年，英國人史蒂芬生發明了蒸汽機車，又於1825年建成了世界上第一條鐵路。鴉片戰爭以後，中國也開始出現修建鐵路的議論，一些外國商人向清政府提出了修築鐵路的大規模綜合計畫。

1865年，一個名叫杜蘭德的英國商人，在北京宣武門外修築了一條長

僅一里的鐵路，試行小火車，有人認為雖然這只是一條展覽路，不具備多大的實用價值，且很快被清政府派兵拆毀，但仍可以說這是中國最早的一條鐵路。

1876年英商怡和洋行在上海修建了淞滬鐵路。這段鐵路全長30公里，運行正常，搭客載貨，但後來出現了重大傷亡事故，被清政府拆毀。它是中國最早出現的一條營運鐵路。

1887年，由開平礦務局投資，築成了一條唐胥鐵路（唐山—胥各莊），該鐵路長10公里，為中國第一條自建的標準軌鐵路。

1905～1909年，在鐵路工程師詹天佑親自設計和主持下，修建了一條起於北京，終達張家口的京張鐵路。這條鐵路工程規模之大，工藝技術之複雜，在當時世界上實屬罕見。這是中國自行設計和修建的第一條鐵路。

趣味鏈結：西苑鐵路是如何修建的

西苑鐵路建於光緒十四年。由於全線處於大內西苑（中南海、北海的總稱），故稱西苑鐵路。這條鐵路南起中南海紫光閣，蜿蜒曲折，直至鏡清齋前的碼頭而達終點。全線總長約2332公尺，由法國新盛公司承辦。有6輛坐車，其中一輛是「上等極好車」，兩輛「上等車」、兩輛「中等車」和一輛「行李車」。車輛原由李鴻章派人向法商購買，後改為法商報效。

西苑鐵路為何建於此時，法商何以報效火車，這是和光緒初年在中國展開的一場修路大論戰有關的。當時，主管海軍的醇親王奕譞和北洋大臣李鴻章等人，力主修建鐵路以富國強兵，而戶部尚書翁同龢、禮部尚書奎潤等人則以鐵路「資敵、擾民、失業」為由，極力反對。

光緒十四年唐（山）胥（各莊）鐵路延伸至天津後，李鴻章又代粵商陳承德奏請接造津通鐵路。這樣修路和反修路的爭論又趨激烈，當權者慈禧太后亦為之猶豫不決。此時西苑鐵路的出現，正是修路派讓從未見過鐵路、火車的慈禧太后親眼看一看鐵路並非怪物，火車實優於騾馬，以促成慈禧太后之決斷。而法商之報效火車，又旨在為兜攬生意，並且在宮廷內

苑中設立一個大廣告，以增加其與英、德、比、俄等國的競爭力。

果然，西苑鐵路建成後，慈禧太后明顯轉向修路派一方。次年八月，遂以光緒皇帝名義發佈上諭，正式委派李鴻章、張之洞會同海軍衙門「妥籌開擴」，從此揭開了大規模修建鐵路的序幕。

車的由來

相傳，中國最早的車是4000年前由黃帝創造的，是採用牛拉的。到了夏禹時代，奚仲馴馬拉車，人們就乘坐馬車了。

商代時，車有了改進，並與其他珍貴物品一樣，被列為殉葬品。這些車已經包括車架、車軸、車輪三部分，有一車四馬二人的，或一車二馬三人的。

到了西周，車在製作上又有了改進，並被廣泛地使用。《說文》上說，南禹縣辛村周墓，出土車12輛，馬骨竟有72架，可見一車六馬的車。

戰國時，車有了更大的改進，特別是車轅已由單轅改為雙轅，這就更加牢固，載重量也更大了。

漢代時，出現了嚴格的乘車等級制度，「軺車」即無帷的小車，是低級官吏坐的。「軒車」是一種高大的棚車，供高級官吏乘坐。裝有帷幕的「輜車」，則是貴族婦女乘坐的。一般的車只駕一馬，四馬的車是統治階級乘坐，即所謂「駟馬安車」。

趣味鏈結：「轎車」的由來

國人將小汽車稱為「轎車」，為什麼這樣叫呢？是不是和古代的轎子有關呢？那麼，先來說說「轎車」這一稱謂的由來。

在數千年前就出現了馬車這種交通工具，古人在生產、運輸、往來經商時，都需要用到馬車。但是，馬車在奔跑起來時，顛簸很大，人坐在裏面總會感覺不大舒服，相比而言，坐轎子是既舒服又文雅的。因此，古代

的皇帝、高官、紳士都喜歡乘轎，女子出嫁為氣派隆重也以坐轎為時尚。

明代時，人們開始將馬和驢交配而生的騾用到運輸行業中，騾子既有馬的力量和速度，又有驢子能吃苦耐勞的優點，因此就將千年馬車改為騾子駕車，並起名「轎車」。

騾車在清代時進入全盛時代。因為人們發現，騾子經過訓練和調教，它快步走路的顛簸可減至最小，騾車頓成超越轎子的最先進交通工具。

清末，中國開始出現了從國外引進的汽車，第一輛汽車是洋人獻給慈禧太后的。由於它比騾轎車性能更優越，於是大家就又把「轎車」這個稱呼轉送給了汽車，一直沿用至今。

古代的牛車

牛車，先秦時稱為「大車」，是指用牛拉的車。先秦時，這種車只用來拉笨重的東西。到了漢代，統治階級轉而喜乘牛車，以牛車為貴的風氣開始盛行。這是由於牛車行進較慢，行走起來較為平穩，而且車身高大嚴密，可以障帷設几，任意坐臥。

牛車分「通幰牛車」、「偏幰牛車」和「敞棚牛車」三種。通幰牛車地位最高。這種車在車頂上自前到後張一頂大幔子，偏幰牛車的幔子則只遮住車的前半部。這兩種車子在幔子底下還有車棚，棚通常有簷。早期的簷較淺。

到唐代時，棚簷已變得很深，叫做「長簷車」。沒有棚的車叫敞棚車。

宋代以後，製車技術的重點逐漸由乘人的車轉到載貨的車。宋代的大車叫「太平車」，用5～7頭牛拖曳。

趣味鏈結：古代的馬車

馬車，先秦時稱為「小車」，當時，馬車除供貴族出行外，還用於戰

爭。

戰國時期，由馬拉的戰車數量已成為一個國家強弱的標誌，有所謂「千乘之國」、「萬乘之君」等說法。這時的馬車，結構先進，性能良好，裝飾豪華，製作也十分考究。有的還在車上裝有一種叫鸞的鈴，行車時鏘鏘作響。

漢代時，車子有了重大的改革，單轅車逐漸減少，雙轅車逐漸增多，車的種類繁多，使用範圍也日益擴大。官僚貴族出行時，按其自身的等級，要保持一個馬車組成的車隊，以表示其社會地位的顯赫。

漢代最高級的馬車是皇帝乘坐的「輅車」和「金根車」。高級官吏乘「軒車」；一般官吏乘「軺車」。如果車身與駕牛的大車基本一致，卻用馬來拉，即所謂「次車駕馬」，則叫「輦車」。

此外，還有專供某一特定用途而製作的專用車輛，如作為儀仗隊用、上立鉞斧的「斧車」，在儀仗隊中載樂隊用的「鼓吹車」，狩獵用的「獵車」，載猛獸或犯人用的「檻車」等。

郵驛通信小史

中國是世界上郵驛起源最早、最發達的國家之一，也是世界上最早、最成功地發現並運用通信規律組織書信傳遞的國家之一。中國古代創造和積累的一整套治郵經驗，並多為世界各國所汲取。

在原始社會時，我們的先民們大概是採取以物示意的方法來傳遞資訊的。到了商代，邊疆上開始有了通信兵，負責傳遞軍情。這種形式延至明清，相習幾千年之久，其中尤以漢代的組織規模為大。

古代戰爭中，常在邊防軍事要塞或交通要衝的高處，每隔一定距離建築一高臺，俗稱烽火臺，亦稱烽燧、墩堠、煙墩等。高臺上有駐軍守候，發現敵人入侵，白天燃燒柴草以「燔煙」報警，夜間燃燒薪柴以「舉烽」（火光）報警。一臺燃起烽煙，鄰臺見之也相繼舉火，逐臺傳遞，須臾千

里，以達到報告敵情、調兵遣將、求得援兵、克敵制勝的目的。

到了西周時，已經出現了比較完整的郵驛制度。當時，各諸侯國為政治、軍事上的需要，在大道上經常設有驛馬和郵車，往返傳送官府文書。

秦始皇統一後，開始在全國修築馳道。「車同軌」，「書同文」，更促進了郵驛通信的發展。

到了唐代，這種制度更是盛極一時。唐朝的郵驛分陸驛、水驛和水陸兼辦三種，共有1600多處，其中水驛260多處，水陸兼辦的也有80多處，由驛亭的亭長管理送信的事。那時送信就像跑接力賽一樣，一個接一個往前傳。遇到軍情緊急，就在信封上插根羽毛，驛亭接到插有羽毛的信後，便馬不停蹄，飛速地把信傳遞到收信人的手裏。郵驛的行程也有明文規定，如陸驛規定馬每天走70里，驢50里，車30里。

到了700多年前的元代，郵驛通信已經非常發達，僅在中國境內，就設有驛站1496處。那時除「馬驛」外，還出現了「狗驛」。狗跑得快，又能認路，不需人騎，只要在它身上縛一個裝信的小袋，狗就能很快把信送到固定的地點。當時，有個最大的「狗驛」馴養著3000多隻專門送信的「郵犬」，這也是當時世界上最大的犬驛。

另外，元代還沿襲宋代的辦法，在各州縣廣泛設置「急遞鋪」。這種急遞鋪是專門傳遞官府的緊急公文的，有點像現在的軍郵，全國估計約有2萬處，每鋪有幾個鋪丁，日夜不停地遞送檔，一晝夜可行200公里。

明朝驛站，基本上沿襲舊制。清中葉以後，近代郵政逐漸發展起來，代替了古老的驛站制度。

趣味鏈結：何謂「廷寄」

清軍機處設立前，皇帝的詔令是經由六部傳達下去的，傳遞既緩慢又易洩密。

軍機處成立後，對軍政密件由軍機大臣請示皇帝意見後，擬好詔令，封入紙函，蓋上軍機處銀印交兵部加封，令驛站限時送達。送達速度，根據緩急程度在信函上註明，一般是日行150公里，緊急事情有日行200公

里、300公里甚至更多。而且促以軍令，不准違誤，這種行文法稱為「廷寄」。

根據受命者的官職不同，廷寄分為不同種類，有軍機大臣字寄、軍機大臣傳諭、軍機大臣密寄，其中軍機大臣密寄最為機要。

廷寄諭旨傳遞到受命的官員以後，只許受命者本人拆閱，不許別人代拆。受命大臣領旨以後，須將接到廷寄的時間、承旨寄信者銜名、諭旨的內容以及如何辦理的情況，向皇帝復奏明白，以保證皇帝旨意的落實。屬於內務府系統的官員，則由總管內務府大臣署銜寄發，款式與軍機處廷寄相同。

郵政綠標的由來

在鴉片戰爭後，英國人葛顯禮把持中國郵政。1897年2月21日，葛顯禮規定：信差、船夫穿海軍藍嗶嘰馬褂，夏天，馬褂改用藍灰色，胸前寫「大清郵政」四字。

到了1905年1月，郵政改由法國人帛黎辦理。帛黎規定：黃、綠兩種顏色為郵政信筒、車輛、舟船等郵政事物的專用顏色，並以綠色為主要色調，黃色作點綴。

後考慮到綠色已為群眾所熟悉、習慣，而且綠色通常象徵和平、青春、茂盛和繁榮，所以繼續沿用綠色為郵政專用顏色。

趣味鏈結：中國第一套紀念郵票

清末，慈禧太后60壽誕時，挪用海軍軍費，興建了規模宏大的頤和園，舉辦祝壽活動。當時的總稅務官員英國人赫德為取寵於西太后，建議發行紀念郵票一套。

這個建議很快得到了西太后的批准，立即由上海海關造冊處職員、法國人弗拉爾設計圖案並負責印刷。中國的第一套紀念郵票（即萬壽票）就

這樣誕生了。

古代書信的別稱

古人的書信，由於書寫材料的不同，產生了許多別致的稱呼。

在沒有發明紙以前，人們常用竹木簡和箋牘來作為書寫材料。用竹木削成的條稱為簡，竹的為竹簡，木的為木簡。箋和牘都是用木頭削成的片，不過比簡要寬，其中牘比箋更寬。

簡、箋、牘的長度均約一尺左右，簡的寬度不足一寸，箋的寬度超過一寸，牘近似於方形。因為箋、牘較寬大，能容下較多的字，故而百字以內的信都寫於箋和牘上，字數再多的，一片箋或牘容不下的，就寫於簡上，然後再用皮繩子將一片片的簡編串起來，這種串編起來的簡稱為「冊」，亦稱「策」。

由於書信是寫在這些簡、箋、牘上的，所以書信又稱為「簡」、「書簡」、「小簡」、「箋」、「書箋」、「牘」、「書牘」、「簡牘」。與此相關聯，親手寫的書信，又稱為「手箋」、「手簡」、「手書」；依據簡的長度，書信又稱「尺牘」；簡短的書信稱「寸箋」。

從戰國時代開始，在很長的時間內，絲織品與竹、木簡牘同是古人書寫的主要材料。絲織品當時有帛、素、繒、縑等名稱，因此寫在絲織品上的書信，便被稱為「帛書」、「縑書」、「繒書」、「素書」。

至唐代，還流行用織成的絹素，稱「朱絲欄」、「烏絲欄」，專供書寫之用。古代用於書信的縑帛，通常在一尺上下，故書信又稱「尺素」。此外，用縑帛書寫的信，又稱為「帖」，如晉王羲之的〈快雪時晴帖〉、陸機的〈平復帖〉等，都是書信，後人便又以「帖」稱書信。

在日常生活中，人們經歷了一個相當長的過程來用紙代替簡帛。南朝時，著名的花箋很多，有「五色箋」、「錦色箋」、「百韻箋」、「鳳尾箋」等。或出之吳，或出之巴、蜀。最著名的是蜀箋中的「薛濤箋」，因

該箋是薛濤用其成都宅旁的浣花溪水所造的紙加工而成，所以又名「浣花箋」。

唐宋時期的信箋，不僅色彩、圖案典雅，讓人喜愛，有的還加入香料，製成香箋。唐詩中有「香箋詠柳詩」之句，說的便是這種信箋。把紙加工成信箋的歷史，幾乎與紙的發明同樣古老，可以說，有了紙就有了信箋。自南北朝以來，用作寫信的信箋一般為八行，故而「八行書」又成為書信的別稱。

書信的別稱，除了與以上書寫材料有直接關係外，還與書寫工具、書信的包裝和書信的性質有關聯。直接用毛筆書寫於木簡上，書信便又稱「筆簡」；墨，古時又稱「翰墨」，用翰墨書寫的書信，便稱「書翰」。書信投遞時必須裝入封套，書信的封套古稱「函」，故而，書信又稱「函」、「信函」、「函簡」。來信稱「來函」；單位機關的信件稱「公函」。信件的封套口古稱「緘」。信件裝入封套後，需加緘封，所以書信又稱「緘簡」。

另一個與書信包裝形式有關的別稱叫「魚書」。唐代自貞觀年間開始，就用朝鮮厚繭紙製成信函，形若鯉魚，兩面俱畫鱗甲，腹中可以藏書，名叫「鯉魚函」。信函製成鯉魚之形，典出自古樂府《飲馬長城窟行》云：「客從遠方來，遺我雙鯉魚，呼童烹鯉魚，中有尺素書。」由此衍出了鯉魚傳書的故事。唐代詩人李商隱詩云：「嵩雲秦樹久離居，雙鯉迢迢一紙書。」

因而，書信亦稱「魚書」，信函稱「魚函」、「鯉封」。另外還有鴻雁傳書的故事，因此，信使也被稱為「魚雁」、「鴻鱗」。

與書信性質有關係的書信別稱，有「鄉書」、「家書」、「竹報」等。「竹報」取「竹報平安」之意。匿名信稱「飛書」。《後漢書·梁統傳》記載：梁統兒子梁松永平「四年冬，乃縣飛書誹謗下獄死」。李賢注：「飛書者，無根而至，若飛來也，即今匿名書也。」

在書信的往來中，又形成了一些別稱。將他人的來信美稱為「華章」、「華翰」、「蘭章」；說對方貶損身分給自己寫信，而敬稱他人的

來信為「損書」；酬答別人的書信，稱「報章」。此外，書信的別稱還有「啟」，表示陳述的意思。

趣味鏈結：書信的由來

書信，也通稱為「信件」，是人們聯絡思想，互通資訊的重要方式。書信文化有悠久的歷史。

早在文字產生以前，人們就有「書信」來往，是採取結繩、刻符等方式。據考古發現，西安半坡遺址出土的彩陶器上已有刻畫符號。

苗人也用過刻符。方亨咸《苗俗紀聞》說：「俗無文契，凡稱貸交易，刻木為信，未嘗有渝者。木即常木，或一刻，或數刻，以多寡遠近不同，刻而為二，各執一，如約時合之，若符節也。」

到先秦及秦漢，出現了手書、家書、尺牘（書信在一尺長的木牘上書寫，故曰「尺牘」）、手箚、信函。但是這種手書、家書，一開始多半是用生絹書寫，故稱為「素書」。「長跪讀素書，書中竟何如」即指此。後隨著紙的發明，寫信逐漸用紙代替生絹了。

在古代，「書」與「信」是有區別的。「書」，指信件，「信」，指信使，即傳達信件的人。唐杜甫《春望》中寫道「烽火連三月，家書抵萬金」。其中「家書」就是家信。直到明清時代，「書」才正式叫「信」了。清代蔣士銓《歲暮到家》中寫道：「寒衣針線密，家信墨痕新。」

「函」與「封」的由來

我們通常都把信叫「函」，譬如說「來函收到」等。「封」是計算信函的數量單位，如「五封信」。

說起「函」和「封」的由來，應溯源於我們的祖先。在紙尚未發明的古代，人們是用竹簡和木牘作為書寫工具的，凡用竹片書寫的叫「簡」，用木片書寫的叫「牘」。把許多根簡用皮條或繩子編在一起，便成為冊。

漢代用「牘」寫信，其長度是漢尺一尺，故曰「尺牘」。寫好以後，在「牘」上再加一塊，當作信封，然後用繩子捆好。因此便把這塊封緘叫「檢」，在檢上簽字叫「署」。在檢的中間有一塊微凹的空間叫「函」。所以，我們現在把「信件」叫「函件」，在「函」上的繩子打結的地方用泥封上，加蓋印章，以防人拆動，這種做法叫「封」，也叫「封泥」。因此，我們今天仍把計算信的數量單位叫「封」，所謂「一封信」的「封」，便是從這裏來的。

趣味鏈結：古代的賀年片是什麼樣的

賀年片在中國已有上千年的歷史了，它是從名片演變而來的。古時候把名片叫做「名刺」。東漢王充所著《論衡・骨相篇》就有記載：「韓生謝遺相工，通刺倪寬，結膠漆之友……」其中所說的通刺即是名片。

到了宋代，互贈賀年片就很盛行了。賀年片古時叫「賀年帖」，有的還叫片子。

明代的賀年片，大多是用梅花紙箋裁切成的，約寬二寸，長三寸，上端寫著受片人的地址、姓名，下面署上祝賀者的地址、姓名，中間大都寫「恭賀新禧」、「萬事如意」等祝詞。

清代康熙年間，開始用紅色硬紙片製作賀年片。當時將賀年片裝到錦囊中送給對方，以示莊重。賀年片上印著精美的圖畫，則是受外國的影響。近代郵政第一次發行明信片，是在1896年由清政府發行的。

中國最早的電報

清朝同治年間（1870年），大北電報公司架設了一條香港——上海的電報海線。1872年，初次用中文字碼通報，這就是中國最早的電報。

未有電報線前，英國倫敦的電報須待三個星期才能到達上海。它由西伯利亞和蒙古交界處的電報站接收後，由驛差夜以繼日分段送至北京，

再用輪船送到上海。洋人們為了加速資訊的傳遞，特設了一條從上海到揚子江的電線，但不到幾天，就被農民拆毀了。從歐洲——香港線敷設成功後，上海的洋人們立即向清廷要求敷設上海——香港的海線，以便與歐亞線銜接。要求被批准了，並獲准在租界裏豎電桿。

數年以後，歐洲遇絲產荒年，中國商人借助電報，獲得數百萬兩銀子的巨利。從此，電報才受到人們的重視和歡迎。

趣味鏈結：雞毛信的由來

信函上插羽毛，表示緊急，由來已久，古代叫羽書或羽檄。這種信件是用來徵調軍隊的文書，插上鳥毛，意味著急速得像鳥飛一樣，表示軍情緊急，必須火速遞送。在紙張未出現之前，它用木簡製成，大約長40公分，上面寫明軍情緊急的情況和徵調軍隊等內容。

《史記》上有「吾以羽檄徵天下兵，未有至者」的記載，《漢書》也記載過用羽檄徵兵的事情。到了唐代，杜甫有「征西車馬羽書馳」的詩句。

到了近代，凡需緊急傳送的公文信件，就插上幾根雞毛，稱為「雞毛信」。

一本書讀懂中國文化知識

「錦標」與賽龍舟

競技體育的比賽，大致有以下幾種主要形式：杯賽、聯賽、拉力賽、錦標賽。

杯賽的冠軍當然要獲得最高等級的獎盃（一般為金杯），其他幾種比賽形式雖然不叫杯賽，但前三名獲得的獎品一般也是獎盃。不過在最初的「錦標賽」上，優勝者得到的獎品卻不是杯，而是貨真價實的「錦標」。

「錦標」一詞最早使用于唐代，是當時最盛大的體育比賽——競渡（賽龍舟）的取勝者所獲得的獎品。

而競渡則是春秋戰國時就已經形成的一項民間體育活動，每年都會舉辦，時間不定，相傳為湘江人民為紀念屈原而發起的活動。但這一古老的活動在唐以前僅為划船活動，並無「奪標」的規定。

到了唐代，競渡則成了一項獨具特色而又極為隆重的競賽活動，不但民間組織，官方也大力提倡，並統一在端午節舉行。其目的在於爭奪第一名，而不再只是為了紀念屈原了。競渡的程式和規則也趨向嚴密和完整。為了裁定名次，人們在水面上插上一根長竿，竿上纏錦掛彩、鮮豔奪目，時人稱之為「錦標」，亦名「彩標」。競渡船只首先奪取錦標者為勝，故

這一競賽又稱為「奪標」。這樣一來，龍舟賽變成了一項緊張激烈、扣人心弦的比賽。

對其精彩的盛況，符載在《上已日陪劉尚書宴集北池序》中作了翔實的描寫：「一號令，雷鼓而飛，千橈動，萬夫呼，閃電流於目翼，羽聚生於時下，觀者山立，陰助鬥志……揭竿取勝，揚旗而旋。觀其猛厲之氣、騰陵之勢，崇山可破也，青天可登也！」另外，白居易也有詩云：「齊橈爭渡處，一匹錦標斜。」

宋代以後，奪標成為競渡的法定規則，一直沿用到明、清而不變。這種奪取「錦標」的比賽就是現在體育賽事中「錦標賽」的由來。

趣味鏈結：「錦標狀元」指誰

「錦標」一詞還和唐時的狀元奇妙地聯姻在一起。

據五代人王定保《唐摭言》記載，唐盧肇與同郡黃頗齊名，兩人一同趕考，因肇貧頗富，當地嫌貧愛富的刺史只為黃頗餞行。

第二年，盧肇中了狀元，衣錦還鄉，刺史率眾十裏相迎，見到盧肇後非常慚愧。

一次，刺史宴請盧肇看划船比賽，席間，盧肇即興賦詩道：「向道是龍君不信，果然銜得錦標歸。」在詩中他把自己「狀元及第」比做競渡的「奪標」，語意雙關：從前是龍，你不相信，如今真應了這句話，銜得錦旗而歸。眾官讀罷，無不汗顏。

因為這首詩，盧肇獲得了「錦標狀元」的雅號。

「蟬聯」的由來

蟬的俗名叫「知了」，是一種善鳴的昆蟲。它有四個薄而透明的翅，因此可以飛翔。在雄蟬的胸腹交界處有個發聲器，因此在夏日天氣燥熱時，蟬便借此發出最響的鳴叫聲。蟬的幼蟲棲息在土裏，靠針狀口器刺入

樹根、樹枝吸取汁液來維持生命。

當蟬的幼蟲長大時，便脫掉蟬殼，將自己的蟬殼脫在樹根或樹幹上，軀體在原有基礎上得以延伸，蛻變為成熟的成蟲，展翅飛走，到處鳴唱。人們耳熟能詳的成語「金蟬脫殼」便是取意於此，比喻處於困境之中的人們能夠巧施脫身之計，逃之夭夭。

其實，我們只要認真思考一下便可知道：無論是脫殼之前還是之後，蟬還是蟬，只是幼蟲變做成蟲而已。但是，幼蟲脫下軀殼，成蟲以原貌從軀殼中脫穎而出，在原基礎上得以保持和延伸。因此，人們便將蟬的這種蛻變現象比喻世間連續保持的事物或是連貫取得的成果。

後來，人們用「蟬聯」一詞來形容在體育比賽中保持原有的榮譽稱號，如連續保持了冠軍，就叫「蟬聯冠軍」；保持了亞軍，就叫「蟬聯亞軍」。

趣味鏈結：蟬，天然的「溫度計」

《入若耶溪》是中國南北朝的著名詩人王籍所寫的一首詩。在該詩中有「蟬噪林逾靜，鳥鳴山更幽」的妙趣佳句，以蟬叫、鳥鳴來反襯林靜、山幽。後來，這句詩被人們引申為「世間萬物皆既對立又統一」的意韻。

但從另一個側面看，這句詩也說明了噪叫是蟬的一大特點。究其原因，乃是因為在雄蟬的胸腹交界處有個發聲器，在天氣燥熱時，它便發出最響的鳴叫聲。更有趣味的是，科學研究表明：只有氣溫高達24℃以上時，蟬才會鳴叫。因此，蟬可被視為一種天然的「溫度計」。

古人的游泳技能

游泳是怎麼產生的呢？游泳最初是出於人們勞動與生活的需要。《莊子・秋水篇》說：「夫水行不避蛟龍者，漁父之勇也。」宋人蘇東坡認為，人之所以會游泳，是因為「日與水居之」，「七歲而能涉，十歲而能

浮，十五而能沒」，「得于水之道」，也即掌握了游泳的規律。據郭沫若考證，古時候缺少船舶，那時候人們要渡江河湖泊，就要靠游泳。游泳是一項男女老幼皆宜的體育運動專案，它既不需要什麼設備，也不受運動場地的限制，江、河、湖、海均可遊之。

遠在春秋戰國時期，中國第一部詩歌總集《詩經》中就有「就其深矣，方之舟之；就其淺矣，泳之遊之」，「漢之廣矣，不可泳思」，「漢有遊女」的記載，「游泳」一詞即源於此。由此可見，中國人民在春秋戰國時期就已經掌握了游泳的技能。另外，「漢有遊女」也說明了當時游泳者中不僅有男性，而且還有女性。敦煌有一幅壁畫，該壁畫描繪了四個婦女在水中遊戲的情景，可以進一步說明這一點。

漢代古籍《淮南子》中已有了關於游泳姿勢的記載：「遊者以足蹶（蹬），以手枋（劃）。」

漢魏時已有端午節舉行游泳比賽的習俗。唐宋時，每年端午節在錢塘江都會舉行規模很大的游泳比賽，「善泅之徒，競作弄潮之戲」。

宋人周密在《武林舊事》「觀潮」一節中寫道：「吳兒善泅者數百，皆披發文身，手持十幅大彩旗，爭先鼓勇，溯迎而上，出沒于鯨波萬仞中，騰身百變，而旗尾略不沾濕，以此誇能。」這說明當時的人們已有很高的踩水本領了。

趣味鏈結：曹贊、文天祥也是游泳高手

唐代有個游泳家曹贊，能在水中「迴旋出沒，變化千狀」。他還可以在「百尺檣上不解衣服投身而下，正坐水面，若在茵席」。

南宋的民族英雄文天祥，精於象棋，同時也愛好游泳。每到暑天，他就和象棋能手周子善去溪水中游泳，並「於水面以意為枰，行弈決勝負，愈久愈樂，忘日早暮」。

舉重項目的演化發展

舉重是一項古老的運動項目，中國早在數千年前就已廣泛地開展這項運動了。

戰國時期，舉重運動盛極一時，並且湧現出許多叱吒風雲的人物：西楚霸王項羽就是一位「力能扛鼎」的大力士。

漢代，始設「鼎官」，負責扛鼎事宜。勝者被封為「武力鼎士」。

魏文帝時，有了一個「萬鼎之鈞」，據說任城王能舉起走動。

到唐代長安二年（西元702年），「始置武舉，其制有馬槍翹關負重之選。翹關是城門栓，長丈七尺，徑三寸半」（《唐選舉志》）。在這一時期，也湧現出許多叱吒風雲的大力士：其中有一個名叫「博通」的大力士，其臂力過人，當他雙手各舉一張上面放著一些盛滿酒的碗的床從石階上走下來時，碗中的酒卻紋絲不動。

直到清末，舉重被列為武舉考試的正式科目，元代主要是「舉石」，清代則盛行「舞刀」，方式雖然有所不同，但都屬於舉重項目。

近代以來，槓鈴傳入中國，取代了傳統的舉重器械。

1936年，中國首次派出運動員參加了第十一屆奧運會中的舉重比賽。

趣味鏈結：諺語「一言為重百金輕」與舉重有關

「一言為重百金輕」是王安石的詩句，意為人們在說話時必須講究誠信，做到「言而有信」；如果「言而無信」，則會「不知其可也」。

「一言為重百金輕」的典故卻與舉重這項運動有關。

中國古代偉大的改革家商鞅在推行他的變法時，遇到了重重的困難，人們普遍不相信他的變法措施。在此困境下，商鞅為了推行他的變法，就首先要取信於民。於是他就在京城豎起重木徵求力士，並承諾凡是能舉起重木者皆可獲得百金。

後來，那些舉起重木者果然獲得了百金。商鞅借此樹立了他的威信，

使得他的變法順利推行。

古人的體操運動

　　體操是中國的一項歷史悠久的體育運動。在很早以前，人們就已經學會做體操了，這在很多的文獻和出土文物中都有記載。

　　據專家研究，中國古代體操有兩類：第一類是強健筋骨、預防疾病的體操；第二類存在於古代樂舞、雜技、戲劇和流傳於民間的技巧運動中。而在第一類中，最具代表性的當屬古代藥學名著《內經》中所記載的「導引養身術」。它距今已有2100多年之久，不僅年代早，而且內容非常豐富：有肢體運動、呼吸運動和器械運動等。

　　1969年春，考古專家在山東省濟南市北郊無影山的南坡發掘和整理了14座漢墓。在這些漢墓中，出土了很多文物，其中就包括一盤西漢時期的樂舞雜技陶俑。這盤群俑中就有四個在表演體操，其中的兩個對稱做倒立，另外兩個在做躬彎。

　　東漢時期，中國民間就有了器械體操——「槓力功」。這種器械體操已經類似于現代的器械體操了。

　　到了唐宋以後，體操運動有了進一步發展，開始出現了雙人體操和集體體操，許多複雜的翻騰動作和雜技表演結合在一起。

　　在1840年鴉片戰爭以後，現代體操項目才開始傳入中國。但是，那時的體操運動十分落後，不僅沒有群眾性的體操活動，而且正式的體操比賽也很少舉行。

　　現在，中國的體操事業得到了蓬勃的發展，已經成為中國在國際體育比賽中奪金的主要項目之一。

　　趣味鏈結：「五禽戲」也是一種體操嗎

　　「五禽戲」是中國最早的成套健身術，也叫「五禽操」、「五禽氣

功」、「百步汗戲」。它是模仿動物的神態和動作創制而成的，所以是一種仿生健身術。

東漢時期，名醫華佗受到虎、鹿、熊、猿、鳥這五種禽獸的神態和動作的啟發，把這五種禽獸的神態和動作編成一套體操，讓人們練習，以達到鍛煉身體、提高人體機能的目的。

雖然「五禽戲」是為了讓人們強身健體而設計的，但其優美的動作絕對可以媲美體操，所以現在它已經被列入到醫療體操的體系之中了。

摔跤的由來和發展演變

摔跤是中國最古老的體育項目之一。它是一種較量力量和技巧的對抗性運動，相傳起源於原始社會末期，古代稱為角力、角抵、角牴、相撲、爭跤等，以後又稱為相撲、貫交、交力。最初，它只是一種頭戴牛角、模仿野牛相抵動作的遊戲，以後才逐漸變為一種體育項目。

從西周到春秋戰國，摔跤是國家訓練精銳部隊的重要項目，或者說是一種軍事體育活動。它和射箭、駕車一起被西周列為軍事訓練的固定項目，如《禮記・月令》中就載有：「孟冬之月……天子乃命將帥講武，習射禦、角力。」

秦漢時，摔跤逐漸演變為娛樂性的民間體育活動，如《漢書・武帝紀》載：「元封三年（西元前108年）春，作角抵戲，三百里內皆來觀。」

魏晉南北朝時期，中原摔跤受少數民族摔跤的影響，產生了一種新的形式——相撲。根據敦煌石窟中的一幅相撲圖可知，比賽雙方袒裸上體，短褲赤足，頭髮梳成直立的雙髻，即如文獻所載的「植髮如竿」，這不但與漢代角抵的打扮一樣，也同今天日本相撲的打扮一樣。

隋朝，摔跤之風更為風行。據《隋書》載：「或見近代以來，都邑百姓每至正月十五日，作角抵之戲，遞相誇競，至於靡費財力，上奏請禁絕

之。」

唐代，摔跤比賽多在春季的元宵節和秋季的中元節舉行，比賽時，左右擂鼓助陣，優勝者獲獎而歸。另外，它也是宮廷的娛樂項目。

五代時期，摔跤技術強調輕便敏捷。在此時期，名手輩出，而且出現了中國第一部以摔跤為主題的書——調露子的《角力記》。

到宋代，摔跤比賽開始有了比較完整的規則和制度，並且每年都在臨安（今杭州）相國寺舉行一兩次大規模的比賽。這一時期的摔跤比賽分三個回合，比賽中間不許抓住「棍兒」和拽起「挎兒」，但可以「拽直拳」，「使腳剪」，「拳打腳踢」也行，這與日本現今的相撲從場地、儀式到規則都基本上近似。比賽結束後，勝者可獲得「銀碗」等獎品。

另外，在公共場所還常常舉行賭彩的「露臺爭交」比賽，舊小說中描寫的「打擂臺」，就是這種場面。

清代，設有「善撲營」，專門訓練清代的貴族青年摔跤，他們常為王公貴族表演，或與蒙古族、回族摔跤手比賽，這叫「官跤」，摔跤手和教練員都是終身職業。

與「官跤」相對應，清代的華北等地的民間摔跤則叫「私跤」，摔跤者穿特製的短上衣（也叫「褡褳」），系腰帶，穿長褲，衣、帶可以抓，全身可以握抱，但不許抓褲子、擊打、使用反關節動作等。三點著地（兩腳加一手一膝著地）為失敗，3跤2勝，沒有時間限制。練習或比賽由有技術權威的年長者主持，由他們充當教練和裁判。

民國時期，在北京、天津等地有不少人以表演摔跤為職業。當時的武術組織「中央國術館」和「精武體育會」也有摔跤科目，曾舉行過幾次全國性比賽。

趣味鏈結：中國古代女子摔跤

在宋代的史料上稱摔跤為相撲，也稱為角觝、爭交、拍張。宋代由於商業和手工業的發展，城市經濟繁榮，大城市如汴梁、臨安人口眾多，城市中開始有了供市民們娛樂的「瓦子」。在「瓦子」的各種娛樂表演項

目中，相撲表演是最受歡迎的，相撲藝人也是各種表演藝人中最多的。據
《都城紀勝》、《夢梁錄》、《武林舊事》諸書記載，僅南宋臨安城一地
就有著名的相撲藝人五、六十之多。藝人中還有女相撲手，《夢梁錄》記
載，臨安城有女相撲手「賽關索、嚻三娘、黑四姐」及「張椿等十人」。
但因司馬光以禮教思想反對女子相撲，也迎合了封建統治者的需要，女子
相撲運動從此衰落。

古人如何玩投壺遊戲

　　投壺是古代士大夫宴飲時玩的一種投擲遊戲。

　　古時候，諸侯宴請賓客的一項禮儀就是請客人射箭，美其名曰「燕
射」，主人請客人射箭，客人是不能推辭的。那時，成年男子不會射箭會
被看成是一種恥辱，但是某些人的確不會射箭，於是就用箭投酒壺來代
替。久而久之，投壺就代替了射箭，成為一種禮儀了。

　　投壺所用的壺大小不等，腹高約16公分，壺口直徑約8公分；箭則用
去雲皮的柘製成，長約92公分，無羽鏃。投壺者在距壺約二、三公尺之處
投箭入壺，勝者斟酒給負者喝。投壺前及投壺過程中尚有一套煩瑣的禮
儀，賓主間要致謙讓之詞，賦詩，擊鼓奏樂等。

　　在春秋戰國時期，投壺較為流行。

　　到漢代，投壺逐漸脫離禮儀束縛，成為一種娛樂活動。漢武帝年間，
把柘箭改為竹制箭，因而又產生了被稱為「驍」的投壺新法。西漢初的藝
人郭舍人，能借壺底反射力把箭彈回來，再用手接住，如此往復連投百餘
發，這就是「驍壺」。

　　晉代，人們對壺進行了重大改進，壺上設左右兩耳，附加了投壺的方
法和形式，使投壺的名目繁多，娛樂性加強。並出現了一些投壺高手，如
西晉大富豪石崇家的女藝人能隔著屏風投壺，州陽尹玉胡能閉目而投。

　　到了唐代，一些投壺高手更是不斷湧現，如薛眘惑能反身背投。但

是，由於統治者將投壺技藝納入只許他們遊樂的「佰堂禮樂」之中，致使這一技藝遭到扼殺。後來「打鏢」、「飛刀」和「拋球」等技藝的出現，則是擊壤與投壺的流變。唐代的投壺還東傳日本，後來逐漸演化成日本民間的「投扇興」遊戲。

宋元時期，投壺仍很盛行。宋代大儒司馬光根據封建禮節對投壺作了全面總結，對投壺的名稱、計分規則進行了修改，寫了《投壺新格》一書，竭力使投壺染上政治色彩。

明清之後，投壺日趨衰落，然至清代末年，宮中仍有流傳。

投壺幾經演變，流傳兩千餘年之久，深得士大夫貴族階層的喜愛。有關投壺的詞賦頗多，在中國歷史上有一定影響。

趣味鏈結：古代的其他投擲遊戲

《太平御覽》引《藝經》說「擊壤者，古戲也」。擊壤和投壺一樣，都是古人玩的一種投擲遊戲，《釋名》稱其為「野老之戲」，相傳在帝堯時期產生：當時天下太平，百姓安樂，50餘位90歲左右的老人在一開闊之地，邊比試邊唱，玩起了擊壤遊戲，極為悠閒自得。

擊壤的玩法如下：在田頭豎立一塊小木頭——壤，比試者手中拿另一塊相同的木頭，站在三四十步之外依次投擲，看誰能命中「壤」。

那麼，壤的尺寸是多大呢？據晉周處《風土記》的記載，它長一尺四寸，一頭大一頭小；另外，其式樣我們在明王圻所編的《三才圖會》中可以看到，原來壤的式樣像鞋子。

宋代又出現了與擊壤有近似之處的「擲磚」與「拋堵」，並專門用於招待客人。每當清明前後，青少年們便「拋堵」（堵是瓦片），其熱鬧場景由詩人梅堯臣「窈窕踏歌相把袂，輕浮賭勝各飛堵」的詩句可以略窺一斑。

「擊鞠」盛行於哪個朝代

擊鞠，又名「擊毬」或「打毬」，即騎在馬上持棍打球的運動，今謂馬球運動，最初主要用於軍隊的訓練，後來成為一項體育娛樂活動。

據記載，中國東漢時就已有擊鞠活動。東漢末曹植在《名都賦》中，寫京洛少年「連翩擊鞠壤，巧捷惟萬端」，當是關於擊鞠最早的文字記錄。

而擊鞠最為盛行的時代則是唐代。

唐代，玩擊鞠已經蔚然成風，是一種廣泛流行的運動，稱得上是「唐代第一運動」。韓愈給張建封的那首《汴泗交流贈張僕射》詩，就生動地描寫了擊鞠者精湛的球技和場上的熱烈氣氛，「側身轉臂著馬腹，霹靂應手神珠馳」，「百馬攢蹄近相映」，「歡聲四合壯士呼」。

擊鞠所用的球為木質，有拳頭大小，內中挖空，外描彩色；球杖稱「鞠杖」，是一個木質或藤質的數尺長柄，杖頭一端為彎月形，外裹一層獸皮。

玩擊鞠者必須要有強壯的身體，機智勇敢，騎術精湛。同時還要有一匹好馬，往往都是些西北名馬。打球者騎在馬上，握球杖擊球，要求人的騎技高，人馬要配合好。

球門分為單門與雙門，比賽時要在廣闊的場地進行，雙方各樹若干面紅旗，進一球者增一面紅旗，失一球者拔一面紅旗，得一分稱「得一籌」，裁判員稱「唱籌」。古人詩曰：「築場千步平如削，擊鼓騰騰樹赤旗」，即指打球的情景。

擊鞠在唐代是宮廷貴族一種重要的娛樂活動，所以在唐代宮城及禁苑裏，多半築有打球的場地，球場不僅被納入整個宮廷建設計畫之中，而且球場的建築也很講究，品質較高。

據文獻記載，唐代的皇帝如中宗、玄宗、穆宗、敬宗、宣宗、僖宗、

昭宗都是擊鞠運動的熱心參與者和提倡者。在飛馳的馬背上揮舞球杖，與騎兵在馬背上砍殺的動作有些類似，因此愛擊鞠的唐玄宗登基之後，就把擊鞠引入軍隊中，規定從軍者須要練習擊鞠，《封氏聞見記》就有「打球乃軍州常戲」的記載。

唐代的擊鞠在對外文化交流中，也發揮了重要作用。當時與唐王朝相鄰的渤海、高句麗、日本等國都有與唐皇室進行擊鞠競技的活動。

擊鞠到了宋代同樣非常流行。

據南宋孟元老《東京夢華錄》載，北宋宮廷中的擊鞠，比賽雙方共逐百餘人。參加者騎馬用球杖擊球。球的大小如拳，木質，中間挖空，表面彩畫或塗紅漆，也有用皮革制的軟球。球場大至「千步」，外樹二十四面紅旗。有單球門或雙球門兩種方式，前者為雙方射同一球門，後者為雙方互射對面的球門。比賽時，鼓樂作奏，擊球入門稱得一籌，得一籌增一旗，失一籌拔去一旗，結束時以旗幟多少決定勝負。

與南宋同時代的金朝，出了一個擊鞠狀元完顏宗亨，他的球技「天下第一」，名聲傳播於南宋。

趣味鏈結：擊鞠對唐代官場的影響

在唐僖宗執政時期，西川節度使的官位出現空缺，宦官田令孜便向唐僖宗推薦了陳敬瑄、楊師立、牛勖、羅元杲四人，而他們又全都是田令孜的親信，本來就有些呆傻的僖宗，一時犯起難來，不知道在四人中間選哪一個好。

最後，喜歡打馬球的僖宗想出了一個好辦法：讓這四個人到球場上去打馬球，誰贏了誰就做節度使。結果陳敬瑄拔得頭籌，得到了西川節度使一職。

古代最早的足球：蹴鞠

足球是最具世界性的體育運動，而古代足球運動的發源地就在中國。一般認為，中國人至少在西元前3000年前新石器時代就有了足球遊戲，不過那時的足球是石頭的。在西元前1500年的殷代，人們邊踢球邊跳舞以求神降雨。

真正意義上的足球，產生於戰國時代，那時被稱為「蹴鞠」。蹴即踢也，蹴鞠即意為用腳踢的球。據《史記・蘇秦列傳》記載，蘇秦到齊國遊說連橫抗秦之事，看到齊都臨淄十分繁榮，市民無不奏樂下棋，玩耍蹴鞠。

到了西漢，還出現了專供足球遊戲的「鞠城」，足球運動成了訓練軍士的一種方法。驃騎將軍霍去病在對匈奴作戰間歇時，曾在塞外設球場並親自帶領將士參加足球競賽。這個時期的足球還是以毛髮充塞的。

到唐代時，開始出現充氣的皮球，裏面以動物的尿泡作球膽，吹滿氣後閉口，外面再用八片厚皮子縫起即可踢。

到宋代時，足球發展達到了高潮，開國皇帝宋太祖趙匡胤和宋太宗趙匡義都愛踢足球。有一幅元代人錢選繪畫的《宋太祖蹴鞠圖》就描繪了趙匡胤兄弟與趙普、石守信等六人踢球的情景。宋徽宗還曾經作詩讚揚蹴鞠，可見宋代帝王對踢球運動癡迷的程度。不光是帝王將相喜歡，在宋代銅鏡、陶器上都繪有男女踢球的圖像，說明宋代的老百姓不論男女老少都十分喜愛蹴鞠活動。

東漢時足球舉行對抗賽，於球場東西兩邊各設六個球門，以進球多少為勝負。唐代球門已近於現代足球的球門，是用兩根大竹竿豎起一網，以踢進多者為勝。

趣味鏈結：古代的女子足球運動

中國不僅是足球的起源國，而且中國的女子足球運動也是世界上最早的，距今已有1000多年的歷史了。

唐代大曆詩人王建的《宮詞》中有「寒食內人長白汀」一句，所謂「白汀」，就是一種不設球門的單人或數人的「蹴鞠」運動。由此可見，女子足球運動在唐代就已經流行了。

在宋代遺留下來的一些陶枕上，也繪有女子踢球的圖樣，多為民間百姓的裝束，形象生動逼真。在宋人朱勝非編的《紺珠集》裏，更具體寫道：「兩人對踢，三人角踢，勝者有彩。」所指的就是女子足球規則。

在元明兩代，見於文獻的還有不少女子足球高手。元末明初時，有位江湖賣藝的女子彭雲秀，她有16套踢球絕招，還可以使球「繞身不墜」。

明末崇禎皇帝的寵妃田貴妃也是一位足球好手，她經常在宮內開展賽事，用以慰解皇上。

古代的拔河運動

中國古代人民在元宵節前後要舉行拔河運動。拔河運動古時稱「牽鉤」，亦稱「強鉤」或「拖鉤」，是以人數相等的雙方對拉一根粗繩來較量力量強弱的一種對抗性體育娛樂活動。它在中國有悠久的歷史。

拔河起源於春秋戰國時期對水軍的軍事操訓活動。據《墨子·魯問》記載，魯班在楚國遊歷時，幫楚國製造了一種在戰船上進行水戰的名叫「鉤強」的兵器，戰時用它來拖拉敵人的戰船，平時則用來訓練士兵「退則鉤之，進者牽之」。這種「牽鉤」的軍事訓練，即是拔河運動的最早形式。

在六朝時期，拔河被稱為「施鉤」，隋代時被稱為「牽鉤」，到了唐代才改稱為「拔河」。也正是在唐代，拔河運動開始進入了興盛期。

唐代拔河的器材為一條長四五十丈的麻繩，繩中間立一面大旗為界，

比賽時由人數相等的兩個隊各執繩的一端，雙方用力對拉，以把對方拉過旗界為勝，觀眾則在旁邊擂鼓助威。這與現代的拔河比賽方式已大同小異。

唐代的拔河在形式上與現代的拔河不太一樣的是繩索：現代拔河所用的繩索只有一根，而唐代的拔河所用的繩索是在一條大繩子兩頭分係數百條小繩。因此，唐代的拔河人數要比現代的拔河人數多很多，場面更大、更熱鬧，甚至令慕名來到長安觀賞拔河比賽的外國友人都歎為觀止。

唐中宗和唐玄宗很喜歡拔河這項運動。

神龍年間，唐中宗命其侍臣在宮內梨園球場舉行過一次「御前拔河比賽」。其中一方為七宰相、二駙馬組成，另一方由三宰相、五將軍組成。比賽之中，有兩位老臣竟撲倒在地，氣喘吁吁，半天不能直立於地，引得中宗大笑不已。

景龍二年，唐中宗曾率領滿朝文武大臣在玄武門觀看宮女拔河比賽。次年，他又興致勃勃地讓幾百名宮女在玄武門外舉行拔河比賽，賽後還恩准她們去遊宮市，結果有很多宮女都乘機逃跑了。

唐玄宗在位時曾舉行過一次盛大的拔河比賽。據稱挽者至千人，喧呼動地，蕃客庶士，觀者莫不震驚。為此，進士薛勝曾寫了一篇《拔河賦》，來描述拔河比賽的盛況。

在唐代，不僅朝廷喜歡開展拔河運動，民間的拔河運動則更為普遍。據記載，在襄陽（今河南南陽）一帶，常常在每年的正月十五日舉行隆重的拔河比賽。

趣味鏈結：藏族的拔河

據傳，藏族的拔河大約是在西元2世紀時同佛教一起從印度傳入的。

藏族的拔河比賽分單人拔河、雙人拔河、男女混合拔河、夫妻拔河和三人拔河等幾種形式。其中，雙人拔河和三人拔河比較特別：在比賽時，運動員把打結的環套在頸脖上，轉身相背，使繩經過腹部從襠下通過，兩手兩膝著地，模擬大象的動作，利用頸部的力量和四肢的力量向前爬去。

而之所以要模擬大象的動作，乃是因為藏族人民對大象特別崇敬，讚賞它們的優良品德和力量。

古代就流行的踢毽子

踢毽子是中國民間的一項傳統體育活動。它歷史悠久，據學者考證，西漢畫像磚上就有踢毽者的形象，所以，踢毽子這項運動早在2000多年前的西漢就已經出現了。

在北魏時，甚至有一個12歲的小兒能連續反踢500次。

唐宋時，踢毽子更加風行，技巧也更高超。唐朝有個名叫惠光的踢毽子高手，能在天街進柱上連踢毽子500次。

宋人高承在《事物紀原》中記載：「今時小兒以鉛錫為錢，裝以雞羽，呼為毽子，三五成群走踢，有裏外廉、拖槍、聳膝、突肚、佛頂珠、剪刀、拐子各色，亦鞠之遺事也。」

踢毽子具有其他體育活動所沒有的諸多優越性，比如它不擇場地、不分性別、不需花大錢購買器具，因而流傳很廣，備受中國各地人民的喜愛。

中國塞外的承德有「踢毽之鄉」的美稱，幾乎家家有毽，人人會踢。

地處嶺南地區的廣東也有所謂「毽子會」之類的遊藝活動。據清初文學家屈大均在《廣東新語》中的記載，在當時的廣州，每逢元宵節，「畫則踢毽五仙觀，毽有大小，其踢大毽者市井人，踢小毽者豪貴子」。

據說，河南少林寺的和尚還曾把踢毽子作為一項練武的輔助功。

趣味鏈結：中國的踢毽子高手

北京有個名叫譚俊川的雜技演員，在他78歲時，還能一口氣踢毽子6000多個，而且有32種變化的動作。此外，他還能用膝頭踢、腳底踢、正踢反踢、前踢後踢，甚至能用頭頂和鼻尖動作編成一套套花樣，毽飛人

舞，矯健多姿。

而天津的周占元則能把4個毽子踢到其頭頂的4個小碟子裏去，與此同時，他還能做出各種各樣的花樣和動作來。

麻將的演變發展

麻將又稱麻雀牌、馬將牌，是風行全國的「方城之戲」。它在古時稱馬吊，大概可以上溯到唐代。

據《辭海》注：麻將由明代的馬吊牌演變而成。而明代的馬吊牌又是由唐代的葉子戲發展而來的。葉子戲是唐代中期產生的一種娛樂品，相傳是唐代李郃所制，開始是在一些狹長的紙片（即葉子）上各寫同一韻的幾個字，供文人宴集時為以酒助興而任意抽取按韻賦詩。

隨後，有人把擲骰子的花色名目一一記在葉子上，用於賭博。由此分為詩牌葉子和博戲葉子兩種形式。

到了宋代，詩牌葉子演變為一種新的牌戲——骨牌。

北宋宣和二年（1120年），某大臣創制出全套方案，進呈宋徽宗，迄南宋高宗明詔頒行天下，所以號稱「宣和牌」。又因為這種牌多用牛骨製作，故俗名「骨牌」。一副骨牌為三十二張，每張牌面均由骰子的兩個面組成，「推牌九」和「打天九」是兩種常見的玩法。

直到現在，我們還能在某些地區看到這種骨牌葉子的蹤影。隨著印刷術的普及，人們在紙牌上大量印製骨牌牌面。除了製作材料不同外，其從內容到玩法都是對骨牌的移植，所以被叫做「骨牌葉子」。

大約到了明代前期，又推衍出一種叫「數千葉子」的新花樣。數千葉子的原型是每副四十張，共分文錢、百字（索，也就是後來的「條」）、萬、十萬四門，每門十張。此後，又增加八張花片，即空湯瓶（白版）、千萬貫、萬萬貫等。同時在玩法上也被不斷地加以改造，最終形成四人合局的定式，必須四人同玩，就像馬只有憑四條腿才能行走自如一樣，並由

此誕生了「馬吊」的名稱。

到明代後期，馬吊風行大江南北，崇禎皇帝的老丈人田弘遇就是天下第一「馬吊郎中」。

在「閒來無事且看牌」的薄惡官風中，大明江山被輸光了，這筆遺產又被清代繼承下來，並脫胎出「默和牌」的馬吊變種，即每副牌從四十張增至六十張，門類亦從四門變為三門（去掉十萬門），另加三種「么頭」。

與此同時，骨牌的玩法也有了一種叫「碰和」的新花樣。「默和牌」受其啟發，亦將每種牌面從兩張增加到四張，變為一副牌一百兩十張。據專家分析，《紅樓夢》第四十七回中寫賈母和薛姨媽、王熙鳳等人鬥紙牌，就是默和牌的玩法，由此可見，到此階段，麻將的基本形態已接近完成。

再往後，人們在「筒」（百錢）、「索」（百字）、「萬」三門之外又加進「東、南、西、北」四種，並把三種「么頭」改為「中、發、白」。牌的材料也模仿骨牌改為骨面竹背。

這樣，一種新的牌型博藝——麻將最終定型。至於那八張「花牌」，則是在以後的流傳中又陸續增加，作用大概在於增多組合變化的機會與贏牌分數。馬吊牌在清代乾隆年間很流行，但這時它已受宣和牌及碰和牌的影響，變為默和牌。這種默和牌有文錢、索子、萬貫三門，每門皆一至九共二十七色，又有么頭三色，每色四張，共一百二十張牌。

後來，默和牌又受一種稱為「花將牌」的影響，加上了東、南、西、北四門風牌，即形成了共一百三十六張的麻將牌。

20世紀20年代，麻將漂洋出海，在西方很受歡迎，身價百倍。為了方便識別，人們還在牌面上標上英文字母。

趣味鏈結：麻將也可以成為競技體育運動

對於現代人來說，時間就是金錢。如果整天沉迷在「四方城」裏，對個人和社會的危害是顯而易見的，無須贅言。舊時有「雀鵪鵪，三害鳥」

之語，由此可見其已被推為「賭、煙、娼」中「賭」的標誌。

　　凡事皆有利弊。雖然麻將有弊端，但它對人們也有健身、醒腦、怡情的作用。

中國古代劍術的特點

　　中國的劍術發展較早，流傳甚廣。孔子的學生子路就非常喜歡劍術，據《孔子家書》載，子路戎服見孔子，拔劍而舞之，問：「古之君子以劍自衛乎？」

　　在古代的朝廷中，劍術多以鬥劍的形式出現。當時的統治者以觀賞鬥劍為樂，他們豢養劍客，作為競技場上的犧牲品，每場比賽均以一方死去為結局。這種鬥劍場面在《莊子‧說劍》中有載：「蓬頭突鬢，垂冠曼纓，短後之衣，瞋而語難。相當於前，上斬頸項，下決肺肝。」對這種慘烈的場面，莊子更是大加抨擊，認為它「無異於鬥雞，一旦命已絕矣，無所用於國事」。

　　與統治者喜歡血腥的鬥劍不同，劍術在民間得到了健康發展，出現了諸如越女、魯石公等劍術高超的武術家。

　　越女是春秋戰國時的武術家。她不但劍術理論非常精闢，而且在實踐中劍術非常精湛，對後世影響頗大。

　　魯石公的劍術也出類拔萃，甚至可謂「出神入化」，這可從劉向在《說苑》裏的描述中看出：「魯石公劍，迫則能應，感則能動，昀穆無窮，變無形象，複柔委從，如影與響，如龍之守戶，如輪之逐馬，響之應聲，影之象形也。閭不及，呼不及吸，足舉不及集，相離若蟬翼，尚在肱北，眉睫之微，曾不可以大息小，以小況大，用兵之道，其猶然乎。」

　　三國時期，劍術出現了較複雜的招式，盛行以劍會友和以劍論武，人們常舉行競爭激烈的劍術競技比賽。

　　明清以後，劍術以套路形式出現，而且相繼形成了諸如武當劍、青萍

劍、峨眉劍、達摩劍、少林劍等各種流派。其中，武當劍、青萍劍、峨眉劍堪稱內家功法的代表劍術；達摩劍、少林劍則被視為少林劍術的精華。

自20世紀50年代始，又產生了適應競賽需要的規定劍術、自選劍術，適合強身健體的現代太極劍術等。就劍術而言，主要有點劍、崩劍、刺劍、撩劍、腕花等動作；就風格而言，則有行劍、站劍之分，工體、醉體之別；就舞劍者而言，要求輕快灑脫，身法矯捷，剛柔相濟，富有韻律，因此，人們常用「劍似游龍」來形容舞劍者的矯捷身姿。

趣味鏈結：曹丕的劍術很精湛

一天，曹丕與鄧展一起飲酒，席間兩人說起了劍術，曹指出了鄧的一些錯誤，並向鄧展表示：若不信服，可以較量一番。鄧展當時正醉意蒙矓，經曹這麼一激，當即表示願與之較量。

考慮到用真劍會失手傷人，兩人就用甘蔗做劍。沒幾個回合，曹丕就三次擊中鄧展的臂膀，引起旁觀者的陣陣哄笑。

受到了旁人的哄笑，鄧展當然不服氣，於是他提出再比。在第二輪比賽中，曹丕以敗招引誘鄧展，鄧展果又中計，被曹丕擊中門面。

為什麼曹丕的劍術會這麼精湛呢？原來，曹丕曾師從洛陽劍術名師王越，經過勤學苦練，他的劍術已經爐火純青，所以連劍術老到的名將鄧展也敗在了他的手下。

十八般武藝

「十八般武藝」的書面記載始見於南宋華嶽編纂的兵書《翠微北征錄》。此書成于南宋嘉定元年，華嶽在書中自稱「臣聞……十八般武藝……」由此可見「十八般武藝」的說法所產生的時間應在南宋嘉定元年之前。

古書上常說武藝高強的人「十八般武藝樣樣精通」，意即各種武術器

械他們都會使用。可是這「十八般武藝」具體是指什麼呢？

雖然「十八般武藝」最初的具體所指已無從稽考，但後人對此卻有所闡釋。

明萬曆年間，謝肇淛在《五雜俎》中認為「十八般武藝」為：一弓、二弩、三槍、四刀、五劍、六矛、七盾、八斧、九鉞、十戟、十一鞭、十二鐧、十三槌、十四殳、十五叉、十六耙頭、十七綿繩套索、十八白打。其中前十七種都是兵器名稱，第十八種名曰「白打」，則是指「徒手拳術」。

還有人認為所謂的「十八般武藝」是中國古代各種兵器的通稱，具體是指「九長九短」：「九長」是指槍、戟、棍、鉞、叉、钂、鉤、槊、環；「九短」是刀、劍、拐、斧、鞭、鐧、錘、棒、杵。

其實，「十八般武藝」也許本來就沒有具體所指。因為「十八」是一個很特殊的數字，在古代常用來泛指變化多端，如常說的「女大十八變」就是指女孩子到了十八歲後其容貌就會發生多種多樣的變化；「黃梅天十八變」意即在黃梅天裏天氣就會變化多端等，所以後世常以「十八般武藝」來泛指多種武藝和技能。

趣味鏈結：《水滸傳》中的「十八般武藝」指什麼

中國四大古典名著之一的《水滸傳》中寫到的「十八般武藝」是：矛、錘、弓、弩、銃、鞭、鐧、劍、鏈、撾、斧、鉞、戈、戟、牌、棒、槍、扒。

古代的雜技

雜技是一種表演藝術，它包括口技、手技、蹬技、踩技等各種民間雜耍，以及魔術、戲法、馴獸和馬戲等項目。雜技在中國起源很早，已有2000多年的歷史。雜技在漢代稱百戲，隋唐時叫散樂，唐宋以後為了區別

於其他歌舞、雜劇，才稱為雜技。

在中國古文獻中，很早就有關於雜技的文字記載。《史記・李斯列傳》記載過秦二世曾經在甘泉宮看角抵戲的情形。角抵戲類似今天的摔跤表演。漢朝張衡在《西京賦》裏描寫了跳劍丸、走繩索、爬高竿的表演情景。

隋煬帝還曾集中很多樂工，傳授技藝。雜技到了唐代又有發展，據古籍記載，唐玄宗常在興慶宮舉行宴會，會上百戲雜陳，走索、弄丸、舞劍、尋橦，無所不有。宋代的雜技不僅在城裏演出，而且遍及鄉村。宮內有百戲教坊，村落有百戲藝人。元代的雜技也有一定的發展，直至清代。

趣味鏈結：口技漫話

口技是一種傳統的雜技節目。表演者運用口腔發聲，逼真地模仿自然界及人類生產活動中的各種聲響。

口技產生的時代很早。早在遠古時代，人們在狩獵活動中模仿動物之聲誘捕動物。在春秋戰國時代，口技有了很大發展，甚至用於政治鬥爭。戰國時就有孟嘗君門客在函谷關夜半學雞鳴之事。

至宋代，口技正式成為雜技節目。這時已有「百禽鳴」或「學象聲」。皇上生日，口技也成了表演技藝之一，並為之造成吉慶歡樂的氣氛。南宋時，還有一個專門訓練口技藝人的組織，如《都城紀勝》所載，臨安有「小女童象生叫聲社」，另有一種「學鄉談」，大約是專門模仿各地的方言、語音而表演。

明朝時，口技被稱為「象聲」，湧現出了眾多的口技藝人。清代，口技表演的範圍愈益廣泛，涉及社會生活的各個方面，並出現了許多著名的口技表演專門人才。如「百鳥張」張昆山，表演鳥鳴，清脆宛轉，幾乎亂真。

馬戲團小史

馬戲是中國傳統技藝之一。漢桓寬《鹽鐵論》已載有：「戲弄蒲人雜婦，百獸馬戲鬥虎。」

到唐宋時，馬戲相當流行，風行馴馬跳舞、登場表演。相傳唐玄宗李隆基，也在皇宮裏訓練了一批禦馬跳舞，節目豐富多彩，馬戲團陣容龐大。起初單純讓馬在床上跳舞，逐漸發展為人馬共舞，即人騎在馬上做各種表演。安史之亂後，唐玄宗西逃四川，皇宮馬戲團的舞馬，四散一空，流落各地，為民間組社結團輾轉各地演出。

至清代時，馬戲已盛行於民間，農村、集鎮常見其演出，大的成團，小的為班，闖江湖，跑馬賣解。他們技藝高妙，演出各種把戲，邊演邊唱。延至今日，馬戲團不僅保存了許多傳統節目，還發展了許多新節目，並成為各種馴獸乃至雜技表演的統稱。後來又配以魔術，甚至氣功等節目，更加引人入勝。

趣味鏈結：舞馬小史

舞馬是馬通過人工訓練，在某種音樂的節奏下翩翩起舞，表演適合其自身特點的各種動作。舞馬最初出現于南北朝時，當時，在今越南一帶出現一匹赤色馬，能做出跪拜和一些舞蹈動作，民間奇之，地方官聞知後，將它作為奇物呈獻給皇帝。

唐玄宗開元、天寶年間，舞馬場面頗為壯觀。盛大節日、皇帝生日時由皇帝和政府公開舉辦的大型宴會之日，在勤政樓頭大宴群臣和外國使節，常常有節目表演。當演出達到高潮時，精心挑選的傳統民族樂曲「傾杯樂」奏起，隨之，「依以文繡，絡以金銀，飾以鬃鬣，間雜珠玉」的一百匹形體矯健、毛色美觀的馬和著樂聲上場。這些奇特的表演者「驤首奮鬣，舉趾翹尾，變態動容，皆中音律」。隨著傾杯樂的節奏，它們奮首

鼓尾，歡騰舞蹈，步伐整齊，令人瞠目。

舞馬的出現表明唐朝玄宗時代中國的馬戲表演技藝達到較高水準。隨著唐帝國的衰落，這朵藝術之花也逐漸枯萎。

安史之亂時，這些有演出技能的馬被安祿山部將弄到洛陽，死的死，散的散，不知所終。即或偶有沒死的，也難遇「伯樂」，廢置一旁與凡馬一同推磨拉車。

戲劇五大角色

生、旦、淨、末、丑是京劇五種角色，在演出中是反其意而名之的。

「生」，是生疏的意思，「生」角的演出老練成熟，故反其意為「生」。過去老生是各行當之首，是整出戲成敗的關鍵，要求生角的演出必須老練嫻熟、唱做俱佳，生手是擔當不了此重任的。在各戲曲劇種中的生行，大都根據所扮人物的年齡、身份的不同劃分出許多專行，如老生、小生、武生、娃娃生、紅生等。

「旦」指旭日東昇。日為陽，而旦角表演的是女性，女屬陰，故反其意稱為「旦」。旦角在劇中是扮演女性角色，按所扮演的年齡、身份不同，又分為青衣、花旦、刀馬旦、老旦、彩旦等。按年齡分為老旦和小旦；按性格分青衣和花旦；按武功分為武旦和刀馬旦。

「淨」，即清潔乾淨，而淨角都是大花臉，看起來很不乾淨，不乾淨的反面就是乾淨，因而名「淨」。各劇種中的淨角一般都扮演性格、品質或相貌上有特異之點的男性人物，面部都勾有臉譜，故俗稱「花臉」。

「末」，演此角色的多為中年以上男性，其職能為引戲，如舞頭之引舞，一般都最先出場，故取其反意為「末」，其實「末為戲頭」。

「丑」在十二屬相中，丑屬牛，牛性笨。而演丑角的人，則要求伶俐、活潑、聰明，所以反其意名為「丑」。根據劇中所扮人物性格、身份的不同，又分為文丑、武丑兩行，扮演女性人物時稱丑旦、搖旦或稱丑婆

子。

生、旦、淨、末、丑是種比較普遍的叫法，其實京劇角色的分行十分細緻，早先分為十行，後來才歸併為這五種的。各類角色根據劇中人物的身份、氣質與性格的不同，都有固定的臉譜、扮相和服飾，各行角色的舞臺動作也都有規範。

趣味鏈結：四大名旦與四小名旦

20世紀20年代京劇旦行先後成名的四位有代表性的演員：梅蘭芳、尚小雲、程硯秋、荀慧生。四大名旦在藝術上不斷進取，表演、唱腔精益求精，各有獨門劇碼，蔚成流派。

繼「四大名旦」以後，20世紀30年代又有一批旦行演員脫穎而出。1940年，北京《立言報》邀請李世芳、張君秋、毛世來、宋德珠四人合作，在北京新新大戲院演出兩場《白蛇傳》，四個人分演自己擅長的一折戲，各展所長，社會影響強烈。從此即被公認為四小名旦。

京劇的由來

京劇是中國流行最廣、影響最大的劇種。它是由多種地方戲在北京彙聚、融合、發展而成的，約有近180年的歷史。京劇的產生要從徽戲進京說起。

1790年清乾隆皇帝八十壽辰時，當時著名的「四喜」、「春台」、「和春」和「三慶班」，四個安徽的戲班子，進京獻藝，為乾隆皇帝慶祝生日。演出時間達半個月之久，並且在街頭搭台，與民同樂，影響十分之大。

1830年湖北楚調（漢劇）也進入北京，漢劇和徽劇出於同一源流，漢劇是西皮調的唱腔、徽戲以二黃調為主。這兩種戲時常合班演出，聲腔上相互取長補短。

後來，徽班又吸收、融合昆曲、梆子、京腔的精華，在劇碼、音樂、身段、服裝、化妝方面都有所改革。同時又根據北京當地語言和風俗習慣，創造出南北觀眾都能接受的戲劇語言——韻白，並逐漸形成自己的獨特風格，當時稱為「皮黃」，又稱「京調」。

1840年前後，京劇便成為繼昆曲之後風行一時的主要劇種。1850年前後，京劇在四大徽班的基礎上又有了新的發展，出現了程長庚、餘三勝、張二奎等著名演員，時稱「老生三鼎甲」，他們對京劇藝術的形成和發展有突出的貢獻。到了同治、光緒年間（1862～1908年），京劇便盛行全國了。

從1919年梅蘭芳第一次赴日本演出以來，京劇便產生了國際性的影響。

趣味鏈結：京劇主要流派

中國京劇流派繁多，影響巨大，其主要流派都有自己的代表人物和代表劇碼。

一為梅派。創始人梅蘭芳（1894～1961年），演青衣，兼演刀馬旦，在京劇旦角的唱腔、念白、舞蹈、音樂、服裝、化妝等各個方面均有所創新和發展，形成了自己的藝術風格，影響很廣，世稱「梅派」。代表劇碼有《宇宙鋒》、《貴妃醉酒》、《霸王別姬》、《遊園驚夢》、《抗金兵》等。

二為尚派。創始人尚小雲（1900～1976年），演青衣，兼演刀馬旦，唱法以剛勁見長，世稱「尚派」。擅演劇碼有《二進宮》、《祭塔》、《昭君出塞》、《梁紅玉》等。

三為程派。創始人程硯秋（1904～1958年），演青衣。他根據自己的嗓音特點，創造出一種幽咽婉轉的唱腔，世稱「程派」。代表劇碼有《春閨夢》、《青霜劍》、《荒山淚》、《竇娥冤》等。

四為荀派。創始人荀慧生（1900～1968年），演花旦、刀馬旦，功底深厚，吸收梆子唱腔、唱法和表演藝術，對京劇的傳統技法有所發展，

形成了自己的藝術風格，世稱「荀派」。以《金玉奴》、《紅樓二尤》、《釵頭鳳》、《荀灌娘》等劇碼著名。

五為譚派。創始人譚鑫培（1847～1917年），演老生，以唱、做、念、打相互結合見長，並創造了一種悠揚婉轉而略帶感傷的唱腔，形成了自己的藝術風格，世稱「譚派」。以《空城計》、《定軍山》、《賣馬》等劇碼著名。

六為餘派。創始人余叔岩（1890～1943年），演老生，善用唱腔表達人物思想感情，繼承了譚鑫培一派的表演藝術特點而有所變化，形成了自己的藝術風格，世稱「餘派」。以《盜宗卷》、《戰太平》、《定軍山》、《桑園寄子》等劇碼著名。

七為馬派。創始人馬連良（1901～1966年），演老生，博採眾長，形成了自己圓潤、瀟灑的風格，世稱「馬派」。擅演劇碼有《群英會》、《借東風》、《甘露寺》、《四進士》等。

八為麒派。創始人周信芳（1895～1975年），藝名「七齡童」，後來取其諧音「麒麟童」，演老生，繼承和發展了民族戲曲的現實主義表演方法，形成了自己獨特的風格，影響很廣，世稱「麒派」。代表劇碼有《四進士》、《徐策跑城》、《蕭何月下追韓信》、《清風亭》、《義責王魁》等。

評劇的由來

評劇是流行於中國華北、東北等地的地方戲曲劇種。它的前身是流行在冀東（即河北東部）的一種比較簡單的說唱歌舞，當地的老百姓稱其為「蓮花落」。最初是農閒季節農民自發組織起來演唱的二人對唱的小節目。後來從地攤唱上了土臺子，從兩三人簡單的戲發展成了較複雜的戲。

20世紀初，「蓮花落」吸收了河北梆子和京劇的音樂成分，逐步由對口說唱發展成為由演員扮演角色的小戲。因為這種小戲當時在河北省的

灤縣和唐山一帶的農村流行，所以人們又稱它為「唐山落子」。「唐山落子」經過一段時間的發展，就形成了漸趨成熟的評劇雛形。

評劇名稱的由來，說法不盡統一。一種說法是，該名稱由早期的著名女演員李金順所起；另一種說法是，該名稱由李大釗所起。更多的人認為這個名稱是由李大釗所起的。

因作為小劇種的評劇剛走進城市舞臺時，與國家大戲京劇均稱為「平劇」，引起京劇班主的忌妒，他們便挑撥武戲演員鬧事。後來，當時在報界工作的李大釗出面調解，他出了一個主意，給平劇在「平」字邊加了一個「言」字。

李大釗說，京劇是國家大戲，代表北平就叫平劇；評劇是民間小戲，它反映社會現實快，演唱形式簡單，通俗易懂，把「平」字加上一個「言」字就成了「評」，這是以評論社會、評書說唱為重的意思。

到了20世紀30年代，評劇舞臺上湧現出許多優秀演員，形成了以劉翠霞、愛蓮君、白玉霜、李金順為代表的「四大流派」。白玉霜以她渾厚低沉的嗓音和大哭大號的演唱風格，成功地塑造了眾多下層婦女的典型形象，在評劇觀眾中贏得了很高的聲譽。從此，評劇就更為成熟了。

趣味鏈結：黃梅戲的起源

黃梅戲亦稱黃梅調，是安徽省的地方劇種。黃梅戲內容通俗，形式活潑，風格清新，曲調悠揚委婉。嚴鳳英、王少舫、馬蘭、黃新德、陳小芳等都是黃梅戲演員中的佼佼者。《天仙配》、《打豬草》、《金釵記》都是著名的黃梅戲劇碼。

關於黃梅戲產生的時間和地點，最普遍的說法是，黃梅戲源於湖北省黃梅縣的「採茶調」。這種小調在形成過程中，與附近的江西調、鳳陽花鼓相融合，不斷豐富完善。清道光以後，傳入安徽、江西一帶，又受到了青陽腔的影響，並與當地民間歌舞、說唱音樂相結合，逐漸形成為民間小戲，在安徽安慶一帶紮下了根。

面具的來歷

　　頭戴模樣多姿的面具，裝扮成各種形象，進行一定的表演，曾一度是中國傳統喜慶典禮活動中普遍流行的習俗。今天，逢年過節，我們還可看到戴面具活動的遺風，面具遊戲，仍是民間喜聞樂見的一種民俗娛樂活動。然而，趣味盎然的面具是何時產生的？它又是從何而來的呢？

　　一種意見認為，面具出自于南北朝間軍人之手，為威懾敵人而製作。傳說北齊蘭陵王雖為武將，卻長了個小白臉，打仗時，擔心容貌缺少勇猛的武將風度，氣勢上不足威懾敵人，不得不做面具戴上。這段歷史搬上舞臺時，面具也就進入了戲劇之中。

　　上述見解，遭到了近代一些學者的挑戰。他們認為，戴面具的習俗，至少在周代已經出現，不過，當時不是娛樂，而是一種驅鬼逐疫的民俗活動。

　　王國維認為：「面具之興古矣，周官方相氏掌蒙熊皮，黃金四目，玄衣朱裳執戈揚盾，似已為面具之始。」

　　相傳古時候有一種叫方良的精怪，專門食人腦。特別是死人腦，這在祈求死人靈魂復歸的古人眼中，確是十惡不赦的魔鬼，如何驅除它們呢？

　　人貌不足威，古人就想法把自己打扮成兇狠可怕的形象，掌上套了猛獸熊皮，頭上戴了四個眼的金屬面具，身披花花綠綠的衣服，手拿武器盾牌，儼然也是一個兇神惡煞，以嚇唬方良這些魔鬼，使其恐懼逃匿。

　　可見，遠在古時，面具已出現在人們的生活中，至漢代已大量用於娛樂。

趣味鏈結：《錄鬼簿》

　　《錄鬼簿》是中國第一部重要的戲曲書。它的作者是元代後期的戲曲作家鐘嗣成。

《錄鬼簿》一書系統地記載了元代雜劇和散曲作家152人的姓名、生平、作品，並對其中一部分加以評論，這是有關元代戲曲的第一手寶貴資料。

　　鐘嗣成在《錄鬼簿》序中說，人只知已死的叫鬼，而不知沒有死的也是鬼。一些醉生夢死、道貌岸然、空談義理之徒，雖然活著，與已死之鬼也差不多。天地間也有不死之鬼，那些優秀的戲曲作者由於高才博藝而永垂史冊。他還說，我自己也是鬼，我只是想使已死和未死之鬼，得以流傳久遠，並引導後來作者超過前人。所以把書名叫做《錄鬼簿》。

　　《錄鬼簿》對董解元、關漢卿等進步劇作家給予了高度評價。它在中國古代戲曲理論批評的發展史上，具有承前啟後的作用。

教育科舉

一第十五章一

古代的國子監

中國的教育起源很早。

在漢代，太學是最高一級的學校，太學以下的學校有東學、南學、西學、北學等。

魏晉南北朝時，太學又稱為國子學。北齊時，則將國子學改稱為國子寺。

隋文帝時，以當時的國子寺來掌管全國的教育事業，國子寺也就相當於我們今天的教育部。後來，隋煬帝將國子寺改為國子監。

這一體制唐代一直沿用。不過唐時的「教育部」只管著「六學二館」。「六學」分別為：國子學、太學、四門學、律學、書學和算學，前三個相當於今天的綜合大學，而後三個相當於今天的專門學院；而所謂的「二館」，一個指弘文館，另一個指崇文館，也都是高等學校。

由此可見，最初的國子監只是掌管全國教育的行政機關，也就是相當於我們今天的教育部。不過，後來它逐漸兼有行政機關和最高學府兩種屬性。下面我們就來看看作為國家最高學府的國子監是怎麼樣的。

首先，我們先來看國子監的領導人。

祭酒（習慣上叫國子祭酒）是國子監的最高領導人。這一官職一般由學識淵博、德高望重的人擔任。唐代文學家韓愈就曾經擔任過國子祭酒，這一官職大概就相當於今天的教育部部長兼最高學府的校長。但在今天，一個人可以兼任如此重要的兩個職位是不可能的。

監內的副職是司業，司業的任務就是協助祭酒管理全監事務。唐代的詩人張籍曾經擔任過國子司業。司業以下又分為監丞、典簿、典籍等官職。

然後，我們再來看國子監的學生。

在國子監讀書的人叫做「監生」。明代的監生依入學資格不同而分為以下四類。

第一類是在京會試落第的舉人，由翰林院擇優送入監內學習的，叫做「舉監」。

第二類是從各地方學校中選拔入監學習的，叫「貢監」。

第三類是三品以上官員的子弟靠父親的官職入學的，叫「蔭監」。

第四類是因為監生缺額而由普通人家捐資從而特許其子弟入學的，叫「例監」。

此外，當時還有在監就讀的外國人，稱為「夷生」，類似於今天的「留學生」。

最後，我們再來看國子監的管理。

良好的言行舉止和淵博的才華學識對一個人來說同樣重要。為了讓監生們養成良好的言行舉止，國子監要求甚嚴，凡監生們上課、起居、穿衣、沐浴及告假出入等都有嚴格規定，小有過失即行處罰。

特別值得一提的是，明代國子監的監生們在吃飯時甚至實行會食。所謂的「會食」就是會餐，也就是大家按照一定的規矩在一起吃飯。飯前還要唱歌，吃飯時不准說話。

趣味鏈結：監生們也要實習

古代國子監的監生們也有類似於今天的實習，這種實習被稱為「歷

世」。

　　所謂的「歷世」是指：監生們到各衙門學習處理政事，開始時為半年，後縮短為三個月。白天實習，晚上歸舍。根據他們的「歷世」表現，成績分為上、中、下三等。成績上等的選用，補充官缺；中等的繼續「歷世」；下等的回監讀書。

最早的學校

　　中國的學校有著悠久的歷史。相傳在4000多年前的虞舜時代，中國就已經出現了名叫「庠」的學校。高一級的「庠」叫「上庠」，近似國學的前身；低一級的叫「小庠」，近似鄉學的前身。

　　到了夏代，則有了正式以教為主的學校，稱為「校」。當時的學校分為四種，按其級別的高低分別叫「學」、「東序」、「西序」和「校」。

　　到了商代，生產力日益發展，文化日趨進步，科學日漸發達，因而學校又有了增加，被稱為「學」與「瞽宗」。兩者的區別是：「學」以明人倫為主；「瞽宗」以習樂為宗。其中，「學」又有「左學」、「右學」之別，前者專為「國老」即貴族而創；後者專為「庶老」即平民而設。

　　西周是奴隸社會的鼎盛時期，社會的經濟文化有了較大的發展，奴隸主和貴族的子弟可以不從事生產，專門在學校受教育。

　　當時的學校分為國學與鄉學兩種。國學是中央直屬學校，鄉學是地方學校，兩者都是為貴族子弟設立的是培養統治者和官吏的學校。這是因為當時的文化知識和書籍文獻都為官府所壟斷，民間是沒有的。

　　國學就是指天子和諸侯在其都城所設立的大學和小學。天子設立的大學叫「辟雍」，諸侯設立的大學叫「泮宮」。王太子8歲入小學，15歲入大學；公卿大夫元士之嫡子13歲入小學，20歲入大學。

　　在地方則設有鄉學。因地方區域大小不同，鄉學亦有「庠」、「序」之別。

趣味鏈結：稷下學宮

稷下學宮又稱為「稷下之學」，是戰國時齊國在國都臨淄的稷門下所設的學校。它由國家主持招納當時社會上著名的文人學士，也吸收了一批學生，既是講學讀書的地方，又是培養官吏的場所，是一個肩負著教學和研究兩種職能的高等學校。稷下學宮初創於齊威王時期（西元前4世紀中葉），興旺於齊宣王時期（西元前319～前301年），衰亡於齊王田建時期（西元前264～前221年）。

稷下學宮容納不同學派，提倡百家爭鳴，因此在這裏聚集了儒、道、法、名、陰陽等派別的許多學者。在稷下學宮，「辯」是諸學派相互交流的手段。不僅先生與先生辯，而且先生也與學生辯。

稷下學宮先生待遇優厚，地位很高。齊王對各派的「士」禮遇甚豐，被封為「上大夫」者有76人。凡列為上大夫者，皆「為開第康莊之衢，高門大屋，尊寵之」。

齊威王和齊宣王大興稷下之學，使「稷下學宮」成為聞名列國的東方文化聖地，各派學者薈萃的中心，為百家爭鳴提供了講臺，促進了學術思想的交流與發展。

私塾簡說

私塾是古代私人所設立的教學場所。它在中國兩千多年的歷史進程中，對於傳播學識文化，促進教育事業的發展，培養啟蒙兒童，使學童在讀書識理方面，有著重要的作用。

私塾的學生多六歲啟蒙。學生入學不必經過入學考試，一般只需徵得先生同意，並在孔老夫子的牌位或聖像前恭立，向孔老夫子和先生各磕一個頭或作一個揖後，即可取得入學的資格。私塾規模一般不大，收學生多者二十餘人，少者數人。私塾對學生的入學年齡、學習內容及教學水準等，均無統一的要求和規定。

私塾的教材有古代通行的蒙養教本「三、百、千、千」，即《三字經》、《百家姓》、《千家詩》、《千字文》，以及《女兒經》、《教兒經》、《童蒙須知》等，學生進一步則讀四書五經、《古文觀止》等。其教學內容以識字、習字為主，還十分重視學詩作對。

至於私塾的教學原則和方法，在蒙養教育階段，十分注重蒙童的教養教育，強調蒙童養成良好的道德品格和生活習慣。如對蒙童的行為禮節，像著衣、叉手、作揖、行路、視聽等都有嚴格的具體規定。

在教學方法上，先生完全採用注入式。講課時，先生正襟危坐，學生依次把書放在先生的桌上，然後侍立一旁，恭聽先生圈點口授，講畢，命學生復述。其後學生回到自己座位上去朗讀。凡先生規定朗讀之書，學生須一律背誦。另外，私塾中體罰盛行，遇上粗心或調皮的學生，先生經常揪學生的臉皮和耳朵、打手心等。

趣味鏈結：蒙學的由來

蒙學，是指對兒童進行啟蒙教育的學校。相傳蒙學始於商周時期，《大戴禮記‧保傳》：「古者年八歲而出就外舍，學小藝焉，履小節焉」。《禮記‧內則》：「十年出就外傳，居宿於外，學書計」。

漢代稱蒙學為「書館」、「學館」、「書舍」等。兒童八九歲入學，學習《倉頡》、《急就》等字書及《孝經》、《論語》。沒有固定的修業年限，採用個別教學，多屬私學性質。

唐宋以後，蒙學的教學內容和程序開始相對穩定，主要是進行初步的道德行為訓練和基本文化知識的教學，以認字、寫字、背書為主。每日功課一般是背書、授新書、作對、寫字、讀詩，以及一系列的道德行為規範訓練。

在基本知識教學上特別注重學習態度的培養和學習習慣的養成。如讀書強調勤苦、認真、專一，學字要求姿勢正確、几案淨潔、字畫端整。在知識教學上重視對基本知識熟讀牢記。道德教育十分注意生活儀節和行為訓練。

在教育教學教程中注重兒童的學習興趣，因勢利導，多採用詩歌、舞蹈、故事等內容和形式。教材主要有《開蒙要訓》、《太公家教》、《三字經》、《百家姓》、《千字文》、《小學》、《弟子規》、《訓蒙詩》、《名物蒙求》等。專為女童編寫的蒙學教材有東漢的《曹大家女誡》、唐宋若莘的《女論語》等。

古代的啟蒙讀物

古代兒童入學時，要學習的啟蒙讀物很多，這些書籍大多文字簡練，概括性強，通俗易懂。

這些啟蒙讀物包括天文、博物、歷史、人倫、教育、生活等多方面的內容，大體上可分為以下五類：

一為綜合性的書籍，如《三字經》、《百家姓》、《千字文》等。

二是進行道德教育的書籍，如《名賢集》、《增廣賢文》等。

三是歷史知識讀物，如《十七史蒙求》等。

四是詩歌類讀物，如《神童詩》、《千家詩》等。

五是專門講成語典故、名物制度常識的，如《龍文鞭影》、《幼學瓊林》等。

此外，中國古時候也有專門為女子編寫的啟蒙讀物，如《女四書》、《閨訓千字文》等。

趣味鏈結：《千家詩》小議

《千家詩》是很有名的一個古詩選本，舊時，兒童一入學，就要讀《千家詩》。由於幾經選編，所選的詩大都很有特色。所謂千家詩，其實只選入122家，其中唐代65家，宋代52家，五代1家，明代2家，無名氏2家。

入選詩最多的是杜甫，共計25首；其次是李白，8首。選入的女詩

人的作品僅有朱淑真的2首。古《千家詩》有好幾個版本，南宋詩人劉克莊編過一本《後村千家詩》，另外還有《新鐫五言千家詩》、《重訂千家詩》等。

中國古代的書院

中國自唐代開始有書院。唐玄宗時，朝廷設置了麗正書院，集中了當時全國著名的學者進行寫書、講學活動。

唐末到五代，天下紛亂，多數官辦學校因此荒廢，士子們迫切需要一處可以安靜讀書的場所。因此，一些學者就在名山大川建造校舍，群居講學，這便是中國古代最初的書院。

宋代，隨著印刷術、印版書籍的普及，書院就更為興盛，成為一種自由講學的場所。程朱理學崛起後，書院的創辦更加廣泛。這些書院，大多是理學家講學的地方，是某一學派的學術基地。因此，每個書院都有著自己獨特的教學風格，明顯地區別於其他的書院和官學。

如宋代著名的理學家朱熹就曾為白鹿洞書院設立了有嚴格紀律的教規：四方學者可來聽講，不受學派的限制；教學中強調論辯問難；鼓勵學生獨立思考。

宋代的書院以研究、討論和講學為要務，可以稱得上是古代的研究所，標誌著中國民間高等學校的誕生。

在建院的經費方面，書院大多是私人出資辦學，往往是學者或官員自籌經費。所建造的校舍規模相當宏大。

書院主持人也都是地方上的名師、名儒或當地的政府官員。平常主持院務的人被稱為「潤主」或「山長」。

書院的教材以《四書》、《五經》等儒家經籍為主，史書詩文為輔。

「講會」制度是書院教學的重要形式，其宗旨是講論學術、不尚形式、唯求實效。日常教學主要採取自學和教師指導相結合的形式進行。以

學生自學為主，教師的指導多採用答疑的形式。在書院裏，學生、師生、師友之間積極開展學術爭辯。哪怕是爭辯得面紅耳赤，也不影響彼此的情誼。書院對於著名的、為後學樹立楷模的老學者十分尊重；而對於年輕有為、虛心好學的後學則積極鼓勵，促其精進。

與官辦學校有種種限制，甚至把處罰的刑具立在學校大門中央不同，在書院讀書很自由，學生甚至可以中途轉學，或自由選擇老師。師德高尚的老師也可主動向學生推薦比自己高明的教師，師生關係非常融洽。

書院的最大特點就是教給人淵博的學問，培養人良好的道德品性。相對於官學，書院具有更多的學術自由和自治權力，更加偏重學術修養和個人修養，而不以參加科舉考試、培養官僚為目的。因此可以說，書院是一個以教學和研究人文學術為要務的自治學術團體。

趣味鏈結：中國的書院是何時消失的

古代書院自唐末開始，隨著政治形勢的變化，有過興盛發達，也有過衰微沒落，直至清末。

1890年，湖廣總督張之洞創辦了兩湖書院，這是一所具有新式學校規模的書院，教學課程也增添了自然科學科目。

1900年，兩湖書院改辦為兩湖師範學校，這標誌著中國古代的書院終於壽終正寢，被現代的學校所代替。

古代的職業教育

職業教育在中國春秋時期就出現了，那時各國遍設禮、樂、射、御、書、數六藝學堂，進行專門技藝教育。

東漢時，出現了專門的藝術學校——鴻都門學，以校館位於洛陽鴻都門而得名。唐代時，又出現了「書學」、「律學」、「算學」和「醫學」等各專門學校。

鴉片戰爭前後，由於西方現代生產技術的傳入，職業教育成為一種教育體制逐步發展起來。尤其是1866年以後，新式的職業教育出現了蓬勃發展的局面，沿海各地相繼建立了福州演算法文學堂和藝圃、駕駛學堂、管輪學堂、上海機械學堂。

辛亥革命後，黃炎培、蔡元培、陶行知等人提出了「勞工神聖」、「雙手萬能」的教育思想，積極主張發展職業教育。

趣味鏈結：近代最早的外語學校

鴉片戰爭以後，腐朽的清政府與西方列強簽訂了一系列喪權辱國的條約。當時，清政府有感於國內找不到多少精通外語的人才，而常受外國侵略者的欺蒙，為此決定在國內創辦外語學校。

1862年8月，第一所外語學校——同文館在北京創辦，學校聘有外籍教師。這所學校開辦後，曾遭到守舊派的群起攻之，他們認為開同文館、聘外籍教師是背宗叛祖、大逆不道、傷風敗俗、有喪國體的行為。後來，在清廷的干預下，守舊派敗下陣來，同文館辦了下來。

同文館完全按正規的學校來辦，陸續開設英文館、法文館、俄文館、德文館、東文館。入校學生不僅學外語，還學中文和自然科學，學制八年。1901年，同文館併入京師大學堂。

古代的學士、碩士、博士

其實，「學士、碩士、博士」的說法並不是現代才出現的，在中國古代也有，只是含義大不一樣而已。

古代的學士並非現代意義上的學士，它是官位，而非學位。它最早出現在周代，本來指那些讀書的貴族子弟，後來逐漸演變成官名和有學問的人以及文人學者的泛稱。《史記·儒林傳序》云：「天下之學士靡然鄉風矣。」

魏晉時期，學士是掌管典禮、編撰諸事的官職。魏晉以後，學士才正式成了以文字、技藝為朝廷效力的官吏。到了唐代，學士地位有了很大的提高，甚至可以參政議政。唐時的學士的最高等級是翰林學士，他們是皇帝親信的顧問和祕書官，因而常被稱為「內相」。到了宋代，如果某人被授予翰林學士，其社會地位就相當高，可以享受宰相的待遇。清代的大學士地位顯赫，官階為正一品，是文職官吏最高級別。

碩士在中國五代時期就有。宋代著名散文家曾鞏在《與杜相公書》中說：「當今內自京師，外至岩野。宿師碩士，傑立相望。」可見，碩士在中國古代通常指那些德高望重、博學多識的人，但古書記載不多，大概是因為它不是正式的官名或職稱。古代常用與碩士含義相似的「碩老」、「碩儒」稱呼那些博學之士。

「博士」這個官名源於戰國時代的秦國。《漢書·百官公卿表上》載：「博士，秦官。掌通古今。」秦代及漢代初期，博士的主要職責是掌管圖書，「通古今，以備顧問」。漢代的博士是太常屬官。漢武帝時設五經博士，博士多置弟子，初為五十人；武帝之後，博士專掌經學傳授，已與文帝、景帝時的博士制度不同。漢代以後，博士開始任學校的行政官員，同時擔任教學工作。唐代，設國子、四門等博士。明、清兩代亦有「國子博士」。

另外，博士這個稱號除授予學校行政官員外，還是專精一藝的職官的名稱。如西晉置「律學博士」；北魏增置「醫學博士」；唐代增置「算學博士」、「書學博士」等，至宋代廢止。

趣味鏈結：「茶博士」、「酒博士」和「磨博士」

博士的名位在後來卻日漸下滑，這種現象頗耐人尋味。

在君主社會，為官者不只收受賄賂，還不惜出賣官爵來斂取財物，致使官銜浮濫，以官名稱呼他人也日漸形成風氣。而民間常習慣以低就高來稱呼人，並加上虛銜來表示尊敬、抬舉，以取悅對方。久而久之，擁有專精技藝的博士頭銜，便被民間專做一件差事的販夫走卒所占用了。

正是因為如此，在宋代以後，博士的名位日漸下滑。社會上對從事某種職業的人也俗稱博士，如稱茶館的主人或夥計為「茶博士」，這裏的「茶博士」是指會煎茶、精通茶藝之人；稱賣酒的人或酒家的侍者為「酒博士」；而會做麵食的廚師，則被人們稱為「磨博士」。

「師範」一詞最早出現於何時

「師」字最早出現在甲骨文中，甲骨文中有「文師」之稱。在夏、商、周三代時，「師」是指教育奴隸主貴族子弟的人，被統稱為「師保」，由德高望重、學識淵博的長者擔任。

以後，西漢的董仲舒用了「師」一字，司馬遷用了「師表」一詞，他們都著重強調師的表率作用。

西漢末年，揚雄在言論集《法言》中說：「師者，人之模範也。」。模和範，本義都是指鑄物的模型。揚雄在這裏說「師」是人們的模範，除了指出「師」對教育對象有一種「鑄」的作用、學生是按照教師的樣子鑄就的意思之外，也認為人是可以像金屬那樣鑄塑的。他說：「孔子鑄顏淵」，意即孔子就是以自身為模範來塑造出顏淵的。

由此可見，他第一次將「師」和「範」結合起來看，明確強調了教師所負有塑造教育對象的重大責任。所以，他無限感嘆地說：「師哉！師哉！桐子之命也。」視教師為學生前途命運之所在。

綜上所述，「師範」的意義有兩方面：「師」——表率；「範」——塑造。

《北史·楊播傳論》中有：「恭德慎行，為世師範。」《文心雕龍·才略評》云：「相如好書，師範屈宋。」在這些典籍中，「師範」已作為一個片語而出現了。

中國古代原本並沒有班主任之設置。直到清代末年的1904年1月13日，清政府頒布《奏定學堂章程》規定，小學「各學級置本科正教員一人」，「通教各科目」，「任教授學生之功課，且掌所屬之職務」。

由一個教師擔任一個學級的全部學科或主要學科的教學制度，稱為學級擔任制，簡稱級任制。負責一個學級全部或主要學科的教學工作和組織管理工作的教師為級任教師。

古人怎樣稱呼老師

何謂教師？《說文解字》注曰：「師教人以道者之稱也。」意即教師通常指直接從事教育工作或其他傳授知識技術的人，還泛指在其他方面值得學習的人。

由於「師」是傳授知識的，而「教」又是傳授知識的一種重要手段，從而使「教師」一詞成為「傳道授業解惑」者的美稱。

但教師最早是被稱為「師氏」、「父師」、「少師」的，由官吏擔任。

「師氏」最早見於西周金文中，簡稱「師」，係教國子之官。「師」原是商、西周軍隊的組織單位。西周統治者為培養善戰的貴族子弟，開辦了「國學」，由高級軍官「師氏」任教。「師氏」是掌管輔導、教育貴族子弟及朝儀得失之事的官，也是國學中的教師。

「父師」是退休的大夫；「少師」是退休的士。他們在致仕之後，一般會在鄉學中擔任教師。東漢經學家鄭玄為《儀禮·鄉飲酒禮》作注時說：「古者年七十而致仕，老於鄉里。大夫名曰父師，士名曰少師，而教學焉。」

至於「老師」則是對年輩最高學者的尊稱，如《史記·孟子荀卿列傳》：「齊襄王時，而荀卿最為老師……」到後來，人們習慣地把「老」

與「師」並稱，逐漸地就不再管年齡的大小，一概稱教師為「老師」了。

而私學教師則被稱為「塾師」、「書師」、「館師」、「館賓」等。

塾是古代私人設立的學校，故在塾中教書的人被稱為「塾師」。

「書師」是指漢時教少兒啟蒙的教師。王國維在《觀堂集林·漢魏博士考》中解釋道：「漢時教初學之所，名曰書館，其師名曰書師。」

「館」是舊時對私塾的別稱，故「館師」、「館賓」也指教師。

古人對教師的尊稱還有「西席」、「先生」、「夫子」、「絳帳」等。

「西席」指教師與古人的坐席有關。古人席地而坐，以居西而面東為尊，故教師被稱為「西席」。據《稱謂錄》卷八記載：「漢明帝尊桓榮以師禮，上幸太常府，令榮坐東面，設幾。故師曰西席。」

「先生」起初是指年長而有學問的人，後來指老師。

「夫子」起初指年長者，後來成為對孔子的尊稱，再後來用於稱呼教師，以示尊敬。

「絳帳」也是對教師的尊稱之一。漢代著名學者馬融在授課之時，常居於高堂之上，身邊放下紅色的帷帳，「前授門徒，後列女樂」。

另外，古人對教師的稱呼還有以下這些。

「師父」、「師傅」：這是古人對教師的尊稱。

「師資」：先秦以後歷代對教師的別稱。

「外傅」：古代對教師的特稱。

「博士」：經學教師被稱「博士」。至唐宋時期，各專業學校更有「律學」博士、「算學」博士、「書學」博士之分。

「教授」：原為學官稱謂，自宋始於宗學、律學、醫學、武學等科均設「教授」，以傳授學業。

「講師」：講授武事或講解經籍的教師謂「講師」。

「助教」：為「國子學」（即後之「國子監」）教師，其任務是協助博士教授生徒。

「教諭」：宋代京師所設小學和武學中的教師稱謂，至元明清之縣學

循之。

「教習」：明代入選翰林院的進士（即庶起士）之師稱「教習」。至清末，學堂興起，其教師仍用其名。

「經師」：漢代爾後歷代在「校」或「學」中傳授經學的教師稱為「經師」。

「訓導」：明清時府設教授，州設學正，縣設教諭，掌教育生員，其副職皆稱「訓導」。

「先生」：古時對「門館」、「私塾」老師中年長者之尊稱。

「教員」：辛亥革命後，因教師與其他官員一樣依法令任免，所以又稱教師為「教員」。

「山長」或「院長」：弟子對書院中授徒講學教師的敬稱，「山長」或「院長」並總領院務。

趣味鏈結：人們為什麼把教書育人稱為「舌耕」

西漢著名學者賈逵自幼博聞強記，聰穎過人。在他5歲時，他的姐姐因婚後不育而被休棄回家，成為他最親近的人。

賈逵鄰居富甲一方，專請塾師教其子弟，琅琅書聲不時傳出。每聽到讀書聲，賈逵的姐姐就抱起他隔著籬笆傾聽，從不間斷。聰明的賈逵在姐姐懷中不吵不鬧，聽得非常入神，他的姐姐見到他如此喜歡聽別人讀書，十分高興。

光陰似箭，歲月如梭，在不知不覺中，賈逵已長到了10歲。由於平時日積月累，他竟能對《三墳》、《五典》倒背如流，著實令人驚喜。

有一天，賈逵的姐姐驚訝地問他：「家中一貧如洗，請不起老師，你怎會知道天下有《三墳》、《五典》，而且還能倒背如流呢？」

賈逵感激地說：「是昔日姐姐抱我聽人讀書時記下的，句句貫耳，至今不忘！」

因為在幼年時期打下了堅實的基礎，兼之後來堅持不懈地學習，所以賈逵知識大增，書法日精，於是他把《三墳》、《五典》一字不漏地寫

在剝下的桑皮上；由於樹皮不夠，又寫在木板和一些傢俱上，其文采之斐然、書法之精美，令人歎為觀止，賈逵由此聲名大振，許多好學之士不遠千里，慕名前來求教。從此，賈家門庭若市，一改昔日之「門前冷落鞍馬稀」的狀況。

賈逵原來家徒四壁，可是由於後來眾多求學者的饋贈，所以他家也就變得糧食滿倉，日漸富裕起來。因為賈逵不像普通農民那樣靠力氣耕田起家，而是靠舌耕而富貴逼人，所以人們便把教書育人稱為「舌耕」。

桃李滿天下的由來

人們稱讚一個老師的學生很多，就說他「桃李滿天下」。那麼，「桃李滿天下」的說法到底是怎麼來的呢？

其實，「桃李滿天下」這個說法來源於春秋時代的一個故事。

漢代《韓詩外傳》中載：春秋時，魏國大臣子質曾經提拔和保舉過很多人。後來，他因得罪魏文侯而被罷官，就隻身跑到北方去。有一天，子質遇到一個叫子簡的人，他便滿腹牢騷地對子簡說：「以前我當魏國大臣的時候，辛辛苦苦地提拔和保舉了許多人。可是，當我如今流落到北方，落得這步田地，竟然沒有一個人肯幫我一把。所以，以後我再也不培養什麼人了。」

簡子聽了他這番話後，笑著對他說：「春天種了桃樹和李樹，到夏天就可以在樹蔭下乘涼和休息，秋天還可以吃到可口的桃子和李子。可是，如果你在春天種的是蒺藜（一種帶刺的植物），夏天就不能利用它的葉子來乘涼和休息，到秋天它長出來的刺還會扎人哩。所以，培養人才就如種樹一樣，應該首先選好對象，然後再加以培植啊！」

簡子用生動、形象的比喻指出了子質培養人才的不當。所以，以後人們把培養人才叫做「樹人」，把培養提拔的優秀人才叫做「桃李」，而老師培養出來的學生很多，就被譽為「桃李滿天下」了。

趣味鏈結：哪些成語與「桃李」有關

「華如桃李」：「桃李」原本就是指桃和李。桃花和李花盛開的時候紛繁豔麗，在《詩經》中就有「華如桃李」的詩句，因此後世常用「華如桃李」來形容人的年輕貌美。

「投桃報李」：意思是相互贈送，禮尚往來；也比喻人們互相報答恩情。

「桃李不言，下自成蹊」：意思是說桃李雖不會說話，但是憑著它鮮豔的花朵和美味的果實，自然能吸引人們在樹下走出一條小道。比喻做人只要真誠付出，就會感動別人，為人們所景仰。

「門生」淺談

「門生」一詞，在春秋時就出現了。孔子聚徒講學，對親授業者或轉相傳授者都稱之為「門人」。戰國時，「門人」除了指受業弟子外，還指寄食於貴族門下的食客，這些食客都有一定的才能，屬於「士」階層。

東漢時，「門生」是指弟子的弟子，即轉相傳授者，但一些不是以學問相師承的鑽營投機者，也攀附權貴為「門生」，以作升官的階梯。魏晉南北朝時此風愈長，門生實際已變成豪族的屬從了。隋唐以後實行科舉制，科舉的主考官稱「座主」；及第者，就稱為「座主」的「門生」。同時，在學問的師承關係上仍然沿用「門生」的稱呼。而到了現在，「門生」的稱呼已經漸漸消失了。

趣味鏈結：何謂「高足」

「高足」是一種尊稱，指別人的門生。這樣稱呼時，既是對門生的褒揚，也包含著對老師的尊敬。

其實，「高足」最初的意思是指良馬、駿馬。漢代的驛站裏備有三等馬，分別為高足、中足、下足，高足就是上等快馬。漢代《古詩十九首》

有「何不策高足，先據要路津」之句，詩中的「高足」也是快馬的意思。

後來，「高足」由良馬、駿馬之意逐漸演變為指人的才能高，《世說新語・文學》記有鄭玄與馬融之事：「鄭玄在馬融門下，三年不得相見，高足弟子傳授而已。」是說鄭玄拜馬融為師，卻有三年沒有見著馬融，只是由馬融的高足弟子傳授他知識。這裏的高足弟子即指才能高、成績好的弟子。

「高足」在這裏充當的是形容詞。以後又由此意演變為指別人的高才門生，再後來，就泛指別人的門生了。如《蕩寇志》第一百零七回：「東方先生，乃張師兄高足。」此處的「高足」也就是「得意門生」的意思。

考試制度始於何時

「考」與「試」皆有考查、檢測、考核等多重含義，是意義相近的兩個概念。

在歷史上，西漢董仲舒第一次將「考」與「試」二字連用。他在《春秋繁露》之《考功名篇》中說：「考試之法，大者緩，小者急；貴者舒，而賤者促。諸侯月試其國，州伯時試其部，四試而一考。天子歲試天下，三試而一考。前後三考而黜陟，命之曰計。」

由此可見，最初「考」字更側重於考核政績的含義，「試」字更側重於測度優劣的含義。當「考」與「試」合二為一之後，其含義逐漸演變為特指考查知識或技能的方法和制度。

趣味鏈結：古代的試卷也必須密封起來

試卷密封即將考生試卷上的姓名密封起來，使閱卷人在不知應試者的情況下評卷，以防作弊。這種方法古已有之。

試卷密封源於唐代。唐代開科取士，最初試卷上有舉人的姓名、籍貫，能靠特權錄取。武則天下令用紙糊上舉人姓名。唐《隋唐嘉話》載：

「武后以吏部選人多不實，乃令試日自糊其名，暗考，以定等第判之。糊名，自此始也。」不過武則天所創「糊名」之法，只是用於吏部升遷官吏的考試，還沒有成為科舉考試的一項正式制度。

到了宋代，「糊名」才正式用於科舉，稱「封彌」。據《宋史》卷155《選舉》載，宋太宗淳化年間採用監丞陳靖的建議，推行「糊名考校」法，即糊住考生的姓名、鄉貫，決定錄取卷後，才拆彌封，以「革考官窩私之弊」。

元代以後稱「彌封」，明清一直沿用。

科舉制度的產生和演變

科舉制度，是指官府經過定期舉行的科目考試，根據成績的優劣來選取人才，舉任官吏的一種制度。由於採用分科取士的辦法，所以叫做「科舉」。科舉制從隋代開始實行，到清光緒二十七年才廢止，經歷了一千三百多年。它和以前的選舉制度最根本的區別在於：凡普通的讀書人均有參加官府考試的資格，從而有被選拔做官的機會。這就使封建王朝能夠在更大的範圍內選拔官吏。

中國科舉制度的正式產生，一般認為以隋煬帝創置進士科為標誌。但它的起源，可以追溯到春秋戰國時期。

春秋戰國時期，一些有勢力的豪家瓜分公室，代諸侯國君而起，豪家的家臣便成為諸侯國的官吏。隨著世官制的瓦解，選拔官吏勢在必行，選拔的途徑也多了起來。多數情況是有才能之士透過遊說、上書和自薦獲得官職，也有的是根據功勞大小來選拔，更有的是由郡縣長官向國君推薦。

但是，春秋戰國時期出現的這些選拔官吏的方式，還沒有形成最終的科舉制度。

東漢末年的曹操最早提出「唯才是舉」，之後曹丕又實行了九品中正制。九品中正制就是透過各州、各郡中正官的品評，把人才分為上上、

上中、上下、中上、中中、中下、下上、下中、下下九等。被評為上等的人才將推薦給各級政府，吏部選拔官員時要向中正官徵詢被選者的家世情況、品級。

晉以後就完全由家世確定品級，形成了「重家世輕德才」的風氣。所謂「平流進取，望至公卿」的說法，就是對這種積弊的抨擊，這樣就形成了豪門世家把持各級官僚機構的局面。

但東漢選拔官員的方式易受郡國長官意志的影響，晉代選拔官員的方式易造成官僚機構為門閥世族所控制的局面，對中小地主階層進入仕途均有所限制，所以皆不利於在更大的範圍內選拔官吏。

這一狀況到了隋代之後才有所改觀。

隋統一後，為了適應經濟和政治關係的發展變化、擴大統治階級參與政權的要求、加強中央集權，於是把選拔官吏的權力收歸中央，創立了科舉制，也即廢除了九品中正制，吸收了漢代察舉制的某些合理因素，採取朝廷公開考試的方法來選拔官吏。

隋煬帝時開始開科取士，建立了二科、十科等。由於考試的對象是全國的讀書人，因此科舉制度是封建統治者網羅人才，繼而擴大統治社會基礎的有效辦法。同時，經由考試任用了大批有才幹的知識分子，為隋唐以後官僚制度的穩定發展提供了模式，具有深遠的影響。

隋代這種不問人才出身門第，無須州郡推薦，由朝廷公開考試選士的制度，才是中國古代科舉制度的真正開端。

唐代繼承並發展了隋代創設的科舉制度，使中國的科舉制度發展到鼎盛時期。

唐代科舉考試種類分常科和制科兩種。常科每年舉行，考試科目有秀才、明經、進士、俊士、明法、明算等五十多種，其中進士科應試者最多，難度也最大，往往是百裏取一。考上進士稱為「及第」，「及第」者要在曲江池參加慶祝宴會，得以在長安慈恩塔下題名，有「白衣公卿」、「一品白衫」之稱，由此可知當時能考上進士的確是光宗耀祖的事。

常科有兩個生源：一是生徒，即京師或州縣學館學生，送尚書省應試

者；二是尹貢，即非學館出身，稱經州縣初考及第，再送尚書省應試者。尚書省考試，稱省試、禮部試。主持考試的，本來是吏部考功員外郎，開元二十四年（836年）改由禮部侍郎主持。

制科是皇帝臨時詔令設置科目，有才識兼茂、明於體用科，賢良方正、直言極諫科等上百餘種。對應試者不設門檻，可以是常科及第者，也可以是現職官吏，甚至是庶民百姓。考試內容唐初僅考策問，唐玄宗時加試詩、賦。制科考試的主持通常是皇帝，儘管如此，制科在士人眼中，往往視為非正途出身，不予重視。

科舉制度發展到宋代，朝廷對它做了不少改革。

宋太祖時正式建立殿試制度，即禮部考試後由皇帝在殿廷主持最高一級考試。考生在殿試及第後，可直接授官。北宋時殿試第一名稱榜首，第二、第三名稱榜眼；第一、第二、第三名都可稱狀元。南宋以後，改稱第一名為狀元，第二名為榜眼，第三名為探花。宋代科舉仍像唐代那樣，分常科和制科兩種。常科考試分州府試、禮部試、殿試三級。州府試稱解試，禮部試也稱省試。

元代科舉制度也分鄉試、會試、御試三級，但對考生按民族不同而分類，將蒙古人、色目人和漢人、南人分開考試，分別登榜。與唐代重詩賦而輕經義截然相反，元代考試重經義而輕詩賦。經義在《大學》、《中庸》、《論語》、《孟子》四書中選題，答案以朱熹的《四書集注》為準。就是從這時開始，後來在科舉考試中常常以朱熹的《四書集注》來作為考試題材。

明清時期，科舉制度變得十分嚴密。而且出現了一個重要特徵，那就是學校與科舉緊密結合，進學校成為參加科舉考試的必由之路。

明清時學校有兩種：國學和郡縣學。國學為中央一級學校，如國子監。府、州、縣設立的學校稱為郡縣學，凡經過各級考試入府、州、縣學的，通稱生員，俗稱秀才，這是仕途的起點。取得生員資格的入學考試叫童生試，簡稱童試。童試包括縣試、府試和院試三個階段，應試者無論年齡大小，均稱童生，院試合格後才能稱生員。

趣味鏈結：中國歷史上最後一次科舉考試

清光緒三十年（1904年），是甲辰科取士之年，因時逢慈禧太后七旬壽辰，所以改甲辰正科為甲辰恩科。經過禮部會試後，譚延闓等273名貢士於這年7月4日參加殿試。

此次殿試的狀元是劉春霖，榜眼是朱汝珍，探花是商衍鎏。

1905年，慈禧太后假裝維新，推行新政，下了立停科舉的詔書。因此，在中國實行了一千多年的科舉制度便正式終止，甲辰恩科殿試也就成為中國歷史上最後一次科舉考試。

進士與「金榜題名」

「何物動人，二月杏花八月桂；有誰催我，三更燈火五更雞。」是古代流傳的一副對聯。因為桂花在八月開放，而鄉試也是在八月舉行，所以對聯中的「八月桂」其實就是指鄉試得中；二月杏花開放，且會試也是在二月舉行，所以對聯中的「二月杏」其實就是指會試得中。這副對聯就是講人們「三更燈火五更雞」地刻苦攻讀，為的就是有朝一日自己能考中進士，也即可以「金榜題名」。

而考中進士為什麼就叫「金榜題名」呢？其原因還得從殿試說起。

在古代，科舉考生如果順利通過鄉試和會試，將有資格參加最高級別的殿試，向進士衝刺。

殿試結束後，朝廷將會發佈金榜。金榜按殿試成績將進士分為三甲。第一甲三名，賜進士及第，第一名叫狀元；第二名叫榜眼；第三名叫探花。第二甲賜進士出身。第三甲賜同進士出身，各科名額不等。

因為殿試放榜用黃紙，表裏二層，分大小金榜，小金榜存檔大內，大金榜由禮部尚書奉皇榜送出太和中門，至東長安門外張掛在宮牆壁，故考中進士者稱「金榜題名」。

趣味鏈結：連中三元的由來

「連中三元」這一詞語是怎麼來的呢？

「元」有第一、為首、頭一名的含義，所以有元首、元月、元日、元帥、元凶等很多帶「元」的詞語。「三元」在中文中則有兩個意思：一個是「三個第一」；另一個是指上元、中元、下元三個節日，即上元為正月十五日（元宵節）、中元為七月十五日、下元為十月十五日。當然，「連中三元」是接連中三個第一之意，不指三節。

據考證，「連中三元」一語源於封建社會科舉考試制度。中國科舉制度始於隋代，經過長期演變和改革，逐步固定為鄉試、會試、殿試三級的形式。鄉試是由各省在省城主持的考試，考中的稱為「舉人」，第一名稱為「解元」；會試由禮部在京城主持，考中的稱為「貢生」，第一名稱為「會元」；殿試由皇帝親自主持，考中的稱為「進士」，第一名稱為「狀元」，也稱「殿元」。

若在鄉試、會試、殿試三次考試均得第一，正好是解元、會元、狀元「三元」得主，所以叫「連中三元」。

「狀元」、「榜眼」的由來

「洞房花燭夜，金榜題名時」被古人視為人生中的頭等樂事。「金榜題名」就是指在古代科舉考試的殿試中考中進士，前兩名進士分別稱為狀元、榜眼。

為什麼考中進士的第一名叫狀元，第二名則叫榜眼呢？

在科舉考試中，殿試在唐代已有，至宋初才成為定制。唐武則天時，試貢舉之士立於殿前，門下省長官奏狀，名次最高者置於最前，因而稱為狀頭，也叫做狀元（「元」為「頭一個，第一」之意）。自宋代起，沿用舊稱，以進士第一名為狀元。所以，人們把進士第一名叫狀元。

至於榜眼，在唐代沒有榜眼之說，到了宋代初期，以第一甲第二、

第三名進士為榜眼。這是因為在填進士榜時，狀元的姓名居上端正中，第二、三名則分列其左右，在進士榜上的位置就好像人面部的兩隻眼睛，所以稱為榜眼。到了南宋後期，因為進士的第三名改稱探花，於是榜眼就成了進士第二名的專稱。

趣味鏈結：「探花」一詞從一開始就是指進士第三名嗎

南宋後期，「探花」正式成為進士第三名的專稱，與「狀元」、「榜眼」一起成為殿試中進士及第的前三名的代稱。

而頗有趣味的是，「探花」本來並不是指進士第三名，只是一種戲稱而已，與登第名次沒有關係，人數也不是一個人，而是兩個人。

「探花」一詞最初起源於唐代科舉考試之後的活動。

唐代新進士榜公布之時正值春季，此時杏花怒放。那些金榜題名的士子們自然就會春風得意、風光十足了。在喜慶之餘，他們會相約舉行盛大的「杏園探花宴」活動。

新科進士們在他們中間選出兩名最年輕者擔當「兩街探花使」或「探花郎」，這兩位進士將騎馬遍遊長安的大街名園，採摘各種早春鮮花，正所謂「春風得意馬蹄疾，一日看盡長安花」。但是如果這兩位探花郎沒有比他人先得到牡丹、芍藥等名花，就要受罰。

由此可見，「探花」本來並不是指進士第三名，而只是一種戲稱而已。只是到了南宋後期，「探花」才正式成為進士第三名的專稱。

趣說「秀才」

秀才本係才能出眾、秀異之士的通稱，始見於《管子·小匡篇》。它與《禮記》所稱「秀士」一詞意思相近，都是對優秀人才的泛稱，而並不限於飽讀經書之士。

可是，後來的「秀才」一詞的內涵卻逐漸收窄，不再是才能出眾、秀

異之士的通稱，而是指封建社會薦舉人才的科目之一或一般的讀書人。

從漢代開始，秀才成為薦舉人才的科目之一。最先有秀才之名的，是西漢的賈誼。這是有史書記載為據的。《史記‧屈原賈生列傳》說：「賈生，年十八，以能誦詩屬書聞於郡中。吳廷尉為河南守，聞其秀才，召置門下，甚幸愛。」

漢武帝改革選官制度，令地方官府考察和推舉人才（即察舉制）。元封四年（西元前107年），命公卿、諸州每年各舉薦秀才一名。

東漢因避光武帝名諱，秀才遂改稱「茂才」。

三國曹魏時沿襲察舉制，復改稱秀才。

至南北朝時，尤為重視舉薦秀才。

隋代始行科舉制，設秀才科。

唐代初期，沿置秀才科，及第者稱秀才。因要求太高，很少有人問鼎。

宋代，凡應舉的士子均可稱為秀才。此時還出現了「白衣秀才」，所謂的「白衣秀才」並不是指穿著白衣服的秀才，而是指「不第秀才」。如《水滸傳》中的王倫就是「白衣秀才」。

明、清兩代，秀才乃府、州、縣學的生員的專稱，習慣上也稱為「相公」。

趣味鏈結：中國最後一位秀才

中國最後一位秀才是浙東仙居人張任天。他是清末數學家，同時也是辛亥革命黨人、同盟會的元老和報業老人。

而人們之所以將張任天視為中國末代秀才，乃是因為在他於1995年以109歲的高壽在杭州去世後，中國再也找不到健在的秀才了。

「公車」小考

應試舉人為什麼稱為「公車」呢？

早在漢代，便有了以公家車馬送應試舉人赴京的傳統。最早為漢代官署名，臣民上書和徵召都由公車接待。後也代指舉人進京應試。原指入京請願或上書言事，也特指入京會試的人上書言事。

《史記·東方朔傳》載：「朔初入長安，至公車上書，凡用三千奏牘。」《漢書·張敞傳》：「天子思敞攻效，使使者即家所在召敞。敞即裝隨使者詣公車上書。」

後來，滿洲入主中原不久，為了籠絡知識分子，在順治八年作出規定：「舉人公車，由布政使給予盤費。」即應試舉人的路費由政府的布政使供給，路費的多少，因路程遠近而不同。廣東瓊州府最多，每名白銀三十兩，山東最少，每名只有一兩。其餘地區，由三兩至二十兩不等。另外還規定，雲南、貴州和新疆的應試舉人除了每人發給白銀三兩，還發給火牌，憑牌供給驛馬一匹，車上插一面「禮部會試」黃布旗。這樣，「公車」就成了應試舉人的代稱了。

趣味鏈結：古代白髮考生何其多

科舉時代，醉心「舉業」而屢試不第，及於年老白髮仍充盈考場的，可謂多於過江之鯽。《聊齋志異》的作者蒲松齡，年少時應童子試一舉奪魁，此後在從秀才至舉人的科場道路上坎坷奔波四十多年，直到六十歲仍未考取貢生，最後終於「料應厭作人間語，聊聽秋墳鬼唱歌」，一壺茶，一茅蓬，寫鬼寫妖，刺貪刺虐，成就了一代短篇小說之王的美譽。

西元901年，在唐代的一次禮部考試中，曹松、劉象等五位70多歲的老翁同時及第，人們為之稱奇，謂「五老榜」。

康熙年間，廣東順德人黃章，年屆百歲，仍不遠千里赴京會試。入考場時，他讓人做了一個燈籠，上書「百歲觀場」四個大字，令曾孫提著在

前面引路，真所謂老當益壯，不墜青雲之志。

乾隆時廣東學子謝啟祚，以98歲高齡參加鄉試，竟然考取了丙午科的舉人。此翁在中試後，還戲作了一首老女出嫁詩以示慶賀：「行年九十八，出嫁不勝羞。照鏡花生面，光梳雪滿頭。自知真處子，人號老風流。寄語青春女，休誇早好逑。」

與謝啟祚這樣大器晚成的「幸運兒」相比，那些在科場中耗盡青春年華，乃至熬到白髮皓首、老死他鄉，仍未撈到半點功名的考生，更是不勝枚舉。

八股文是一種什麼文體

八股文是明、清兩代科舉考試時所採用的專門文體，也叫制義、制藝、時藝、時文、八比文等。

在結構上，八股文的每一段落都有嚴格規定，每篇都有一套固定的結構格式。全文由破題、承題、起講、入題、起股、中股、後股、束股八部分組成，作用互不相同。寫作時先用兩句話說破題的要義，然後承接破題的意義闡明，接著開始真正的議論。從起股到束股的四個部分，其中都有兩股相互排比的文字，共計八股，所以才叫「八股文」。

在內容上，八股文的題目主要摘自《四書》、《五經》，考生論述時必須以程朱學派的注解為準。考生只能就題闡釋，依注作解，不得擅自發揮，獨出新論。

在形式上，八股文對字數也有一定的限制，文中要求點句、勾股（標明段落）、塗改的字於文末以大字註明、試題低兩格、試文頂格，不符合規定的試卷將作廢。

綜上所述，八股文的結構固定、內容空泛、形式死板，所以嚴重束縛了考生的思想，使其不能自由發表見解，也無法發揮自己的才華。人們只要熟讀《四書》、《五經》就能應付八股文，這便使得天下學子棄其他有

用的書不讀，都把精力浪費在學作八股文上，從而束縛了人才的培養，敗壞了學風。因此，清朝光緒年間八股文被廢除。

趣味鏈結：八股取士

明清文職官員入仕必考八股文，通不過八股文考試，其他方面再優秀也無濟於事。人們便把這種制度稱為「八股取士」。

八股取士把紛繁複雜的社會現象及本應新穎多元的思想文化觀念束縛於貧乏的內容之中，鉗制了人們的思想，窒息了社會的活力。

八股取士也是封建統治者針對臣民撒下的一張網羅人才大網，封建知識分子只能藉由這種途徑來實現他們躋身統治階級的夢想。但是八股文在思想內容方面受朝廷嚴密控制，這些封建知識分子透過科舉考試的途徑加官晉爵後，卻搖身一變為封建統治者的幫凶。

八股取士更是封建統治者用來穩固其政治、經濟、文化的手段。中國的封建社會發展到明清時期，早已是窮途末路，然而它卻又在風雨飄搖之中苟延殘喘了幾百年，而八股取士就是導致這種局面的原因之一。

人們常常這樣嘲諷憑八股考取功名的人：擺尾搖頭，便道是聖門高第。可知道三通、四史是何等文章？漢祖、唐宗是哪一朝皇帝？……辜負光陰，白白昏迷一世，就叫他騙得高官，也是百姓、朝廷的晦氣。

什麼是貢舉

貢舉，是指中國古代由地方官吏向天子推舉人才的方式。古時，如果地方上推舉的人確實是賢者，則薦舉者受獎；相反，如果為不賢者，那麼薦舉者就要受罰。

劉邦稱帝後，加強政權建設，曾下詔多方求賢，並制定了登記形儀、品行、年齡、逐級察訪、上報的辦法，開漢代察舉制度之端緒，到漢惠帝時，詔舉「孝悌力田」，「孝惠四年，春正月，舉民孝悌力田者，復其

身。」這是舉薦人才的先聲。

從漢文帝起始，制定了正式作為選拔官吏的察舉制度。文帝二年（西元前178年）詔二、三執政「舉賢良方正能直言極諫者，以匡朕之不逮」。十五年（西元前165年）又詔稱：「諸侯王、公卿、郡守舉賢良能直言極諫者，上親策之。」但僅是偶一為之，尚未形成制度。

至漢武帝元光元年（西元前134年），始定貢舉之法，使選士制度化。建元元年（西元前140年）丞相衛綰上奏：所舉賢良，或治申、商、韓非、蘇秦、張儀之言，亂國政，請皆罷。董仲舒在賢良對策中連對三策：推明孔氏，抑黜百家，立學校之官、州郡舉茂材孝廉。這樣以儒術取士的察舉制度應運而生了。元光元年時「初令郡國舉孝廉各一人」。貢舉也稱「察舉」、「薦舉」、「鄉舉里選」。

隋以後實行科舉考試，因此後世的貢舉，開始指科舉制度了。

趣味鏈結：何謂貢生

在科舉制度盛行的封建時期，凡府、州、縣學生員中成績優異者，經挑選可升入京師的國子監讀書，這些被選中者就稱為「貢生」。

科舉考試的目的是為王朝選拔從政人才。各朝代貢生的具體名目不一，明代為歲貢、選貢、恩貢和納貢，清代有恩貢、拔貢、副貢、歲貢、優貢和例貢。明清兩朝，科舉日重，而學校日輕，太學、府、州、縣學均為科舉儲備人才。因科舉出身不同，便有了正、異途之分。經學校通籍者如貢生出身為正途，任命重正途。

中國古代的武舉

中國的科舉歷來有文科和武科之別。

文科的科舉從隋代開始，此後便逐漸發展、完備，成為封建社會選拔人才的主要管道。由於受「學而優則仕」思想的影響，中國古代讀書人視

考取功名為最大目標，參加文科的科舉考試也就成為讀書人最大的任務。

那麼習武之人如何才能出人頭地呢？

國家要長治久安，就需要「文治武功」，單有文科人才是不夠的，尤其是國家在戰亂時候，更需要將軍出馬，所以創建武舉制度也就勢在必行了。

在武舉制度建立之前，將領幾乎都是行伍出身；而在武舉制度建立後，很多有才能的習武之人便有機會透過參加武舉而當上將領。

中國的武舉制度創始於唐代。

武舉制度是武則天這位中國唯一女皇帝的首創。她在長安二年（西元700年）「詔天下諸州宣教武藝」，並確定在兵部主持下，每年為天下武士舉行一次考試，考試合格者將被授予武職。武舉考試規定的技藝有長垛、馬射、步射、平射、簡射，又有馬槍、翹關、負重、身材選拔。但是，唐代武舉只偏重於技勇，重點是馬上槍法。由此，唐代只能說是武舉的創制時期。

宋代的武舉考試首先考騎射的技藝，然後考策略決定去留，最後考弓箭射擊比試高下。

武舉到了明清兩代則更為興盛。

明代的武舉考試，從成化十四年（西元1478年）起，每三至六年舉行一次，先考策略，後考弓馬。謝肇淛《五雜俎》中記述明英宗正統十四年（西元1449年）「土木之變」，明軍大敗，京城告急，遂開武科募招天下勇士。「山西李通者行教京師，試其技藝，十八般皆能，無人可與為敵，遂應首選。」

清代的武舉制度更加完備，加上國家的大力提倡，錄取相對公正。因此，民間習武者對武舉考試趨之若鶩。

清代的武舉考試大致分四個等級進行，大致與文科的科舉程序相同。

第一級：童試，在縣、府進行，考中者為武秀才。

第二級：鄉試，在省城進行，考中者為武舉人。

第三級：會試，在京城進行，由兵部主持，外場試騎射、步射、弓、

刀、石，內場試《武經》，由外場中試者參加內場考試，考中者為武進士。

第四級：殿試，會試後取得武進士資格者，再通過殿試（也稱廷試）分出等次，共分三等，稱為「三甲」。一甲是前三名，第一名是武狀元；第二名是武榜眼；第三名是武探花，前三名稱為「鼎甲」，獲「賜武堤及第」資格。二甲十多名，獲「賜武進士出身」資格。二甲以下的都屬三甲，獲「賜同武進士出身」資格。

殿試一般由皇帝親自主考。考試揭曉後，在太和殿唱名，在西長安門外掛榜，並賜給武狀元盔甲。然後由巡捕營護送武狀元歸第，炫耀恩榮。第二天，在兵部舉行盛大的「會試宴」，又賞給武狀元盔甲、腰刀等，賞給眾武進士銀兩等。

清代科甲等級差別甚大，同樣是武進士，一、二、三甲的等級和榮譽卻相差懸殊。自然武狀元是出盡了風頭的，登第後的三天內，他可以披紅掛彩，上街誇官，真所謂「春風得意、風光十足」了。殿試以後，通常立即由兵部授予官職。

清代的武舉為國家選拔了大批將才，並由此造就了不少傑出人物。但在光緒二十七年（西元1901年），武舉制度被廢除。

武舉從應運而生到不合時宜而廢，總共延續了1199年。

趣味鏈結：中國武學的創立和發展

武學是中國古代培養軍事人才的專門學校。

宋仁宗慶曆三年，武學始建，直屬於國子監，教授為阮逸，但數月後停辦。

神宗熙寧五年，樞密請建武學於武成王廟，以尚書兵部郎中韓縝判字。

徽宗崇寧年間，令地方諸州設置武學。但宣和二年又罷州縣武學。

南宋高宗紹興十六年才恢復武學（中央），後又規定「凡武學習《七書》兵法、步騎射，分上、內、外三舍，學生額百人。置博士一員，以文

臣有出身或武舉高選人為之；學諭一員，以武舉補官人為之」。

慶元五年，各州州學皆設武士齋舍，選官教習。

因為武舉是武學生的入仕途徑，明洪武年間在大寧等衛設置儒學教武官子弟。

惠帝建文元年始置京衛武學，但在成祖即位後卻又停辦。

英宗正統年間方立兩京武學。武學設教授、訓師各一員。《論語》、《孟子》、《武經七書》、《百將傳》等都是武學生所讀之書。後又令都司、衛所應襲子弟年10歲以上者，由提學官選送武學讀書，無武學者送衛學或附近儒學。

成化中，敕令歲終考試入學武生，10年以上無可取者，追廩還官，送營操練。

嘉靖中，移京城東武學於皇城西隅廢寺，使大小武官子弟及勳爵新襲者，肄業其中，用文武臣教習。

萬曆中，武庫司專設主事一員管理武學。

崇禎時，又命天下府、州、縣設武學，實際未能遍設。（《續文獻通考‧學校考》）待遇考試，與儒學生員同。

中國古代的「圖書館」

早在殷商時代，甲骨文產生之後，就有了史料典籍及其掌管人員，但當時沒有圖書館。關於圖書的起源，《易‧系辭上》說：「河出圖，洛出書。」可見在周代以前早已有藏書之舉了，並且設有專門的藏書機構「藏室」，還有專人掌管。《史記》說，老子曾任周代的「守藏室之史」。這一職位相當於國家圖書館的館長。

春秋戰國時期，諸子百家著述很多，因而也多有藏書之處，當時稱圖書館為「府」或「藏」。秦統一中國後，在阿房宮設有藏書機構，置御史掌管。

西漢時期，政府重視圖書事業。漢武帝時第一次由政府下令在全國徵集圖書，在宮內建立了頗具規模的收藏圖書的館舍，並取名叫石渠閣。有人認為這是中國歷史上的第一個國家圖書館。後來又建立了天祿閣，收藏各地文獻藏書，並擬訂了藏書規則。

隨後，由劉向父子領頭，開始了中國歷史上第一次政府圖書館的校書編目工作。但以上所說恐多係國家典藏，非普通人所能借閱。那麼公共圖書館是從何時開始的呢？

公共「圖書館」可以追溯到宋代，當時有人設立了可供公眾閱覽的藏書樓。據《廣信府志》記載說：「紹熙、慶元間（南宋光宗和寧宗年間，1190～1200年），直敷文閣趙不迂建書樓於江西鉛山縣以供眾覽。謂邑人舊無藏書。士病於所求，乃儲書數萬卷，經、史、子、集分四部，使一人司鑰掌之。來者導之登樓，樓中設几席，俾能縱覽。」由此看來，公開的圖書館距今已有近800年的歷史了。

1904年，中國第一所正式的圖書館——湖北省圖書館誕生。1905年湖南圖書館創建。1910年，清政府頒布了《京師圖書館及各省圖書館章程》，並正式宣佈成立京師圖書館（今北京圖書館），1912年正式開放。此後，各省或大城市的公共圖書館也相繼建立起來。

趣味鏈結：「圖書館」一詞源考

「圖書館」是一個外來語，於19世紀末從日本傳入中國。這個詞最早在中國文獻中出現，當推《教育世界》第62期中所刊出的一篇《擬設簡便圖書館說》，時為1894年。

世界上最早的圖書館，是希臘神廟的藏書之所和附屬於希臘哲學書院（西元前4世紀）的藏書之所。

中國早期著名的圖書館，當屬1902年徐樹蘭耗銀32960兩，在浙江紹興西貢院創建的古越藏書樓。1904年正式向公眾開放。

1933年，改為縣辦，更名為「紹興縣立圖書館」。1957年起定名為「魯迅圖書館」。

古代詩歌的起源

詩歌在各民族的文學發展史中，是最早產生的一種文學樣式。在中國，幾千年來，詩歌更一直是文學史的主流。

那麼詩是怎樣產生的呢？原來在文字沒形成之前，我們的祖先為把生產中的經驗傳授給別人或下一代，以便記憶、傳播，就將其編成了順口溜式的韻文，這就是詩的形式最初形成的原因。當時詩有著記事的作用。據考證，詩與志原是一個字。「志」上從「士」，下從「心」，表示停止在心上，也就是記憶。文字產生以後，有了文字的幫助，不必再死記了，這時把一切文字的記載都叫「志」。志就是詩。在心為志，發言為詩。

歌的稱謂又是怎樣的呢？詩和歌原來是不相同的，歌是與人類的勞動同時產生的。它的產生遠在文字形成之前，比詩早得多。考察歌的產生，最初只是用感嘆字表示情緒，如啊、唉等，這些字當時都讀同一個音：「啊」。歌是形聲字，由「可」得聲。在古代「歌」與「啊」是一個字，人們就把在勞動中發出的「啊」的感嘆聲叫做歌，因此，歌的名字就這樣沿用下來。

既然詩與歌不相同，後來為什麼又把二者連在一起以「詩歌」並稱呢？這只要弄清它們的關係就明白了。

歌，最初只用簡單的感嘆字表示情緒，在語言產生之後，人類的大腦發達了，對客觀事物的認識逐步深化，情緒更加豐富，用幾個感嘆字表達遠遠不夠用了。於是，在歌裡加進實詞，以滿足需要。在文字產生之後，詩與歌的結合又前進了一步，用文字書寫的歌詞出現了。

這裏，一支歌包括兩個部分：一是音樂，二是歌詞。音樂是抒情的，歌詞即詩，是記事的。這就是說，詩配上音樂就是歌，不配音樂就是詩，彼此相輔相成，互相為用。最初的詩都能配上音樂歌唱，歌就是詩，詩就是歌。由於這種情況，後來人們就把詩與歌並稱，呼之為「詩歌」。目前，「詩歌」已經成了詩的代名詞。

趣味鏈結：打油詩的由來

「打油詩」是一種內容直白有趣，詞語通俗詼諧，不拘平仄韻律，甚至不定字數格式的淺白舊體詩。它的藝術性很高，內容淺顯易懂。有鋪墊、有渲染誇張，有出人意料的「效果」。因此，打油詩並非是任何人均可信手拈來的易為之作。

唐代南陽地方有個讀書人名叫張打油，他首先創作了此類詩歌，人們覺得其詩與眾不同，不入格律卻極幽默風趣。

據說有一年冬天，下了場大雪，村民們請他寫首詠雪詩。張打油吟出四句：

江山一籠統，井上黑窟窿。

黃狗身上白，白狗身上腫。

第二年冬，又是一個大雪天，他出門散心。路過參政私宅，他竟走進了參政的書房。望著窗外的大雪，不由詩興勃發，便在白粉牆上題了一首詠雪詩：

六出飄飄降九霄，街前街後盡瓊瑤。

有朝一日天晴了，使掃帚的使掃帚，使鍬的使鍬。

題寫完了，見雪稍小，就拉開房門，揚長而去。

不久，參政回到書房，發現了牆上的題詩，很生氣，得知是張打油幹的事，派人把他抓來責問。張打油不慌不忙地說：「我雖然沒有什麼才氣，但還懂得寫詩作文，哪能會這樣胡說八道，大人不信，可以馬上出題面試！」

當時安祿山發動叛亂，攻打南陽，朝廷遲遲不發救兵，南陽城形勢危急。參政就以此為題，叫張打油寫詩一首，張打油吟道：

天兵百萬下南陽，也無救兵也無糧，

有朝一日城破了，哭爹的哭爹，哭娘的哭娘！

參政一聽，詩的腔調與牆上的詩一模一樣，禁不住大笑起來，揮手放了張打油。從此，人們把通俗易懂，不拘平仄韻律的詩叫做「打油詩」。

什麼是樂府

樂府是漢朝時由政府出資設立的一個音樂機關。樂即音樂，府即官府。它最早見於漢惠帝時，到武帝時擴充為大規模的專署。

樂府主要是為了適應宮廷的需要，採集民間音樂，創作和填寫歌詞，以供皇帝消遣娛樂之用。樂府所收錄詩歌的地域遍及黃河流域、大江南北，在客觀上達到了保存民歌的作用，使得大量漢代民歌得以集中、記錄和流傳。後人就將樂府所唱的這些詩歌稱為「樂府」了。

樂府的領導人一般是傑出的音樂家，當時由李延年擔任。關於歌詞的寫作，由幾十位文學家配合擔任，普通的工作人員，約八百多人，大多是各地民間的藝人。

在西元前6年，由於政府逐漸腐敗，貴族、大官僚和地主大肆兼併土地，農民失去土地，流民日多，統治出現危機，西漢政府便下令取消了樂府的機構。樂府這一機構雖然消亡了，但人們稱「樂府」為一種詩歌體裁的習慣並沒有改變。

趣味鏈結：樂府雙璧

在樂府詩中，《木蘭詩》和《孔雀東南飛》堪稱是其中的「雙璧」。

《木蘭詩》是一首著名的樂府民歌，是古代文學史上現實主義和浪漫主義成功結合的一個範例。關於它的產生年代及作者歷來存在爭議，但一般認為產生於北魏，創作於民間。

《木蘭詩》敍述了一個普通女子花木蘭代父從軍的故事，她不僅「彎弓征戰學男兒」，而且「將軍百戰死，壯士十年歸」。在花木蘭身上，彙聚了中華民族勤勞、善良、機智、勇敢而又淳樸的美德。同時，她喬裝10年，馳騁沙場的傳奇經歷和洋溢全詩的高昂英雄主義精神，又無不帶有濃厚的浪漫主義色彩。

《孔雀東南飛》則講述了一個賢淑、勤勞的民間婦女劉蘭芝的故事。劉蘭芝「十三能織素，十四學裁衣，十五彈箜篌，十六誦詩書」，是一個家教嚴謹、多才多藝而又知書達理的閨閣少女。17歲那年，她嫁給了焦仲卿為妻。

劉蘭芝嫁到焦家以後，起早睡晚，辛勤操持家務：提水、燒飯、洗衣、織布，一天到晚忙個不停，把家裏打理得有條不紊。然而焦母卻蠻不講理地百般挑剔，要讓兒子休了劉蘭芝。焦仲卿不得已屈從了母親的意思，約定暫送劉蘭芝回家，擇日再迎她回來。

劉蘭芝回家後，家人強迫劉蘭芝再嫁。焦仲卿聞訊趕來責備劉蘭芝。劉蘭芝委屈不過，趁人不備，躍身投入村外的池塘之中，用生命詮釋了她對愛情的忠貞。焦仲卿得知真相，羞愧不已，也自縊而死。

詞的起源

詞是一種配合音樂歌唱的新型格律詩體，它以其美妙的韻律，豐富的色彩，委婉的情調，不僅能作為一種重要文體與五言、七言詩抗衡，而且還以比詩更高的藝術魅力吸引著讀者。

詩詞同源，古已有之。清代著名理論家汪森指出：「自有詩，而長短句即寓焉。《南風》之操，《五子之歌》是也。周之《頌》三十一篇，長短句居十八……是非詞之源乎！」他認為《詩經》中長短句相雜的詩就是詞的雛形，有詩就有詞。這種提法的出發點，一方面是注意了長短句這一特徵，另一方面也是為了糾正不少人把詞視為「小道」的傳統偏見，提高了詞的地位。

隋唐時期，從西域傳入的音樂逐漸和漢族的傳統音樂融合，產生了燕樂。它與傳統的「雅樂」相對而言，稱為「俗樂」，當時的詞，就是和這種新興音樂的樂曲相配的歌詞。

約從盛唐開始，由樂定詞，並開始講究聲律平仄，如李白的《清平樂》和《敦煌曲子詞》中的一些民間作品。至中唐作詞已漸成風氣，劉禹錫、白居易、王建等填的一些小詞，以及當時不少民間詞，不僅句讀參差，而且聲律錯互，標誌著詞體形式已經誕生了。

趣味鏈結：詞牌的由來

詞牌，就是詞的曲調名稱。據統計，詞牌共有1000餘個。早期的詞，曲調與內容差不多是一致的，如白居易的《憶江南》三首。到了後來，曲調、內容才分開，詞牌只標明曲調，不再作為題目。

詞牌的由來，主要有以下幾種形式。

一為取於原本的樂曲名稱。

如「清平樂」，它是漢代樂府中清樂與平樂兩種樂調的全稱；「菩薩蠻」相傳是唐代宣宗大中初年，女蠻國使者梳著高高的髮髻，戴著金冠，滿身佩掛珠寶，像菩薩般來大唐帝國進貢。當時的教坊，譜成「菩薩蠻」曲來款待使者，後來，「菩薩蠻」也就成了詞牌。

二是截取詞中名句命名。

如「憶秦娥」，李白用這個格式寫出了第一首詞，詞中有「簫聲咽，秦娥夢斷秦樓月」的句子，詞牌「憶秦娥」由此得名。「蝶戀花」是從南梁簡文帝詞句「翻階蛺蝶戀花情」而來。

三是原來就是詞的題目。

如「浪淘沙」詠淘金人的勞動生活，「踏歌詞」是一種合著腳步歌唱的曲調，「拋球樂」說的是拋繡球等。

四是直接用詞的字數來命名。

如「十六字令」全詞共十六個字，「百字令」全詞共一百個字。

五是以人名、事物名或故事為背景來命名。

如「沁園春」，據說東漢明帝女兒沁水公主有座園林，名為「沁園」，後被外戚竇憲仗勢奪去，有人作詞詠此事，詞牌「沁園春」也就產生了；「念奴嬌」因唐明皇有個歌女名念奴而得名；「浣溪沙」亦作「浣溪紗」，以春秋時西施浣紗的故事為背景而得名。

第一部詩歌總集《詩經》

《詩經》是中國文學光輝的起點。它所表現的「飢者歌其食，勞者歌其事」的現實主義精神對後世文學影響很大，在中國乃至世界文學史上都占有極高的地位。

《詩經》原名為《詩》，是中國古代第一部詩歌總集，是從西周到春秋中期大概五百年間的作品，共有305篇，包括《風》、《雅》、《頌》三類。

《風》又叫《國風》，是《詩經》中的精華，也是中國古代文學寶庫中璀璨的明珠。

《國風》中的周代民歌是中國現實主義詩歌的源頭。這些民歌以絢麗多彩的畫面，反映了勞動人民真實的生活，表達了他們對受剝削、受壓迫的不滿。

如在《七月》中，我們看到了奴隸們血淚斑斑的生活；在《伐檀》中，「不稼不穡，胡取禾三百廛兮？不守不獵，胡瞻爾庭有縣獾兮？」的詩句更讓我們感悟到了被剝削者階級意識的覺醒，憤懣的奴隸已經向不勞

而獲的寄生蟲、吸血鬼大膽地提出了正義的責問；在《碩鼠》中，我們感受到了勞動者對統治階級直接展開鬥爭，以取得生存權利的震撼人心的力量。

《國風》中也有數量不少的愛情詩，這些愛情詩反映了不合理的婚姻制度對婦女造成的極大痛苦，表達了青年男女對美滿婚姻的嚮往和追求。如《氓》、《穀風》等篇為我們展示的正是這種生活畫面；基調健康、樂觀美好的戀歌，如《靜女》、《木瓜》等，更為愛情增添了一種和諧、喜悅的情愫。

《雅》有《大雅》、《小雅》之分：《大雅》基本上都是貴族創作的作品；《小雅》中既有貴族作品也有勞動人民創作的民歌，另外還有105篇詩。

《頌》分為《周頌》、《魯頌》和《商頌》，是貴族祭祀祖先和神靈的詩歌。

《詩經》的作者是誰呢？其實，它的作者成分很複雜，地域也很廣。因為《詩經》中除了有周王朝樂官製作的樂歌、公卿列士進獻的樂歌外，還有許多原來流傳於民間的歌謠。

而關於這些民間歌謠是如何集中到朝廷來的，則有不同說法。

漢代某些學者認為，周王朝派專門的采詩人到民間搜集歌謠，以瞭解政治和風俗的盛衰利弊；又有一種說法認為，這些民歌是由各國樂師搜集的，樂師是掌管音樂的官員和專家，他們以唱詩作曲為職業，搜集歌謠是為了豐富他們的唱詞和樂調，以獻給天子，於是這些民間歌謠便彙集到朝廷裏了。這些說法，都有一定道理。

趣味鏈結：《詩經》中經典的愛情詩

《關雎》是《詩經》中比較經典的一首愛情詩，寫的是一個男子對一個女子的思念、追求過程，寫出了他追求未果的痛苦和求而得之的喜悅。其文、義、聲、情俱佳，為《國風》之始、《詩經》之冠。

該詩首先這樣開頭：「關關雎鳩，在河之洲，窈窕淑女，君子好

述。」在這個男子聽著鳩鳥和鳴的時候，看見有一個姑娘在河邊採荇菜，她的美好姿態讓他留下了難忘的印象，對她的愛慕之情油然而生，無論醒時夢時他都思念著她。

而在「求之不得」的下面四句則總括地寫出這種強烈激動的感情，但因為追求未果，所以他「寤寐思服」，「輾轉反側」；第二章的八句則寫出這個男子日夜不安的苦悶和焦灼的心情；最後一章進一步表達了這個男子對采荇菜姑娘的深切思慕，「琴瑟友之……鐘鼓樂之」則表達了他抱得美人歸的美好願望。

《蒹葭》也是《詩經》中比較經典的一首愛情詩。「蒹葭蒼蒼，白露為霜」展現了一幅蕭瑟冷落的秋景，給全詩籠罩了一層淒清落寞的情調。這時，主人公來到河邊，翹首佇立，凝視著河的對岸——那便是給人以隔霧觀花、若隱若現、朦朧縹緲之感的仙鄉瓊樓，「伊人」就居住在這裏。

主人公反覆去尋求「伊人」，而「伊人」卻在「水中央」、「水中坻」、「水中沚」，恍惚迷離，可望而不可即。但主人公沒有因此甘休，而是決心衝破天塹追求伊人，他一忽兒逆水而上，一忽兒順水而下，但都無法到達「蓬萊仙境」，咫尺天涯，令人無限惆悵！

唐代的宮闈詩人

唐代是中國詩歌的黃金時代，不僅在民間而且宮內也有不少的女詩人，現擇其要者述之。

徐惠（西元626～650年），湖州（今屬浙江省）人，自幼聰明，四歲可讀《論語》、《詩經》，八歲能寫文章。後被唐太宗所聞，召為才人入宮，貞觀末年，她上疏陳述對外用兵、對內興土木的弊端，深得太宗讚賞。太宗死後，她悲哀成疾，死時僅24歲，死後被封為賢妃。她的創作，長於駢賦，詩亦端雅可誦。

上官婉兒（西元664～710年）是詩人上官儀的孫女，14歲隨母入宮

廷，後為武則天掌詔命。中宗即位，被封為昭容。她力勸皇帝擴大書館，增學士員。中宗每宴請名儒賦詩，常令上官婉兒加以評點，被評者不僅為之拜服，而且引以為榮。後來李隆基發動政變，上官婉兒被殺。她的詩屬於浮豔一派，開沈（佺期）宋（之問）體之先河。

宋氏姊妹，唐詩人宋之問裔孫宋廷芬之女，共五人，宋若莘、宋若昭、宋若倫、宋若憲、宋若荀，都聰明能文，其中若昭、若憲成就更高。唐德宗貞元中（西元785～805年）都被召入宮廷，稱為女學士。若昭、若憲在唐穆宗（西元821～824年在位）時拜為尚宮，經歷穆宗、敬宗、文宗三朝，皆呼先生。宋若昭後進封梁國夫人。

鮑君徽，鮑征君之女，字文姬，唐德宗時召入宮中試文章，與侍臣賡和，賞賚甚厚。善寫詩，與宋若昭姐妹五人齊名。

趣味鏈結：唐代的詩妓

詩歌與妓女的結合的確是一種奇特的文化現象。但從比較文學角度看，中國古代藝妓之多，才情之高，又不能不說是中國古代婦女文化的一大景觀。唐代藝妓的詩作，雖有逢場作戲、無真情實感和藝術價值者，但情感真摯的佳作名篇亦不在少數。

常浩，名妓。有《寄遠遊》詩，述對異地他鄉的情人的思念之情：「年年二月時，十年期別期。春風不知信，軒蓋獨遲遲。」

趙鸞鸞，平康名妓，有詩《閨房五詠》，包括《雲鬟》、《柳眉》、《檀口》、《纖指》、《酥乳》。專寫誘人的女色之美。其《纖指》云：「纖纖軟玉削春蔥，長在香羅翠袖中，昨日琵琶弦索上，分明滿甲染猩紅。」

徐月英，江淮間妓女，據《全唐詩》言，有詩集行世，已失傳，今僅剩兩首。《敘懷》詩寫出了妓女的怨恨心理，也是對吃人的封建社會的強烈控訴。《送人》詩則寫情人的別離之情。

薛仙姬，名妓，作回文《四時詩》，可顛倒讀，頗有清逸之致。

盛小叢，唐代越州（今浙江省紹興一帶）妓女，有詩《突厥三臺》：

「雁門山上雁初飛，馬邑關中馬正肥。日旰山西逢驛使，殷勤南北送征衣。」

「楚辭」釋義

「楚辭」顧名思義就是楚人所為、楚地所生之辭。它有兩種含義，一是指一種詩歌體裁，即戰國時代的屈原在楚國民歌基礎上創造的詩歌樣式，後來許多人都模仿它作詩，所有這類詩被統稱為「楚辭」。二是指西漢劉向彙編的包括屈原、宋玉，以及漢人賈誼、淮南小山、東方朔、嚴忌、王褒等人作品的書，定名為《楚辭》。

「楚辭」之名始見於漢初的《史記・酷吏列傳》，以後沿用不變。它不僅是一種文體的名稱，也是一部詩歌集的名字。

趣味鏈結：《楚辭》

西漢末年，大學者劉向將戰國時代楚國詩人屈原等的作品和漢人的一些擬作，包括屈原《離騷》、《九歌》、《天問》、《九章》、《遠遊》、《卜居》、《漁父》、《招魂》，宋玉《九辯》，景差《大招》，賈誼《惜誓》，淮南小山《招隱士》，東方朔《七諫》，嚴忌《哀時命》，王褒《九懷》，劉向《九歎》，計16篇，匯為一編，名為《楚辭》。

其中屈原的《離騷》為《楚辭》的代表作，故也稱這種詩體為「騷體」。《楚辭》的誕生在中國文學史上具有劃時代的意義。

什麼是「演義」

演義是中國古代小說體裁之一。它具有如下的特點：以一定的歷史事實為背景，以史書及傳說的材料為基礎，增添一些細節，用章回體形式寫

成。最具代表性的就是四大名著之一的《三國演義》。

演義最初是在宋代講史話本的基礎上發展而形成的，但「演義」這個名稱並沒有出現。講史話本以講唱歷史故事為主要內容，取材於正史或野史，有虛構，篇幅較長，分段與標題比較明確。

「演義」這個名稱出現在元末明初之時，但還是用來指稱這類講史話本，並沒有引入到小說這個概念中來。作為話本的「演義」，一般認為是援引古事，敷陳其義而加以引申的意思。

元末明初小說家羅貫中編纂的《三國演義》是演義小說發展的起點。從此，各朝史事，都有演義，它們與二十四史並駕齊驅，成為中國小說創作的一個傳統。

趣味鏈結：什麼叫「傳奇」

「傳奇」是小說體裁之一。在中國小說裏，傳奇一般是指那些唐代、宋代文人寫的短篇小說。唐代以前，中國的短篇小說大多寫鬼怪故事。到了唐代，小說創作跨入了一個新階段，作家們寫的小說著力描寫人物和刻畫個性，故事曲折動人，敘述婉轉，文辭華豔。它們雖以現實人生為描寫物件，但富有濃厚的浪漫色彩。

因為這些唐宋時的傳奇小說大多成為宋元時代的戲文、諸宮調、元人雜劇、明清戲劇改編的題材，所以這些說唱本子和戲劇也被稱為「傳奇」。

所謂的「傳奇性」也是指此而言的，是指文學作品具有曲折離奇的故事情節、比較濃厚的浪漫主義色彩等。

漢字的起源

漢字是世界上歷史最悠久的文字之一。漢字的起源有種種說法，其中廣為流傳的是倉頡造字的傳說。其實，漢字的起源並不是來源於什麼傳

說，而是人們根據實際生活的需要，經過長期的社會實踐慢慢地豐富和發展起來的。

從1954年秋至1957年夏，考古工作者多次發掘半坡遺址（今西安市東郊半坡村北）。在考古中，發掘了新石器時代的一些陶器，陶器上刻畫的字樣符號，經研究認為是漢字的原始形態，考古資料與神話傳說相印證，表明漢字至今已有6000餘年的歷史了。

3000餘年前的甲骨文是一種具有嚴密規律的古文字。從商代的甲骨文到金文再到秦朝的小篆文，漢字經過長時期的發展變化，逐漸成熟，成為今天漢字的基礎。

漢字的構成方式，大致有象形法、會意法和形聲法三種。據統計，所有的漢字裏面，形聲字占90％左右。漢字的形成和發展，適應了人類社會生活的需要，成為人們交流思想的重要工具。

趣味鏈結：漢字「六書」

六書是指漢字的六種造字方法。關於六書的具體內容，有以下幾種說法：

《漢書・藝文志》稱：「古者八歲入小學……教之六書，謂象形、象事、象意、象聲、轉注、假借。」

鄭眾注《周禮》稱：「六書」是指：象形、會意、轉注、處事、假借、諧聲。

許慎在《說文解字・敘》中認為，「六書」是指：指事、象形、形聲、會意、轉注、假借。

清代以後的文字學家認為，「六書」是指：象形、指事、會意、形聲、轉注、假借。但轉注和假借是用字，與造字無關。

漢字「橫行」始於何時

早期，漢字是刻在竹簡上的。木簡、竹簡狹窄而長，為了書寫和閱讀方便，中國漢字一直是自上而下、由右向左的豎寫方式，這一習慣一直延續了幾千年。

到了漢代，書寫材料發生了變化，紙被發明出來了。但豎寫的習慣還是沒有改變過來。隋唐雕版印刷出現，到宋代活字印刷發明，都仍是豎排豎行。

到了清代末年，一些知識分子學習西洋文化，提倡漢字改革，提倡拼音文字，力主改變傳統的書寫方式。改用從左到右的「橫行」排列方式。1909年，中國已有了用「橫行」排版的書，這就是提倡文字改革的劉世恩寫的《音韻記號》一書。劉世恩在書中講解拼音方案，說「無師自通，兼識漢字」。

到了近代，中國新文化運動的先驅者、《新青年》雜誌編輯錢玄同也提出了漢字橫寫的建議。1917年第3卷第3期的《新青年》上刊載了錢玄同致陳獨秀的公開信。信中寫道：「人目係左右相並，而非上下相重。試立室中，橫視左右，甚為省力，若縱視上下，則一仰一俯，頗為費力。以此例彼，知看橫行較易於豎行。且右手寫字，必自左至右，均無論漢字、西文，一筆一勢，罕有自右至左者。然則漢寫右行，其法實拙。若從西方寫法，自左到右橫迤而出，則無一不便。」

後來，錢玄同又在《新青年》上連續發表4篇公開信，積極宣導「豎改橫」的主張。陳獨秀、陳望道等學者也表示贊同。

趣味鏈結：漢字為什麼不是拼音文字

世界上的文字主要分為表意文字和拼音文字兩種。漢字是典型的表意文字，而拼音文字主要是指英語和法語等。日語則是介於這兩者之間的。

那漢字注音是怎麼來的呢？

1605年，義大利傳教士利瑪竇來到中國，為了方便學習，他最初是用拉丁字母替漢字注音的，不過這只是最初的探索階段，很不成熟。1610年利瑪竇去世，法國傳教士金尼閣來華。

1618年金尼閣返回歐洲，募集了七千部與字音相關的圖書帶到中國。

之後，金尼閣用25個字母給漢字注音，目的都是為了便於西方人學習和掌握漢語漢文。後來，他在山西結識了精於音學的韓雲，兩人經過半年研究，將成果整理為初稿。

從此，二人「互相質證，細加評核」，在利瑪竇等傳教士學習漢字注音的西書《西字奇蹟》基礎上，修訂編制成中國第一部用拉丁字母給漢字注音的書——《西儒耳目資》。時為1626年，人稱「利金方案」。

儘管此書尚不完備，但它準確地記錄了明末的漢語讀音，展示了現代辭書的雛形，成為漢字改革的先聲，對近四百年的漢語發展史產生了相當重大的影響。

中國字典的起源和發展

我們現在常用的字典，是以字為單位，對每個字分別註明讀音、意義和用法的一種工具書。

中國的字書源遠流長。相傳，西元前8世紀周宣王太史籀，用四言韻句編寫了一部教兒童識字的啟蒙讀本，叫做《史籀篇》。這就是中國最早的字書，可以說是字典的雛形。今天所見是收錄在《說文解字》中的《史篇》及所錄的「籀文」223字。

中國最早的正式字典要算《說文解字》。該字典是東漢許慎編撰的，計15卷，共收字10516個。按文字形體偏旁構造，分列540部，首創了部首編排法，是世界上最古老的字典之一。原本已失傳，現行的《說文解字》

是由宋代徐鉉兄弟重新整理的。

康熙四十九年，清朝康熙皇帝下令文華殿大學士兼戶部尚書張玉書領銜，負責編纂一部大型字典，歷時6年成書。全書共42卷。康熙皇帝認為這部書「善美兼具，可奉為『典常』」，並取名曰「字典」，即《康熙字典》。它是中國當時收字最多的一部字典。

趣味鏈結：《康熙字典》收了多少字

成書於康熙五十五年的《康熙字典》，是中國當時收字最多的一部字典。在兩百多年後的今天，這部字典對於我們學習古漢語仍有很大的幫助。那麼，這部著名的字典到底收了多少個字呢？

劉葉秋著的《中國字典史略》說：「《康熙字典》共收字四萬七千零三十五個⋯⋯」該段文字的注釋說，清汪汲撰《字典紀字》一卷，對於《康熙字典》的字數曾作了詳細的統計。古《冷廬雜識》卷二「字典」云：「字典十二集，二百十四部，旁及備考，補遺，合四萬七千三十五字。」其中所說的「字典」即指《康熙字典》。

「二十四史」有哪些

「二十四史」是中國的一套珍貴的歷史巨著，主要是指以下24部史書：

《史記》，西漢司馬遷撰，130卷；

《漢書》，東漢班固撰，120卷；

《後漢書》，南朝范曄撰，130卷；

《三國志》，西晉陳壽撰，65卷；

《晉書》，唐房玄齡等撰，130卷；

《宋書》，南朝梁沈約撰，100卷；

《南齊書》，南朝梁蕭子顯撰，60卷；

《梁書》，唐姚思廉撰，36卷；

《陳書》，唐姚思廉撰，45卷；

《魏書》，北齊魏收撰，130卷；

《北齊書》，唐李百藥撰，50卷；

《周書》，唐令狐德棻撰，50卷；

《隋書》，唐魏徵撰，85卷；

《南史》，唐李延壽撰，80卷；

《北史》，唐李延壽撰，100卷；

《舊唐書》，後晉劉昫等撰，200卷；

《新唐書》，宋歐陽修等撰，225卷；

《舊五代史》，宋薛居正撰，150卷；

《新五代史》，宋歐陽修撰，74卷；

《宋史》，元脫脫撰，496卷；

《遼史》，元脫脫等撰，116卷；

《金史》，元脫脫等撰，135卷；

《元史》，明宋濂等撰，210卷；

《明史》，清張廷玉等撰，332卷。

上述二十四史，整個編撰過程長達1800多年，共4000萬字左右，3249卷，連綴起來，構成中國古代斷代史的總集。

趣味鏈結：「二十四史」的由來

三國時期，社會上已經有「三史」的說法。「三史」是指《史記》、《漢書》和東漢劉珍等寫的《東觀漢記》。南朝劉宋時，《後漢書》撰成後，開始取代《東觀漢記》，被列為「三史」之一。

歷史上還有「十史」之稱，它是記載三國、晉、宋、齊、梁、陳、魏、齊、周、隋十個王朝的史書的合稱。後來又出現了「十三代史」，在「十史」的基礎上，加上了《史記》、《漢書》、《後漢書》。

到了宋代，在「十三史」的基礎上，又加入了《南史》、《北史》、

《新唐書》、《新五代史》，形成了「十七史」。明代又增以《宋史》、《遼史》、《金史》、《元史》四種，合稱「二十一史」。

清代乾隆時期，《明史》撰成，與前面的「二十一史」一起合稱「二十二史」，後來又增加了《舊唐書》，成為「二十三史」。從《永樂大典》中輯錄出來的《舊五代史》也被列入，經乾隆皇帝「欽定」，合稱「二十四史」。

「二十四史」形成以後，刊印全套「二十四史」的，主要有過三種版本。即：清代乾隆年間的武英殿刻本，清代末年由金陵、淮南、浙江、江蘇、湖北五個書局刻印的「局本」，以及民國時期由商務印書館影印的「百衲本」。

《史記》本來無書名

《史記》是中國第一部紀傳體通史，它起初本來是沒有書名的。《史記》撰成於漢武帝太初元年至征和二年間（西元前104～前91年）。司馬遷完成這部巨著後，為這部史書寫了一篇自序，名曰《太史公自序》，但這只能表示它是由司馬遷寫成的而已。

在西漢末年著名目錄學家劉歆所撰的《七略》中，把司馬遷的這部書稱為《太史公百三十篇》。其後，東漢史學家班固在編寫《漢書·藝文志》時沿用了這種說法。同時代的應劭在《風俗通》中稱其為《太史公記》或《太史記》，而班彪的《略論》、王充的《論衡》中則稱之為《太史公書》。凡此種種，就是不見「史記」之名。

至於《史記》這一書名，據梁啟超考證，大概起始於魏晉，實際上是《太史公記》的略稱（略掉了「太」、「公」二字）。此後，這書名便逐漸得到公認，傳承下來。

趣味鏈結：中國第一部婦女專史

中國第一部婦女專史是西漢時期劉向撰的《列女傳》。劉向原名更生，字子政。他是漢高祖的弟弟楚元王劉交的四世孫，成帝時任光祿大夫。他曾受命校閱宮中藏書，著述甚豐，是中國著名的文獻學家、史學家。

當時成帝貪戀女色，寵愛趙皇后、趙昭儀姊妹及衛婕妤，不理朝政，而使皇權旁落到外戚集團手中。劉向不願看到劉氏皇族就此衰微，便將古籍中賢妃貞婦興國振家和淫亂孽嬖亡國滅宗的婦女事蹟編為《列女傳》一書以作鑑戒，力圖以此由內廷而外朝振興王教朝綱。

今傳本《列女傳》已非劉向原著，全書七卷，分記七類婦女，每類15人，因第一類亡佚一篇，共記載了104位元古代婦女。其「母儀傳」記「行為儀表，言則中義」，能教子成才的模範母親；「賢明傳」記「咸曉事理，知世紀綱」，能助夫成業的賢慧妻子；「仁智傳」記「歸義從安，危險必避」，能見微知著的才女；「貞順傳」記「避嫌遠別」、「終不更二」，能守義死節的節烈婦女；「節義傳」記「好善慕節，終不背義」，能捨己為人的守義婦女；「辨通傳」記「文辭可從」、「連類引譬」，富有言智的婦女；「孽嬖傳」記「淫妒熒惑，背節棄義」，色美而德薄的婦女。

司馬光與《資治通鑑》

《資治通鑑》以政治、軍事和民族關係為主，並對經濟、文化和歷史人物進行了評價，目的是要透過回顧國家盛衰、民族興亡的歷程和各朝各代治國安邦政策的得失來警醒世人。在歷史上，除《史記》之外，幾乎沒有任何一部史著可與《資治通鑑》媲美。

司馬光是北宋大臣、史學家，字君實，陝州夏縣（今屬山西）人，世稱「涑水先生」。他是寶元進士、仁宗末年任天章閣待制兼侍講知諫院。

他奉英宗詔令評論歷代名臣事蹟，遂編撰《通鑑》，以作為封建統治的借鑑。

治平三年（西元1066年）四月，司馬光編成編年史《通志》8卷，並向神宗進讀《通志》，深受讚賞，賜名《資治通鑑》，並由神宗親自寫序。因為司馬光反對王安石推行新政，所以退居洛陽續撰《通鑑》。

自英宗冶平三年（西元1066年），至神宗元豐七年（西元1084年），司馬光傾其畢生精力奉敕編撰《資治通鑑》，共費時19年。他在《進資治通鑑表》中說「日力不足，繼之以夜」，「精力盡於此書」。由此可見他對此書的用心之專。

《資治通鑑》記載了上起周威烈王二十三年（西元前403年），下迄後周世宗顯德六年（西元959年）共1362年的古代歷史，是中國歷史上第一部編年體通史著作。

《資治通鑑》史實豐富，以政治軍事為主，兼收經濟、文化、制度，時間記載精確，凡有事件發生，年月以數序，日以干支記，時又有春夏秋冬，敘過重要史實之後，又有分析和評論。

《資治通鑑》的取材極嚴，所記的每一個史實都是從多種史料中比較選取，精詳考證，有疑問者，又另著《考異》三十卷，用以辨正各種史實的不同記載。因此這部史書內容文義精闢而不失淺明。

趣味鏈結：何謂編年體

編年體的體例特點是以時間為線索來記事，按年代的順序敘述每年發生的歷史大事，所謂「記事者以事繫日，以日繫月，以月繫時，以時繫年」，使史實發展的秩序分明，條理清晰。

編年體史書的早期代表作是西晉初年在汲郡戰國古墓中出土的《竹書紀年》和孔子據魯國史書編纂的《春秋》。

但《春秋》文義晦澀，於是魯國人左丘明又作《左傳》進行注釋，按《春秋》的編年線索，補充敘述《春秋》中未詳的重要史實，讓讀者瞭解《春秋》中對歷史人物和事件的褒貶含義。

後代仿效《春秋》和《左傳》者很多，但獨以宋代司馬光編纂的《資治通鑑》最為經典，成為現存編年體史書中規模最大和影響最為深遠的一部。

但編年體也有很大的缺陷，即機械地按年份來記載各種歷史事件，而把單一歷史事件在數年甚至數十年的連續發展順序割裂開來，造成了「一事而隔越數卷，首尾難稽」的僵局。所以，在編年體盛行後不久，紀傳體隨之而出。

唐宋八大家的由來

唐宋八大家，指的是唐宋時期八個散文代表作家的合稱，他們是唐代的韓愈、柳宗元，宋代的歐陽修、蘇洵、蘇軾、蘇轍、王安石和曾鞏。那麼，「唐宋八大家」這個稱號是怎麼來的呢？

明代初年，有個叫朱右的讀書人，摘選這八個人的文章後編成《八先生文集》，八家之名從此叫開。明代中葉的散文家唐順之所編纂的《文編》中也僅收了上述八個人的作品。另外一個叫茅坤的人也根據朱右、唐順之的編選方法選了八家的文章，編輯為《唐宋八大家文鈔》，共一百四十四卷。由於這部書流傳很廣，「唐宋八大家」這一名稱也得以廣泛流行，直到現在仍為人們所沿用。

八大家是主持唐宋古文運動的中心人物，他們提倡言之有物的散文，反對六朝的浮麗文體，對當時和後世的文壇均產生了很大的影響。

趣味鏈結：蘇軾為何號「東坡」

蘇軾是北宋時期的大文學家，自號「東坡居士」，他為什麼以「東坡」為號呢？有兩種說法。

一種說法認為，蘇軾謫居湖北黃州時，城南不遠處有風景秀麗的山坡，叫做「東坡」。此坡綠樹成蔭，不遠處即滾滾長江。蘇軾愛到此散

步，曾賦詞道：「夜飲東坡醒復醉，歸來彷彿三更，家童鼻息如雷鳴，敲門都不應，倚杖聽江聲。」蘇軾由於喜歡這個地方，於是就以「東坡」自號。

另一種說法認為，蘇軾自號「東坡」，與白居易有關。蘇軾一生與白居易有類似的遭遇，有共同的志趣，因常以白居易自比，曾有「出處依稀似樂天，敢將衰朽較前賢」等詩句。西元820年，白居易任忠州（今四川忠縣）刺史時，常在忠州城的東坡植樹，曾賦有「東坡春向暮，樹木今如何？」「東坡何所愛，愛此新成樹」等詩句。蘇軾於是取白居易詩中給自己留有美好記憶的「東坡」作為自己的號。

羅貫中與《三國演義》

羅貫中是中國元末明初的一位傑出的古典小說家，他把章回體小說這一文學式樣推向成熟的階段。後來的很多學者曾給予他極高的評價，把他與司馬遷、關漢卿相提並論。

《三國演義》原名《三國志通俗演義》，由羅貫中在民間傳說和有關話本、戲曲的基礎上寫成，是一部成就很高的歷史小說。在廣闊的社會歷史背景下，小說展示出那個時代尖銳複雜又極具特色的政治軍事衝突，對後世政治、軍事謀略方面產生了深遠的影響。

《三國演義》的故事始於黃巾起義，終於西晉統一，展現了西元184年到280年間的歷史風雲。作者透過集中描繪三國時以曹操、劉備、孫權為首的魏、蜀、吳三個統治集團之間的政治、軍事、外交，揭示了東漢末年社會的動盪和現實的黑暗，譴責了階級統治者的暴虐，反映了人民的苦難，表達了人民呼喚明君、渴望安定的強烈願望。

全書描寫了大大小小的戰爭，構思宏偉，手法多樣，使讀者清晰地看到了一場場刀光劍影的戰爭場面。其中官渡之戰、赤壁之戰等戰役的描寫更是波瀾壯闊、跌宕起伏，讀來驚心動魄。

全書寫到了400多個人物，採用誇張、對比等手法，成功地塑造了以曹操、諸葛亮、張飛、關羽、劉備等為代表的性格鮮明的典型人物，對他們的足智多謀、驍勇善戰作了入木三分的描寫。如關羽「溫酒斬華雄」、劉關張「三英戰呂布」、劉備「三顧茅廬」、趙雲「長阪坡救阿斗」、孫劉聯軍「火燒赤壁」、諸葛亮巧施「空城計」等章節都寫得有聲有色、引人入勝。

全書事件複雜，情節曲折，頭緒紛繁，結構宏大，剪裁精細，取捨適當，脈絡清楚，佈局嚴整，各種事件既有史實依據，又不完全拘泥於史實，在一定程度上達到了歷史真實與藝術浪漫的完美統一。

全書「文不甚深，言不甚俗」，易為讀者所接受。其語言雅俗共賞，簡潔明快，富於個性化和傳奇色彩。此外，它的歷史性很強，學者認為它是「七分真實，三分虛構」，民間也有「真三國，假封神（演義）」的說法。

《三國演義》豐富了中國的文學藝術寶庫，對後世文學產生了不可估量的影響，不僅在中國家喻戶曉、婦孺皆知，而且還被翻譯成十多種文字，在世界各國出版發行，受到各國人民的喜愛。在國外，《三國演義》被稱為「一部真正具有豐富人民性的傑作」，而《大英百科全書》則稱其作者羅貫中為「第一位知名的藝術大師」。

趣味鏈結：羅貫中怎樣收集素材

羅貫中（約1330～1400年），名本，別號湖海散人，太原清源人（今太原市清徐縣）。其祖籍四川成都府，先祖羅仲祥後唐時仕青州（即今清徐），後因原籍發生水災且路途遙遠，便落籍太原清源，遷居城西白馬山（今白石溝）寺溝村。

羅貫中成年後即離開故鄉，外出遊歷。他先在晉中和晉東南地區瞭解、收集關於五代時期梁晉交戰的故事和傳說，後離開山西到冀、魯、豫交界的大名府、河南衛輝府、懷慶府、開封府、山東臨清、東平一帶活動，為他創作小說收集素材。

約1350年前後，羅貫中沿京杭大運河南下到了杭州。在杭州，他曾創作了三個劇本。

1353年，羅貫中投身張士誠起義軍，結識了正在醞釀創作《江湖俠客傳》（《水滸傳》的底本原名）的施耐庵，並拜其為師。

1363年，因張士誠獨裁專斷，不接受部下的勸諫，施耐庵等識時務者便棄暗投明。羅貫中也離開了張士誠的起義軍，經杭州到淳安等地考察當年方臘起義的遺跡。

在這之後的一個時期，為搜集與三國時期東吳方面一些重要人物有關的故事傳說，他的足跡遍及蘇、浙、贛、皖四省的廣大地區。

施耐庵與《水滸傳》

《水滸傳》是中國歷史上第一部描寫平民起義的長篇小說，它具有豪放粗獷的陽剛美和崇高美。這種美學風格對後來的英雄傳奇小說產生了一定的影響，對後來的戲劇也有較大影響。

施耐庵，元末明初作家，原籍江蘇興化。他出身船家，家境貧寒，今人一致認為他是《水滸傳》的作者。施耐庵童年時隨父至蘇州，13歲時在蘇州附近的滸墅閱讀書，29歲時中舉人，30歲赴元大都會試，結果落第。後經友人推薦，他到山東鄆城任訓導，在此期間，他熟悉了山東的風土人情，並遍搜梁山泊附近有關宋江等人的英雄事蹟。

35歲時，施耐庵考中進士，到錢塘任縣尹。但只任了兩年，便因與當道權貴不合憤然懸印回到蘇州。

張士誠起義軍占據蘇州以後，施耐庵投筆從戎，成為張士誠的幕僚。這使他熟悉了起義軍的軍營生活和許多起義軍首領。

後來，他發現張士誠等首領日益驕逸，料驕兵必敗，於是離開張士誠的起義軍，遂居在常熟河陽山和江陰祝塘一帶以教書為生，並潛心創作《水滸傳》。

張士誠失敗後，朱元璋在蘇州搜捕張士誠的部下，施耐庵為避禍只得離開蘇州，在現屬大豐市的白駒鎮定居，並繼續創作《水滸傳》。

《水滸傳》成書後，民間廣為傳閱。朱元璋看到此書後很生氣，下令抓捕施耐庵，並關進刑部天牢。

後來在劉基的幫助下，施耐庵託病就醫被釋放，由其弟子羅貫中接到淮安暫住養病，並繼續整理《水滸傳》。不久，施耐庵去世，其遺體被安葬在淮安，後遷移到興化白駒場施家橋。抗日戰爭時期，當地抗日民主政權將施耐庵墓整修並立碑保護至今。

趣味鏈結：《水滸傳》中共描寫了多少個人物

一部《水滸傳》洋洋百萬言，塑造的人物在古今小說中頗為大觀。

據統計，《水滸傳》全書描寫的人物，有名有姓的有577位（包括主要人物108位），有名無姓的有9位，無名有姓的有99位，書中提到但沒有出場的有102位，無名無姓但對故事情節的開展有一定作用的人物40位，共計827位。

《水滸傳》的特色和魅力

《水滸傳》與《三國演義》一樣，也是作者在民間故事和話本、戲曲的基礎上創作而成的。

《水滸傳》圍繞「官逼民反」這一線索展開情節，表現了一群不堪暴政欺壓的「好漢」揭竿而起，聚義水泊梁山，直至起義失敗接受招安的全過程。

《水滸傳》異乎尋常的魅力來自於對豪俠精神的渲染。小說透過對武松、魯智深、李逵等人的描寫，充分揭示了豪俠精神的內涵：行事從感情出發，熱愛無拘無束的快樂生活；身懷絕技，有一身好功夫，講義氣，有時甚至不惜破壞社會秩序。在這些人的身上所表現出來的那種人生氣象，

如仇必報、恩必償，言必信、行必果，仗義疏財、打抱不平等，都給讀者帶來了極大的心理愉悅。

《水滸傳》最重要的思想在於，它將統治者視為「盜賊草寇」的起義給予了充分肯定，並深刻反映了上至皇帝、下至大小官吏的橫行霸道和昏庸無能所造成民不聊生的社會現實。

《水滸傳》對人物形象的描寫藝術成就很高。書中的人物形象，既是對現實生活的高度概括，又富有理想主義的精神和傳奇色彩，展現了現實主義與浪漫主義這兩種創作方法的完美結合。書中善於藉由人物的行為、語言來揭示其複雜的內心世界。在表現相近人物的個性時，常用同中見異的表現手法來區別他們的不同。

書中所塑造的眾多英雄形象，如逆來順受、終至怒而反抗的林沖；見義勇為、粗獷豪爽的魯智深；粗中有細、一往無前的李逵；正直剛烈、英勇無畏的武松等，均為中國文學畫廊中熠熠生輝的藝術典型。

另外，《水滸傳》的敘事結構非常嚴謹科學，情節描寫非常精彩。其龐大的連環式結構，環環緊扣，扣人心弦，故事緊張有趣，「三打祝家莊」、「大破連環馬」、「三敗高俅」等戰鬥場面，繪聲繪色，引人入勝；而一些精彩的章節，如「魯提轄拳打鎮關西」、「景陽岡武松打虎」、「林教頭風雪山神廟」、「吳用智取生辰綱」等更是膾炙人口，廣為傳誦。

最後，《水滸傳》在語言藝術上取得了很高的成就。在敘述上，其語言以明快、風趣見長，常帶有評書的詼諧，善於白描，簡潔明快，沒有冗長煩瑣的敘事；在描寫上，其語言以生動、準確見長，顯示出精細的觀察力和卓越的表現力；在人物語言上，其人物語言的性格化達到了很高的水準，以充分的個性見長，其人物語言不僅表現了人物的性格特點，而且對其出身、地位，以及所受文化教養而形成的思想習慣有時也能準確地表現出來，在這一方面只有《紅樓夢》才能與之媲美。

趣味鏈結：《水滸傳》中水泊梁山的原型

從《宋史》中的《任諒傳》、《楊戩傳》中可以看出，宋江等人聚義之時，梁山泊正被官兵清剿，「興利除弊」，非但不見宋江等人在此，而且也不見其他「盜賊」之類的蹤跡，由此可見，宋江起義軍本與梁山泊風馬牛不相及，只因梁山泊歷來流傳著許多綠林好漢劫富濟貧的故事，《水滸傳》的作者便將宋江等人劫富濟貧的英雄事蹟移植到了梁山泊，虛構出這一方根據地。

梁山泊確實有其地。《水滸傳》中的梁山指山東的梁山。綜合各種史籍記載，可知山東境內的梁山位於今山東東平湖西、梁山縣南，本名良山，因漢文帝次子梁孝王曾到此遊獵，才改名為梁山。

現代學者經考證，大都認為《水滸傳》中所描寫的梁山泊位於今山東陽穀縣、梁山、鄆城縣之間，多年來此說也已在史學界、文學界和戲劇藝術界成為定論。只是因為歷數百年滄海桑田之變，今天的水泊絕大部分已成平陸，毫無往日那「縱橫河港一千條，四方周圍八百里」的壯闊景象了。

吳承恩與《西遊記》

《西遊記》是明代小說中的「四大奇書」之一。以唐僧玄奘西天取經為主線的西遊記故事在宋代就已流傳於民間，但很粗糙，又不連貫，因此吳承恩決心寫出一部完整的《西遊記》。於是，他在前人有關著述及民間傳說的基礎上，進行了再創作，融入了自己對現實生活的感悟，撰寫了這部具有現實意義的偉大長篇小說。

此前，他聽說京城國子監和南都（南京）國子監都藏有全套刻印本《永樂大典》，其中收錄有元末明初的話本《西遊記》和元代雜劇《唐三藏西天取經》等幾種不同版本。這些都是創作《西遊記》前必須閱讀的，可是一般人根本無權觀看。

他尋思再三，借了盤纏，帶上好友沈伯生（已高中進士，後升任南都國子監祭酒）寫的幾封信，趕到南京，住在了顧樓街文友朱祠曹家。他持著沈的介紹信件先後找了幾位官場上的朋友，想讓他們幫忙借到《永樂大典》，可是他們都表示：國子監規制嚴格，無法借出《永樂大典》中收錄《西遊記》版本的零本。

無奈之下，吳承恩只好花錢請國子監裏的太學生們抄錄《永樂大典》，而且這還多虧得到國子監裏那位沈伯生友人的關照。吳承恩借宿的朱祠曹家距離國子監所在地的成賢街還有幾里路，他每天下午就趕到國子監大門外耐心等候。當拿到抄錄好的書稿後，他如獲至寶，愛不釋手。回到住處後，他就認真翻閱，潛心研究。因為吳承恩只是山陽的一介窮書生，根本拿不出那麼多錢，所以請別人抄書稿的費用也是朱祠曹墊付的。

這次歷時月餘的南京之行，對於吳承恩創作《西遊記》至關重要。他在自己的一篇文章中也稱此次「南都之行」是「覓寶而得寶」。在做了多年的充分準備，以及積累了完備的資料後，吳承恩於71歲那年開始動筆創作。在接下來的7年裏，他廢寢忘食，嘔心瀝血，最終完成了這部堪稱世界文學瑰寶的《西遊記》。

趣味鏈結：《西遊記》的史實根據與藝術成就

《西遊記》是中國古代歷史上最成功的神話小說。小說以西元7世紀著名的佛學大師唐僧玄奘到印度取經的故事為原型，虛構了唐僧和他的三個徒弟在取經途中遭遇的種種艱難險阻，成功地塑造了一個不怕任何權威、與所有惡勢力勢不兩立的神猴形象——孫悟空，隱晦地表達了作者對現實生活的美好願望。

唐僧取經在歷史上是一件真實的事情。大約距今1300多年前，即唐太宗貞觀元年（西元627年），年僅25歲的青年和尚玄奘離開京城長安，隻身到天竺（今印度）遊學。他從長安出發後，途經阿富汗、巴基斯坦等地，歷盡艱難險阻，最後到達印度。

玄奘在那裏學習了兩年多，並在一次大型佛教經學辯論會上任主講，

受到了讚譽。貞觀十九年（西元645年）他回到了長安，帶回佛經657部。他這次西天取經，前後歷經19年，行程幾萬里，是一次傳奇式的萬里長征，在當時轟動一時。

《西遊記》就是將玄奘取經的故事利用神話的形式再現了出來，它的藝術成就非常高，它應用神性、人性和物性（自然性）三者合一的方式來塑造人物。孫悟空的神猴形象在中國文學史上更是獨具特色，可謂空前絕後，既有神的威力又展現著現實社會中人與動物的習性，在古代同類小說中十分罕見。

小說透過豐富大膽的藝術想像，創造了一個充滿神奇色彩的神話世界，故事情節曲折生動，精彩緊湊，充滿了非凡的藝術魅力。

小說的語言是在口語的基礎上加工提煉而成的，生動而流暢，極富表現力。人物語言個性鮮明、幽默詼諧，有很強的生活氣息。

在結構上，小說以取經人物的活動為主線，逐次展開情節，枝幹分明，頗具匠心。

「紅學」的由來

「紅學」是指研究《紅樓夢》的專門學問。「紅學」一詞最早見於清代李放的《八旗畫錄》，說：「光緒初，京朝士大夫尤喜讀之，自相矜為『紅學』。」關於「紅學」還有一段有趣的故事呢。

原來，清乾隆以後，講求「經學」的風氣日盛，許多學者都埋頭研讀經書。據傳，松江縣有個叫朱子美的文人，不攻《四書》《五經》，喜讀小說。自言「平生所見說部有八百餘種，而尤以《紅樓夢》最為篤嗜」。

一天，一位朋友來看他，一進門就見他正在埋頭讀書，便笑著問：「先生現治何經？」他答道：「吾之經學，係少一橫三曲者。」朋友不解，他說：「吾所專攻者，蓋『紅學』也。」原來「經」去掉一橫三曲，正是個「紅」字。這個小故事流傳開來，「紅學」就成為研究《紅樓夢》

這門學問的專有名稱了。

到民國初年，「紅學」已成為一門專門學問，如蔡元培、王夢阮等學者開始對《紅樓夢》進行系統研究。「五四」運動以後，胡適、俞平伯等用現代的考證方法來研究《紅樓夢》，把紅學研究向前推進了一大步，因此，人們把「五四」以前的紅學稱為「舊紅學派」，把胡適、俞平伯所宣導的紅學稱為「新紅學派」。

趣味鏈結：《紅樓夢》的藝術成就

《紅樓夢》在藝術上的成就是巨大的，這首先表現在典型形象的塑造上。《三國演義》和《水滸》中寫的大多是英雄人物，這些人物的故事本身就具有激動人心的力量。《紅樓夢》是探索到人物靈魂的深處，描寫不同人物的精神面貌，塑造出不同的典型。

另外，它還是以日常生活和愛情題材來塑造人物形象的。《紅樓夢》中的日常生活場景描寫生動逼真，並巧妙地與刻畫人物相結合；語言達到了爐火純青的地步。這些都對後代人的小說創作產生了深遠的影響。

此外，《紅樓夢》在詩詞、戲曲、繪畫、建築、園林等諸多方面都有很高的美學價值。

《紅樓夢》與曹雪芹

有人認為，《紅樓夢》是曹雪芹的自傳，書中的賈寶玉就是曹雪芹，這種觀點是否正確呢？

事實上，《紅樓夢》根本就不是曹雪芹的自傳，書中的賈寶玉也不是曹雪芹。其原因是，賈寶玉和曹雪芹兩人的出身不同，他們所過的生活也相差甚遠。

書中的賈寶玉出生於一個大富之家，是個「錦衣紈絝」、「飫甘饜肥」的「富貴閒人」，而曹雪芹是不是這樣的人呢？根據曹雪芹的生平資

料，他的生活經歷和書中所塑造的賈寶玉的生活經歷是相差甚遠的：繈褓之中的曹雪芹就遭遇了巨變，家道開始敗落。他過的是窮愁難挨的貧民式生活，哪能像書中的賈寶玉那樣，每天身邊都圍滿了如花似玉的妙齡女子，在大觀園中風流快活呢？

由此，我們可以說《紅樓夢》根本就不是曹雪芹的自傳。

文學家在創作時，往往都在主人公的形象裏面加入自己的思想感情。曹雪芹也是如此，他在塑造賈寶玉這個人物形象時，寄託了自己對政治、社會、人生的某些思考、憤慨和嚮往。如果讀者把這個當做是曹雪芹年少時的生活寫照，那未免太荒唐了。

趣味鏈結：《紅樓夢》書名的來歷

這個問題要追溯到甲戌本《紅樓夢》書首的《凡例》，其中寫道：「《紅樓夢》旨義，是書題名極多，《紅樓夢》是『總其全部之名』；又曰《風月寶鑑》，是戒妄動風月之情；又曰《石頭記》，是自譬石頭所記之事也。此三名，皆書中曾已點睛矣……然此書又名《金陵十二釵》，審其名，則必系金陵十二女子也！然通部細檢去，上中下女子，豈止十二人哉？……」由這段記載，我們可以看出該書命名為《紅樓夢》的原因。

又如何理解「紅樓夢」這三個字呢？原來「紅」同「朱」，「紅樓」也即「朱樓」，是古代王侯貴族住宅的代稱。在「紅樓」兩字的後面再加上一個「夢」字，寓意著紅樓貴族的顯赫無非是南柯一夢。另外，這一命名也清晰地展示了傳統意識對人性的禁錮以及封建社會必然滅亡的歷史趨勢。

紀曉嵐與《四庫全書》

《四庫全書》是中國歷史上乃至世界歷史上規模最為宏大的一部百科全書式的大叢書，基本上囊括了乾隆以前中國古代的重要著作，許多珍本

祕笈因《四庫全書》的編修才得以保存下來。《四庫全書》的編修是一項極為浩繁的工程。

紀昀（1724～1805年），字曉嵐，一字春帆，晚號石雲，道號觀弈道人，又因其北京虎坊橋寓所有一巨大太湖石，故又稱孤石老人。他是清代直隸河間府獻縣（今河北省滄州市滄縣崔爾莊）人。

紀曉嵐24歲時參加了順天鄉試，以超群的才華拔得頭籌。這一段時期，他潛心研究考證學，博覽群書，這為他後來編修《四庫全書》打下了扎實的知識基礎。

乾隆十九年（1754年）三月，紀曉嵐得中進士。按照清代科舉制度規定，新科進士除一甲三名授修撰及編修外，另外再選其中一部分有文學、書法特長的進士入翰林院庶常館學習，稱為翰林院庶起士，紀曉嵐就因為他傑出的文學才華而被選中，入翰林院庶常館學習。乾隆二十二年（1757年），紀曉嵐庶起士學習期滿，因成績優異而留館授編修。

可是，天有不測風雲，人有旦夕禍福。這一年發生了兩淮鹽運案，該案是乾隆年間的大案之一，其中牽扯到鹽運使盧見曾。紀家與盧家是親戚，紀曉嵐的女兒嫁給了盧見曾的孫子。紀曉嵐因報信洩密而被貶謫到烏魯木齊，他在那裏度過了兩年多的謫戍生涯。這對他的思想、性格、處世態度影響很大。回到京師後，他深感世態炎涼、仕途險惡，但他又不想隱身出世，所以他終日以書為伴，苦心研讀。

乾隆三十七年（1772年），乾隆帝降旨，購訪民間遺書，提倡對古籍進行整理和考據。並派軍機大臣為總裁，挑選翰林等官，選定員數，詳定條規，專司查校，編纂《四庫全書》。因為劉統勳的全力推薦，紀曉嵐擔任了《四庫全書》的總纂官。紀曉嵐非常敬佩劉統勳這位恩師及嚴師，所以他盡心盡職，並不遺餘力地招攬了當時許多著名的學者參加編修，深得乾隆帝的賞識。該年十一月，紀曉嵐被補為翰林院侍讀。

《四庫全書》是中國最大的一部叢書，共收錄圖書3503種、7.9萬多卷、3.6萬多冊，分為經、史、子、集四部。其中經部分為易、書、詩、禮、春秋等10類；史部分為正史、編年、紀事本末、別史等15類；子部分

為儒家、兵家、法家、農家等14類；集部分為楚辭、別集、總集等5類，共計44類。

《四庫全書》所收之書來源於朝廷藏書和徵獻的民間藏書。為了妥善保存這批經典文獻，朝廷從全國徵集了3800多名文人學士，他們花了十年的時間，用工整的楷書抄錄了七部，分藏於北京、瀋陽、承德、揚州、鎮江和杭州。

趣味鏈結：是狼是狗

一次，紀曉嵐應邀參加兵部尚書王傑的宴會，有位陳御史也來了，他比紀曉嵐大幾歲，也是一位生性詼諧、個性滑稽的人，與王傑、紀曉嵐都是莫逆之交，而且惺惺相惜，相互戲謔成習，無所顧忌。

就在他們推杯換盞、酒酣耳熱之時，廳外有一隻家犬徘徊，等候覓食殘骨。陳御史一看到狗，便靈機一動，故意用手指向廳外，佯問紀曉嵐：「是狼是狗？」

紀曉嵐一聽，知道御史在罵他「侍郎是狗」，他也假裝糊塗，隨口答道：「是狗。」王尚書插嘴問：「你何以知道是狗？」「狼與狗尾巴有別。」紀曉嵐慢條斯理地解釋：「尾巴下垂為狼，上豎（尚書）是狗！」

此語一出，引來滿堂哄然大笑，王尚書被罵得面紅耳赤，無詞以對。陳御史更是笑得連喝進嘴裏的酒也噴了出來，指著王尚書說：「你倒是撿了便宜，我本來問是狼（侍郎）是狗？原來尾巴上豎（尚書）是狗。」說完大笑不止。

「狼狗之別，尚有其二」，大家的笑聲稍歇，紀曉嵐又接著說：「即以牠們所吃的東西來分辨。大家都知道，狼是非肉不食；狗卻不同，狗是遇肉吃肉，遇屎（御史）吃屎！」紀曉嵐的話，使剛剛低落下來的笑聲一下子又爆響起來，這一回輪到陳御史面紅耳赤了。

一本書讀懂中國文化知識

魏源與《海國圖志》

　　吉田松陰是日本明治維新變革的先行者，而啟迪他提出變革的書就是中國大學者魏源所寫的《海國圖志》，其變革口號也是來源於魏源的「師夷長技以制夷」。

　　魏源（1794～1857年）名遠達，字默深，湖南邵陽人，是中國著名學者和近代啟蒙思想家。乾隆五十九年（1794年），他出生於一個地主官僚家庭，10歲時家鄉遭災，家道從此沒落。由於家境貧寒，魏源讀不起書，只好到私塾裏借書，在母親的織布機旁苦讀了《四書》、《五經》等經典史籍。由於刻苦勤奮，他15歲便考中秀才，29歲時考中舉人。他熱心研究中國現實問題，喜歡議論時政，成為鴉片戰爭時期著名的思想家。

　　1840年9月的一大，占領定海的英軍為了籌畫進攻中國內地的作戰計畫，派出軍官刺探軍情，一名叫安突德的炮兵軍官偷偷地到定海附近測繪地圖，被當地的百姓抓獲，送交給寧波知府衙門。

　　魏源獲知此事後，非常高興，立即趕到寧波，親自審訊安突德。安突德向魏源交代了英國的歷史、地理、經濟、政治等情況，同時也詳談了英軍的武器情況和作戰意圖。事後，魏源根據安突德的交代資料，寫成了《英吉利小記》，向中國人民介紹了當時英國的歷史、地理等基本情況。

　　魏源還根據歷代史書記載及新搜集的外國圖文資料，夜以繼日地奮筆疾書。到1843年初，他終於寫成了《海國圖志》。

　　《海國圖志》是鴉片戰爭失敗後中國先進知識分子瞭解西方的第一部百科全書式的寶貴典籍。它先後徵引了歷代史志14種、中外古今各家著述70多種，還有各種奏摺10多件和魏源的一些親身經歷。

　　《海國圖志》涵蓋了當時西方國家的政治、經濟、軍事、歷史、地理、文化等方面的內容。全書分六個部分，每一部分的側重各有不同。如《世界地圖及各國分地圖》篇，為人們提供了近百幅全新的世界各國地

圖;在《世界各國史地》篇中，魏源通過徵引《地球圖說》、《外國史略》和《瀛環志略》等書中的材料，詳細地介紹了美國的民主政治，涉及美國的聯邦、選舉、議會制度等。

魏源的《海國圖志》是一部關於世界各國地理、歷史概況和社會現狀的巨著。它開闊了當時中國人民的視野，並促使他們邁出了向西方學習的第一步，後來的洋務運動和戊戌變法就受到了這部巨著的深刻影響。

趣味鏈結：《海國圖志》是如何編成的

1841年8月的一天黃昏，魏源在江蘇鎮江遇見了即將被發配到新疆伊犁的林則徐。兩位憂國憂民、力主抗英的愛國志士相見，不由百感交集，慨歎不已。

在魏源的住處，林則徐小心翼翼地打開一個布包，指著布包內的一大捆書報說：「這是我在廣東時組織譯員從香港、澳門的書籍和報紙上翻譯的譯文資料。如今我將被發配到新疆伊犁，路途遙遠，不知何年何月才能返回。我想把這些材料交給你，希望你能在這些材料的基礎上，編寫一本介紹海外各國情況的書，改變國人對世界的無知狀態。」魏源從林則徐手裏接過布包，會意地點了點頭。

後來，他在林則徐《四洲志》的基礎上，搜集天下有關世界各國的地理、歷史資料，編成了集世界史地著作之大成的《海國圖志》。

中國古代主要樂器的特徵

中國古代樂器分吹、拉、彈、打四大類。它們產生的先後次序是：打擊樂、吹奏樂、彈弦樂、拉弦樂。

音樂來源於現實生活。在原始社會時期，先民為了歌頌他們的狩獵生話，於是便創造了打擊樂和吹奏樂。當時的樂器本身常常帶有鮮明的生產功能色彩，既是勞動工具，又有審美功能。

到了奴隸社會時期，中國樂器有了大規模發展。隨著社會分工和手工技藝的發展，樂器從生產工具中獨立出來，被賦予專業化的意義。這時出現了青銅器、彈弦樂、八音體系。

到了封建社會時期，隨著對外交往的頻繁，中國的樂器有了更大的發展，其最主要的特點是大量吸收外來樂器的優點，外為中用。雖然這些樂器脫胎於外來樂器，但它們經過中國音樂家的消化和改良，又成為中國自己的樂器了。

中國各代的主要樂器，形成了東方樂器特有的體系。它曾得益於各國文化交流的成果，也歸功於各代能工巧匠的發明、改造和利用。

趣味鏈結：鼓的演變

遠在上古時代，人們就學會用鼓來表達自己的思想感情了。

據說，古人發現敲打枯樹幹和實心樹幹會發出完全不同的聲音，並且發現中空物體有增大音量的效果。於是，他們用獸皮或蟒皮罩在空心樹幹上，木鼓便這樣產生了。他們在娛樂時常常以擊鼓來助興。

鼓的種類從漢代開始便漸漸多了起來，大約有20多個品種、60多個規格，常見的有大鼓、銅鼓、手鼓、花鼓、腰鼓、缸鼓、鈴鼓、書鼓和八角鼓等。

另外，各民族在各自的生產生活中也發明了具有自己民族特色的鼓：朝鮮族和瑤族有長鼓，傣族有象腳鼓，藏族和維吾爾族有手鼓，苗族有銅鼓等。

古琴與古琴曲

琴是中國最古老的彈撥樂器，有3000多年的歷史，被譽為琴棋書畫四藝之首，在古代是地位最崇高的樂器。

古琴充滿著傳奇的象徵色彩：長3尺6寸5分，代表一年有365天；13個徽位，代表一年的12個月及閏月。琴面弧形代表天，琴底為平象徵地，表示天圓地方。有西方音樂人評價：這個樂器的構造，是依據中國天與地之間關係的觀念而設計的，使人聯想到傳說中只有天上的神仙才能聽得到的音樂。

在中國關於琴的漫長的發展歷史中，產生了嚴密的製琴工藝和眾多的造琴名家。南朝梁代丘明（494～590年）傳譜的《碣石調幽蘭》為現存最早的琴曲譜。明代朱權（1378～1448年）編訂的《神奇祕譜》為現在最早的琴曲譜集。

在中國歷史上，著名的琴曲有《高山流水》、《酒狂》、《瀟湘水樂》、《廣陵散》、《幽蘭》、《離騷》、《梅花三弄》、《胡笳十八

拍》、《良宵引》、《秋江夜泊》、《靜觀吟》等，有些已經失傳。著名的琴歌有《關山月》、《蘇武思君》、《陽關三疊》。

趣味鏈結：中國古代的四大名琴

古琴的製作歷史悠久，許多名琴都有文字可考，而且具有美妙的琴名與神奇的傳說。其中最著名的是齊桓公的「號鐘」、楚莊王的「繞梁」、司馬相如的「綠綺」和蔡邕的「焦尾」。這四張琴被人們譽為「四大名琴」。

「號鐘」是周代的名琴。此琴音之洪亮，猶如鐘聲激蕩，號角長鳴，令人震耳欲聾。傳說古代傑出的琴家伯牙曾彈奏過「號鐘」琴。後來「號鐘」傳到齊桓公的手中。他尤其珍愛這個琴，曾令部下敲起牛角，唱歌助樂，自己則奏「號鐘」與之呼應。

琴以「繞梁」命名，足見此琴音色之特點，必然是餘音不斷。據說「繞梁」是一位叫華元的人獻給楚莊王的禮物，其製作年代不詳。楚莊王自從得到「繞梁」以後，整天彈琴作樂，陶醉在琴樂之中。

「綠綺」是漢代梁王贈予著名文人司馬相如的一張琴。「綠綺」琴內有銘文曰「桐梓合精」，即桐木、梓木結合的精華。相如得「綠綺」，如獲珍寶。他精湛的琴藝配上「綠綺」絕妙的音色，使「綠綺」琴名噪一時。後來，「綠綺」就成了古琴的別稱。

「焦尾」是東漢著名文學家、音樂家蔡邕親手製作的一張琴。蔡邕在隱居時，曾於烈火中搶救出一段尚未燒完、聲音異常的梧桐木。他用此木製成一張七弦琴，果然聲音不凡。因琴尾尚留有焦痕，就取名為「焦尾」。「焦尾」以它悅耳的音色和特有的制法聞名四海。

簫的歷史

「簫」是指一種編管樂器，又名洞簫，以竹製成。簫有著悠久的歷

史。《風俗通》說：「舜作簫，其形參差，以象鳳翼。」說明那時的簫並不是單管，而是由許多長短不同的竹管直排而成的，很像飛鳥張開的翅膀。

今日橫吹的單管簫，古代叫「笛」，又叫「羌笛」。這種樂器，大約在漢武帝時才由西域傳入中原地區。最初，它只有四個按孔，西漢音樂家京房（西元前77年～前37年）在背面加一孔。西晉樂工列和在西元247年左右所演奏的簫，已有6個按孔，與今天的簫很接近。

簫大多用紫竹、黃枯竹或白竹製作，全長70公分左右。其品種很多，其中產於黔東玉屏縣的玉屏簫已有300多年的歷史，明清兩代曾作為朝廷貢品，有「貢簫」之稱。

趣味鏈結：瑟的歷史

瑟是中國原始的絲絃樂器之一，多用整木製成，面稍隆起，體中空，下嵌底板。多為25弦，也有23弦或24弦的。另有木質瑟柱施於弦下，用以調節弦長，確定音高。

瑟這個名稱最早見於《詩經》，《詩經》中有「窈窕淑女，琴瑟友之，我有嘉賓，鼓瑟鼓琴」的記載。可見，早在西周時期，瑟就已經出現了。

據有關文獻記載，古代宴享儀禮活動中，常用瑟伴奏歌唱。魏晉南北朝至隋唐時期，瑟是相和歌與清商樂演奏中必不可少的樂器。

宋末元初的熊朋來（1246～1323年）曾編著6卷本《瑟譜》，包括介紹瑟的形制及演奏方法、舊譜12首和他所創新譜20首。從中可知當時的瑟張弦25根，按12律呂半音排列，指法有擘、托、抹、勾等8種，用拇、食、中、無名各指分別向內外方向撥弦演奏。從古代有關詩文的記述推斷，瑟似乎宜於表現悲哀幽怨的情調。

雅樂與俗樂

雅樂是古代祭祀天地、祖先和朝會、宴享時所用的正統音樂。相傳孔子聽了盡善盡美的雅樂《大韶》後，竟至「三月不知肉味」。

雅樂最早出現在周公時期，是為鞏固統治所制定的一套禮樂制度。西周雅樂有「六代之樂」，歌頌黃帝、唐堯、虞舜、夏禹、商湯、周武王，有「詩樂」，即後來《詩經》中「風」、「雅」、「頌」的內容；有「四夷之樂」及敬神禮鬼的宗教性樂舞。雅樂的應用有嚴格的等級區別。王的樂隊排四面，諸侯的排三面，卿、大夫的排兩面，士只排一面。

雅樂的演奏樂器由金、石、土、革、絲、木、匏、竹八類材料製成，主要是編鐘和編磬。

俗樂，指在民間流行的音樂。《詩經》十五國風中的鄭風與衛風，也即鄭國和衛國的民間音樂就屬於俗樂。

由於俗樂歷來受到儒家的排斥，因此自戰國時代起，雅樂和俗樂就成了歷代音樂的兩大壁壘。但在隋、唐以前，還沒有明確區分雅樂和俗樂，宮廷宴會時二者都可採用。隋文帝時音樂分雅、俗二部。唐玄宗時設左右教坊，選樂工演奏俗樂，教法取自梨園，稱為皇帝梨園弟子，於是俗樂達到極盛。俗樂在歷史上先後被稱為「清樂」和「燕樂」。

趣味鏈結：何謂女樂

「女樂」是中國古代最早出現的專業舞蹈表演藝術家。早在遠古時期，先民們就產生了模擬勞動動作或動物情態，直接表現勞動生活及自然界的原始舞蹈。但真正意義上的舞蹈表演藝術的產生，是在人類進入階級社會以後。

奴隸社會的進一步分工，出現了以表演歌舞供奴隸主娛樂消遣的專職樂舞女奴，這就是後世女樂的端緒。據《呂氏春秋·侈樂》記載：夏桀和

殷紂這兩位暴君的宮中就有「女樂數萬」，她們常常被迫表演放蕩淫泆的群舞，且「以巨為美，以眾為觀」。這應當是夏、商奴隸制王朝存在樂舞女奴的反映。

史籍記載，春秋戰國時諸侯們每當宴享群臣，總是「女樂羅列」，國與國之間也常以女樂相互饋贈，擁有眾多的女樂舞伎，已成為當時日常享樂及政治生活中的一項重要內容。秦始皇統一六國後，彙聚了原六國的音樂舞蹈藝術，以致女樂舞伎，充盈宮室。漢代時，上起宮廷，下至豪門，收養女樂成風，歌舞伎樂盛行一時。

從現存的文獻資料來看，當時的女樂舞蹈內容豐富，形式多樣。現今的各種舞蹈形式，如獨舞、雙人舞、三人舞、抒情舞、多段結構的大型歌舞，在漢代女樂舞蹈中都已出現。

到了隋唐，女樂的發展更達到它的鼎盛時期，隋煬帝大業年間，在洛陽舉行過一次大規模演出，曾集中了歌舞伎三萬人，為製作舞衣竟把長安、洛陽的錦緞彩綢搶購一空。唐時，皇室宮廷中有宮伎，軍隊有營伎，地方政府部門有官伎，官僚富戶有家伎，即便是平常士人之家也養有一定數量的女樂舞伎。

安史之亂以後，唐王朝盛極而衰，繁盛的女樂也開始步入了曲終筵散、逐步衰落的時期。正如杜甫在《觀公孫大娘舞劍器行》一詩中所感嘆的：「梨園弟子散如煙，女樂餘姿映寒日」。宋代以後，隨著市民文藝的興盛，除宮廷貴族間尚有部分女樂遺留外，原來的女樂舞伎隊伍開始分化，大多轉向了城市的瓦肆勾欄，成為職業的歌舞演員。

古代的「六舞」

「六舞」又稱「六樂」，它是由周公制定的。包括《雲門》、《咸池》、《大韶》、《大廈》、《大濩》、《大武》6首樂舞。以後的歷朝統治者都奉之為樂舞的最高典範，稱它為「先王之舞」。

這6個舞蹈又可分為文武兩類。黃帝、堯、舜、禹等以文德服天下，所以他們的樂舞是文舞；湯與武王都是以武功征服天下，所以是武舞。

「六舞」的演出儀制有明確規定，表演者都是在「大司樂」門下受教育的貴族子弟。貴族子弟們在隆重的典禮中俯仰迴旋，應律合節。在這裏，統治階級除了達到祭祀天地山川、誇耀政治修明隆盛、歌功頌德的目的之外，還使他們的下一代耳濡目染，自然而然地受到了統治階級禮教的感化。但慢慢地，統治階級的極力神化使「六舞」僵化在固定的程序中。結果連統治階級都不愛看了。

趣味鏈結：軟舞和健舞

「軟舞」、「健舞」是唐代按照風格特點劃分的兩個舞蹈品種，多為單、雙人的小型表演性舞蹈。

一般來說，「健舞」動作剛健豪邁，節奏明快，中間偶爾有舒緩的段落。「軟舞」動作優美柔軟，節奏舒緩，但是有的時候也有快節奏的舞段。

《胡旋舞》是健舞的一個重要節目，以快速、輕盈、連續旋轉的高超技藝為主要特徵。這種舞蹈在唐代風靡一時，楊貴妃、安祿山都是表演胡旋舞的好手。據說安祿山大肚垂膝，但是跳起胡旋舞來卻像風一樣敏捷、輕盈，很得唐玄宗的喜歡。

此外，著名的健舞還有《胡騰舞》、《柘枝舞》。軟舞則以《綠腰》、《涼州》和《甘州》等為代表。

圍棋的歷史

圍棋是中國傳統棋藝之一，是中國古代文化的瑰寶之一。

圍棋在中國起源很早，先秦史官編的《世本》說：「堯造圍棋」；晉張華《博物志》說：「或曰舜以子商均愚，故作圍棋以教之」，堯、舜

都是傳說中的人物，這類記載並不可靠。迄今發現的有關圍棋的最早的文字是《左傳》中以圍棋來比喻衛國國政的記載，說的是西元前559年的事情，距今2500多年了。這說明當時圍棋已發展到一定階段。

圍棋在古代頗為風行，不管帝王將相，還是平民百姓，都常以弈為尚。春秋戰國出現了像「弈秋」這樣的圍棋高手，可謂圍棋的鼻祖。春秋時，圍棋理論逐漸形成，對於圍棋發展發揮了重要作用。

三國時，圍棋出現了大發展的局面，湧現出大批圍棋高手。由於社會賢達的喜愛和注意，這個時期出現了一些有關圍棋的專著。魏末晉初，興玄學，作為娛樂工具的圍棋也風靡一時。南北朝時圍棋在宮廷中受寵，劉宋時曾舉行全國性的圍棋比賽，選拔出278位圍棋高手。宋明帝在位時還為棋家設置官署，授以俸祿，梁武帝蕭衍就親自撰寫過《棋經》，現存最早的圍棋著作是從敦煌石室發現的北周時期的手抄本《棋經》，記載了當時的圍棋規則和棋藝。

唐時，圍棋有了空前發展，唐玄宗為棋手們設置了官階九品的「棋待制」，使棋手成為國家的高級文職官員，從而促使圍棋在更大更廣的範圍內得到迅速發展。南宋更是出現了有理論、有經驗、有指導的系統圍棋著作《忘憂清樂集》。

明代，圍棋高手輩出，女棋手薛素素頗負盛名。清王朝的前期，也是中國圍棋高手輩出的時代。黃龍士、徐星友、施襄夏、范西屏的棋藝至今仍為中外人士稱道。但是到了清道光年間，由於帝國主義入侵，清政府的腐敗，經濟文化衰退，圍棋的命運也日益艱難，這是圍棋史上最衰退的時期。

趣味鏈結：古典詩文中的圍棋

中國古典詠棋詩文，堪稱藝苑一枝奇葩。古代文人大都嗜棋，有詩曰：「有約不來過夜半，閒敲棋子落燈花。」班固撰《弈旨》；杜甫與楊氏夫人紋枰對坐；吳承恩結交當時的兩大國手鮑一中和李釜，寫下了中國古代最長的一首詠棋詩。

唐代張說的傳奇《虯髯客傳》，生動地描述了虯公與李世民對弈的故事。虯公欲謀天下，但在與李「手談」中發現李的才能非凡，於是放棄了原來的打算。故事不免誇張，但道出了個中真諦：咫尺紋枰，實為萬里沙場。明人曾把它改編成劇本《紅拂記》。

戰略家學棋，有利於駕馭戰爭；普通百姓則能收到怡情養性之效。梁任昉《述異記》中有這樣一個傳說：樵夫王質在石橋山觀兩童子下棋，看得入味，忘了回家；待至回家，斧柄已爛，同時代的人只剩他一人。後人常以「爛柯山」為題詠歎這個故事。如唐孟郊詩云：「仙界一日內，人間千歲窮。雙棋未編局，萬般皆為空。樵客問歸路，斧柯爛從風。惟餘石橋在，獨自凌丹虹。」又如明徐文長《題王質爛柯圖》：「閒看數著爛樵柯，澗草閒花一剎那。五百年來棋一局，仙家歲月也無多。」

從圍棋中還可以悟出人生哲理。大詩人白居易是個棋迷，他在《放言五首之二》中以棋喻世：「世途倚伏都無定，塵網牽纏卒未休。禍福迴還車轉轂，榮枯反覆手藏鉤。龜靈未免刳腸患，馬失應無折足憂。不信君看弈棋者，輸贏須待局終頭。」把這首詩與《放言五首之三》貫通起來，它們的基本主題都是「試玉要燒三日滿，辨材須待七年期」。棋局與時局，棋局與人才鑑識，都要由時間檢驗，由實際行動檢驗。

吳承恩也是個棋迷。他在《西遊記》中多處描寫棋局。他為劉幾《諸侯將略》作序說：「夫兵家之法，猶弈旨醫經，而史氏所載，則棋之勢，藥之方也。藥不必執方，而妙於處方者必效；棋不必拘勢，而妙於用勢者必贏……」確實，兵法、醫術、棋道乃至一切工作，切忌拘於「定式」，墨守成規。

象棋的起源

象棋在中國有著悠久的歷史。它大約起源於商周時代，那時盛行著一種文博象棋，每方有棋子6枚。棋子的名稱，有梟、盧、雉、犢、塞。塞

有兩枚。梟為首，即主帥。

棋盤裏的河界，又名「楚河漢界」。這個名稱，可能是受到楚漢相爭時韓信作象棋的傳說影響，由後人附加的。據傳說：韓信帶兵攻打趙、齊等國，一段時間打仗，一段時間休整，在休整時作象棋以教士兵。

唐代，象棋發生了很大的變化，有了一些變革，已有「將、馬、車、卒」4個兵種，棋盤原先由黑白相間的64個方格組成。後來又參照圍棋，把64個方格變為90個點。

北宋末南宋初，象棋基本定型，除了因火藥的發明增加了「炮」之外，還增加了「士」和「象」。宋代的《事林廣記》中就記載著中國目前所能看到的最早象棋譜。據發現的宋代象棋實物，一副象棋正是32子，其中，將2枚，士4枚，象4枚，馬4枚，車4枚，炮4枚，卒10枚，雙方各16枚，棋正面刻上楷體漢字，背面刻有相應的圖案。元代時象棋已演變為今天的黑卒紅兵制度。

到了明代，可能為了下棋和記憶的方便，才將一方的「將」改為「帥」，和現代中國象棋一樣了。

現在，中國象棋已流傳到十幾個國家和地區。在日本、菲律賓還成立了中國象棋協會。

趣味鏈結：西洋棋（國際象棋）在中國的流傳

1903年（清光緒二十九年），「上海萬國象棋會」成立，參加者有英、美、德、法、義、俄，荷、葡、丹等國的旅滬僑民，但是卻沒有中國人。民國初年，西洋棋在中國的教會學校及知識界中逐漸流傳開來。當時謝俠遜、尤彭熙、潘濟時等人先後參加了上海西洋棋會，成為中國第一批西洋棋選手。

古代的西洋棋形制在中國的邊沿地區有一定的影響，如當時遼國（今內蒙古一帶）就風行西洋棋。不過，從南宋之後，多數地區都流行改革後的近代「中國象棋」。

楹聯的種類

從修辭的角度，楹聯分類如下：

比喻聯：如，晚霞明似錦，春雨細如絲。燕尾似剪破碧水，香枝如畫依輕煙。

誇張聯：如，春回大地千山秀，日暖神州萬木榮。花滿九州香四海，春盈五嶽翠千峰。

擬人聯：如，院內紅梅戲飛雪，門前碧柳舞東風。杏雨飛紅喜織千家春色，和風著綠巧繡萬里新圖。

雙關聯：如，孔子生舟末（周末），光舞（光武）起漢中。因荷而得藕（因何而得偶），有杏不須梅（有幸不須媒）。

回文聯：如，畫上荷花和尚畫，書臨漢字翰林書。處處飛花飛處處，風搖柳綠柳搖風。

頂真聯：如，斷橋橋不斷，殘雪雪未殘。水車車水水隨車車停水止，風扇扇風風出扇扇動風生。

摹狀聯：如，千年古樹為衣架，萬里長江做浴盆。圓月照方窗有規有矩，長竿垂短釣能屈能伸。

擬聲聯：如，普天同慶當慶當慶當當慶，舉國若狂且狂且狂且且狂。鴨游闊闊池塘口稱狹狹，蟬噪高高溪岸聲叫低低。

音韻聯：如，嫂掃亂柴呼叔束，姨移破桶叫姑箍。賈島醉來非假倒，劉伶飲盡不留零。

複詞聯：如，松下圍棋松子每隨棋子落，柳邊垂釣柳絲常伴釣絲懸。天上月圓人間月半月月月圓逢月半，今宵年尾明宵年頭年年年尾接年頭。

諷刺聯：如，早去一天天有眼，再留此地地無皮（諷貪官汙吏）。

疊字聯：如，大大方方做事，簡簡單單過年。公公十分公道，婆婆一片婆心。

對比聯：勤是千善藥，惰為萬惡源。貧窮說話牙無力，富貴驕人鼻有聲。

映襯聯：如，虛心竹有低頭葉，傲骨梅無仰面花。無瑕人品清於玉，不俗文章淡似仙。

借代聯：如，株株桃李爭豔，朵朵葵花向陽。宰相合肥天下瘦，司農常熟世間荒（諷刺清代官員李鴻章——安徽合肥人，世稱李合肥，翁同龢——江蘇常熟人，世稱翁常熟）。

象徵聯：如，東風勁吹老樹新枝齊競秀，陽光普照嫣紅姹紫俱爭春（老樹新枝象徵老年、青年；嫣紅姹紫象徵各類先進事蹟）。貨賀上下朵朵紅梅爭豔，櫃檯內外張張笑臉迎春（紅梅象徵琳琅滿目的商品；笑臉象徵人們愉快的心情）。

歇後聯：如，狗掛手錶裝體面，貓哭老鼠假慈悲。老壽星吃砒霜活厭了，閻羅王開飯店鬼不來。

拆字聯：如，凍雨灑窗東兩點西三點，切瓜分片上七刀下八刀。李宋二先生木頭木腳，龔龐兩小姐龍首龍身。

數字聯：如，一口能吞下二泉三江五湖四海水，孤膽敢進入十方百姓萬戶千家門。匹馬單槍獨獨衝開龍虎陣，兩船三櫓雙雙搖過鳳凰江。

引用聯：如，朔雪飛空農夫齊歌普天樂，晚霞映水漁人爭唱滿江紅（普天樂、滿江紅均為詞牌名）。與馬牛羊雞犬豕做朋友，對稻粱菽麥黍稷下工夫（馬牛羊、雞犬豕、稻粱菽、麥黍稷均出自《三字經》）。

緊縮聯：如，學問無涯曾三顏四，光陰有限禹寸陶分（曾三指《論語》曾子三省；顏四指顏回四個「非禮」；禹寸指大禹惜寸陰；陶分指陶侃惜分陰）。有力熊羆可數獸群中賁育，能言鸚鵡堪稱禽隊裏儀秦（賁育指古代名武士孟賁、夏育；儀秦指古代辯士張儀、蘇秦）。

排比聯：如，家居山清水秀詩情裏，人在柳綠桃紅畫圖中。瑞雪冬梅香花映日展，春風楊柳芳草向陽生。

精警聯：如，剛出土時便有節，到凌雲處總虛心（詠竹）。將軍額上能跑馬；宰相肚中可撐船（頌容人度量大）。

趣味鏈結：孔子生於舟末

明代解縉一日與友人乘船出行，見船家在船尾拔舊釘換新釘，友人出上聯：

船尾拔釘，孔子生於舟末。

解縉對下聯：

雲間閃電，霍光出自漢中。

「孔子生於舟末」，諧音雙關，字面是說釘孔出現於船尾，隱含孔夫子生於周代末年。「霍光出自漢中」，也是諧音雙關，字面是說閃電之光出自天上銀河（銀河又稱為天漢、河漢），隱含霍光出自漢武帝中興時期。

楷書是如何出現的

楷書，又稱正書、真書，其歷史可以追溯到漢末。到兩晉時期，楷書已基本成熟，在晉代初具規模以後，發展到今天已有差不多1500年的歷史了。楷書的發展，可以分為三個階段：魏晉南北朝的發展期、隋唐的繁榮期和宋元至今的變化期。

在魏晉南北朝，楷書可以分為五種類型：抄經、墓誌、碑闕、摩崖和造像，經過這三百多年的發展，在點畫和結體上創造了許多形式，積累了各種經驗。

到隋唐時，楷書出現了百花齊放的繁榮，湧現出了很多楷書大家，且風格各異。如唐初期歐陽詢，他的楷書點畫勁挺，結體瘦削；唐中期的顏真卿，他的楷書則與其相反，點畫渾厚，結體寬博；到了唐晚期，柳公權則寫得雄秀挺拔。

唐楷發展到宋代已青春不在，但宋代蘇軾、米芾、黃庭堅等人都深受唐風影響，並對其進行了變通和改造，使其或瀟灑飄逸，或跳躍跌宕，或縱橫開闊，已大異其趣。

趣味鏈結：楷書之祖，顏筋柳骨

唐代是中國書法藝術空前繁榮的時代，傑出的書法家輩出，楷書、草書、隸書、行書如鮮花璀璨、鮮豔奪目。

初唐書壇上唱主角的是歐（陽詢）、虞（世南）、褚（遂良）、薛（稷）四大名家。其後則以張旭的草書最為人稱道，再後，則以顏真卿和柳公權的楷書最具特色。

顏真卿（西元709～785年），字清臣，京兆萬年（今陝西西安市）人。因曾任平原太守，賜爵魯郡開國公，人稱為「顏平原」，亦稱「顏魯公」，是中國盛唐—中唐時期著名的書法家。

顏真卿一生曾與楊國忠、魚朝恩、元載、盧杞等奸相權臣進行不屈的抗爭。安史之亂發生後，他又是叛亂與分裂的堅決反對者，作為國家重臣，他置生死於度外，竭盡全力平息叛亂，在他76歲時終於以身殉國。

顏真卿的書法，初學褚遂良，後又師從張旭，作為集大成者，顏真卿熔鑄漢魏兩晉以來書法藝術的造型經驗，汲取了篆、隸、行、楷、草的字形構架、線條形式和用筆特點。他所開創的「蠶頭燕尾」筆法，點畫更顯得遒勁有力，故世稱「顏筋」。

在楷書造型上，顏真卿吸取篆隸特點，以篆隸入楷，正面取勢，使左右豎劃略帶弧形，且橫輕豎重，使筆下的楷字具有立體感，這是不少書家的楷書不宜寫成大字，而顏真卿楷書寫成大字更妙的原因。

顏真卿的書法作品，流傳至今的墨蹟及碑刻拓本約有70餘種。其中最為著名的楷書有《多寶塔碑》、《大唐中興頌》、《顏氏家廟碑》、《祭姪稿》等。

柳公權（西元778～865年），字誠懸，京兆華原（今屬陝西）人。他是唐代繼顏真卿之後又一位楷書的集大成者，他的楷書，人稱「柳體」，歷來是學習楷書者必學的重要書體，而且往往是楷書入門必學的範本。柳公權的代表作有《玄祕塔碑》、《神策軍碑》等。

草書是如何出現的

　　草書是繼篆書、隸書之後的又一大書體。從隸書到草書的發展經歷了相當漫長的過程。關於草書起源於何時，古人對此眾說紛紜，莫衷一是。東漢末年的蔡邕認為草書始於秦代，而北朝王倍卻認為草書始於漢代。

　　草書主要分為章草、今草和狂草。

　　章草是從漢隸演化而來，以簡捷和草率的筆法出之，筆劃有些連綴縈帶，但每字不相連屬，收筆常像雁尾似的往上挑。章草的名稱，是在今草這一新體出現之後，人們為了便於區別，才為它冠上「章」字的頭銜。

　　今草是在章草的基礎上結合新興楷法發展而成的草體。它繼承了章草書法，加強了筆劃與筆劃間的縈帶，唐人張懷瓘這樣描寫今草：「字之體勢，一筆而成，偶有不連，而血脈不斷。」王羲之父子為今草的代表，另外還有智永和孫過庭。「今草」之名就現存文獻所載，似以宋明帝劉彧所說的「羲獻之書，謂之今草」為最早。

　　狂草是草書中最放縱的一種。它淵源於今草，又與今草字多為獨立的所謂「獨草」的體勢形體不同。狂草開始於唐代張旭。他的草書特喜連綿回繞，線條偏於豐肥圓勁，甚是神異，人皆以「張顛」稱之。另一代表人物為張旭的學生、僧人懷素。他改張的豐肥為瘦硬，風格為之一變。

趣味鏈結：顛張醉素

　　狂草是草書中最放縱的一種。它淵源於今草，又與今草的體勢形體不同。狂草開始於唐代「張顛」張旭，傳世銘刻以《肚痛帖》、《千字文》最著名。

　　狂草另一代表人物為張旭的學生——僧人懷素。他改張旭的豐肥為瘦硬，風格為之一變。代表作為《自敘》及《千字文》。前人評其書法，繼承張旭筆法，而有所發展，所謂「以狂繼顛」，並稱「顛張醉素」，他的

草書對後世書法影響很大。他的字若行雲流水，李白曾詩云：「草書天下稱獨步」。

古代書法名家

崔杜：指東漢崔瑗、杜操（又改杜度），二人是師徒關係，都擅長章草。

鍾張：指東漢張芝、三國魏鍾繇。張芝創今草，被推為「草聖」，鍾繇代表作有《宣示表》、《賀捷表》等。

三謝：指東晉的謝尚、謝奕、謝安三人，他們在書法上均有造詣。

二王：指東晉王羲之、王獻之父子。王羲之被稱為書聖，代表作有《蘭亭序》等，王獻之代表作有《鴨頭丸》、《十二月帖》等。

羊薄：指南朝宋書法家羊欣、薄紹之。羊欣善隸（正）書，薄紹之善行草。

虞歐褚薛：指初唐的四大書法家虞世南、歐陽詢、褚遂良、薛稷。虞氏的代表作有《孔子家廟碑》，歐陽氏代表作如《九成宮醴泉銘》、《化度寺邕禪師舍利塔》、《虞恭公溫顏博碑》、《皇甫誕碑》，褚氏名作如《雁塔聖教序》、《孟法師碑》等，薛氏代表作如《信行禪師碑》等。

二薛：指初唐書法家薛稷、薛曜兄弟。後者的代表作有《夏日游石淙詩》、《伊闕佛龕碑》等。

顛張醉素：顛張即張旭，代表作如《肚痛帖》；醉素指懷素，代表作如《自敘帖》、《千字文》、《苦筍帖》等，二人亦唐草聖。

顏柳：指唐之書家顏真卿、柳公權，書史上又有「顏筋柳骨」之稱。前者的代表作如《多寶塔感應碑》、《郭家廟碑》、《元吉墓碑》、《顏勤禮碑》、《顏家廟碑》、《祭姪季明文稿》、《爭座位帖》等；後者的代表作如《李晟碑》、《金剛經》、《神策軍碑》等。

蘇黃米蔡：指宋「四大家」蘇軾、黃庭堅、米芾、蔡襄。蘇氏代表

作如《天際烏雲帖》、《洞庭春色賦》、《中山松醪賦》、《寒食詩》、《醉翁亭記》等；黃氏代表作如《松風閣》、《蘇軾寒食詩跋》、《花氣詩》、《諸上座帖》等；米氏代表作如《多景樓詩》、《苕溪詩帖》、《蜀素詩》等；蔡氏名作如《萬安橋記》、《顏真卿自書告身跋》。「四家」之蔡一說為蔡京。

米薛：指北宋米芾、薛紹彭，後者代表作如《雜書卷》等。

鮮趙：指元代書家趙孟頫、鮮於樞，又稱元「二雄」。趙氏代表作如《仇鍔墓碑銘》、《三門記》、《汲黯傳》、《二陸文賦跋》、《嵇康絕交書》、《蘭亭十三跋》等；鮮於氏代表作如《韓愈進學解》、《漁父詞》、《透光古鏡歌》、《韓愈石鼓歌》、《蘇軾海棠詩》、《老子道德經》等。

三宋：指明初宋克、宋廣、宋瑤兄弟三人。

二沈：指明初沈度、沈粲兄弟二人，又號稱「大小學士」。前者以婉麗勝，後者以遒逸勝。

吳中四才子：指明代居於蘇南的書法家唐伯虎（唐寅）、文徵明、徐禎卿、祝允明。

邢張米董：指晚明四大家邢侗、張瑞圖、米萬鐘、董其昌四人。其中董其昌、邢侗又有「南董北邢」之說。

鐘王：指三國魏鐘繇、東晉王羲之。

二張：指東漢張芝、唐代張旭二位善草書之書家。

顏柳歐趙：又稱「楷書四大家」，指唐之顏真卿、柳公權、歐陽詢，元之趙孟頫四人。

趙董：指元代趙孟頫、明代董其昌二人。

趣味鏈結：古代女書法家知多少

在中國漫長的歷史中，還出現過不少女書法家。

東漢末年的女詩人蔡琰（字文姬），繼承家學，在書法上的造詣也很深。

東晉時，還有一位著名的女書法家，她就是王羲之的老師衛夫人，她姓衛，名鑠，學習鐘繇的書法，達到了升堂入室的地步。她的代表作是《古名姬帖》小楷。其筆法古樸蕭穆，體態自然，是楷書中的上品。

唐、宋、元、明各代，也出現過不少女書法家。唐代有吳采鸞、薛濤、武則天等。吳采鸞所書小楷很有鐘繇、王羲之的筆意，遒勁古雅，可與衛夫人媲美。薛濤所書《陳思王美女篇》，行書，筆勢跌宕秀逸。武則天書寫草體，書法婉約，氣勢圓潤。

宋代女書法家有朱淑真，所書小楷，端莊精勁，深得王羲之筆法。管道升是元代女書法家，字仲姬，她是趙孟頫的妻子，她寫的《梅花賦》小楷，清麗悠閒。

中國傳統繪畫

國畫，古時稱為丹青，是中國獨創的一種繪畫藝術，迄今已有2000多年的歷史了。在漫長的歷史長河中，它形成了獨特的民族風格和藝術魅力，是中國乃至世界藝術大觀園中的一朵奇葩，與中醫、京劇一起並譽為「三大國粹」。

國畫的門類有三個：人物畫、山水畫、花鳥畫。

人物畫成熟於戰國時期，漢代的毛延壽即是著名的人物畫家。

山水畫、花鳥畫形成於隋唐時期。「青綠山水」、「水墨山水」、「潑墨山水」是唐代山水畫的風格和流派；宋時，山水畫、花鳥畫更加興盛，在作畫時可以表現大山大水之全景，也可剪取山川秀奇之一角；此後，飲譽一時的山水畫或花鳥畫畫家有元「四家」，清「四王」、「四僧」、「金陵八家」、「揚州八怪」等。

國畫的畫風隨著朝代而各異。元代漸趨寫意，明、清有所發展，並重達暢神。唐、明、清時，又先後受到佛教藝術和基督教藝術的影響。

國畫的手法有工筆、寫意、勾勒、沒骨、設色、水墨等。所強調的是

立意傳神、鉤皴點染、濃淡幹濕、陰陽向背、虛實疏密、留白等手法，以描繪物象與經營構圖。

國畫的取景佈局視野寬廣，不講焦點透視，而重在抒發作者的主觀情緒。

國畫的畫幅形式有卷軸、壁畫、屏風、冊頁、扇面等，並以詩、書、畫、印相結合，配以精美的裝裱工藝。

國畫的工具為中國特製之筆、墨、紙、硯。其顏料以墨為主，以礦石顏料設色為輔，用各式毛筆在特製的宣紙或絹素上繪畫。

國畫的風格是「貴情思而輕事實」，講究「意在筆先、畫盡意在」「外師造化、中得心源」，強調神韻寓意等，如以花鳥宣揚某種道德或人格；或指桑喻槐，潑泄作者內心之不滿；或以梅比喻人之堅貞清白，以蘭比喻不同流合汙等。

各種藝術流派都在不斷地推陳出新，國畫也不例外。它從不故步自封，而是與時俱進，汲取了一些新的技法，探索各種創作方法，隨著時代的發展而煥發出新的生機和生命力。

瞭解了國畫的以上特點，有助於我們在欣賞它時，懂得從筆法、墨趣、詩意、意境等方面去品評，而不是簡單地看它的表層；當然，正所謂「功夫在詩外」，我們還要具備一定的文史知識，對作者和畫中的主體人物所處的年代、主要活動及性格特徵等要有所瞭解。唯有如此，我們方能更加領略其意，漸入佳境。

趣味鏈結：國畫一開始就叫「國畫」嗎

從戰國時的帛畫至今，中國的繪畫至少已經走過了2300多年的漫長歲月。但「國畫」這一名稱的出現，則是近幾百年內的事。它產生於「西洋畫」之後，泛指一切非西洋畫的中國繪畫。

中國的繪畫，最初叫「丹青」。據《漢書・蘇武傳》記載：「竹帛所載，丹青所畫。」（丹是一種紅色，青是一種藍色）從此，繪畫便叫「丹青」。

但到了五代、北宋時期，繪畫又改叫「圖畫」。而且在蘇東坡提出「詩畫結合」的主張後，有些人又把它稱為「無聲詩」。「無聲詩」的言外之意是：畫是一種不能吟詠的詩歌。

到了清代，又有人把國畫稱為「繪事」。

國畫中題款的演變

國畫中的題款有「題」和「款」兩方面的內容，它豐富了繪畫的思想美和形式美，展現了中國畫追求的完美境界。

題款是由繪畫的功用性產生的。

在夏商時期，繪畫活動具有很強的功用性。到了漢代，這種功用性使得中國的早期繪畫成了「成教化、助人倫」、「存乎借鑑」的工具。

於是，在繪畫技巧不足以完全表達形象內容的情況下，「題榜」便應運而生，其作用就是標明畫中人物的身分，說明繪畫的內容。

而在畫上僅僅署上人名、官職又無法適應繪畫政治功用的需要，所以在「題榜」產生的同時，又出現了「畫贊」。

「贊」是一種文體，以讚美為主。有了「贊」以後，創作者便可藉此對繪畫的內容等進行輔助說明。起初的畫贊多為四言韻文。如曹植的《黃帝贊》：「少典之孫，神明聖哲。土德承火，赤帝是滅。服牛乘馬，衣裳是制。雲氏名官，功冠五帝。」就是對黃帝的頌歌。

到東晉初期，「贊」有了進一步的發展，不僅有以敘事為主的人物贊，而且出現了以詠物和客觀描寫為主的品物贊，有了抒發作者個性的傾向。

中國古人素以詩詞來展示個人的才華和意趣，由於「詩畫不分家」，詩詞也就和繪畫聯繫在了一起。到宋、明、清時期，大量的詞賦出現在了繪畫中，「四大才子」、「八大家」等著名人物也各領風騷。

趣味鏈結：中國書畫的落款代表的意思

中國書畫的落款分上、下款。

上款是受書畫方的號、稱謂。稱謂後一般都是自謙詞和對對方表示恭敬之詞。如以下十種。

「雅屬」、「清屬」、「大雅之屬」意為這幅作品是應對方高雅的囑咐而作。

「雅玩」、「清玩」、「清賞」表示這件作品僅供對方賞玩而已。

「斧正」、「斧政」、「削正」、「郢政」有「請指導」的意思。

「哂正」、「粲正」有「見笑了，請正之」之意。

「法正」意即「以法則糾正之」，用於行家。

「教正」、「督正」、「誨正」語氣莊重。其中「教正」、「誨正」僅用於師長。

「督正」用於教導過自己的老師。

「儷正」指對方夫婦均為行家。

「補壁」只供補補空白而已。

「惠存」則是送給單位集體的。

下款主要書寫作者名字、時間、地點和謙詞，也有附帶寫上年齡、籍貫的。

古代的山水畫

在中國古代繪畫各科中，山水畫是最重要的一個科目，也是影響最大的。

中國山水畫的歷史可追溯到戰國以前，那時人們在生產勞動中，將大川河流的形象廣泛用於工藝裝飾，於是山水畫也隨之逐漸崛起，如夏商周銅鼎上的山雲紋等。

魏晉六朝儘管山水畫有所發展，但繪畫中的山水還只是作為人物故事

的陪襯出現在畫面上的。以表現景物為主的山水畫，大約始於隋代展子虔的《遊春圖》。展子虔筆下，山水成了構圖的主體，並且注意到客觀物體之間遠近、大小、高低的比例關係。它的出現，是山水畫成為獨立藝術的標誌。

到唐代時，山水畫出現了青綠和水墨兩種不同的表現手法和審美風格。青綠山水，也就是用礦物質石青、石綠作為主色的山水畫，筆法工整，著色濃重，金碧輝煌。代表人物有展子虔和大小李將軍（李思訓、李昭道父子）等；水墨山水是當時創立的新興畫派，其特點在於以墨的濃淡變化和層次交融來展現大自然的空間深度及韻致，主要代表人物有張璪、王維等。王維將詩的意境熔鑄在繪畫之中，是和他在創作技法上的創新分不開的。傳說他的傳世作品有《雪溪圖》。

山水畫創作的全盛時期是五代和北宋，當時湧現出不少名畫家。以他們所處的不同地區，劃分為兩大畫系。北方畫派以荊浩、關仝、李成、范寬為代表，作品較多表現出雄壯峭拔的風格。此外，還出現了以潑墨為法，追求「意似」之「簡」的米芾、米友仁父子，他們畫山畫樹重在墨法，墨中見筆，以渾然之水墨來寫空濛雲霧中的煙雨景象，達到「元氣淋漓障猶濕」的境界，開創了山水畫創作的新的藝術境界。

元代出現了許多山水畫家，其中成就很大的有錢選、趙孟頫、高克恭和「元末四大家」（即黃公望、吳鎮、倪瓚、王蒙）。尤其是元末四大家，他們的水墨寫意山水畫在題材選擇和審美意識上都表現出文人擺脫仕途煩惱，思想孤高，隱逸山林以尋求內心平衡的心態。

明代初期有以戴進為代表的浙派，明中期則有被稱為「吳門四大家」的沈周、文徵明、唐寅、仇英，他們打破了以往畫家拘守一科的局限，既畫山水也畫花卉、人物，雖然審美風格各有特點，但總的傾向是注重抒發文人瀟散淡逸的意興，發揚光大了文人畫的傳統。

清代山水畫的代表人物是「四畫僧」，即漸江、石溪、八大山人和石濤。他們在藝術創作上的共同特點，是反對當時復古的風氣，主張師古而不囿於古，強調「師造化」，即以自然為師。石濤更明確提出「我自用我

法」，在藝術上要有自己的創造。

趣味鏈結：古代風俗畫

所謂風俗畫，是指以人們的生活習俗為題材的繪畫。中國古代，從最早的岩畫，到漢代的畫像磚，再到三國、隋唐的壁畫，都有不少是描繪狩獵、耕耘、集市、祭祀、慶典等社會生活情景的圖畫，這就是早期的風俗畫。

宋代社會的一個特徵是市民階層迅速崛起，反映到繪畫領域則是風俗畫的繁榮。由張擇端創作的《清明上河圖》，便是中國古代風俗畫的代表作，歷來被認為是中國繪畫藝術中的瑰寶。

《清明上河圖》全卷長528.7公分，高24.8公分，以全景式的構圖反映了北宋都城汴河兩岸清明時節的風光景象。

《清明上河圖》全圖約可分為三大段，開端一段寫的是城郊景色：寒意尚未退去，樹枝上卻已露出了新綠，路上往來的行人，有的匆匆趕路，有的趕著毛驢往城裏送炭，有的則是攜親帶眷踏青掃墓歸來。中段是全圖最精彩的地方：以一座橫跨的拱橋為中心，汴河上船隻穿梭往來，一艘巨大的漕船正放倒桅桿準備過橋洞，船夫的吆喝聲引來眾多駐足觀望的人們，呈現出一派運輸、商貿的繁忙景象。末段繪的是城區繁華景象，各式各樣的店鋪作坊鱗次櫛比，不僅藥鋪、旅舍、肉店、錢莊應有盡有，甚至看相算命等三教九流也無所不包。城區內外行人摩肩接踵，有官吏、士紳、兵丁、和尚、乞丐、苦力等，一應俱全。

整個《清明上河圖》共繪有人物五百餘人，可稱得上是宋代社會的一個縮影。整幅畫面內容豐富，結構嚴謹，繁而不亂。

古代的人物畫

以人物形象為主體的繪畫，是中國書畫中的一個大科目。

在中國古代繪畫各科目中，人物畫是較早出現並較早趨於成熟的。1949年長沙楚墓出土的《人物龍鳳帛畫》，是至今見到的最早的具有獨立意義的繪畫作品。距今已有兩千多年。漢墓壁畫中，也有不少人物作品。

魏晉時期，一代宗匠顧愷之，是一位傑出的人物畫家。他提出了「以形寫神」等藝術見解，為人物畫的創作奠定了理論基礎，對後世影響很大。其代表作品《洛神賦》、《女史箴圖卷》等，至今舉世聞名。

人物畫在唐代發展到高峰。閻立本、吳道子是唐代人物畫的傑出畫家。閻立本的許多人物畫作品都是奉唐太宗之命創作，其中有不少是肖像畫。傳世的《步輦圖》是閻立本的代表作。吳道子被人們譽為「古今獨步」的「畫聖」，主要從事壁畫創作，題材以釋道人物為主。傳世作品有《天王送子圖》。

唐代值得一提的還有以張萱和周昉為代表的宮廷仕女畫。張萱的《虢國夫人遊春圖》、《搗練圖》和周昉的《簪花仕女圖》，著意描繪的是民間社會的女性，體態豐腴，展現了唐人的審美觀點。

五代、兩宋以後，人物畫轉而以社會實踐為內容，在人民生活中，產生了很大影響。

趣味鏈結：古代花鳥畫

花鳥畫是中國畫的一種，其淵源可上溯到7000年以前的新石器時代。河姆渡文化、仰紹文化的彩陶上有植物形紋飾以及鳥、魚、花、草類的圖案。商周銅器、戰國秦漢的漆器上，更離不開花鳥。花鳥在那時因負有與上帝神祇交通的使命而更具神祕的性質。

魏晉六朝時期，在顧愷之等著名畫家筆下，花鳥畫已經從人物山水畫中獨立而出，到唐代，花鳥畫終於成為文獻記載的名正言順的畫種。當時的代表人物有邊鸞、滕昌佑、刁光胤等。

五代的花鳥畫分成兩種畫法體系：即黃筌的重彩寫生（設色）和徐熙的重墨寫意。徐熙所畫多為江湖、野竹、水禽之類，而黃筌表現的則為奇花異草、珍禽稀獸。兩人所畫內容和表現手法迥異，但他二人都對後世特

別是宋代的花鳥畫的發展，產生了極其深遠的影響。

北宋後期花鳥畫步入全盛，這與宋徽宗「嗜玩」書畫有著直接的關係。他不僅自己兼長書畫，重視寫生，以精工逼真著稱，而且還擴充並親自掌管翰林圖畫院，對繪畫的發展，頗有功績。

明代後期，水墨寫意花鳥十分興盛，花鳥畫有了突破性進展，其中以陳淳、徐渭為傑出代表，將水墨寫意風格推向成熟的高峰。他們筆下淋漓奔放的大寫意花鳥畫對後世影響頗大，其後如石濤、朱耷以至近現代的吳昌碩、齊白石、潘天壽等無不深受影響。

年畫最初是叫門神嗎

年畫是中國的一種繪畫體裁，多在歡慶大年（春節）時張貼，裝飾環境，含有祝福、吉祥、喜慶之意，故稱「年畫」。年畫最早起源於先秦時期，《戰國策‧齊三》載：「土偶人與桃梗相與語……刻削子以為人。」戰國時的《山海經》中也有類似貼門神的記載。到了兩漢，門神已逐漸成為人們避凶納福的偶像。《荊楚歲時記》載：「正月初一，繪二神貼戶左右，左神荼，右鬱壘，俗謂之門神。」這裏古人所說的門神就是我們春節所張貼的年畫。

唐代時，發明了雕版印刷的技術，這時年畫大興。年畫內容大多是神仙鬼怪。唐以後，年畫上出現了秦叔寶、尉遲敬德二將軍。後來門神又發展為一文一武。此外直接反映現實生活的素材，如農作、集市、仕女、遊春等民間活動逐漸成為年畫的主題。宋熙寧五年後，有了專門的雕版年畫機構。

到了明代，年畫多以宗教為題材，木刻年畫漸漸地發展起來。清代年畫進一步繁盛，成就最高的是江南蘇州的桃花塢和北方天津的楊柳青，形成了南北兩個年畫中心。此外山東濰坊、廣東佛山等地的年畫也比較出名。

鴉片戰爭後，桃花塢年畫逐漸衰落，楊柳青年畫一直流傳至今。如今，我們所張貼的年畫大多為木版浮水印年畫，畫面以簡練的線條、鮮明的色彩，表現了喜慶歡快的場面。

趣味鏈結：「鎮宅神虎」年畫的由來

中國民間，崇虎由來已久，在人們心目中，虎是「百獸之王」（《說文》），「能執搏挫銳，噬食鬼魅」（《風俗通義》），「於是黃帝作禮歐之，立桃人於門戶，畫神荼、鬱壘與虎以象之。今俗法，每以臘終除夕，飾桃人，垂葦索，畫虎於門，左右置二燈，象虎眼，以祛不祥」（《搜神記》引《黃帝書》）。正因為虎威猛，虎能吃鬼，虎成了民間百姓心中的保護神。

年畫中的「鎮宅神虎」便是這種保護神的最好印證。在民間習俗中一般貼於後門上，又名「守門虎」。畫中的老虎呈下山勢，兩幅相對，有印章「鎮宅神虎」、「除邪保吉」兩方，道出了張貼神虎的目的。

關於貼「鎮宅神虎」的來歷，民間有個很有趣的傳說。相傳，從前山東某地有個強盜，要強娶一良家姑娘，這家人痛不欲生，不知如何是好。後來從南來了個老者，非僧非道，面貌神異，送給這家一對小老虎的畫。讓他們貼在家中後門上，即可免災去難。

果然，當夜強盜領著暴徒來搶親，只聽到畫上的小老虎嗚嗚地叫了起來，頓時，這些傢伙便被弄得不知去向了。從此，人們總要買對小老虎畫像貼在後門上以保佑自家的安全。

中國古代的「圖書」指什麼

按習慣，古漢語多用單音詞。「圖書」便是由「圖」與「書」兩個單音詞組成的，其本義是指「地圖」與「法令戶籍等文書」。詞源見於《史記·蕭相國世家》：「何獨先入收秦丞相禦史律令圖書藏之……漢王

所以具知天下陋塞，戶口多少，強弱之處，民所疾苦者，以何具得秦圖書也。」與「圖書」同義的有「圖籍」，稍後這兩個詞的概念有了擴大，指地圖與書籍。《漢書・天文志》：「凡天文在圖籍昭昭可知者……凡百一十八名。」

中國古代圖書大體說來，經歷了三個階段：簡牘階段、卷軸階段和冊頁階段。最早的真正意義上的書，應該是竹簡書，就是寫在竹片上，裝訂成冊的書。漢代之前的人們之所以選擇竹子作為新的文字載體，是因為甲骨文、金屬文、石頭文等篇幅有限，閱讀起來極不方便。而後，隨著紙張的普及，竹書才退出了歷史舞臺。

古人所說的圖書和我們現在所說的圖書有很大不同。古人所說的圖書，指有圖之書，即書中有插圖；而我們現在所說的圖書泛指所有的書籍。清人葉德輝在《書林清話》中說：「古人以圖書並稱，凡有書必有圖……《隋書經籍志・禮類》有《周官禮圖》十四卷。」可見，當時雖未發明印刷術，但給書籍加插圖已開先例。

到了宋代，活字印刷術被推廣使用，書中插圖更為多見。在甘肅敦煌石窟中發現的《金剛經》是唐代咸通九年（868年）所刊，卷首就有一幅十分精美的佛說法圖。宋末以後，刊行的《三國演義》繪圖達240幅之多，可見繪圖書籍已經十分廣泛了。清代《避暑山莊圖詠》等一大批書大多圖文並重，世代相傳，書籍又叫圖書了。

趣味鏈結：「書店」的名稱是怎麼發展演變的

中國最早的書店產生於漢代，稱為「書肆」。漢武帝曾下令徵求上古遺書，組織有關人員專門抄寫書籍。各種流派的學者為了交流思想的需要，常會相聚於書肆。

後來，「書肆」又稱做「書棧」、「書鋪」、「書棚」、「書堂」、「書屋」、「書籍鋪」、「經籍鋪」等。當時書肆既刻書，又賣書，也有直稱字型大小的，如「富文堂」、「養正齋」、「鴻運樓」、「崇文閣」等。

海鴿 文化出版圖書有限公司
Seadove Publishing Company Ltd.

作者	劉元
美術構成	驛賴耙工作室
封面設計	九角設計工作室
發行人	羅清維
企畫執行	林義傑、張緯倫
責任行政	陳淑貞

古學今用 167

一本書讀懂
中國文化知識
Chinese Culture & Knowledge

出版	海鴿文化出版圖書有限公司
出版登記	行政院新聞局版北市業字第780號
發行部	台北市信義區林口街54-4號1樓
電話	02-27273008
傳真	02-27270603
e‑mail	seadove.book@msa.hinet.net
總經銷	創智文化有限公司
住址	新北市土城區忠承路89號6樓
電話	02-22683489
傳真	02-22696560
網址	www.booknews.com.tw
香港總經銷	和平圖書有限公司
住址	香港柴灣嘉業街12號百樂門大廈17樓
電話	（852）2804-6687
傳真	（852）2804-6409
出版日期	2023年12月01日　二版一刷
定價	450元
郵政劃撥	18989626戶名：海鴿文化出版圖書有限公司
CVS總代理	美璟文化有限公司
電話	（02）2723-9968　e‑mail：net@uth.com.tw

國家圖書館出版品預行編目資料

一本書讀懂中國文化知識／劉元著--
二版，--臺北市 ： 海鴿文化，2023.12
面 ； 公分. －－（古學今用；167）
ISBN 978-986-392-509-5（平裝）

1. 文化史　2. 中國

630　　　　　　　　　　　　　112018895